U0067432

失聰者——

心理、教育及社會轉變中的觀點

Deaf People:
Evolving Perspectives from Psychology,
Education, and Sociology

Jean F. Andrews, Irene W. Leigh, Mary T. Weiner 著

陳小娟、邢敏華 譯

Deaf People

Evolving Perspectives from Psychology, Education, and Sociology

JEAN F. ANDREWS
Lamar University

IRENE W. LEIGH
Gallaudet University

MARY T. WEINER
Gullaudet University

Authorized translation from the English language edition, entitled DEAF PEOPLE:
EVOLVING PERSPECTIVES FROM PSYCHOLOGY, EDUCATION, AND SOCIOLOGY,
1st Edition , ISBN: 0205338135 by ANDREWS, JEAN F.; LEIGH, IRENE W.; WEINER,
MARY T., published by Pearson Education, Inc, publishing as Allyn & Bacon, Copyright ©
2004.

CHINESE TRADITIONAL language edition published by PSYCHOLOGICAL PUBLISH-
ING COMPANY LTD, Copyright © 2007.

陳小娟（前言、誌謝、第三章、第五章、第六章、第七章、第八章、第十二章）

學經歷：陳小娟教授是高雄師範大學特殊教育系聽力學與語言治療碩士班的專任教授，授課科目包括聽覺復健、助聽器與聽覺輔助系統、噪音與聽力維護、中樞聽覺處理異常、基礎聽力學等。1989 年拿到美國田納西大學聽力科學博士學位後就回國在特殊教育與聽力學領域服務，迄今已二十七年；對於預防聽力損失以及聽覺受損者的復健議題長期以來都十分關切。

現　職：國立高雄師範大學聽力學與語言治療所教授

邢敏華（第一章、第二章、第四章、第九章、第十章、第十一章）

學經歷：邢敏華教授 1994 年得到美國華盛頓大學的特殊教育博士學位，之後她離開任教十年的臺北市立啟聰學校，轉任臺南師院（現名臺南大學）特殊教育系所。她在啟聰教育界工作已超過三十年，喜歡用手語和聾人朋友溝通，是七個失聰孩子的乾媽。

現　職：國立臺南大學特殊教育學系教授

譯者序

❖ 陳小娟

　　這本書的三位作者從心理、教育與社會這三個面向，提供了他們聰慧與深入的觀察，使我們得以從多種角度更加了解聾人和重聽者。雖然國內不乏聽力損失、啟聰教育與聽覺障礙的文章或書籍，但是在一本書中要同時看到如此完整的議題，則是較為欠缺。

　　三位作者在前言中，提問了很多問題，在第二章到第十一章，他們都逐項做了回答。第十二章則是站在過去與當代的經驗，遠看未來，提出一些前瞻性的觀點。每一章都充滿了作者豐富的觀察與智慧的結晶，值得讀者逐一細讀。

　　雖然這本書是以美語及美國手語為例所提出的論述，書中沒有提到中文、國語口手語或國語文法手語等，但是，藉著書中的概念，讀者可能可以在某種程度上將之轉換與類推到中文，尤其是有關語言、閱讀與雙語的章節（第四、五、七章）。

　　之所以會選了這本書來翻譯，要從華裔泰籍的馬文蘭教授（Dr. Sumalai Maroonroge）說起，她幾乎每年都自付機票費用，在她寶貴的假期內遠從美國來臺灣，協助本國聽語科學領域知識與技能傳遞的工作。馬教授與本書作者之一 Jean Andrews 是美國拉瑪大學的同事，某次在她例行的臺灣教課行程中，提起這本書，並且大力推薦，於是才有這本中譯本的誕生。

　　這本書有兩位譯者，平日工作繁重，只能運用課餘時間翻譯，難免有疏失，因此中文書裡若是有需要改進之處，請各方不吝指教。譯名的統一、全書語氣的連貫以及譯文與原文有無出入，都要特別感謝李信賢先生，他

的生長背景（父母失聰，自己則是健聽者），使他能直接以生命去經歷書中很多的文字，因此，有他的協助，實在是相當的幸運。希望這本書能為所有關心啟聰教育與聾社群的讀者，開啟一扇通往了解、認識與尊重的門扉。

❖邢敏華

我個人非常榮幸，感謝陳小娟教授邀請我一起翻譯這本有點厚度的教科書。陳教授的口語翻譯和書面翻譯的功力，是啟聰教育界有目共睹的。然而因為有時效的問題，使我感到壓力籠罩，譯稿速度一再拖延，最後總算完成。

我從翻譯過程中，體會到這本書的特色是：作者包含失聰者與聽人，採取同時尊重失聰社群與聽常社群的觀點，兼容聾人文化、手語以及聽語科技和心理衛生等問題，實在非常難得。因此，我相信無論是聽力師和語言治療師，或是使用手語的失聰者，都應該會發現這是一本值得閱讀的好書。

記得當我們兩位譯者和信賢一起上線 MSN 討論譯名的統一時，對於書名以及書內幾個名詞的翻譯各持不同觀點，最後決定以「失聰者」來代表廣泛的聽力損失者；希望此舉不會觸怒有些堅持以「聾」為榮，打手語的失聰者。

我個人比較偏向啟聰教育的手語教學研究，而陳教授的專長為聽語科學與啟聰教育，但我們同時都認同雙語模式的理念。希望我們的攜手翻譯，可以影響國內的啟聰教育與聽語界能各自擺脫門戶之見，此外各種倡導某種教學溝通模式的機構與學者和實務者之間，在專業上也能彼此合作。更希望失聰者及其家人、教師、行政人員、專業團隊人員、相關系所的師生和對此領域有興趣的社會大眾，能從本書得到健全的觀點與平衡的啟發。

最後，我發現國內有很多失聰領域的研究實在缺乏，值得大家繼續努力探究。他山之石，可以攻錯。期望我們聽人和失聰社群除了各自努力外，也能有更多對話與合作的機會，日後可以出版本土化的相關理論與實務（其

實小娟教授和研究生已耕耘出一些成果了）。

　　值得附帶一提的，是我們要感謝心理出版社林敬堯總編輯慨允本書的出版，以及本書執行編輯林怡倩小姐專業、認真又細心的編輯技巧協助，使本書盡量忠於原著所欲傳遞的理念。上帝賜福各位！

推薦序

我是個出生在中國大連的女性，對於這本書被翻譯成中文感到很高興。作者在書中談到的很多主題，像是心智健康、聾社團、認知、語言和課業學習、認識與尊重手語、聽覺與視覺科技，以及聾成人的典範，在在都是美國與中國在聾教育課程方面可以改進的事項。其中兩位作者，Dr. Leigh 與 Dr. Weiner，與我一樣，都是聾專業人士，他們將獨特的觀點帶進了書裡。

如果華語的聾青年也得到像我一樣的機會，會有更多人在學校與工作方面表現優異。我是聽常父母所生的聾孩子，在我幼年時，我讀的是大連聾盲學校，並且在那裡學到了中國手語。我在大連特殊教育師範學校拿到了高中文憑，之後在大連師範大學拿到了大學文憑。在大學階段，我學會了英文的讀寫。畢業後，我在大連聾盲學校教三年級的學生教了兩年，在那裡我用中國手語教他們讀寫。同時也在大連特殊教育師範學校教手語，為的是繼續我眾多專業目標中的一項，也就是去培訓聽人老師學習中國手語。我還在當老師的時候，有兩位來自高立德大學的實習生到我們學校來工作。他們就住在我家，並且教我美國手語。之後，我到高立德大學求學，拿到了聾教育碩士學位。並用手語／英語的雙語教學方式在維吉尼亞州教學前的聾童。後來我在 Beaumont 的拉瑪大學（Lamar university）拿到了聾研究／聾教育的教育博士學位，我的論文題目是聾童的雙語教育。如今，我在麻州 Worcester 的聖十字架學院（Holy Cross）任課，教授聾研究與美國手語。

我曾數次回到中國，在七個以上的學校與大學特殊教育研習會中演講。

中國與美國對於改進聾童、青少年與成人的教育仍有很多事項要彼此學習，而這個中文譯本的發行，將會促進豐富的討論以及共同的研究計劃。

Ying Li，教育博士
麻州聖十字架學院
2007 年 10 月

　　我們當中多數人每天都會遇到聽不見聲音的人，聽力損失（hearing loss）越來越常見，目前已經影響到二千八百萬的美國人，而極重度的先天性聾（deafness）就比較不常見，它的發生率大約是千分之一，但是它卻是處處都有。你家裡可能有配戴助聽器，並且在電話上使用擴音機的年長者，或者是你有個鄰居因職業而導致噪音型聽力損失，也可能你工作的單位雇用了聾的工作人員，或者是在大學的教室裡，鄰座是一個有手語翻譯員服務的聾學生，或者是你曾經在電影或廣告裡看過聾演員，或者是在政界候選人的身旁看到有手語翻譯員在打手語。你的朋友家中成員有聾人，你自己可能就是聾人（deaf），或是重聽者（hard of hearing）。如此的經驗，有的很淺層，有的很密切，有很多問題孕含其中。

　　聽力損失是如何造成的？基因工程有沒有辦法使之痊癒？或者該不該使之痊癒？用助聽器或者是電子耳蝸能不能夠修復？這些器具的有效性到什麼程度？聾人會讀話嗎？手語是什麼？聾小孩應該去特殊的學校還是回歸主流到有提供適當服務的公立學校？何謂適當的服務？聾小孩如何思考與學習？聾人的雙文化、雙語是什麼？聾小孩如何能在聽不到語音的情況下學會閱讀？在人格方面，聾人和聽人有差別嗎？聾人覺得他們自己是單語言、雙語言還是三語？何謂聾文化？聾人覺得他們是雙文化，還是多文化呢？聾社團有把聾人孤立在聽人世界（hearing world）之外嗎？聾人所達到的是何種教育水準？聾人所從事的是何種工作？聾人喜歡用的是何種視覺輔助器？年紀大的聾人過的是怎樣的生活：是獨居或住在社區裡呢？除了聽力損失，是否並存著認知障礙、學習障礙或是視力損失？這些人如何在我們的社會生存？對於聽力損失很有興趣的一些人提出上述的問題，

在這本書裡面，我們談的就是這些主題。

透過多年來的經驗與研究，我們在這本書寫下了我們對聾的了解。歷史家、哲學家以及科學家思考這些問題好幾個世紀；心理學者以這些聾人為對象，探討他們的行為、人格以及智力的本質；語音學者則是分析手語的結構；發展心理學者以及社會語言學者，探討聾小孩如何獲得及學習語言；人類學者以及社會學者則是探討聾文化、聾社團的形成、傳承、演變；遺傳學者和生物學者探討聾的遺傳成因，並且嘗試去做聽力基因的圖譜；語言病理師與聽力師研究的是，有限的聽覺輸入（auditory input）對於語言的獲得造成何種衝擊；認知科學者研究的是，聾小孩如何去思考、記憶與學習；老師重視的是聾小孩所面對的一些問題；聾藝術家將他們對於聾的經驗繪製成圖畫，並創作出雕刻；聾作家則是把他們對於聾的經驗寫成故事、詩、戲劇以及歷史。

近幾年來，聽力損失逐漸地得到了媒體的重視。一些名人在他們生命的後期失去聽力，例如好萊塢的女星 Naneppe Fabray，以及廣播界的名人 Rush Limbaugh，聽力損失對於後天致聾者的衝擊，透過這些名人的案例，我們有更深刻的了解。報紙也曾經報導了 2001 年 911 事件世貿雙塔中一些聾人的故事，這些事情讓我們更清楚的知道對於這些聾雇員，我們必須要有特殊的逃生警告裝置。新聞曾經報導過的炭疽病毒事件，顯示出在紐澤西州、華盛頓特區、伊利諾州、明尼蘇達州的郵局，聾雇員並沒有被給予足夠的醫學預防措施的訊息，也沒有人在美國發生緊急事件的時候，用手語的方式把事情翻譯給他們聽（suggs, 2001b），這樣的事情有助於社會大眾更關切聽力損失的影響。

究竟不同的領域、個人的經驗以及媒體的報導如何融合在一起？雖然有很多書寫過聾、重聽以及聾盲方面很廣泛的議題，但是從聾作者的角度來看，聾人經驗的書籍卻很少。目前所看到的很多教科書，多半都是很短視地強調聾人不能做些什麼，像是不能正常的說話以及聽別人說話，而不是強調聾人會做些什麼，例如他們會成長、思考、學習、創造，並且對社會有所貢獻。這本書所講的就是聾如何影響一個人的生活，所持的觀點不只從專業的角度，也從聾成人的角度來詮釋。

聽力的喪失嚴重地影響了個人的生活，改變經驗、人際關係以及溝通方式，造成不同的聽覺經驗，以及認知與語言的剝奪，這倒不是聾所導致，而是因為對於語言與溝通最適當的視覺接收環境並沒有被提供。這本書的主題就是要了解這些原因與後果，也就是有關聽力損失對聾人在心理、語言、社會和教育方面的衝擊。

雖然很多聾人的生活不見得以聽覺經驗為中心，但是我們也不會忽略這項議題。聽力損失從極輕微到極重度，有許多的聽力損失者確實是可以從聽覺復健得到幫助（助聽器、電子耳蝸以及其他的助聽器材），但是我們也不能夠忽略醫學觀點，有很多聽力損失的病理，不管是先天的或者是出生以後才發生的，可能都會引發健康的問題，例如耳朵受到感染、心臟功能不佳、糖尿病、情緒困擾、認知與行為的問題……等等，這些都表示有必要去接受醫療的關注、治療與特殊的服務。

有越來越多的聾人（無論年齡長幼）面對著視力與聽力衰退的問題，*xiii* 聾加上盲合起來的出現率，被認為是一種罕見的異常，美國大約有七十三萬五千人有這樣的問題（Schein & Delk, 1974），這些人需要特殊的考量，例如：活動力、科技輔助、職業、求職訓練、諮商、交通、住宿、閱讀、生活技巧以及手語翻譯服務等。

對於聾人或者是聾盲者來說，我們必須牢記在心的是，我們關注的焦點應該是他們的生活，而不是聽覺與醫學的觀點。這也是為什麼這本書的三個作者中，有兩個是聾作者的原因。對於聾，我們有很深刻的體會，當我們的父母發現我們聽不到聲音的時候，專業人員給我們的父母一些建議，而我們就是這些建議的成果。我們聽取擴音後的訊號，我們是多種不同教育系統的產物，而在這個過程中，我們探索了許多不同的溝通和語言的參數，這一路走來，我們和很多的聾人有過接觸，而他們有不同的經歷與適應過程。我們是聾社團的一份子，並且很了解聾文化。在這本書裡所呈現的都是我們所觀察到聾人的訊息與生活經驗。

聾文化的概念很強烈地影響了聽人，尤其是聾人對聾人的看待方式，對很多人來說，聾文化提供了一個管道去促成健康的心理發展和生活調適，聾文化對於預防社會孤立及避免社會孤立擴大，都有它的潛能，它提供了

聾人分享的經驗，而這是他們在聽人社會裡無法經歷到的。很多的聾人使用美國手語（American Sign Language, ASL）以及兼具美國手語與英語特質的觸接英語（contact variations）（Lucas & Valli, 1992）。有了手語，聾人不但可以透過視覺、姿勢與動作來溝通，不必依賴聽覺回饋去聽取以及發出語音，也更強化了聾社團之間的連結。

　　這本書的三位作者，一位是聽力正常者，兩位是聾人。在這本書裡面提到了下面這些主題：聾人與心理學的歷史沿革（historical perspective of Deaf people and psychology），聾人社團──一個分離的群體（The deaf community-a diverse entity），致聾的成因（etiologies or cause of deafness），認知、語言和溝通（cognition, language, and communication），溝通、語言和文學（communication, language, and literacy），教育議題（educational aspects），以雙語和單語言的方法學習語言（bilingual and monolingual approaches to language learing），兒童心理學議題（childhood psychological issues），聾成人的心理學觀點（psychological viewpoints of deaf adults），聾成人的社會學觀點（sociological viewpoints of deaf adults），聾人和聽人之間的心理動態互動（psychodynamics of interaction between deaf and hearing people），以及研究的暗示（research implications）。每一個主題都可以當作是一些彩色玻璃，當你把它排列組合起來，會形成一個窗戶，透過這個窗戶，你就可以更了解聾人以及他們的經驗。

　　以下是有關於一些名詞的說明。通常大家把聾這個字，狹義的指那些完全聽不到聲音，或者是不說話的人。很多的聽力師和醫學界的專業人員也都不太願意使用這個名詞，因為這個字被錯誤的解釋。其實聾人很少是啞的，而且「聾啞」是一個很不適當且具侵犯性的形容，不適合形容聾人。聾人使用殘餘聽力的能力差異很大，而這與很多因素有關，通常聽力師和醫學界的專業人員在與父母諮商的時候都是很短視的，他們想要做的是，把聽力損失的量在聽力圖上呈現，以之界定聽力損失的程度，而對於殘存聽力實際應用在每天溝通與學習的功能，則有所誤導，如此的誤導並不是故意的，事實上這些專業人員通常並不知道，這些訊息誤導了父母親，原本是好意卻變成錯誤，造成聾和重聽的小孩在情緒和心理付出重大代價，

xiv

例如說，聾小孩可能有足夠的殘存聽力，來聽取周圍環境的噪音，甚至是一些語音，但是卻不能夠聽懂內容，因此只是把擴大聲音的儀器讓孩子們戴上，希望他們在一個很大、很吵鬧的教室裡面跟著聽力正常的小孩一起去學習，而不提領他們適當的視覺輔助的服務，這麼做會妨害孩子們的學業進展，負面地影響他們的情緒調適，並且把他們帶到一個冗長的、疲倦的，並且不利於表現的一個經驗中。在這本書中，我們描述了以兒童優勢為基礎的課程，尤其是把重點放在視覺的補助，而不是單純的從聽覺的管道來建構。很多的父母夢想著他們的聾孩子會聽、會說，但事實上，聾小孩能不能說與聽涉及了很多的變數，專業人員應當牢記這樣的概念並且與父母溝通，而不是暗示父母，所有的聾人都會說話、會聽、會讀話。

談到聾這個名詞，我們可以體會，文化型的聾人（culturally Deaf people）對於聾這個名詞的驕傲感，他們寧願使用聾這個名詞來代表他們自己，即使他們當中某些人就聽力圖來看，被認為是重聽，如此的聾人（Deaf people）很驕傲地認同他們是文化型的聾。對這些文化型的聾人，下面這兩個名詞對他們是不敬的（offensive），一個是聽覺損傷（hearing impaired），另一個是重聽。這些聾人認為他們自己是整個文化的一部分，並且認同他們特有的聾（Deaf，大寫的 D），而另外那些並不把自己歸屬在聾文化裡的人，則把他們自己歸類為一般的聾（deaf，小寫的d）。雖然多數人並不知道有如此的區別，但是在聾文化裡卻非常重要而且也受到尊重。大寫的聾（Deaf）這個名詞與小寫的聾（deaf）這個名詞所反應的是，他們看待聽力損失的基本差別。

我們所期待的讀者是個廣泛的群眾，包括了大學部的學生、研究所的 *xv* 學生、父母親，以及有志為聾人或是重聽者服務的專業人士，包括心理師、語言學家、社工、醫師、護士、教育者、行政者、特教老師、藝術家、人類學家、社會學家以及其他對這領域有興趣的人。我們希望研究者會因為我們在下列這些方面的努力而受到激勵，我們所做的努力是，提出並且檢視長久以來困惑我們的一些有關聾人經驗的關鍵議題，以及不管我們是聽得到或者是聽不到聲音，我們如何思考、社會化、學習、表現和獲得語言。

我們使用的聾這個名詞，它的意思是這個人不見得完全依賴聽覺來做

每天的溝通,而是必須也用到視覺的溝通方法,來將周圍的人和環境所送出來的訊息作一些連結。而我們所使用的名詞「重聽」是表示,這個人可以用聽覺來了解別人說話,但是他也可以從視覺的溝通形式來受益,並且得到支持的服務。我們使用的聾和重聽這兩個名詞,不但含有正面認同價值的意涵,同時也代表著是一個充滿生命力的支持團體的一部分(聾文化與聾社團)。多數的美國聾人都希望醫生、聽力師、語言治療師去學習有關於聾文化的一切,並且與父母親及其它的專業人員分享這些訊息。我們也希望聾人、重聽的人以及他們的家人,很樂意把我們在這本書裡面所呈現的內容,跟他們自己的經驗做一些比較。

這本書結合了一輩子的觀察與智慧，它是集體努力的成果。這本書的完成，要感謝的人非常多。

在準備這本書的時候，內容精確度的提高要感謝那些協助編輯這本書的人。首先，我們要感謝的是McCay Vernon博士，他不但同意幫我們寫第一章，並且也花了相當多的時間回顧整本書，並且把一些需要強調的部分替我們指出來。另外，我們也要謝謝以下這些幫我們回顧這本書的人，他們提供了很多、很周到的意見，讓我們的版本有了進一步的修正，這些人是：猶他州立大學的 Jame C. Blair、藍星社區大學的 Brenda Cartwright、土桑大學的 Jack Foreman、中央聾人機構的 Ann E. Geers、阿拉巴瑪啟聰學校的 P. Lynn Hayes、密西根州立大學的 David A. Stewart 以及紐澤西大學的 Barbara K. Strassman。我們同時也非常感謝 Kathleen Arnos 博士的幫忙，以及 John Niparko 醫生的協助，他們幫我們確認了第三章內容在遺傳學和醫學上的正確性；Arnos 博士也提供了額外的一些資料作為這一章的參考。Michael Stinson博士提供了第五章中有關速記式（steno-based）以及電腦輔助的筆記抄錄系統。另外，John B. Christiansen博士從社會學的觀點替我們回顧了第十章，並且提供一些意見來協助我們這章的改寫。Lisa Devlin 碩士以及 Jame G. Phelan 聽力師確認了我們提供在聽力學附錄裡的參考資料是正確的。並且，我們要非常感謝我們的編輯 Steve Dragin 和 Barbara Strickland，他們花了很多的時間來協助我們寫這本書，並且把這本書呈現在大家面前。

高立德大學的研究所助理，Thomas Zangas、Lydia Prentiss、Michael John Gournaris、Robert Baldwin 和 Sarah Jerger，以及拉瑪大學的研究所助

理 Anna Miller 和 Becky Icken，很有能力的貢獻了一些參考資料，也檢查了引用文獻的正確性，並且把參考文獻集結成最後的版本，我們也要對他們表示感謝。同時還要謝謝 Taryn M. Sykes 協助攝影。

我們幾位作者都是大學的教授，我們的工作是來自於學生的啟發，這些學生挑戰著我們，要我們教給他們最新的知識。另一個也啟發我們的是自我期許，我們想要把我們對這份工作的投入，傳遞給未來將要和失聰小孩、失聰青年以及成人失聰者工作的新世代。在這裡，我們要對這些學生表示深摯的謝意。我們知道自己的學生，不管是失聰者或者是聽人，都是我們的未來。希望這本書能夠激勵他們對於傳統的做法提出質疑，以批判且深思的角度來看待這本書所提出的各種觀點，並在我們的研究基礎上繼續他們未來的研究。

xviii　　　雖然，我們三個作者當中有兩個是聾人，一個是聽人，但是，我們每一個人對於何謂失聰，以及失聰者如何以不同的生活方式過生活都有著自己的看法。我們的觀點也不是一直都很一致，因為，我們來自不同的背景。正因為我們對聽損族群及聾文化的不同經驗，更擴大了我們的觀點。如果不認識聽損族群，我們的鏡頭就會只有一個很狹隘的視野，而要找到大家共同的基礎點就會更困難。我們感謝聽損族群用他們對生活的熱情和世界觀，以及他們在面對一個不是很親切的世界時能對自己的能力有信心，這些都豐富了我們。

Jean F. Andrews 要特別感謝 Steve Nover 博士，他是新墨西哥啟聰學校美國手語及英語雙語教育與研究中心的主任（Center for ASL/English Bilingual Education and Research; CAEBER），感謝他引領 Dr. Andrews 進入雙語文獻的領域，並且影響了她在語言學習與語言教學方面的思索。她同時也很感謝 Mindy Bradford、Laurene Gallimore 博士、Cindy Bailes 博士、Victoria Everhart 博士，以及 Jay Innes 博士，謝謝他們花了好多個小時愉快的辯論下面這些主題，包括雙語、多文化主義、讀寫能力以及科技。Jean F. Andrews 還要感謝 Dennis Vail 博士在編輯上提供的建議。也十分的感謝 Tony Martin 博士、Mary Ann Gentry 博士、Zanthia Smith 博士，這些都是她在拉瑪大學的同事，他們閱讀了這本書的初稿，並且也分擔了她在大學裡

面的工作，讓她能夠如期的完成這本書的著作。

　　Irene W. Leigh 要感謝高立德大學，因為學校給了她 2001 到 2002 年的 Schaefer 教授獎學金，讓她能夠少上一些課，因此才能夠把這本書如期的寫完。她同時也想要趁此機會來懷念 Elberta Pruitt，他是芝加哥 A. G. Bell 小學（這所小學有提供聾學生日間課程）的校長，在那個專家們老是說聾人不能做這個、不能做那個的年代，校長始終相信 Leigh 的能力，並且在 Leigh 從小學、中學到大學的求學過程中一直不斷的支持她。Leigh 同時還要謝謝紐約市聾人中心及萊星頓啟聰學校的心理衛生職員，因為他們在很多年前就開始塑造 Leigh 的專業觀點，Leigh 也同時要感謝在高立德大學的同事，他們提供了持續不斷的專業刺激。

　　Mary T. Weiner 所要感謝的是 Jean F. Andrews 和 Irene W. Leigh，因為他們是如此好的精神導師。這本書最初的編輯是在 Robert Weinstock 的協助之下完成，而這本書最後的編輯則是由 Leigh 所完成。

　　最後，但並不是最不重要的，我們三個人都想要表示我們對家人的愛及感謝，因為我們花了很長的時間坐在電腦桌前面工作，他們得耐心的忍受著。有了摯愛的家人支持，讓我們能夠長時間奮力地尋找最適當的詞語來將到底什麼是失聰的相關議題傳達給這本書的讀者。

目錄

（正文頁邊數字係原文書旁碼，供索引檢索之用）

第一章

失聰者與心理學的歷史觀點（1950年迄今）

McCay Vernon 博士

歷史讓現今的時刻及責任變得有價值。

—— （Emerson, 1870）

今日，由於失聰者要求更大的平等，以及有更多博學開通的人士出現，　*2*
讓失聰者理解到他們有更多在教育、溝通（尤其是搭配電腦）、戲劇、法律以及很多其他領域的潛能。在心理學和心理衛生領域中，心理學家、精神病醫師還有語言學家，尤其是後者，他們在這些改變中都扮演了重要的支持性角色。而一連串的事件也導致我們現今對失聰者及心理學的理解。

本章目標

在本章中，我們描述心理學家、精神病醫師以及語言學家從 1950 年代起發展提升美國失聰者的心理衛生和福利的歷史和角色。我們會回顧一些重大的法案，也會提到專業人員使用手語對諮商、教學以及師資培訓的影響。讀者將學到專業人員在發展對失聰者的服務時，如何凸顯與結合美國手語與聾人文化，並將其融入於服務中。

心理學與失聰者

1950 年代以前，在美國全職從事失聰者和聽損者的心理衛生服務的心理學家不到十人，精神病醫師一個都沒有（Levine, 1977）。這些少數可用的心理學家受雇於啟聰學校。他們主要的工作是心理計量師，主要的責任是執行入學失聰生的智力測驗，找出低智商或有重度行為問題的學生；其目的是排除帶有智能障礙或心智疾病的失聰青年入學，並將他們轉介到醫院去。雖然依據法律，州立醫院必須服務這些帶有心智疾病或智能障礙者的失聰病患，但是他們沒有提供失聰者特別的方案；醫院的醫護人員既沒有受過任何治療失聰者的訓練，也不會用手語和失聰的病患溝通（Levine, 1977）。

這個令人悲哀的狀況造成兩個不幸的後果：首先，伴有心智疾病或智能障礙的失聰者所得到的，充其量也不過是無益於治療的看護照顧——一

種與其說是治療，倒不如說是為了社會的方便而做的照顧。第二，心理醫師和精神病醫師不足的後果是，缺乏任何有關失聰如何影響心理功能的優良研究。例如，在 1950 年以前，只有十八篇有關失聰的行為層面的研究，且所有的研究對象都是兒童（Vernon & Andrews, 1990）。這些調查大多是極不適當的心理測驗——很多都是語文測驗或是以英語知識為基礎的測驗，或是一些不利於失聰青年的行為檢核表。這些研究結果似乎顯示存在著多種形式的失聰病理學，其中很多已經被後來更多有效類型的測驗和評量工具證明是錯誤的。

3

除了有關失聰小孩人格和行為特質的研究之外，還有二十一篇從事有關智商測驗的研究（Vernon, 1967）。這些研究的總結發現，如果使用非語文類型的智力測驗，失聰兒童和聽常兒童的智商並沒有顯著差異。

當時並沒有針對成年失聰者的正式研究，因為僅有幾位專職失聰者的心理學家，也就是那些受聘於學校的人，（只有少數幾位大學教授是例外），包括當時知名的心理學家和教育家 Pintner 和 Paterson（Pollard, 1992-93）。這些心理學家是對失聰者心理學研究有興趣的首批心理學研究表中的部分成員。他們希望看到失聰者在智力測驗上的表現。心理學家不但測驗失聰者，也測驗耶利斯島（Ellis Island）的外來移民。許多時候，他們對兩群樣本都實施英語的語文智力測驗；他們認為這是適當的；因此，許多人被歸類為智能障礙者。在那些年中，智力測驗和其他心理工具的最終目標，就是在評量這些工具對不同人口的使用度（有關對外來移民的智力測驗使用史，參見 Gould, 1981）。

上半個世紀

從 1950 年代開始，人們對於失聰研究的興趣開始增加，部分原因是第二次世界大戰造成許多人聽力損失，使得聽力學訓練有長遠的發展。Helmer Myklebust 的著作《兒童聽覺障礙》（*Auditory Disorders in Children*, 1954）以及《失聰心理學》（*The Psychology of Deafness*, 1960），是那些年

所做的研究案例。例如，他使用明尼蘇達多面向人格測驗（Minnesota Multiphasic Personality Inventory, MMPI）──一種語文為主的心理評量工具，來測驗失聰生。他致力診斷失聰青少年的失語症問題，並寫作有關教育失語症兒童的文章。雖然Myklebust多半的研究並沒有被後來的研究發現所支持，有部分原因是不適當地使用當時的評量工具，但是他仍是失聰領域中的心理學研究先鋒。他和他的學生在西北大學的研究成果對我們要了解失聰的心理影響是很重要的階段。尤其是Myklebust是第一個強調失聰兒童可能在功能上以不同的方法來與世界互動，也代表可能有不同的心理發展（Marschark, 1993）。目前的腦神經心理學研究正開始證明這現象。

　　和 Myklebust 同時期的 Edna Livine，多年來一直擔任萊星頓啟聰學校（Lexington School for the Deaf）的心理師；此校位於紐約市，是一間以教導失聰兒童說話聞名的學校。後來她成為紐約大學的教授。Livine 有極 *4* 傑出的心理學學術背景，加上對失聰有深入的接觸經驗。在二十五年中，她也出版了一些書和文章，包括《緘默世界中的青少年》（*Youth in a Silent World*, 1956）、《失聰心理學》（*Psychology of Deafness*, 1960），以及《早期失聰的生態學》（*The Ecology of Early Deafness*, 1981）。她的研究論文集《手部測驗》（*Hand Test*）（Levine & Wagner, 1974）作為聾人的人格評量，是探討因德國麻疹而失聰的兒童之研究（Levine, 1951），而其他的作品也都通過時代的考驗。她是第一個提出環境是影響失聰兒童發展的重要關鍵因素，因此需要通過關鍵性的研究來了解他的影響（Levine, 1981）。

　　除了透過心理學的研究貢獻於失聰領域之外，Livine 也是國家聾人劇院成立的要角，也因此促進聾人演員的就業。她也寫了一個有關聾童的虛幻故事──《麗莎和她的無聲世界》（*Lisa and Her Soundless World*），此書教導聽力正常兒童了解何謂失聰；在制定足以影響失聰兒童和青少年的聯邦政策中，她也扮演了關鍵性的角色。

1970 年代、1980 年代和 1990 年代法院的判決和立法

在過去三十年中，國會頒布了兩個重大的法院判決及一系列的法律，對失聰者及心理學有重大影響。法院的判決包括賓州智障市民協會和賓州公共福利之爭案例（Pennsylvania Association for Retarded Citizens v. Commonwealth of Pennsylvania, 1972），以及麥爾氏和教育部之爭的案例（Mills v. Board of Education, 1972）。法律方面包括《身心障礙兒童教育法案》（Education of All Handicapped Children Act）以及 1973 年《復健法案》中的 504 條款（Section 504 of the Rehabilitation Act）。《美國身心障礙者法案》（Americans with Disabilities Act, ADA）簽署於 1990 年，進一步擴大 504 條款的範圍到私人企業。這個法律也給予聾人更多管道進入公共住宿場所、交通、就業以及電子通訊。

《身心障礙兒童教育法案》（即 94-142 公法）後來再擴增，更名為 1990 年的《身心障礙者教育法案》（Individuals with Disabilities Education Act of 1990, IDEA）。此法為教育方案帶來改變；其要求讓所有身心障礙的兒童獲得免費而適當的公共教育。《身心障礙者教育法案》命令為每位兒童發展一個個別化的家庭服務計畫；要求身心障礙兒童要和無障礙的兒童盡可能地共同受教；並聲明家長在決定他們孩子的教育計畫時要扮演積極的角色。

另外一個法律——1990 年的《新生兒聽力篩檢和介入法案》（Newborn Infant Hearing Screening and Intervention Act of 1990），提供經費作為各州新生兒聽力篩檢方案的補助款（Joint Committee on Infant Hearing, 2000）。相較於只針對高風險的新生兒做選擇性篩選，雖然全面性新生兒聽力篩檢有其利弊，但是此聯邦法律的精神是希望及早發現聽力損失，讓家長及早被通知此狀況，也可以及早做出教育安置以及溝通模式的選擇（Thompson, McPhilips, Davis, Lieu, Homer, & Helfand, 2001）（詳見本書第八章及第十二章）。

5　　因為這些法律和法院判決的結果，失聰兒童得以接受較早和更適當的

服務。例如，在制定 504 條款和 94-142 公法之前，這些因為智商在 70 以下、行為障礙或多重肢體障礙而被排除進入公立學校就讀的兒童，現在被允許進入學校就讀。如今，在住宿型的機構中，例如佛羅里達盲聾學校，有 10％的學生依據嚴格的標準是被歸類為教育性的智能障礙、肢體障礙或情緒障礙者（Turrentine-Jenkins，個人溝通，1999 年 1 月 15 日）。這些多重障礙兒童的大量湧入，增加了能提供服務的學校心理學家以及心理衛生專業人員的需求。

依據 Cantor 和 Spragins（1977）所做的一項調查，在 1977 年時，有一百七十八位服務失聰兒童的學校心理學家。然而，這些人中，僅有 9％持有學校心理師的證書。這 9％的人裡，沒有人接受過有關失聰的特殊訓練。

為了因應合格專業人員的明顯需求，高立德大學設立了一些學程，以培養未來能服務聾和重聽兒童的學校心理師和學校諮商師。當這些學員及其他方案的畢業生進入此領域，我們就有了一群合格的教育心理師和諮商師。

這些人提供臨床服務；有些人做研究，也有些人繼續完成博士學位後在大學院校服務。其中有一位 Jeffrey Braden 博士，做出很多有關失聰者智力的廣泛研究，並收錄於他的著作《失聰、剝奪和智商》（*Deafness, Deprivation, and IQ*）（Braden, 1994）。對於失聰在不同群體間的智商差異，此著作的應用在失聰文獻裡代表了一個里程碑。

隨著心理學家的人數增加，我們也滿足了在州立及私立住宿型和日間型啟聰學校內失聰兒童的需求。然而，當時的趨勢是將失聰兒童安置在當地的公立學校，而不是啟聰學校或特殊化的日間學校。雖然這個趨勢真正開始在第二次世界大戰以後（Moores, 2001a），但是 94-142 公法（要求讓特殊學生在最少限制的環境裡接受適當的教育）以及一系列依此觀點所做的法院判決，已經傾向將失聰兒童安置於自家附近的學區。可能在一整個學校系統裡，只有一位或少數幾位是聽力損失極重度的失聰兒童。在這些情況中，有關這些失聰兒童的重要決定，都由和失聰兒童相處經驗不足或完全沒有經驗的心理師、教師以及行政人員所主導，而且他們也無法和失聰兒童溝通。在這種情境下，對孩子的教育和心理都是一場災難。

將全無或只有一點經驗或能力的專業人員安插在失聰領域，來擔任實務上的診斷與決定其教育安置的舉動，已經被外界的法院以及文獻所質疑。但在停止此實務之前，我們必須把更多和更強力的判例帶入法院（Raifman & Vernon, 1996a, 1996b）。

心理學家與教育政策

6

1880 到 1967 年左右，美國和大部分歐洲地區的失聰青年大多只接受口語教育（Moores, 2001a）。手語在課堂上是被嚴格禁止的，而且在宿舍、餐廳和娛樂區內，手語也不被鼓勵或被視為一種禁忌。家長通常被告知打手語對孩子不好，而且手語實際上根本稱不上是語言，只是一堆醜陋又粗糙的手勢而已。

高立德大學英語系的教授 William Stokoe 博士，做了一個決定性的手語分析研究，其經典著作為 1960 出版的《手語結構：美國聾人的視覺溝通系統概述》（*Sign Language Structure: An Outline of the Visual Communication Systems of the American Deaf*）。此作品和他其他的研究與著作（Stokoe, 1975, 1980; Stokoe, Casterline, & Croneberg, 1965）很明確地顯示出，美國手語和其他語言（如法語、德語和英語）一樣，是一個具有句法和詞彙特性的語言。Stokoe 的研究成果受到反對手語教學的口語派人士以及別系同事的毀謗（Stokoe, 2001b）。然而，他的研究成果引起一群著迷語言來源的年輕聰慧學者的極大興趣，例如 Eric Lenneberg、Robbin Battison、Ursala Bellugi、Noam Chomsky、Charlotte Bake-Shenk 以及 Bob Johnson。這些學者當中有許多人開始從事研究，進一步證實並強化 Stokoe 的研究；此舉也提升了學術界以及一般大眾對美國手語的了解和吸引力。

此作品對失聰兒童的教育造成深遠的影響，之後還有由兒童精神病醫師 Eugene Mindel 和我合著的（Mindel & Vernon, 1971）《他們在靜默中成長》（*They Grow in Silence*）一書。這本書由國家聾人協會（National Association of the Deaf）所出版；該協會認為此書表達了很多專家和聾人對美國

手語在失聰青年教育中的角色，以及美國手語用來促進家庭與失聰成員溝通角色之看法。

《他們在靜默中成長》一書的出版，以及美國和英國等學者的調查，例如 Richard Conrad、Kay Meadow、G. Montgomery、Ross Stuckless、McCay Vernon 以及 S. Koh，進一步指出使用手語和失聰青年溝通，可以提升他們的教育成就和心理適應（見 Mindel & Vernon, 1971 的文獻；Vernon & Andrews, 1980；以及 Moores, 2001a）。

透過來自教育、心理學、精神病醫學和心理語言學的新觀點，有不少口語派的學者，尤其是年輕的專業人員，已經開始重新考量手語在失聰兒童教育上的角色。在這個階段的很多場合，我在很多教師和行政人員面前，以清楚的資料呈現，談論使用手語和指拼法來配合口語和讀話的好處。而在演講後的相關座談，我都會有意避免討論有關使用手語的爭論。然而每當討論以及會議正式結束後，總會有一些在校內只准使用口語教育的學校行政人員以及教師來到我的面前，在沒有人看到的場合裡偷偷告訴我：「請您繼續做這個美好的工作」、「我同意您所呈現的資料」或是其他同樣心境的回饋。 *7*

經過一段時間，當優秀的年輕人以新的觀點進入教育失聰兒童的行業，這個領域的教育者對美國手語的接納度又會增加一些。事實上，今日人們覺得更有興趣也更重要的是討論有關雙語論、綜合溝通以及依據英語用法的手語系統之間的相對優缺點，還有口語和聽力在這些方法的角色，而不是爭論應該只使用口語或是兩者並用。

專業訓練

高立德大學除了有提供將來要在學校服務失聰兒童的心理學家以及諮商員的碩士學程，現在還有已被認可的臨床心理學的博士學程，以及心理學、社會工作、心理衛生以及輔導等研究所學程。在羅徹斯特科技大學內的國立聾人技術學院（NTID）已新增一個學校心理學研究所層級的證照方

案。聖地牙哥的加州專業心理學校有一些教授對失聰研究有所涉獵，正準備與幾位博士生從事失聰方面的研究。漸漸地，完成這些學程的學生有越來越多是失聰者。

有高比例對失聰者有經驗的社工師和一些博士級的心理學家將要深入心理衛生診所和醫院服務。此舉導致很多需要改進的服務，特別是使用這些機構失聰的成人患者。雖然如此，目前全美針對失聰住院病患提供服務的單位約只有十二到十五家（Schonbeck, 2000）。對於需要特殊服務的失聰病患而言，這是一個很低的數目。對於患有嚴重精神疾病需要住院治療的失聰青少年，目前幾乎完全沒有適合且恰當的住院看護（Willis, 1999; Willis & Vernon, 2002）。通常人們必須費時費力地在全國各處尋找服務失聰兒童的精神病住院病房。

專業協會

在 1970 年代，美國心理學家最重要的組織美國心理學會（American Psychological Association, APA），會內的心理學者開始倡導注意更多有關身心障礙者的議題，包括失聰的議題（Pollard, 1996）。此點也包含要改進讓聾人心理學家進入此組織的管道。聾人心理學家 Barbara Brauer 經過努力，成為「心理學和身心障礙專門小組」的一份子。身心障礙心理議題委員會是此專門小組的直接成果，經常有聾人心理學家參與這個小組。有幾次的委員會主席如：Tovah Wax、Allen Sussman 以及 Irene W. Leigh 等人都是聾人心理學家，他們致力於影響美國心理學會，使其更敏銳地注意到身心障礙者也是心理研究的多樣性之一。翻譯員已經規律地開始為聾人提供服務。此外，1994 年美國心理學會的「傑出心理學公益貢獻獎」得主Robert Pollard，是位為從事失聰研究的心理學家成立美國心理學會特殊關切議題部門的聽人先鋒。他和 Barbara Brauer 都是美國心理學會心理學公益委員會的一員，對美國心理學會的研究計畫有直接的影響。因此，失聰領域的心理學家越來越成為主流的一部分，而有越來越多關於失聰研究的論文出

8

現在協會的刊物以及會議議題中。

　　美國精神病醫學協會也有類似的轉變。這可追溯自 1970 年代，有些精神病醫師參與失聰研究，如 Kenneth Altshuler、Eugene Mindel、John Rainer、Franz Kallmann、Roy Grinker 等人，首次在精神病醫學的重要期刊和書籍發表有關心理衛生和失聰者的論文，這些論文皆頗具發展性。今日，美國精神病醫學協會也特別為研究失聰領域的精神病醫師提供研究通訊，由 Barbara Haskins 主編；此外近代的美國精神病醫學協會期刊也有臨床醫生的研究作品，例如 Annie Steinberg。

精神病學與心理衛生

　　在 1950 年代中期之前，一位晚期失聰的丹麥精神病醫師 V. C. Hansen（1929）發表了一篇論文，這是當代精神病醫學領域的論文中唯一探討失聰研究的論文。雖然韓森不懂手語，但是在 1920 年代他蒐集在丹麥精神病院中的三十六位失聰病患的資料。他指出若以丹麥失聰者的普及率而言，這些病患的數字是預估的十倍之多。他又發現失聰精神病患比聽人精神病患更傾向慢性疾病。例如，這些失聰病患平均住在精神病院長達二十年之久；幾乎三分之一（31%）的失聰病患並未接受診斷。這種情形可以理解，因為當時沒有醫院的醫護人員懂得用手語可以和這些失聰病患溝通。

　　在 1960 和 1970 年代，美國和歐洲的精神病醫學界對失聰領域的興趣突然大增。主要的研究者在美國有 Rainer、Altshuler、Kallman 和 Deming（1963）、Rainer 和 Altshuler（1966）、Grinker（1969）以及 Robinson（1978）。在英國，John Denmark（Denmark & Warren, 1972）也致力於類似的研究。在北歐，主要的研究者有挪威的 Terje Basilier（1964）和 Jørgen Remvig（1969, 1972）。這些和後期的研究在 1999 年的論文中有詳細的報導（Vernon & Daigle-King, 1999）。他們所從事的標竿研究具有深遠的影響力，提升了我們對失聰和心理衛生的知識，以及對失聰病患所獲得照顧的了解。

他們的主要發現是當精神病患被安置在一般醫院中，沒有任何醫護人員或治療師能以手語和他們溝通，這些失聰病人就會在醫院待得比一般聽力正常的病人還要久。最近有更多研究（Daigle, 1994; Trumbetta, Bonvillian, Siedlecki, & Haskins, 2001）指出，當心理醫師、精神病醫師、社工員以及醫護人員會打手語來為這些失聰病人服務，或是手語翻譯員提供他們日以繼夜的服務時，這些失聰病患在醫院待的時間就不會比對照組的聽人病患久了。由於 1990 年的《美國障礙者法案》以及其他公民法案已有立法要求，因此開始提供聾人手語服務的管道，專業人員對失聰領域也有所理解。然而，這些服務在美國仍只有少數幾州提供。協議裁決權（consent decree）曾被用來迫使各州願意遵守（Katz, Vernon, Penn, & Gillece, 1992）。

另外一個從被允許轉入精神病醫院的失聰病患所顯示的心理衛生症狀研究發現，這些症狀通常包括暴力或自殘的衝動行為，例如打架、攻擊家人、破壞物品、做出自殺的舉止等等。大部分研究都注意到失聰病患的腦部器官組織受損情形比聽人普遍；鑒於失聰的某些病因導致的結果來看，此現象可以理解。

除了紐約州的研究（Rainer & Altshuler, 1966）以外，早期的文獻並沒有報導過有關藥物濫用和心理疾病的雙重診斷案例。紐約的研究發現失聰病患的酗酒問題遠比聽人病患來得少。更晚近的研究（Guthman, Lybarger, & Sandberg, 1993 以及 Daigle, 1994）則指出藥物濫用和心理疾病二者合併發生，在失聰者以及聽人中都很普遍，但他們沒有提供特別的對照資料。

早期的許多研究指出，失聰精神病患有較多人也伴隨智能障礙。這些結果多半應歸因心理醫師以及精神病醫師的錯誤診斷（Pollard, 1994, 1996; Vernon, 2001），因此被認為是沒有效度的研究。Pollard（1994）指出診斷失聰病患的一些問題，尤其是當診斷者無法和依賴手語溝通的失聰病人溝通時，這使得我們對有些依照過去研究，所得到發生在失聰病患身上的各種心理疾病資料感到存疑。

失聰者通常在心理衛生系統中並未受到良好的服務，有少數民族背景的失聰者所受到的待遇就更糟了（Pollard, 1994）。在文獻曾報導過的精神病醫學研究中，極少有研究者注意到失聰者的種族背景和診斷分類之間的

關係（Leigh, 1999c）。

　　在這些精神病醫學的研究中，有一個結論是被普遍接受的：失聰病患心理病理學的類型和數量，以及這些失聰者在教育上遲緩落後和缺乏一般的知識，部分原因是由於手語在學校受到壓制，以及失聰者有限的溝通理解能力（Vernon & Daigle-King, 1999）。John Denmark 是英國的精神病醫師；他從小在啟聰學校長大，其父是該校的負責人；他強烈體認到失聰者在受教的過程中必須要使用手語。因此，除了在精神病醫學期刊的文章外，他也在教育刊物中發表他的觀點（Denmark, 1973）。

　　唯一一位從事大量有關失聰兒童研究的精神病醫師是 Hilde Schlesinger，　*10*
他與社會學家 Kay Meadow 一起作了一系列有關失聰兒童及其家庭的研究（Schlesinger & Meadow, 1972）。他們的臨床研究針對三個主要領域：手語的語言習得、比較失聰與聽常小孩的母子互動情形以及比較父母分別為失聰者與聽常者的失聰小孩。他們的結論是，爭論小孩應採取何種溝通方式是不利小孩的心理健康。因此他們建議採取併用手語法、口語法及讀唇來作為小孩的溝通模式。這個建議被今日實施雙語模式及綜合溝通法的教育安置所採用。

　　Schlesinger 和 Meadow 也發現當家人使用手語來和幼童互動時，小孩的語言習得發展會跟一般口語習得的小孩一樣。學習手語並不會干擾口語的學習，相反地，幼兒的口語和讀唇能力會因為學習手語而增加。此外，他們也觀察到，在同時使用口語及手語來溝通的家庭中，溝通的挫折程度會降低（Schlesinger & Meadow, 1972）。他們發現其他有關於失聰家庭的失聰兒童和一般家庭中的失聰兒童的個別優勢，其主要差異在於教育成就、家庭氣氛、成熟度及一些其他因素。

　　最後，很重要的一件事就是，失聰者住院和門診服務過去幾年在美國及歐洲已開始增加，大部分重要相關的研究都是在二十多年前就有了（Vernon & Daigle-King, 1999）。

聾文化

在過去十幾年來，一個有趣的心理學轉變已經產生了。今日，有些失聰者對於將失聰視為一種病狀有強烈的反應，這是很多影響所導致的結果。其一是主流社會對失聰者的壓制和排斥（Vernon & Makowsky, 1969），如同 Stewart（1972）在《紐約時報》撰文所強烈描述的「一群真正沉默的少數」。這種壓制現象顯現在拒絕失聰青年使用手語的權利（Lane, 1992; Mindel & Vernon, 1971; Vernon, 1969b）。另一個因素是大部分啟聰學校不准失聰者任教（Andrews & Franklin, 1996/1997; Vernon, 1970）。從來沒有失聰教育者擔任過啟聰學校的校長；即使少數失聰者，擔任行政職務，也只從事低階的行政工作（Vernon, 1970; Vernon & Makowsky, 1969）。失聰者被拒絕進入師資培育學程以及研究所就讀，即使在高立德大學這個提供失聰者高等教育的學府，也是如此。歧視的主要理由是因為聾人聽不到，無法強調構音訓練（Winefield, 1987）。

11   Harlan Lane 是一位語言心理學及語言學的專家，他在失聰的領域中主要扮演觀察者和歷史家的角色。他是位傑出的學者和麥克阿瑟獎得主，也是多產的作家。他因聾人受到社會以及同領域的專業人員不平的待遇而感到傷痛和憤怒；他很早就提出一個論點，認為聾人如果選擇和其他聾人互動並形成一個次文化，會和聽人文化在許多方面有所不同，但這不是一個病理學的現象（Lane, 1992）。此觀點支持了一位聾人語言學家 Carol Padden 的看法；她在 1980 年寫了一篇有發展性的文章，主張美國聾人文化的存在（Padden, 1980）；之後她和 Tom Humphries 合著了《美國的聾人：發自一個文化的聲音》（Daaf in America: Voices from a Cultuve）（Padden & Humphries, 1988）。Lane 在其作品中設立具說服力的論點，他使用充滿情感的文字來表達交織著聾人領袖以及聾人社會的情感和看法。許多聾人心中也埋藏著相同的多年信念，雖然他們從來沒有公開表達過。Lane 經常是好爭論的，他所說的假設也並不盡然都是事實（Moores, 1993a, 1993b; Lane,

1993），但是他以一種很深的信念來演講和寫作，不但對聲人具有深遠的影響，也引起和失聰者共事的年輕專業人士之強烈共鳴。

Lane（1992）尖銳地批判以「聲人心理學」為題的文獻。他嚴厲指責那些鼓吹聲人是不正常的、有缺損的以及有病的相關研究——那些研究經常根植於一些有問題的方法，而且沒有充分考慮許多可能影響研究結果的相關因素。他拒絕聲人心理學的存在，並指出沒有任何書或科學研究專注研究少數族群的心理學。雖然如此，了解失聰者的心理運作是很重要的。為了強調此點，檢視心理學和失聰之間的互動課程，例如標題為「心理學和失聰」的課程被納入培訓未來服務失聰者的專業人員的訓練課程之一。

Lane 激烈地批評此領域的專業人士。一言以蔽之，他認為專業人士對於失聰者自己的觀點和經驗並沒有顯出足夠的關切之情（Lane, Hoffmeister, & Bahan, 1996）。這批評有其價值，且非空穴來風，但是此觀點暗示所有這些專業人士對於他所說的控訴都是罪有應得，然而事實並非如此。Lane 對聽障領域的整體貢獻已經引導專業人士更敏銳地察覺到有需要去傾聽失聰者的心聲，並更仔細地檢視他們對失聰者的研究結果之意涵。

之前提過對於口語派的批評和挑戰，有助於引起失聰領域的兩大轉變。一個是美國手語的使用量增加，使手語成為標榜以綜合溝通或雙語法來教育失聰學生的學校和班級裡的一部分實務。另一個是有越來越多的機會提供給失聰的專業人士成為教師以及行政人員。

出自於希望提供失聰學生與聽人學生同等公平的機會，高立德大學的師資培訓方案在1960 年代初期就打開大門，讓失聰者申請入學（Moores, 2001a）。在 1970 年代初期，大部分大專院校仍然拒絕讓失聰學生進入師資培訓方案，但麥但以理學院（西部馬里蘭學院的前身）打開大門歡迎失聰學生入學，並提供他們手語翻譯員以及失聰講師。在 1970 年代後期以及 1980 年代初期，這所學院所培育出來的畢業生以及擁有執照的失聰教師，遠遠超越美國其他任何一所大學，包括高立德大學。此先驅性的努力，使大量失聰專業人士得以進入美國和加拿大的學校和教室中；他們也樹立一個模範，讓美國全國的失聰師資培育方案得以仿效。

所有這些變化的急遽升高點發生於 1988 年 3 月的一件大事。當時有一

12

位聾人心理學者 I. King Jordan 博士被提名為高立德大學的校長（Christiansen & Barnartt, 1995）。但是早在一個禮拜前，高立德大學的董事會已經選出一位國內知名的聽人婦女為高立德大學的新校長；他們的決定出於好意但卻有貶低人的意味，因為這位新校長既不懂失聰的事情，也不會任何手語。一百二十四年以來這所聾人大學的校長永遠是聽人，但是這一次，聾學生團體、聾教職員工以及聾校友們爆發了公開的反抗學潮，因為他們公正地認為這個任命對聾人的健全和能力是一種可恥的侮辱。經過一個禮拜的強烈抗議，在全國各電視台、報紙以及其他媒體的大幅報導下，結果有了很大的轉變；學校董事會打退堂鼓，改任命由 Jordan 博士為校長。

這次由聾人發起得到的勝利，給予「聾人驕傲運動」（Deaf Pride movement）很大的啟發；很多聾人認為他們是一群文化性的少數群體，使用手語溝通且主要與其他聾人互動。他們希望別人將失聰不只視為一種障礙，更視其為一種族群的差異（human difference）。

是否將失聰視為一種障礙，已經和「失聰是一種文化差異」的看法相抵觸。的確，很多失聰的文化層面，例如使用手語和臉部表情來溝通，有時會遺漏一些人際關係中的小細節，或公然引起他人注意等等，這些行為已經被社會大眾以及此領域的專業人士視為一種病狀，而不是像聾人所想的族群差異，反映出一種有效溝通的方式。然而，在某些方面，失聰的確是一種身心障礙。講到現實層面時，大部分的聾人了解也接受這個事實；他們為爭取在 1990 年《美國障礙者法案》、身心障礙者社會安全及收入津貼補助和 1978 年的《職業復健法案》的權利而戰就是例子。

我們要提出一點，就是聽人族群，包括專業人士必須強調和體認失聰者的才能和正向的觀點。就心理層面來看，鐘擺已經由往昔將失聰視為嚴重的病理學觀點轉回。從前把失聰視為一種嚴重的病症，以致 Alexander Graham Bell 在一篇由著名的國立科學學院出版他的文章上建議，應該以最嚴苛的優生學，透過遺傳和複製的限制，來消滅失聰障礙（Bell, 1883）。此舉可以佐證聾人在過去所面臨的處境和態度。我們可以理解他們渴望自己的文化受到尊重，渴望大家重視他們的能力，而不是只看到他們的限制。

結論

13

　　心理學家、精神病醫師以及心理語言學者扮演了重要的支持性角色，來改變社會看待失聰者及其文化的方式，而且提升聾人的能力，去體認到他們的潛能和要求更多的平等。在最後的分析中，這可能就是這些領域的研究對於聾人和重聽人士的心理衛生和福祉所做的最大貢獻。

建議閱讀的書目

Maher, J. (1996). *Seeing Language in Sign: The Work of William C. Stokoe*. Washington, DC: Gallaudet University Press.

　　《在手語中看到語言：威廉‧史多基的工作》，這本史多基的傳記，追溯他在高立德大學英語系的手語研究工作，以及有關他如何努力地將研究美國手語語言學結構的想法讓聽人和失聰者都能接納的年代大事記。

Morton, E., & J. Christensen (Eds.) (2000). *Mental Health Services for Deaf People: A Resource Directory*. Washington, DC: Department of Counseling, School of Education and Human Services, Gallaudet University.

　　《失聰者的心理衛生服務：一個資源資料庫》，這本手冊提供在美國和加拿大有關心理衛生服務的方案描述。以州別來歸類，此書提供主管和機構的名單、住址、電話號碼、服務類型、評鑑、費用、方案大小以及可資利用的程度，可向高立德研究學會訂購（Gallaudet Research Institute, HMB S-444, Gallaudet University, 800 Florida Avenue, NE, Washington, DC 20002。

第二章

聽損族群：一個多樣化的實體

現代聾人想表達的是一種文化的明確性、自我意識以及一種以手語為中心的形象，這是過去未曾反映在聾人自我形象上的。然而，從國內聽損族群的緊張程度反映出，對於「我們自己是誰？」這個問題，從來沒有停過：何謂美國手語？何謂聾人文化？我到底是聾人還是一般的失聰者？聾人彼此互問或問學者，也捫心自問。這些問題當然沒有答案，因為這些問題的本身，就是自我以及自我表徵之形象演變的產物。

——Humphries, 1996, p. 100

聽損族群（deaf community）有活躍的歷史。它提供聾人一個他們稱之 *16*
為「家」的地方，它是一個流動的、演變中的族群，我們把聽損族群和聾
人文化視為被醫療、聽力保健、心理學、社會科學及教育領域的專業人員
所看重的寶貴資源，同時它們也是聽常父母、失聰父母與失聰兒童的寶貴
資源。

本章目標

在本章中，我們提供人口統計資料來協助解釋什麼是聽損族群。我們
會顯示聽損族群在地理分布上是散居各地的、雙文化的，也是多元文化的。
我們會檢視醫療上和文化上的失聰者典範，並挑戰一般所認為被社會孤立
與被剝奪權力的失聰者的負面印象。當我們描述聾人文化——包含它的歷
史遺產、藝術以及文學、習俗以及價值觀時，我們建議讀者知道這些資訊，
因為這有助於了解與服務失聰者和聽損者。

失聰者

「聽損族群」是一個術語，用來代表一個非常分歧的群體，無論在人
口統計、聽力、語言、政治以及社會層面都相當分歧。有一些國際性、全
國性、區域性以及地方性的聽損族群，他們彼此分享及共事，都是為了達
成共同的目標（Van Cleve & Crouch, 1988）。聽損族群包含了聽人父母所
生的失聰兒童、聾人父母所生的失聰兒童、失聰兒童的聽人父母、失聰者
的配偶或生活伴侶、失聰者的手足、失聰者廣泛的家庭成員、失聰者的同
事、重聽者以及「口語」派的失聰者等（Singleton & Tittle, 2000）。「失
聰」（小寫的deaf）一詞，是用來表示一群無論有沒有使用聽覺擴音輔具，
但都因有聽力損失而無法單靠聽的方式來理解言語的人。相反地，「聾人
文化」一詞是用來指聽損族群內一群使用美國手語，並分享共同的信念、

價值觀、習俗及經驗的人（Padden,1980）。這些聾人不只包括聾人父母的後代；也包括一些出身於聽人家庭背景，但在成年、青少年或是更早時期就學習了聾文化的失聰者。

美國聾人（Deaf Americans），無論兒童或成人，和一般美國人一樣，是多樣種族的熔爐（2000 Census）。當我們說美國聾人是多元文化的，是指他們在很多方面都彼此不同，不只膚色或種族傳統不同而已。他們的差異遍及許多層面：身分、年齡、聽損程度、聽障成因、性別、居住地區、誕生的國家、偏好的溝通模式、語言的使用、視力的使用、科技的使用、教育程度、職業以及社經背景等等。最重要的是，很多聾人有其獨特的聾人觀點，通常這種方式被稱為「聾人的方式」（Deaf Way），這是依據他們的背景和經驗而形成的。

17

人口統計

據估計，美國約有兩千八百萬的人口是失聰者或聽損者（Blanchfield, Feldman, Dunbar, & Gardner, 2001），但我們很難有一個精確的估計。因為在定義「聽力損失」一詞時，眾說紛紜。此外估計時也有許多不同的資料來源，例如：自我陳述以及聽力檢查結果，包括最近新生兒的聽力篩檢統計。聽力損失的普及率大約是每一千位新生兒中有 1.1 人帶有先天感覺神經性的聽力損失。採用最近新生兒聽力篩檢方案資料的研究者，報導的數據是每一千位新生兒中有二到三位帶有聽力損失，因中耳炎而到醫院就醫的數目有二千四百五十萬人次，此疾病也是新生兒被帶往急診室最常見的原因之一。大約有一千萬的美國人因噪音或受創成為永久、無法恢復的聽力損失者。研究者報告指出人們越來越早有聽力損失的現象。目前，在三十五到六十歲之間的男性族群比以前更常有聽力損失的問題（Blanchfield et al., 2001; Fujikawa, 2001）。

在美國，六十五歲以上有聽力損失的人正在增加中，到 2015 年時，將到達將近一千三百萬人。在六十五歲以上這群人當中，約有 29.1 % 的人有

聽力損失；而十八到三十四歲的人，只有 3.4 ％的人有聽力損失。整體聽
力損失的盛行率，男性為 10.5 ％，女性為 6.8 ％，男性不論在任何年齡層，
都比女性更有可能在將來成為失聰者或聽損者，而且在十八歲以後，兩者
之間的差距會拉大。在成年人口群中，以聽力損失的普及率而言，未受高
中教育者多於已接受高中教育者。家庭收入越高，所有年齡層的聽力損失
率越低。一般而言，家庭收入少於一萬美元者，其成員發生聽力損失的比
率是家庭收入五萬美元以上者的兩倍（Blanchfield et al., 2001; Schein,
1996）。

　　據估計，全美約有七十三萬五千人帶有視力問題並伴隨先天或後天聽
力損失。同時有視障及聽力損失問題的人，代表一群極為異質的兒童及成
人族群，他們可能只有極輕微的合併視力和聽力問題，也可能是最極端的
完全盲聾者，而最快速增長且合併視聽雙障者的人口群就是年長者。

　　Schein（1996）報導失聰的整體盛行率如下：白種美國人 9.4 ％，非
裔美國人 4.2 ％，黃種美國人 4.2 ％。根據早期的推估，在二百萬有聽力損
失的非裔美國人中，有二萬二千人是極重度的失聰者（Hairston & Smith,
1983）。而在亞特蘭大及喬治亞所進行的研究，指出非裔的美國男童有先
天性失聰的比率最高，每一千人中就有 1.4 個（Van Naarden, Decoufle, &
Caldwell, 1999）。

　　大約有六萬亞裔／太平洋島的聾人居住在美國；其他數據指出有六十
萬亞裔／太平洋島的美國聽損者居住在美國（Christensen, 1993）。我們並
沒有拉丁美洲裔成年美國聾人的數據，但我們可以從國家的統計數字以及
學校年齡層的西班牙裔失聰人口推論，西班牙裔的美國聾人人口正逐漸增
加。

　　美國印第安人為數眾多的失聰者和聽損者居住於加州、奧克拉荷馬州、 *18*
亞利桑那州、新墨西哥州以及阿拉斯加州。引發失聰的美國原住民兒童導
致獨特的教育、語言與社交問題。例如，在不同部落中所使用的語言和方
言超過二百種，他們有很高的貧窮比率，能從高中和高中以上的學制中畢
業者算是少數。美國印第安部落之間，在文化價值觀、宗教及精神信念，
還有部落認同和發展維持等方面，都大異其趣（Busby, 2001）。在亞裔美

國人口類別中（如韓國人、日本人、中國人）以及西班牙裔人口（如墨西哥、波多黎各、南美洲、西班牙）也存在很大的差異。因此，對有色人種失聰兒童的教育、語言及文化等需求，要做一個簡單的歸納是不可能的。

　　相較於美國所有聽損人口的數目，推估只有四十萬的失聰美國人及加拿大人使用美國手語，並認為他們自己是聾人文化的一部分（Schein, 1996）。

　　以高立德大學研究機構的年度學齡失聰兒童調查資料來看，所有的失聰和聽損兒童大約有 60 ％到 65 ％接受特殊教育。由於人口移居的增加，學齡的失聰兒童人口統計資料將有極大的改變。

　　表 2.1 顯示從 1973 年到 2001 年，每十年為一期的三個時期，有色人種的失聰兒童大約每十年就增加 10 ％，且在 1995 到 1999 年這四年間，我們看到另外一個 10 ％的增長。在德州、加州以及紐約州，有色人種失聰兒童的數目已經超越白種人的失聰兒數目。西班牙裔的失聰兒童（大多是墨西哥裔後代），占了全國幾乎 22 ％的失聰學齡人口。這些有色人種的孩童進入一所州立住宿學校，或早年雖進入回歸主流安置，但後來當他們參加一個聾人俱樂部或聾人體育組織時（Stewart, 1991），會被同化進入聾人文化之中。

　　來自多元文化背景的失聰者通常必須生活在四個世界中：他們家人的世界、白人文化為主流的世界、聾人文化為主流的世界，以及美國拉丁裔、亞裔、非裔和美國原住民等世界。為了因應這些挑戰，有多元文化背景的美國聾人已經建立了一些全國性的組織，為來自不同文化族群的失聰者及聽損者倡導其權益。這些全國性的組織會在第十章中列出。讀者也可參考本書附錄的聾人組織網址一覽表。

不同觀點的標籤

　　從醫療界與聽損族群稱呼美國失聰者所使用的術語，可反映出他們所持的不同觀點。失聰者通常會區分第一個字母大寫的「聾」（Deaf）以及小寫的「失聰」（deaf）。「聾」表示與聾人文化或聾人世界有連結，而

表 2.1 從 1974 到 2001 年美國聾童的種族背景資料表 *19*

種族／ 民族背景	1973-74 (*n*=43,794)	1983-84 (*n*=53,184)	1993-94 (*n*=46,099)	1999-2000 (*n*=43,861)	2000-2001 (*n*=43,416)	百分比 變化
所有已知 資訊	41,070	52,330	46,099	42,738	42,603	
白人	31,115 76％	35,069 67％	27,779 60％	23,384 55％	22,992 54％	-22
黑人／非 裔美國人	6,407 16％	9,337 18％	7,935 17％	6,945 16％	6,757 15.9％	-1
西班牙裔	2,987 7％	5,720 11％	7,381 16％	8,903 21％	9,299 21.8％	+14.8
亞太島民	278 .7％	1,130 2％	1,760 4％	1,721 4％	1,681 3.9％	+3.2
美國 印第安人	177 .4％	297 .6％	312 .7％	370 .9％	350 .8％	+.4
其他	106 .3％	479 .9％	638 1％	692 2％	727 1.7％	+1.4
多元種族	未報導	298 .6％	294 .6％	723 2％	797 1.9％	+1.3*

* 1983～84 的百分比變化。

資料來源：1973-74 to 2000-01 Annual Surveys of Deaf and Hard of Hearing Children &
Youth. Washington, DC: Gallaudet Research Institute, Gallaudet University.
Reprinted with permission.

「失聰」描述的是醫療上或聽力學上的失聰。大部分的聾人文化成員喜歡
使用「聾或重聽的美國人」（Deaf or hard-of-hearing）一詞。他們不喜歡下
列的術語：聽覺障礙（auditory handicap）、殘障的（handicapped）或有缺
陷的（disabled）、聽覺損傷的（hearing-impaired）、聽覺殘障的（hearing-
handicapped）、聽覺缺陷的（hearing-disabled）或帶有聽力損失（having a
hearing loss）等術語，因為這些名詞只專注於障礙本身而不是他們是誰，
以及他們如何生活（Stewart, 1991）。這些醫學術語暗示失聰是一種需要
「矯治」或「修復」的狀況，此點被很多的美國聾人視為一種污辱。許多
聾人並不認為他們需要任何聽覺上的修復或治療，因為他們可以倚賴視覺

作為代替的溝通管道。而且，他們偏好將自己視為一種具有不同的語言及文化的族群，並像其他不同族群的美國人一樣，追求平等的溝通、教育及就業機會（Lane, Hoffmeister, & Bahan, 1996; Padden & Humphries, 1988）。

而在另一方面，專業人員常會使用一般性術語：「聽覺損傷的」，只有對 91 分貝以上或極重度的聽力損失兒童或成人時，他們才使用「聾」一詞。「又聾又啞」（deaf and dumb）以及「聾啞」（deaf-mute）在過去曾被用來稱呼失聰者，那時失聰兒童都被安置於收容所內。但是失聰者並非啞巴，他們可以說話和溝通，而且「收容所」一詞意味著一種照護智能缺損或心智有疾病的機構，而不是教育兒童的學校。

20　　　許多美國聾人喜歡依據溝通模式來做描述，例如，強烈的聾人（strong-deaf）、聾人（deaf）、文化性的聾人（encultured deaf）、口語派（oral）、聾—聾（deaf-deaf）、尊崇手語（high-sign），以及強烈的口語派（strong-oral）等。這些標籤反映出美國聾人有多樣的溝通模式：美國手語、英文式手語（English in a sign）、口語、書面模式或任幾種模式合併等。這些名稱提供了比「聽力損失」一詞更多有關溝通方式的訊息，但是他們還是無法針對個人的個別差異、情感、興趣、優勢、特別才能等，提供一個完整的描述（Corker, 1996）。

有一些聽力損失者並不認同這些常模以及聾人文化的信念（Stewart, 1991; Van Cleve & Crouch, 1989）。他們認為自己是「口語派的失聰者」（oral deaf）。雖然他們可能不會在公開場合使用美國手語或加入聾人文化組織，但他們會使用聾人社群能得其利的視覺科技，例如視覺警示器（visual alerting devices）、震動—觸覺儀（vibro-tactile devices）、文字電話（TTY，一種利用電話來提升視覺溝通的文字電話）、閉路字幕的電視（closed-captioned TV）、即時字幕（real-time captioning）、語音辨識軟體（speech recognition software）等等。其他還有聽覺的儀器，例如：助聽器以及輔助聽力措施（assistive listening devices），如聽覺迴路（audio loops）還有最近的電子耳蝸等。其他可作為溝通橋樑的溝通科技還包括：雙向呼叫器（two-way pagers）、電信轉接（telecommunication relay services）的服務、視訊手語翻譯服務（video interpreting services）、視訊會議（videoconferencing）、電子郵件（email）、即時通（instant messaging）（文字加上手語視訊）以及手持的手機（hand-held wireless devices）等。高立德大學的科技管道方案（Technology Access Program, TAP）研究聾人使用科技的可親性問題（參見 www.tap-gallaudet.edu）。

口語派的失聰者以及那些認同文化的失聰者，體認到他們共同的需求並彼此合作，成為聽損族群的一部分，或一起合作執行專案，例如文字電話宣導的事業以及推動聾人教育協會的師資證照標準。但這些族群看待自己的觀點都不同（Leigh, 1999b）。現在我們就來介紹這些觀點。

兩種模式

在大眾媒體中，有許多文章都曾以醫學／障礙以及文化／語言模式來解釋失聰的社會觀點如何抵觸和摩擦。然而，卻很少有題材描述每個模式如何影響美國失聰者的日常生活。

醫學或障礙模式

傳統有關失聰的醫學觀點對大多數的美國失聰者是重要的，例如，他們可能因為患有聽覺系統醫學方面的併發症而去醫院就醫（如耳垢堆積、感染、耳朵痛以及耳朵長瘤等），或是因為要做電子耳蝸手術而去找醫師。美國失聰者在某些生命的重要時刻，會使用聽力診斷服務來獲得有關教育服務的資格、職業復健、殘障補助津貼、視／聽輔具、翻譯服務以及《美國障礙者法案》和其他法規所提供的保護和服務。

醫師和聽力師的重點在於將聽力損失視為一種障礙，或須被檢測、治 *21* 療或利用手術及擴音來復健的病理狀態（Gonsoulin, 2001）。美國手語的使用者使用一個手勢，打在耳朵邊，來解釋以耳朵為重點時，他們所看到的。這個手勢，英文翻譯為「病理學模式」，包含了他們認為此醫學或障礙模式看法將許多限制加諸他們身上，因為此模式明顯地只注重他們能否

用聽覺來溝通，而不在乎他們也能經由視覺來溝通。然而，醫師、聽力師以及其他專業人士並不把此醫學／障礙模式視為是有限制的。他們以全人的健康為考量來看待聽力損失，因為很多聽覺失常（auditory disorder）同時也伴隨需要醫療處理與管理的相關問題（例如，血管、腎臟以及心臟疾病、神經和免疫系統障礙、前庭功能失常、梅毒、腫瘤、細菌以及耳蝸病毒感染、耳毒等）。當然，並不是所有的聽覺失常者都會罹患其他病症。很多美國失聰者儘管聽力受損，仍然擁有良好的健康。事實上，美國國家聾人協會——世界最大的聾人倡導組織，使用「福祉模式」（wellness model）一詞來強調失聰者能被視為是健康的（NAD, 2001）。

有越來越多失聰的成年專業人員參與剛出生嬰兒到兩歲幼兒的個別化家庭服務計畫（IFSP）或是三到十二歲兒童的個別化教育計畫（IEP）。州立住宿聾校如德州和馬里蘭州聾校，雇用失聰成人去輔導家長、提供手語教學，以及作為失聰者的模範角色。

許多美國聾人在意的是，當家長被告知各種聽障教養法時，卻未被告知有關手語和聾人文化能帶來的好處。他們視自己為聽覺復健計畫（在傳統上並未包括視覺成分，例如使用手語或其他視覺輔助來協助語言的習得）的最終產物。今日，此現象已有改變，越來越多的聽力師將手語融入其治療計畫，因為他們看到實證的研究證據，顯示使用手語並不會妨礙口語的發展（見 Wilbur, 2000 的文獻回顧）。

有些專業人員鼓勵家長將其失聰子女安置在公立學校，和聽力正常兒童一起上課，希望「協助」他們「克服障礙」並融入主流社會。然而，美國聾人卻把手語翻譯員、電視字幕、轉接服務、助聽器等僅視為獲取聽覺和視覺訊息的工具（Stewart, 1991），就如同聽人使用麥克風、擴音器和電話來獲取聽覺訊息一樣。此外，有些專業人員認為如果「沒有其他人如翻譯員來提供失聰者極大協助的話」，失聰者無法「在聽人世界中獨立生活」（Blanchfield et al., 2001, p.184）。相反地，失聰者把翻譯員的使用視為使其在聽人世界中發揮完全獨立的功能。舉例而言，只要有一位翻譯員協助，一位失聰律師可以完全參與其客戶的審判；一位失聰的博士研究員也可以輕易地參與團體討論，談論理論語言學或其他的學術領域；此外，當需要

22

使用醫師、律師、房地產代理人以及其他人士的服務時，聾人藉由翻譯員的協助，就不必依靠朋友或家人。這些都是不同的看法。

　　雖然醫學或障礙模式在對其關切整體的健康方面而言是重要的，但其主要專注的焦點僅在醫學及聽力學方面的介入。從許多美國聾人的觀點來看，此模式並未充分地考量他們早期的認知和語言需求以及社會認同的問題。這些人希望醫師、聽力師與語言治療師能了解聾人文化，並將資訊分享給家長和其他專業人員。Thomas Gonsoulin（2001）醫師要求他的耳鼻喉科醫師同事們能從哲學上思考這些不同的觀點，並保持和聾人成員的接觸；聾人希望醫學界能從一個多層面的社會語言或文化觀點來看待他們。

社會語言或文化模式

　　對很多失聰者而言，病理學、聽力損失的類型和程度，甚至開始聽力損失的年齡等，對他們在聽損族群中身為成人的方式所造成的差異是很小的。身為失聰者，與他自己認同為一個「完整的人」更加有關，包括他們共享的經驗、語言、文化、態度、彼此的社會義務、生活品質等問題，以及他們如何解決日常生活問題等（Padden, 1998; Padden & Humphries, 1988）。

　　雖然美國手語在聾人世界中具有很高的價值，但更寶貴的是失聰者所共享的經驗激勵了各式各樣的失聰者，包括口語族的失聰者，來了解此族群。聾人文化主要是經由美國手語的使用者來傳遞（Stewart, 1991）。許多聾人並不只使用美國手語；他們也使用「接觸手語」來和其他失聰者或聽人溝通（Lucas & Valli, 1992）。接觸手語是指用英語的詞序來表達美國手語的詞彙。

　　失聰者也會使用一種英語的手語系統或書面英語，以及如果可能的話，使用口說英語來和聽人朋友、家人以及同事溝通。因此，他們較常被描述是雙語的，或是兩種語言的使用者，而不是被描述為單語的，例如，只使用口語或是美國手語。*

---

* 雙語是指有使用兩種語言的能力，但不一定對兩種語言都有如母語的精熟度（Grosjean, 1998）。我們將在本書第七章談論失聰者的雙語議題。

在社會語言或文化模式中，手語被視為和口語一樣的自然語言。在此模式中，聾人和其他聾人的社交互動是被鼓勵與支持的。成年聾人被視為正面的模範角色而參與聾人團體，和其他聾人成為一個群體就是「和聾人合作」，一起來協力爭取相同的權利、機會與其他族群所享受到的權利（Jankowski, 1997）。在本章後面我們會進一步描述此社會語言或文化模式，討論聾人的歷史與遺產、文學、戲劇、藝術以及聾人研究。

信念系統

專業人員長期以來經常忽視視覺引導的重要性及其對失聰兒童語言學習的潛力，這是可理解的。因為這些專業人員都傾向著眼聽覺的處理與策略，包括擴音系統、電子耳蝸以及聽能訓練。視覺策略的運用一直要到發現語言發展遲緩了才會引介進入失聰兒童的生活。如果語言發展遲緩很晚才發現，提早透過視覺—空間管道進行早期語言習得的關鍵時期可能就這樣錯過了（Wilbur, 2000）。

當代的心理語言學家認為語言習得是一個雙重管道的活動，包括聽覺和視覺歷程。認知神經科學家和語言學家已經指出美國手語習得的年齡是很重要的。失聰兒童越早接觸手語，其認知與語言發展會越好（Corina, 1998; Mayberry & Eichen, 1991）。腦部的語言學習能力包括了聽覺和視覺的能力，只專注於聽覺的刺激並不能很一致地保證失聰兒童的語言習得。無疑地，不管有無聽覺擴音的輔助，有些成年失聰者已透過讀話的方式成功習得口說英語（Lang, 2000）。但是，也有些成年失聰者指出，他們單靠口語法來習得語言所遭遇的困難（Mindel & Vernon, 1971; Nover & Moll, 1997）。

一般而言，很少有專業人員了解聾人的日常生活（Gonsoulin, 2001; Lane et al., 1996）。大部分的專業人員很少和聾成人接觸，包括那些受過良好教育的聾人（Andersson, 1994）。因此，他們傾向描述聾人文化的成員是寂寞和孤立的，而不認為他們透過與聾人朋友互動而達成社交的滿足

（Stewart, 1991）。這是可理解的，因為失聰的人口在整體人口中算是少數。

　　因此之故，專業人員告訴家長許多成功成年失聰者使用替代的視覺溝通策略（例如打手語，不管有沒有聽覺策略輔助）的能力不足。通常家長必須自己去找出有關手語以及聾人文化的資訊（Christiansen & Leigh, 2002）。當家長得知這些事實時，他們的孩子可能已經成為青少年，為著無法精熟英語而掙扎奮鬥。然而，最近的證據指出，有比我們以前想像還多的家長正使用手語和他們的失聰兒童溝通（Christiansen & Leigh, 2002）。

　　失聰者閱讀程度的低落被歸咎於手語的使用以及就讀寄宿型聾校。實際的情況是，失聰者的英語熟練能力參差不齊；有許多州立聾校的畢業生其閱讀能力超群，但也有些在回歸主流的公立學校就讀的失聰兒童，其閱讀能力奇差無比，當然也有相反的案例（Marschark, 1993）。雖然一般而言，許多在十六到二十一歲之間離開學校的失聰青少年，其閱讀能力是在小三或小四的程度（Moores, 2001a），但是閱讀成就的低落不能單純歸咎於手語的使用或學校的安置類型；相反地，聾父母所生的聾小孩通常都持續處於使用手語的環境，而且通常比很少或未曾接觸美國手語的失聰兒童有更好的閱讀能力。無可否認地，閱讀能力的好壞，取決於很多複雜的心理語言學因素，我們將在第五章檢視這些問題。 *24*

　　相對於將聽損族群視為一個失敗者的天堂或是孤立、隔離的生活型態，美國聾人認為聾人文化是提供學習、成長與擴展他們興趣和嗜好的正面機會；是年輕失聰者的良師益友，特別是那些聽人父母所生的失聰青年，以及那些接受回歸主流教育的失聰者；發展友誼；透過地方性、全國性以及國際性的組織、機構等網路，拓展與聽損族群的連結；並且管理他們自己的事務（Stewart, 1991）。超過九十個國家的聾人已經成立正式的全國性與國際性組織，安排常態的活動，例如學術會議、藝術和手工藝的慶典、戲劇表演以及研討會等（Andersson, 1994）。1989 年，一個國際性的聾人文化慶典——「聾人的方式」，以演講、戲劇表演和聾人文化研究的專業發表，吸引了超過五千位來自世界各國的聾人出席（Erting, Johnson, Smith, & Snider, 1994）。在 2002 年的夏天，來自世界各地的聾人參加於華府舉辦的

「第二屆聾人的方式」慶典；在這個文化活動中，有很多的聾人戲劇、藝術、歷史與傳統、教育、語言學以及探討其他有關聽損族群問題的發表。不同於一般分離的觀點，這些組織的活動，都需要聾人與廣大社會裡的聽人，有不同程度的合作。

　　然而，失聰者處於主流社會中，並非都能成功。有些從未受過教育、未充分就業以及未就業的美國聾人，導致他們「不好」的生活品質（以聾人文化的行話而言）（Buck, 2000）。依據三套具有美國全國代表性的資料，Blanchfield 和他的同事們（2001）指出，在十七歲以上的重度與極重度的失聰人口中，有 44％未完成高中學業，而一般人則只有 19％。更有甚者，能自高中畢業的失聰者，只有 46％在一些大學就讀；相較之下，一般人為 60％；只有 5％的失聰學生能自大學畢業，而一般人是 13％。在另一項調查中，研究者指出就業方面比學業成就有更多「高才低就」的風險，而對進入基礎工作的一般大學畢業生而言，未按專長就業不再是一個嚴重的問題（Schroedel & Geyer, 2002）。無疑地，在此所提及的問題，有大部分因社會無法提供失聰者平等的教育和就業機會有關，或是上述失聰人士，因為種種理由而無法發揮其最大潛能。

　　溝通障礙的專家們可能認為聾人對那些強調口語和擴音需求的聽力師和語言治療師不感興趣。的確，有些聾人表達了他們的憤怒——在他們成長的過程中，一直被禁止使用手語；他們必須一直配戴對他們不太有幫助的助聽器，並且接受語言治療（Jacobs, 1989; Nover & Moll, 1997）。然而，仍有一些美國聾人因為聽語服務（包括助聽器和電子耳蝸）而受益，他們也很感激有這些輔具的協助。聾人對聽語治療有很分歧的意見，這受到個人經驗以及個人是否具有足夠的殘存聽力來受惠於這些服務的程度的影響。

　　聽力學、復健以及醫學方面的專業人員將用來協助失聰者溝通的電子設備，泛稱為「適應輔具」（adaptive devices）或「輔助的輔具」（auxiliary aides）（含視覺與聽覺），作為失聰者無法聽見的補救措施。以聾人文化的觀點言之，這些是增強的設施，不是補救措施。很多人士寧願將使用這些設施稱為溝通和發出信號的「視覺警示」與「電子設施」。這些設施包括了導聾犬、閃爍的信號燈、電視和電影的字幕、以電腦協助的筆記抄

25

寫系統、手語翻譯員、文字電話、網際網路、電子郵件、手持的無線呼叫器、視聽轉接服務等等。此觀點反映出很多聾人強調視覺溝通的重要性。

聾人文化：人類學的觀點

如同其他文化，聾人文化從人類學的觀點可視為一個有適應力的處理機制，透過聾人文化，聾人發展出一種語言，以滿足他們以視覺為導向的需求。聾人使用他們的語言來傳承社會常模、價值觀、語言以及科技給年輕的下一代（Van Cleve & Crouch, 1989）。雖然如此，聾人文化和其他文化相比，有相同點也有相異處。即使聾人在地理上分散於各城鄉（Schein, 1996），大部分的聾人住在靠近其他大部分美國聾人的地方，通常是靠近一所啟聰學校或大學，如位於華府的高立德大學，是全世界唯一提供聾人人文學位的大學，或是位於紐約、附設於羅徹斯特科技大學內的國立聾人科技研究院（NTID），而最近紐約市被美國「CBS 週日早安」節目稱為「手語城市」（2002 年 1 月 13 日和 20 日）。

在一些社區中，聽人學習手語以便將聾人市民融入他們的經濟、宗教以及社交環境的社群中。歷史記載在十八世紀時，有很多的聾人和聽人全部以手語互相溝通，一起居住在社區中，例如麻州的「瑪莎的葡萄園」、新罕布夏州的亥內克，以及緬因州的珊蒂河村落（Lane, Pillard, & French, 2000）。這些聽／聾互混的雙語社會也出現在其他國家，並被報導和記錄，例如小凱門島、瑞士一個名為愛恩的社區、賓州的藍卡斯特、宏都拉斯一個名為賈克的印第安人部落、西非迦納的阿達瑪洛布市、印度安得拉邦的剛塔區、英國的一個蘇格蘭部落、英國的猶太社區、以色列的文化單位、諾亞的一個馬雅族印第安部落、加勒比海內的小島村莊以及墨西哥的猶加敦馬雅族村等（Jankowski, 1997）。

價值觀和習俗

　　不同於其他文化的典型特色，美國聾人沒有自己的建築物和家具設施。雖然聾人的房屋常會有較多的閃光以及對聲音做出反應的視覺警示器（例如門鈴、嬰兒哭叫聲、鬧鐘鈴響）。他們更像美國的原住民、亞裔美國人或非裔美國人，都是居住在一個大文化中的少數族群（Vernon & Makowsky, 1969）。聾人文化擁有自己的民俗——包括依英文字母排列以故事呈現的詩文（ABC story-poems）、美國手語故事、故事和敘事集、文學、雙關語、謎語、玩笑、戲劇以及視覺藝術——提供他們一個將聾人經驗的情感表達出來的管道（Baldwin, 1993; Erting et al., 1994; Peters, 2000）。

　　很多不熟悉聾人文化的專業人士，通常對於聾人將聾人文化和聽人文化區分開來的做法感到困惑。在比較主流美國文化與美國聾人文化時，Stokoe（1989）描述要獲得重要與偶發訊息時，聾人是使用視覺，而不是使用聽覺來獲得。舉例來說，聾人使用手語，聽人使用口語。聽人使用電話和鬧鐘，聽損族群則使用文字電話、電子郵件以及閃燈或震動式鬧鐘等。這些都反映出不同的日常生活方式。

　　更多的基本差異是來自於兒童獲得他們不同文化的方式。一般而言，聽覺經驗在文化透過對話、社會規則和例行儀式、歌曲、詩文、收音機、電視、家族故事而傳遞的過程中扮演重要角色。聽人小孩由父母、老師、朋友以及周遭偶爾出現的談話來學習他們的文化，失聰兒童也嘗試用一樣的方式來學習。聽人可能會好奇為何有些聾人不將聽覺科技設備善用到極致？但這些聾人是以視覺的方式來了解周圍的事件；當他們將這些視覺經驗融入他們的視覺記憶中時，他們會使用這些視覺經驗來思考、溝通、解決問題，而這些通常都和其他人有關。

　　聾人在平常對話中比一般聽人使用較多的眼神、表情、手語的空間關係、身體的動作以及碰觸來表達。美國手語與手的運用被賦予高度的價值（Padden & Humphries, 1988）。聾人使用口語的意願大異其趣：有些人把

它視為一種限制、一種不讓他們舒適地使用自己的語言來溝通的限制（Padden & Humphries, 1988）；但也有些聾人很自在地使用口語，有許多聾人一邊打手語一邊以唇形「說出」英語。

聾人文化最強烈的特質之一，就是強調與其他有類似經驗的聾人之間的社會關係。用美國手語來說故事就是一種藝術；其主題通常和成功聾人的故事有關（Padden & Humphries, 1988）。其他價值包括介紹的方式：當聾人被介紹時，常須提及其出生地以及所就讀的學校（Padden & Humphries, 1988）。為聾人取個手語名字（name signs），則是聾人文化的另一個特色（Supalla, 1992）。

聽損族群的成員

有聾人父母的聾人

不像大部分人一出生就處於他們的文化中，擁有聾父母的聾人在聾人文化中是少數。聾父母所生的聾小孩通常從小學習美國手語、就讀聾人學校、參加聾人俱樂部、參加聾人郊遊，並且透過每日的經驗來學習聾人文化的價值（Padden & Humphries, 1988）。來自聾人家庭的聾人享有在聾人文化內的一個特殊地位，通常他們會成為聽損族群的領導者。例如，1988年的「我們要聾人校長」（Deaf President Now）學運中的四位學生領袖，都是來自聾人家庭，而支持此運動的多位教職員，也來自相同的背景（Christiansen & Barnartt, 1995）。

有聽人父母的失聰者

相較之下，大部分的失聰者來自聽人的家庭。即使他們完全是在回歸主流的安置下長大，但是當他們日後在學校遇見其他的聾成人、在夏令營

遇到其他年輕聾人、加入一個失聰者組成的運動隊伍、參加一個失聰者的俱樂部或教會、參加聾人文化的慶典或找到一個與聾人共事的工作時,他們開始接觸到聾人文化(Lane et al., 1996; Stewart, 1991)。他們也可能進入高立德大學或國立聾人科技研究院就讀,或者可能進入有聾人就讀並聘有手語翻譯員的大學或專科學校就讀。經由這許多方式,他們可以學習到聾人文化。很多失聰者在聾人文化中怡然自得,但也有些失聰者留在邊緣地帶;另外還有很多失聰者繼續留在他們認為舒適的聽人社群中。

聾人家庭中的聽人成員

有一群人雖不是聾人,但自認是聽損族群中的一部分,這些人包括嫁娶聾人的聽人配偶、有聾人父母的聽人以及聾人的手足。這些有聾人家庭成員的聽人通常會根據他們融入聾人文化的不同程度,而處於混合聾人和聽人的跨文化環境中,這一點很像那些活在雙語和雙文化家庭中的成員(Singleton & Tittle, 2000)。

在聾人父母家庭中長大的聽人小孩,在家庭和整個家族中都會涉及複雜的溝通、社會化以及文化的問題。身為聾父母的小孩,這些聽人小孩從小就學會美國手語,並依其家庭的興趣和背景,將聾人文化予以不同程度的內化或融注於心(internalize)。他們也學習英語,作為第二語言。例如,有人研究波多黎各聾人父母生下的聽人嬰幼兒——他們把波多黎各手語當作第一語言,把西班牙語當作第二語言(Rodriguez, 2001)。研究結果顯示,他們習得這兩個語言的時間歷程,和其他雙語兒童一樣(Pettito, 2000)。

28 聾人父母即使自身主要是使用手語,也會在手語之外再加上口語和聽人子女溝通(Rodriguez, 2001),如果這些父母來自聽人家庭,就更會如此做。聾人父母為了提升其聽人子女的口語發展,也會讓他們接觸聽人鄰居和親戚以及幼稚園的聽人老師和同學。這些人在雙語的環境下長大,也將兩種身分加以融會貫通,並學會在其間來去自如。從另一方面言之,如果聾父母只用口語來和其聽人子女溝通,這些子女長大後會更傾向發展英

語，以英語為他們主要的語言（Singleton & Tittle, 2000）。

通常這些聽人成員成為介於聾人家庭與聽人社會之間的「夾心人物」（go-between）。這可能是一個負擔，特別是對一個家有聾人父母的聽人小孩而言。有些時候，它可能是導致衝突的來源，因為聾人父母會依賴聽人小孩來擔任家庭翻譯員。然而透過最新先進科技的發展——例如電話轉接服務、傳真機、電子郵件、手持無線溝通設備以及電視字幕等，這些負擔較少見了。在成人期階段，有些聽人會離開他們的聾人傳統，在進入成人期時將之拋棄，永不回頭；但也有些人離開之後又再回去。

家有聾或聽人父母的重聽兒童

「重聽」一詞，指的是使用聽覺作為接收口語的主要管道的聽力損失人士（Vernon & Andrews, 1990）。有聾人父母的重聽兒童，很自然地會成為聾人文化的一部分。有聽人父母的重聽兒童，也可能屬於聾人文化的一部分，但要看他們接觸聽損族群的程度而定。這些重聽者大部分受教普通學校，但經歷語言發展的困難，很多情形和一開始就是極重度聽力損失者類似，尤其是語言期之前失聰者（在習得語言之前就有聽力損失）更是如此（Grushkin, 1998）。聽人家庭中的重聽兒童可能在高中或大學時遇到聾人同儕，並參與聾人球隊或俱樂部；特別是如果他們會使用美國手語，更能在聽人和聾人世界之間來去自如。他們通常會學到美國手語，作為第二語言；但也有些重聽者拒絕使用美國手語，因為他們不希望和打手語的聾人和重聽人士混在一起（Stewart, 1991）。

聾人養父母和養子女

很多聽人和聾人從美國、韓國、菲律賓、越南、中國、南美、俄國及波士尼亞等地正式收養或領養聾童。對一位聾童而言，能被一些對於聾人有關的心理、社會情緒、溝通、文化與教育等方面有所了解的聽人或打手語的聾人家庭所收養，是一件很有利的事情。在一個針對五十五位收養兒

童的聾人父母所做的研究中，一個主要的發現是：聾人在聽損族群中所得
到的社會支持，遠比他們從正式的服務提供者所獲得的支持還要強烈，主
要是因為無法溝通，加上社工人員不甚了解聾人客戶的需求（White, 1999）。
在此研究樣本中，聾人父母表達對其所收養的聾人子女有一種無條件視如
己出的感覺，包括對那些在安置時已經年紀較大而且帶有語言遲緩者。
White（1999）解釋這種聾人父母與聾人子女的組合，是收養安置中的最佳
拍檔。

29

　　如同其他跨種族的收養，聾人受領養者必須努力解決自己和收養家庭
之間的生理差異。聾人受養者可能在長大後想要知道更多有關他們自己原
生家庭以及祖國的事情。有關收養後人際結合以及身分認同的問題，再加
上聽力損失的混和因素，在受養者的青少年期與成人初期會變得特別嚴重。
我們需要更多的研究，來探討聾人受養者與其家庭的經驗（White, 1999）。

人生後期失聰者

　　根據估計，美國有超過一千萬人在十八歲以後就有聽力損失了；原因
包括疾病、噪音、腫瘤或其他原因（Fujikawa, 2001）。很多人因為對於口
語仍有記憶，就可以透過擴音或電子耳蝸受益。有些人可保持其說話技巧，
但因自己無法察覺發音狀況以及音量大小，而導致其語音不標準或有聲調
不對的現象（Vernon & Andrews, 1990）。後期失聰的成人可能會依賴讀
話。然而很多人會發現讀話令人疲累且不適當。如果溝通適應的問題未獲
解決，生涯與家庭生活的扭曲改變是在所難免的。很多後期失聰的成人也
學會了美國手語，將其視為第二語言或使用口手語並用的溝通方法（邊打
手語邊說話）。後期失聰人士使用多少口語或多少手語，存在著很大的差
異，這要依他們的社會網絡以及工作而定。有些後期失聰人士由於讀話困
難，覺得手語好用，而和聾人有更大程度的連結。也有人會進入聽損族群
且樂於參與和聾人聯誼的俱樂部和體育競技球隊（Stewart, 1991）；有些人
選擇不參加，他們反而喜歡和聽人溝通；也有很多人會加入一個支持性的
團體，稱為後期失聰成人協會（ALDA），參見本書後的附錄，有其網址

介紹。

盲聾者

依據盲聾者的病因以及聽力和視力開始損失的年齡，他們會有不同的溝通喜好，這些人士可能使用擴音設施、電子耳蝸、放大設備以及點字；但也有些人使用手語。例如，患有尤爾斯症（Usher Syndrome）的盲聾者（這是一種遺傳狀況，會導致失明），可能一出生就聾，直到長大都是使用手語。而在另一方面，一位年邁者逐漸喪失其聽力與視力，可能就使用助聽器與放大設施。而聽損族群可能因為懼怕和偏見，會躲避盲聾者；這是可理解的，因為聾人仰賴視覺溝通，他們害怕失去視力。美國盲聾人士有他們自己的學會、組織以及期刊（Duncan, Prickett, Finkelstein, Vernon, & Hollingsworth, 1988），他們也有自己的適應科技。特殊的設備包括帶有降低螢幕閃爍的桌上型及筆記型電腦、點字輸出設施、語言輸出設施、文字放大程式、閉路電視、大字體或點字守護者、震動或閃光的警示系統、大型印刷字體的文字電話、增音電話或大型按鈕的電話機、點字電話、電腦化的點字筆記抄寫措施，以及放大措施等等，不一而足。《河湖出口處的蘭花》（*Orchid of the Bayou*）是位盲聾婦女所寫的動人回憶錄；她成長於路易斯安那州，由於尤爾斯症，她在成人期喪失了視力。此故事也讓我們得知 Cajun 人（美國阿拉巴馬州西南部和密西西比州毗鄰地區白人、印第安人和黑人混血的後裔）罹患尤爾斯症的比例較高（Carroll & Fischer, 2001）。

30

種族的差異

失聰的美國人像聽力正常的美國人一樣，在其種族背景、性別、不同的生活型態（同性戀和女同性戀）、身心障礙及許多其他方面，都有差異（Christensen, 2000; Erting et al., 1994; Lane et al., 1996; Leigh, 1999c）。最近有色人種的美國聾人所寫的自傳以及傳記，已提供了一些洞見，讓人們

了解在雙重甚至三重次等身分下成長的情況。舉例來說，Mary Herring Wright 是一位非洲裔的美國聾人婦女。她在十歲時失聰，說出她在 1920 年代種族隔離時期進入北卡盲聾學校就讀的故事。Wright 指出當時看到學校對白人學生的禮遇，設備完善且充足，相較於她的非洲美國學校，她感受到沉痛的不公平待遇（Wright, 1999）。

　　將聾人聚在一起的文化趨力也創造了聾人世界中的種族偏見。聾人跟聽人一樣，經常歧視其他膚色、性別傾向、性別、身心障礙或年齡等和他們不同的聾人（Gutman, 1999; Lane et al., 1996; Stewart, 1991）。由於沒有適當的教育以及對資訊獲取的有限管道，加上「要正常」的社會化影響，使得有些聾人無法忍受群體差異，也因此他們像大多數的聽人一樣，反對「多重次等地位」（multiple minorities）（Erting et al., 1994）。

聾人文化的傳承

　　除非是聾人家庭，大部分的聾人文化是透過和同儕的社會化互動來傳承（Meadow-Orlans, 1996; Padden & Humphries, 1988）。而傳承的開始，可以溯及小學或晚至中學。它常常發生在住宿型的聾校內，聾人文化透過聾同學以及聾成人的互動，非正式地引進；或者是透過正式的聾人文化科目，讓學生了解。此傳承也可以經由聾人刊物和聾人的報章雜誌，或聾人俱樂部、體育團體、教會、政治組織，以及聾人慶典活動和其他活動（Jankow-ski, 1997）。

31　　聾人文化也可以透過組織來傳承，例如美國手語教師協會（American Sign Langauge Teachers Association, ASLTA）、國立聾人兄弟會（National Fraternal Society of the Deaf, FRAT）、字幕媒體方案（Captioned Media Program, CMP）、美國聾童協會（American Society for Deaf Chbildren, ASDC）、美國啟聰教師會議（Convention of American Instructors of the Deaf, CAID）、全國失聰者服務教育行政人員會議（Conference of Educational Administrators of Schools and Programs for the Deaf, CEASD）、美國國家聾人協會、美國

五十州的州立聾人協會、聾人藝術、聾人劇團、聾人體育團體以及組織（Stewart, 1991）、聾人宗教團體，以及聾人休閒嗜好團體等等。

　　聾人文化傳承的紀錄，可以在形成自己族群的聾人歷史文件中找到，其作用在減少孤立和建立一個展現他們自己價值和信念的系統，保存手語，記錄他們成就的編年史，以及傳承聾人文化。這些文件紀錄通常可以在聾校的創校史以及有關爭論口語和手語溝通問題的文件中找到相關的描述（Gannon, 1981; Van Cleve, 1993）。有些作者企圖以編年史方式記錄一段時間內聾人經驗的歷史，並將一些事件放入更寬廣的歷史脈絡中。例如，在 1900 年代早期對手語的鎮壓，可以從達爾文主義和進化論的時代背景中理解；在這些理論的帶動下，導致一般人認為手語粗糙，不如口語（Baynton, 1993）。1991 年，第一屆國際聾人歷史學術會議（International Conference on Deaf History）在高立德大學舉行；此後的會議也持續吸引學者來參加，啟迪我們更多有關聾人的歷史。

　　文化也可以透過文學來傳輸。美國聾人的文學包含了詩集、故事、劇本、口語敘事以及拍成電影和錄影帶、光碟、影碟的故事；它們反映出身為聾人的雙文化觀點（Cohn, 1999; Peters, 2000）。聾人文學是美國手語的故事，代代流傳為民間故事或聾人傳說。聾人文學也可以是用英語寫出的故事或詩集，例如 Robert Panara 等人的作品（Peters, 2000），或者透過手語來表現文學的改編版，例如莎翁的戲劇或詩。也有一些是以有趣和有意義的方式運用美國手語的語言成分，創造新穎、複雜且充滿詩意的形式，例如下列作者的美國手語詩：Dorothy Miles、Ella Mae Lentz、Clayton Valli、Patrick Graybill、Debbie Rennie、Peter Cook 以及 Jim Cohn；還有下列作者的美國手語故事：Ben Bahan 如：《一隻不同羽毛的鳥》、Sam Supalla（《尋求體面的生活》）以及 Charles Katz（1994）所寫的《VisMa 民俗故事》，以英文記載有關聾人教育的歷史。

　　聾人文學也包括了表演藝術，例如在戲院和電視演出的戲劇和默劇（Baldwin, 1993）。在《空中的圖畫：國立聾人劇院的故事》（*Picture in the Air: The Story of the National Theater of the Deaf*）一書中，Steve Baldwin（1993）描述從 1959 到 1993 年間，國立聾人劇院（NTD）的歷史。美國

早期的聲劇團包含了各地聾人俱樂部內的週末小喜劇、模仿秀，以及手語詩和手語歌的表演。透過聽人和聾人的合作，撰擬申請補助的計畫案，國立聾人科技大學於 1965 年在康州的瓦特福得市的歐尼爾戲院成立；它已成為一個走遍全世界的多功能旅遊劇團。《我的第三隻眼睛》（*My Third Eye*）是一齣原創的戲劇（1971-1972），展現從聾人的觀點來看人生的範例。此劇有很多聾人和聽人角色互換的戲。聾人公司成員為此劇寫稿、導演，以及設計舞台背景和戲服。

聾人演員也在戲劇、電視、肥皂劇、電影和商業節目中表演。1975年，聾人演員 Brian Kilpatrick 以及聽人演員 Charles St. Clair 合創了位於俄亥俄州內克里夫蘭市的「費爾蒙特聾人劇院」。此戲院有許多創新之舉：雙語和雙文化的娛樂表演；為其他觀眾撰寫劇本；在預演前聘用專業翻譯員來準備美國手語和英語劇本；將一個打手語的聾人演員以及說話的聽人演員結合來飾演同一角色；以及和當地的電視台合作，宣傳他們的作品。這些原創作品探討聾人與聽人不同文化間的衝突、中世紀時期對聾人的逼迫、在戲院裡同時使用手語及口語的創新觀念，以及美國手語在馬戲表演場的創新使用（Bangs, 1987）。在 1990 年代此劇院更名為「手語舞台戲院」（SignStage Theater）。更晚近時，在洛杉磯有「聾人西方戲院」的設立。它是由一位聾人演員兼導演——Ed Waterstreet 所設立的；他得到一大筆聯邦經費，用以提升其藝術以及訓練聾人和重聽的演員。

在 1950 和 1960 年代的電視節目中，聾人角色都是聘請聽人演員來扮演。那時聾人都被扮演成「啞巴笨蛋」、「啞巴騙子」或完美的「讀唇者」。最近聾人演員才有機會扮演聾人的角色。從電視肥皂劇到電視連續劇，以及兒童表演節目，例如《芝麻街》等，聾人演員都在節目中表現出他們獨特的角色。在聾人演員抗議使用聽人來飾演聾人角色的歧視現象後，角色分派和劇本寫作都隨之改變了。在 1980 年代左右，電視節目開始探索聾人的複雜性（Schuchman, 1988），也教導更多有關聾人文化的事情，例如透過霍瑪（Hallmark）電影的電視節目《愛永不沉默》（*Love is Never Silent*）。而電視連續劇《聾人馬賽克》（*Deaf Mosiac*）是由高立德大學的 Gil Eastman 和 Jane Wilk 所製作，傳達給一般大眾有關聾人文化和聾人的

珍貴訊息。這個電視節目的主題包括聾人收養、聾人組織、電視表演節目
（如《卡納和來喜》、《芝麻街》、《愛永不沉默》）中的片段，聾人在
電影、戲劇、電視以及舞蹈節目的角色，以及訪問著名的聾人等，如電視
和廣播名人 Nanette Fabray 和 Rush Limbaugh 都曾現身在電視媒體，公開討
論他們的失聰問題。所有這些節目都可提高一般大眾對聽力損失的體會和
了解。

　　透過聾人的眼睛所見，以視覺渲染的經驗來呈現的藝術，啟發了聾人
和聽人觀眾。有一個特別的作品類型稱為「聾人觀點／意象藝術」（Deaf
View/Image Art），是由聾人畫家所發展；他們使用藝術來表達聾人經驗的
文化觀點，包括使用手語，以及使用助聽器或接受說話訓練的困難處。支
持聾人觀點／意象藝術的聾人藝術家會善用型態的元素，例如：對比的顏
色、強烈的顏色，以及結構。這個藝術型態專注於臉部的特質，例如眼、
嘴和耳朵（Erting et al., 1994）。

　　西北大學和國立聾人科技大學一直都有旅行藝術展覽，讓聾人藝術家 *33*
得以展現其作品。很多住宿型的聾校也展示聾人藝術家的雕刻、油畫、木
刻以及素描。

　　聾人藝術家也創造了很多視覺作品，例如雕刻、木刻畫、肖像畫、油
畫、木雕、攝影、野生生物藝術、科學繪圖、商業藝術、風景畫、乾燥畫、
蝕刻畫、剪影、民俗藝術以及建築。在《聾人遺產》（*Deaf Heritage*）一
書中，Jack Gannon（1981）列表提供這些聾人藝術家的詳細名單，以及他
們主要作品的由來和介紹其主要的作品（Lang & Meath-Lang,1995）。聾人
學者也針對有成就聾人藝術家撰寫其傳記（Lang & Meath-Lang,1995），以
及從殖民期到近代，聾人藝術家和他們作品的詳盡歷史（Sonnenstrahl,
2002）。

聾人研究學程

　　聾人研究（Deaf Studies）的學術領域將有關聾人的歷史和傳統、政
治、美國手語文學、藝術以及戲院的研究整合成一個學科。聾人研究著重

於保存聾人的歷史及傳統。已逝的 Fred Schreiber 是美國國家聾人協會的執行長，說出下列的聲明：

> 如果聾人想在我們的時代中向前走，他們必須對自己以及他們的能力有更佳的了解。他們需要一些具體的實例，讓他們知道聾人做過的豐功偉業，以便他們能夠期許自己有一個光明的前景。如果我們能從事非洲裔美國人研究、猶太人研究，為何我們不能來個聾人研究？（Schreiber, 1981）

聾人研究的大學學位學程已在波士頓大學、北橋脊（Northridge）的加州州立大學（CSUN）、高立德大學，以及麥但以理大學（前身是西馬里蘭大學）成立。聾人研究鼓勵學生以「全人」的觀點來看待聾人，而非專注其聽力損失。在此研究中，學生可以發展新的理論和觀點，來解釋聽損族群多樣性的特質（Datz, 1999）。聾人研究的課程也可以在其他課程以及學門中找到，例如教育、翻譯員訓練、職業復健、社會工作、心理學、護理學、特殊教育等。大部分的手語課程也會納入聾人研究的部分（Katz, 1999）。

聽損族群

探討當地聽損族群歷史研究的文章從未被刊出。聾人在許多探討文化的歷史性描寫中都被邊緣化了。這些文章偏向針對少數高度教養而晚期才失聰的失聰者，而非聽損族群中一般的市井小民。因此，我們對於一般「聽損族群的一部分」的意義，很少能有完整的看法（Katz, 1996）。

34 歷史顯示，聽損族群都出現在有聾校和聾教會的地方。例如，新英格蘭高立德協會創始於西元 1853 年，當時是美國聾人學校的校友返校團聚時刻。很多聾人組織在住宿型聾校以及聾人宗教組織中以不同的形式誕生。聾人牧師（如德州畢爾蒙特市的 Reverend James Fair 牧師以及羅馬天主教

Tom Coughlin 神父）在提供聾人宗教服務方面也扮演了重要的角色。他們將聾人聚集在一起，使其形成獲得宗教教育與團契分享的社群。

有一份歷史性的研究提供一張小照片，讓我們了解德州畢爾蒙特市的小型聽損族群是如何形成的。此研究也可能代表美國國內其他小型聽損族群的形成過程。在畢爾蒙特，當地的聾人俱樂部、一所學校以及一間教堂組織共同將聾人聚集在這個小族群中；透過州內和國內組織、美國國家聾人協會以及美國聾人體育協會（American Athletic Association of the Deaf, AAAD），他們也提供連結網絡給聽損族群的成員（Katz, 1996）。Katz 發現，當聾人俱樂部中活躍的成員年老，以及當年輕的成員離開本地前往高立德大學求學而不再回鄉時，聽損族群的成員就會萎縮；此點反映美國國內各地的趨勢。新一代的年輕聾人不像早期老一輩的聾人，他們較少出現在聾人俱樂部和其他聾人朋友交流新聞、想法、手語以及故事。隨著使用字幕電視、字幕電影、文字電話、攝影機、電子郵件、手持無線溝通系統、轉接服務與回歸主流人數的激增，小型的宗教和地區性的聾人俱樂部在美國國內已漸漸消失。然而，聾人和重聽人士族群之社會心理觀點的保存和發揚仍將繼續存在，他們只是以其他的方式來呈現：如家庭娛樂、年老聾人的市民組織、體育競賽、聾人慶典活動、校友會，以及電子通訊等會議（Erting, Johnson, Smith, & Snider, 1994）。

結論

不管聾人的種族、膚色、種族地位、宗教、性別、社經背景、生活形態、文化傾向、溝通模式以及語言使用、聽力狀況、教育背景，以及溝通科技的使用，美國失聰者生活在兩個世界：聾人與聽人世界。根據他們自己的家庭背景、教育經驗以及所溝通的對象，很多美國失聰者使用各式各樣的溝通方式和語言。

聽損族群的成員有時能融入聽人世界之中，有時卻被排除聽人世界之外。當聾人和聽人在一起，卻沒有翻譯員或字幕的協助或無法理解聽人說

話的內容時，他們就是被「排除在外的」（"excluded"）；從另一方面來
看，當聾人擁有適當的聽覺與視覺管道，透過科技與手語翻譯員，來和職
場的聽人同事或家中的聽人成員溝通時，他們就是「融入其中的」（"in-
cluded"）。同樣地，如果他們了解他們的同儕，不管對方是口語或手語
族，他們就是被接受而非被排除的。在日常生活中，失聰者使用不同的
溝通模式 ──不管是手語、口語、書面語、科技輔具或是綜合各種方式，
來妥協這些差異和緊張；此點很像聽力正常的雙語／多語和多元文化者，
他們在兩種或更多的語言和文化中，視其需要來轉換語言（code-switch）
（Grosjean, 1998）。

建議閱讀的書目

Bahan, B., & S. Supalla. *ASL Literature Series*.

　《美國手語文學系列》（包括兩個經典聾人經驗故事的六十分鐘錄影帶）
　Ben Bahan 的寓言《一隻不同羽毛的鳥》，係探討在一個老鷹家庭中的一隻，
　鳥的差別。老鷹家庭沒有接受小鳥的不同，採用一個病理學的方法來撫養這
　隻與眾不同的小鳥；對很多聾人而言，是一個熟知的歷程。Sam Supalla 的《尋
　求體面的生活》，描寫一個男孩尋找聾人認同的故事。他從聽人家庭中逃離，
　走向一個旅程，向他的家庭、聽損族群以及世界證明他自己。（www.dawnsign.
　com）

Beck, D. (2000). *Deaf Peddler: Confessions of an Inside Man*. Washington, DC:
Gallaudet University Press.

　《聾人攤販：一位從事此行業男士的告白》，美國國家聾人協會譴責攤販，
　因為這種謀生方式增強了一般人認為失聰者找不到工作的負面印象。Dennis
　Beck 透露他如何利用他的失聰來輕易賺大錢的內心故事。他提供了他一生作
　為聾人攤販的記事和歷史。以作為讓未受教育人們賺錢的一種方法。對聾人
　和聽人攤販的工頭來說，Beck 顯示聾人工作者是如何容易地受到傷害，也為
　美國社會中乞討的文化現象提供了一個吸引人的研究。

Chuck Baird 35 Plates. (1993). San Diego, CA: Dawn Sign Press. (www.dawnsign.

com)

《喬科・貝爾德的三十五件作品》，聾人藝術家Chuck Baird受學校和大專的委託從事壁畫、油畫和立體木雕。他的主題範圍從聾人主題的政治藝術到融入手語來畫動物和物體的異想畫。此書包含了他的三十五幅彩色畫，也加上了他的生平簡介。

Lang, H., & B. Meath-Lang (1995). *Deaf Persons in the Arts and Sciences*. Westport, CT: Greenwood Press.

《藝術和科學領域內的聾人》，作者提供了數百位的美國聾人在藝術和科學方面成就的傳記。

Ogden, P. (1992). *Chelsea: The Story of a Signal Dog*. Boston: Little, Brown.

《Chelsea：導聽犬的故事》，Paul Ogden寫了一個有關他和他最好的朋友（他的狗Chelsea）之間愛的故事。Chelsea是受過訓練的狗，能對手語做出反應，並對主人警示環境中的聲音。經由本書，Ogden寫出在日常生活中聾人所遭受到的障礙。

第三章

一切從何處開始？

失聰並不代表沉寂，它並不是任何一個簡單的字或詞所可描述的，而是包含了很多不同的情境。

——Ogden, 1996, xi 頁

　　對多數人來說，失聰是從診斷的那一刻開始，也就是聽力損失被鑑定 　*38*
的那一刻。大家對這個過程的反應和一般文化對失聰的看法有關。基本上，
這些看法包括了一個概念，也就是「沒有聲音就沒有人際關係、無政府、
沒有平等的存在、沒有知識的跡象」（Brueggemann, 1999, p.106）。對於
很少接觸失聰者的那些人而言，聲音就是生活，而沒有聲音就是人類關係
的死亡。因此，當父母親知道他們的孩子被診斷為失聰的時候，他們會非
常地悲傷；而原本聽得到聲音的成人，發現他們聽到聲音的能力減少時也
會感到難過。事實上，在診斷之後，生活仍然是完整的，但是父母和其他
人，需要許多時間去了解這個事實。

本章目標

　　這一章是在解釋為什麼病理學很重要，並且概要敘述失聰的主要成因。
我們將討論遺傳訊息的快速發展和遺傳諮詢對於失聰者及聽人的啟示，讀
者在讀了這一章之後，將會了解整個診斷過程的心理動力學，而這個過程
會以失聰者及聽人父母的反應為焦點。父母在子女被診斷之後，要渡過一
個困難的時期，這段時期父母親面對著很關鍵的一些決定，包括聽力學、
溝通以及教育介入等，所以在這個時期，敏捷的專業人員為家長提供適當
的服務是件非常重要的事。

聽力損失的原因

病理學的重要性

　　如果一個人聽不到聲音，這意味著他的耳朵、聽神經或是腦部並沒有
依照它被設計的角色去執行功能。很多原因會影響聽覺的能力，而這些病

因對於失聰兒童以及成人的心理發展和功能是有關聯的。例如說，若一個孩童生下來有聽覺，但是在兩年後因為罹患了脊髓腦膜炎，而造成聽覺、視覺以及平衡的問題，這個孩子心理層面的經驗，會與一出生就失聰且雙親皆失聰的孩童不一樣。很多的失聰成人其心理層面多少都受到聽覺的影響，並且也受到生理或者是神經方面的影響。

39　　了解到病因及其潛在後果，會和環境互動，也會影響兒童的發展，就有助於架構建設性的聽力學、語言與教育的方法，一旦有了這樣的體認，就可以促進心理的調整與教育的進展。因此，區別診斷非常重要。而如果醫療史中包含了一些有關聽力損失、其開始年齡和其他相關因素的訊息，對於區別診斷會很有幫助。最終而言，不管病因如何，對於失聰兒童來說，他們在創建以及教育方面的需求通常很複雜、很廣泛，而且需要長時間投入（Diefendorf, 1996）。

　　在討論失聰成人的時候，我們通常觀察的是感覺神經性聽力損失的人，也就是指聽力損失發病的部位在內耳，或是聽神經（比較少見），或是這兩個部位都包括在內的人（Martin & Clark, 2000）。感覺神經性聽力損失可以是先天性的（從一出生就開始），也可能發生在出生後的任何時間。通常失聰兒童的診斷時間會有一些延誤，特別是當病因並不是很清楚的時候（Pal Kapur, 1996）。這些兒童在兩歲以下，他們的聽力損失以及診斷的時間會有落差。醫生必須要回溯一些因素，例如家族史、病史以及聽覺功能異常的部位，以便下診斷。有時候有好幾個可能的原因造成聽力的問題，例如家族有失聰的遺傳，以及母親在懷孕的過程中感染到引起聽力損失的疾病。通常造成聽力損失的原因是不明的，但是最近的證據顯示遺傳因素非常重要，至少有 50 % 的病因和遺傳因素有關（Marazita et al., 1993; Williams, 2000）。

　　醫學因素會影響發生率。例如，德國麻疹在 1960 年代中期大流行，導致當時失聰者的人口大量增加。疫苗及醫學的發展不但減少了某些特殊情形，如 Rh 因子以及德國麻疹等併發症（Pal Kapur, 1996）所造成的聽力損失發生率，但是也增加了聽力損失的發生率，因為它使得嬰兒的存活率提高，尤其是早產的嬰兒；例如，抗生素幫助人們從腦膜炎存活，但是卻造

成這些人的聽力損失（Chase, Hall, & Werkhaven, 1996）。

　　這一章我們將簡短地介紹造成失聰的不同原因，並藉此呈現這些病因的複雜性，以及對於發展中的兒童在心理和教育方面的可能影響。

失聰主要的非遺傳因素

感染　德國麻疹（Rubella, German measles）一般是沒有傷害的，只有當懷孕的婦女感染德國麻疹病毒的時候才有傷害。通常懷孕的母親並不知道自己已經被感染了，因為感染後明顯的症狀很少（出疹子、發燒等）。雖然德國麻疹在懷孕的不同時期都可能會對胎兒有所影響，但是主要的影響通常是發生在懷孕的前三個月。入侵的病毒會侵犯胎兒的組織，並減少細胞的分裂，其損傷可能出現在發展中的耳朵、眼睛、腦部以及心臟等部位。大約有 60-80 ％的嬰兒有聽力損失（Meyerhof, Cass, Schwaber, Sculerati, & Slattery, 1994），並且出生後聾且盲的嬰兒比率也很高（Moores, 2001a），學習障礙以及其他神經方面的問題也可能會出現。上一次的德國麻疹大流行發生在1964 到 1965年間，當時美國有一萬二千個嬰兒出生後有聽力的問題（Trybus, Karchmer, & Kerstetter, 1980），之後一個有效的防疫系統出現，快速地減少了西方世界母親感染德國麻疹的發生率（Pal Kapur, 1996）。在 1960 年代或是更早之前出生的美國失聰成人有較多的人因為這樣的疾病而造成聽力損失；近年來因為這個疾病所導致的聽力損失就減少了很多。 *40*

　　通常，因為德國麻疹而導致失聰的兒童及青少年，他們在學業上的表現不比其他失聰兒童好。德國麻疹群的平均智商是 95.3，顯著地低於一般失聰兒童的平均智商 100（Vernon, 1969a）。更明確地說，德國麻疹群的智力功能有較高的機率會比較差，雖然，有些人的智力高於平均或是更高。比起其他的失聰者與聽損者，德國麻疹的失聰兒童通常有比較多的殘存聽力（Hardy, Haskins, Hardy, & Shimizi, 1973）。但是，他們中有些人沒有辦法從擴音系統中得到幫助，由其他病因而造成聽力問題的人，雖然聽力損

失比較重，但是卻可以聽語音聽得比較好。雖然聽覺訓練和發病的年齡對結果會有影響，但是，因為德國麻疹病毒對不同個體聽覺機轉的影響不同，以致要預測殘存聽力可能有何種潛在的好處並不容易（Vernon & Andrews, 1990）。

就語言和溝通而言，相較於同樣是先天性聽力損失而且智商相同的兒童，患有德國麻疹的失聰兒童有較高的可能在語言處理方面遭遇較多的困難（Vernon & Andrews, 1990）。自閉症在這群兒童中的發生率也比較高，但是，也有一些德國麻疹的兒童，他們的語言技巧非常好。另外一點是和心理功能有關係，多數出生前就感染德國麻疹的失聰兒童，其表現都在正常的範圍內，而且終其一生都沒有特別的困難。研究確實也指出這群兒童有衝動、分心以及固著性等行為問題，但是發生率並不是很普遍（Vernon, 1969a）。

巨細胞病毒（Cytomegalovirus, CMV） 是疱疹病毒的一種，最近被發現是先天性病毒所導致的聽力損失中最常見的一種（Schildroth, 1994; Strauss, 1999）。這種病毒非常普遍，成人中有 44％的人曾經得過這個疾病。除非是懷孕，感染後通常只會造成輕微的症狀，病毒在懷孕期間通過母體經過胎盤傳給胎兒，或是胎兒在產道中受到病毒的感染，或是透過母體餵哺或是透過口水讓嬰兒感染。在開發中國家，這樣的疾病發生率可能更高（Pal Kapur, 1996）。

CMV 在兒童身上的症狀和母體懷孕感染病毒的時間有關，可能的症狀有：出生時體重過低、早產、頭部小、過高的顱內壓、痙攣、智能遲緩、黃疸、皮膚上有出血的區塊，以及內臟異常（Strauss, 1999）。約每四萬個受到 CMV 感染的嬰兒中，出生時有 CMV 症候群的新生兒，30-60％會有聽力損失的問題，而沒有 CMV 症候群的新生兒，6-24％可能會在幼兒期有漸進性的聽力損失（Meyerhof et al., 1994）。有高達 10％受到 CMV 感染的新生兒，後來可能會有不同程度的認知、行為、心理動作以及其他神經的問題，例如過動、運動失調、動作笨拙（Strauss, 1999）。Schildroth （1994）的報告指出在 CMV 症狀的失聰兒童中，有顯著且較高比例的兒童有智障、腦性麻痺、需要整形、學習障礙、行為問題、視覺損傷（包括

41

盲）。情緒問題可能漸進發生或者後來才出現。由於晚發性的聽力損失是可能的，全面性新生兒聽力篩檢對於 CMV 這群兒童來說，只能夠偵測出不到一半的聽力損失兒童（Fowler, Dahle, Boppana, & Pass, 1999）。未來持續的聽力評量對於這組嬰兒非常重要。

其他會造成聽力損失的病毒　包括單純疱疹病毒（herpes simplex virus）以及人類自體免疫不全病毒（HIV）。一個針對沙烏地兒童聽力損失病因的調查顯示，有很多兒童的聽力損失是由於感染了單純疱疹病毒而造成（Al Muhaimeed & Zakzouk, 1997），單純疱疹病毒對於嬰兒的影響就如同受到CMV感染的母親所生的嬰兒（Dahle & McCollister, 1988；引自 Chase et. al., 1996）。雖然有HIV的兒童比起沒有受到感染的兒童，似乎有比較多的中耳疾病發生率，但是感覺神經性聽力損失的可能性還是存在（Chase et al., 1996）。感染HIV的兒童也可能是發展性和接收性語言遲緩的高危險群，他們可能也伴隨著動作和認知的問題（Madriz & Herrera, 1995）。

腦膜炎　是腦部的薄膜受到感染所造成的疾病，病毒性腦膜炎偶爾會導致失聰，但是，細菌性腦膜炎卻是造成失聰的主要原因（Chase et al., 1996; Pal Kapur, 1996; Stein & Boyer, 1994）。有趣的是，因腦膜炎而導致聽力損失，遺傳可能是其中一個因子（Collins, 2001）。腦膜炎症候群通常會造成顱內壓的增高，這是由於分泌物的累積、阻塞、血管破裂、全身性出血所造成。這些症狀除了可能會造成生理或生物化學方面的異常之外，還可能導致嚴重的神經心理後遺症（Vernon, 1969a）。由於年紀比較大的兒童會使用語言將他們的症狀表達出來，例如頭痛或是頸部僵硬，因此可以在疾病變得更嚴重之前就被診斷出來，並且用疫苗來做治療（Epstein, 1999; Stein & Boyer, 1994）。因此，自從有了疫苗之後，年紀較大兒童失聰的發生率就減少了。

　　嬰兒與幼兒腦膜炎可能會拖延到症狀比較嚴重時才被診斷出來，例如孩童變得遲鈍、痙攣或者是發高燒，等到疾病拖到比較後期，如果兒童存活下來，有很高的機率會有聽力損失以及腦部功能受損的情形，大約有高達 40 ％的兒童會有聽力損失（Stein & Boyer, 1994）。細菌性腦膜炎的孩童，重度到極重度感覺神經性聽力損失的發生率大約是 5-10 ％（2001 年 9

月 6 日與 J. Niparko 之討論）。得過腦膜炎的兒童，其聽力損失程度是造成失聰的所有病因中，最為嚴重的（Vernon, 1967）。如果助聽系統的幫助不大，植入電子耳蝸可能有所幫助（如果可以在耳蝸鈣化前就把電極植入）（Ng, Niparko, & Nager, 1999）。語言的發展也可能因腦傷造成失語症而受到影響，雖然有很多的個別差異存在。至於行為問題，例如，過動、衝動、控制能力差、容易分心等，都是可能的後遺症。如果前庭系統也受到損傷（前庭系統掌管平衡感），得過腦膜炎的兒童，其開始行走的能力可能會被延緩。

先天性住血原蟲病（congenital toxoplasmosis） 是一種寄生的感染，多半是由於貓的便盆處理不當、或是觸摸到貓經常接觸的土壤，例如遊戲場。先天性住血原蟲病通常只發生在婦女懷孕期間，或者是她們的免疫系統不佳（Chase et al., 1996）。患有先天性住血原蟲病的嬰兒中，大約有 30 ％可能會有一些下列的症狀，包括黃疸、腦水腫、大腦鈣化、畸形小頭、動作和智能遲緩、眼睛持續的創傷（eye scarring）、癲癇。盛行率的研究指出，受到感染的兒童大約有 15-26 ％可能有不同程度的聽力損失，穩定型與漸進型的都有（Pal Kapur, 1996; Stein & Boyer, 1994）。區別性診斷有其困難度，因為這種異常也發生在孕期其他疾病的症狀中，尤其是由 CMV 所引起的疾病。聽力學方面的追蹤是被建議的，因為有可能出現漸進型的聽力損失。藉著早期診斷，醫療處置可以減輕一些症狀（Stein & Boyer, 1994）。

新生兒紅血球母細胞過多症（erythroblastosis fetalis） 一般熟知的名稱是 Rh 因子，新生兒紅血球母細胞過多症是由於母親與胎兒的血液不相容所造成，它會導致胎兒出生後的聽力損失。過去曾經是聽力損失的主要原因，但是目前已可控制，控制的方式是讓擁有 Rh 陰性因子的母親用 Rh 因子免疫劑，以及讓擁有 Rh 陽性因子的新生兒出生後接受換血。患有 Rh 因子新生兒紅血球母細胞過多症的兒童中有 70 ％以上也併有其他的疾病，例如腦性麻痺、協調失常、痙攣以及語言問題（Vernon & Andrews, 1990）。

耳毒性藥物　耳毒性類別的藥物可能會引起一些症狀，包括聽力損失、耳鳴、失去平衡或者是眩暈（Pappas & Pappas, 1999）。在使用氨基配醣體類抗生素（aminoglycosides）藥物的時候必須要特別小心（是一種特別的抗生素，包括了鏈黴素〔streptomycin〕、健大黴素〔gentamycin〕和新黴素〔neomycin〕等）（Chase et al., 1996; Martin & Clark, 2000; Pappas & Pappas, 1999），根據McCracken在1986年的研究顯示，在一千三百個接受氨基配醣體類抗生素治療的嬰兒中，發現有聽力損失的人不多。但是 Pappas 和 Pappas 在1999年指出，根據聽力測驗去診斷幼童是否有聽力損失是很困難的。此外，並不清楚究竟是疾病本身還是治療這個疾病的藥物造成了聽力損失。通常，用耳毒性藥物治療疾病，是為了要拯救病人的生命。不幸的是，使用了氨基配醣體類抗生素藥物之後導致了聽力損失的這些病人，通常他們的基因也容易發生聽力損失（如 Fischel-Ghodsian et al., 1997）。

　　近幾年來，一些可能造成先天性及早發性聽力損失的新原因被鑑定出來，包括母親在懷孕期間喝酒或者是吸食古柯鹼（Gerber, Epstein, & Mencher, 1995），這些藥物有造成嬰兒發展遲緩的可能性。胎兒酒精症候群（Fetal alcohol syndrome, FAS），其發生率大約在每一千個新生兒中就有兩個。Church、Eldis、Blakley 和 Bawle（1997）以二十二個有 FAS 症狀的病人做研究，初步發現77％的受試者因耳朵不斷地受感染，而有間歇性的傳導性聽力損失，27％有感覺神經性聽力損失以及傳導性聽力損失，55％有中樞性的聽力問題。其他的問題還包括智能遲緩、語言異常以及臉部異常。這一群孩子在學習、行為與情緒方面的問題也經常被發現。

　　有吸食古柯鹼歷史的母親可能會導致一些不同的後果，包括出生窒息、聽覺損傷以及行為方面的問題（如過度敏感、哭聲音調很高、對於視覺或聽覺訊息的方向辨識能力很差）（Gerber, Epstein, & Mencher, 1995）。這些都有待未來更多的研究，去探討酒精和古柯鹼對於胎兒的影響。

早產　把早產視為導致失聰的一個因素有其爭議性（Moores, 2001a）。部分的原因是，早產還會伴隨其他會失聰的情形，例如耳毒性藥物、腦膜炎，或是其他先天性失聰因子（Vernon & Andrews, 1990）。但是，研究中也發

現早產的嬰兒 10％有感覺神經性聽力損失（所謂早產的界定是出生體重低於 3.3 磅）（Chase et al., 1996; Pal Kapur, 1996）。對於早產以及足月出生的嬰兒來說，出生過程中的缺氧以及外傷都有可能不只影響到聽力，同時也影響到視力、認知以及神經的發展。雖然醫療的進步使早產兒的存活率提高，但是也帶來了多重障礙的危險性。

噪音型聽力損失　人口中患有聽力損失的人大約有 36％是由於暴露於吵雜的噪音而造成聽力損傷（Einhorn, 1999）。暴露於噪音中所導致的聽覺損傷是長時間逐漸形成的，通常在小孩子身上比較少發現噪音型聽力損失。

失聰的遺傳因素

　　聽力損失者失聰的原因若不明，有很大的可能是遺傳所造成。到目前為止，大約有 50-60％或更高比例被診斷為聽力損失的兒童，其失聰成因是遺傳因素（Marazita et al., 1993; Willems, 2000）。因為有四百多種遺傳性的失聰被辨識出來（Gorlin, Toriello, & Cohen, 1995），因此要說出造成遺傳性失聰的特別類型有些複雜。另一個複雜的因素是，通常得到遺傳性聽力損失的兒童，是他們整個家族中唯一的一人，因此要辨識其聽力損失的成因很困難。所幸最近所發展的遺傳檢測程序已經改善了這種情形（Willems, 2000）。與聽覺機轉有關係的基因，其生物化學和分子特性，以及多種類型的遺傳性失聰所呈現的臨床效應，近幾年來我們對這些方面的了解都有很好的進展。而這些新知識的實際運用，改進了遺傳檢測，也提供了失聰者和他們的家屬更好的遺傳諮詢（Arnos, 1999）。

44

　　三分之一的遺傳性失聰是症候群型，也就是除了聽力損失之外還包括了其他醫學或生理病狀（Willems, 2000），其餘三分之二則是非症候群型，也就是只有聽力損失。換句話說，多數有遺傳性失聰的人所遺傳的只是聽力損失。

失聰的遺傳傳遞

　　人體的每一個有核細胞裡都含有一組得自遺傳的 DNA（去氧核醣核酸）（Arnos, Israel, Devlin, & Wilson, 1996），當細胞分裂時，這種生化物質所組成的染色體，就存在細胞核中，每一個細胞的細胞核裡都有二十三對（即四十六個）染色體。其中一對染色體叫作性染色體；女生有二個 X 染色體，男生有一個 X 和一個 Y 染色體，每一對性染色體都是各從父親與母親遺傳而來。

　　每一個染色體都是由成千上萬的基因所組成，基因提供了生化指令，來安排身體的發展。決定耳朵的結構和功能的數百種基因，並不是單獨存在於一個染色體中，而是分散在所有的染色體內。在聽覺路徑上的任何一個單一基因一旦有所改變，或是身體其他部分的基因有所變化，就會導致一些生理現象的呈現，包括單純的聽力損失，或是伴隨其他症狀的聽力損失。

　　遺傳性失聰的類型很多而且都很特殊，有的是在一出生就發生，有的是在出生後，甚至在三、四十歲或更晚期才出現（Gorlin, Toriello, & Cohen, 1995）。最近，一些研究顯示，某些類型的失聰可能是由於特殊的基因和環境因子互動產生的結果（Usami, Abe, & Shinkawa, 1998）。

　　因為染色體是成對的，因此控制某種特性或功能的基因也是成對的，分別從父親及母親各得到一個（Arnos et al., 1996）。每一對染色體的其中一個來自母親的卵細胞，另一個則來自父親的精子細胞。因為母親與父親各貢獻一個染色體，因此也各貢獻了一個基因。在遺傳的類型方面有四種組合：體染色體顯性遺傳、體染色體隱性遺傳、X 性聯隱性遺傳、粒腺體遺傳。

體染色體顯性遺傳　　當某一種特質的顯現只需要一個基因，這種遺傳就是顯性。顯性遺傳的特質通常（而非總是）從父親或母親中的一人得來，約占遺傳性失聰的 20 ％（Marazita et al., 1993）。如果父母親二人皆無此種

特質，表示在精子和卵子結合後的細胞分裂過程出現了突變（基因改變）。
體染色體的意思是指基因位於二十二個體染色體的某個染色體上（或稱非
性染色體）。如圖 3.1 所示，有顯性遺傳性失聰的人，通常只有一個失聰
基因，另一個則為正常聽力基因，因此這個失聰基因傳遞給每個子女的機
率是二分之一，而前一胎的孩子，其聽力狀況並不會影響下一胎的孩子，
因此每次懷孕都有二分之一的機率生出遺傳性失聰的孩子。如果雙親都各
帶有一個顯性的失聰基因，其子女有 75 ％的機率會是失聰者。在某些家庭
即使每一個成員都有失聰的基因，其聽力損失程度也不一定相同，從輕度
到極重度都有，而出現的年齡也不見得一樣。這種現象叫作不同的呈現
（variable expression）。甚至有些家庭的成員可能有失聰的基因，但是並
沒有出現聽力損失，這種現象被稱做減弱的傳遞（reduced penetrance）。
這兩種現象（不同的呈現與減弱的傳遞）在顯性遺傳的症候群型失聰以及
非症候群型失聰都可能發生（Arnos et al., 1996），就症候群型失聰而言，
同一個家庭的成員，伴隨著聽力損失出現的生理與醫學特徵可能因人而異。

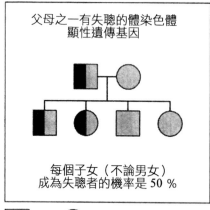

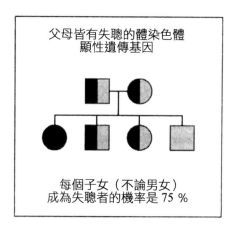

男性 ◯女性

圖 3.1 失聰的體染色體顯性遺傳

資料來源：M. Vernon and J. Andrews, *The Psychology of Deafness* (New York: Longman),
p. 23.

體染色體隱性遺傳　在被鑑定為遺傳性失聰的個案中，有 80 ％是體染色體隱性遺傳（Marazita et al., 1993）。為了顯現這樣的遺傳特質，每個人必須要從父母各得一個隱性基因。就如同圖 3.2 所顯示，父親和母親都聽力正常且都各帶有一個失聰基因，每次懷孕，有四分之一的機率（也就是 25％）所生的孩子會是失聰者。因為多數隱性遺傳的聽力損失都是非症候群型，因此，如果一個家庭裡只有一個成員有這樣的聽力問題，會很不容易診斷出其隱性遺傳的特質。但是，這樣的情形因為近來的發現而有所改變，一些遺傳檢驗可以檢測出常見的遺傳性非症候群的失聰基因（Willems, 2000）。如果父母親中有一個人失聰並且是隱性基因造成，而另一方聽力正常但帶有相同的隱性基因，那麼他們的子女有 50 ％的機率會是失聰者。　*46*
雖然有很多聽力正常者帶有隱性的失聰基因，但是父母雙方必須都攜帶相同的隱性基因，其子女才會有 25 ％的機率為失聰者。

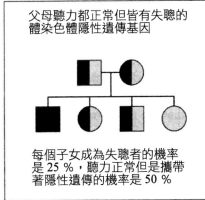

男性　⚪女性

圖 3.2　失聰的體染色體隱性遺傳

資料來源：M. Vernon and J. Andrews, *The Psychology of Deafness* (New York: Longman), p. 23.

近幾年來，connexin 26 的鑑定顯示出非症候群型的失聰在基因方面的研究有很大的發展（Arnos, 2002; Denoyelle et al., 1997）。這個基因提供基

因碼給蛋白質，可幫助內耳在其支持細胞之間形成小孔（讓一些小分子和化學物質進行交換）。到目前為止，研究者已經辨識出 connexin 26 基因有超過五十種以上的突變（Van Camp & Smith, 2001）。而 connexin 26 的變化因為形式不同，因此聽力損失出現的時間以及進展也不同。其中有一種比較常見的突變占了這種基因異常的 70 ％（Arnos, 2002; Green et al., 1999）。而多數因為 connexin 26 基因變化所導致的失聰通常是隱性遺傳的特質；也就是，如果某個案從父母親各遺傳一個 connexin 26 的基因，這個個體就會失聰。據估計，connexin 26 基因的突變至少占了先天性中度到極重度聽力損失者的三分之一（Arnos, 2002; Green et al., 1999）。如果個案的兄弟姊妹失聰，但父母親聽力正常，那麼 connexin 26 基因的突變大約占了50-80 ％（Denoyelle et al., 1997）。connexin 26 的突變以顯性的方式傳遞比較少見（Van Camp & Smith, 2001）。在一個家庭中，如果父母親失聰，子女也都失聰，那麼很有可能父母親都各有兩個隱性的 connexin 26 突變，但是突變的類型不見得一樣。比起其他遺傳型失聰複雜的基因測驗，connexin 26 基因突變在分子上的特性，使得檢測容易很多（Arnos, 2002）。很多的基因實驗室基於研究或臨床的需要，都有提供 connexin 26 的檢測。

X 性聯隱性遺傳　在遺傳性失聰的失聰成因中，約有 2-3 ％是由 X 性染色體上的基因所造成（Marazita et al., 1993）。如圖 3.3 所示，一個在 X 染色體帶有隱性失聰基因的女性通常聽力正常（Xx），而她所生的每個兒子都有 50 ％的機會遺傳到這個 X 染色體而成為失聰者（xY）（Arnos et al., 1996）。而她生的每個女兒則有 50 ％的機率成為隱性失聰基因的攜帶者（Xx）。如果父親的失聰是因為性聯隱性遺傳造成，那麼他的女兒們 100％都聽力正常，但是帶有性聯隱性遺傳基因；兒子們的聽力則是都正常，且不帶有性聯隱性遺傳基因，因為父親遺傳給兒子的都是 Y 染色體。

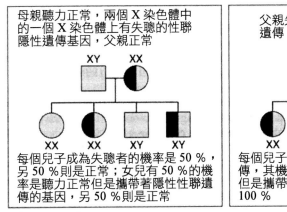

母親聽力正常，兩個 X 染色體中的一個 X 染色體上有失聰的性聯隱性遺傳基因，父親正常

XY　　XX

XX　XX　XY　XY

每個兒子成為失聰者的機率是 50 %，另 50 %則是正常；女兒有 50 %的機率是聽力正常但是攜帶著隱性性聯遺傳的基因，另 50 %則是正常

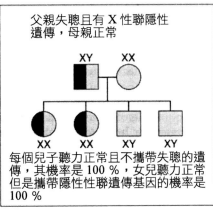

父親失聰且有 X 性聯隱性遺傳，母親正常

XY　　XX

XX　XX　XY　XY

每個兒子聽力正常且不攜帶失聰的遺傳，其機率是 100 %，女兒聽力正常但是攜帶隱性性聯遺傳基因的機率是 100 %

□男性 ○女性

圖 3.3　失聰的性聯隱性遺傳

資料來源：M. Vernon and J. Andrews, *The Psychology of Deafness* (New York: Longman),
　　　　p. 23.

粒腺體遺傳　這類遺傳涉及粒腺體，它是細胞內的微小結構，其細胞質中含有一個環狀 DNA，可以產生供細胞活動的能量。粒腺體的傳遞是透過母親的卵子傳給下一代，而與父親無關。研究已經發現某些比較罕見的失聰型態，起因於粒腺體的突變（Van Camp & Smith, 2001）。此外，近來的研究顯示粒腺體基因突變與環境因子的交互作用，可導致聽力損失。例如某些個體在使用低劑量的氨基配醣體類抗生素之後，喪失了聽力，顯示出粒腺體 DNA 基因的突變（在本書稍早的耳毒性藥物章節提到過）（Fishel-Ghodsian et al., 1997）。　*48*

帶有失聰症狀的遺傳症候群

　　下面將會討論一些常見的遺傳症候群。這些症候群被選出來是因為它們較常發生，因為它們代表一些與心理有關聯的情況，或是因為它們會造成一些比較嚴重的後果，如果能被鑑定與了解，就有可能進行一些適當的

治療。

Branchial-Oto-Renal 症候群（BOR） BOR 症候群目前被鑑定為常見的一種體染色體顯性遺傳的失聰型態，極重度失聰兒之發生率約 2 ％或更少（Smith & Schwartz, 1998）。常見的症狀包括畸形的外耳，耳朵上有皮膚的垂疣，耳朵前方有凹陷，脖子上有小洞，腎臟異常，傳導性、感覺神經性或者是混合性聽力損失（Gorlin, Toriello, & Cohen, 1995; Smith & Schwartz, 1998）。BOR的個體可能有一種或多種的症狀，這就是前面所提到的顯性基因不同的呈現。鑑定出這些個案是很重要的，因為還必須要仔細地篩選其家庭成員是否有相同問題，並且提早鑑定出可能的腎臟疾病。

Jervell and Lange-Nielsen 症候群 Jervell and Lange-Nielsen症候群是一種體染色體隱性遺傳，除了會造成極重度先天性聽力損失，還伴隨有心臟的問題，而心臟的問題可能導致一年中數次或一天中數次的昏倒（Gorlin, Toriello, & Cohen, 1995），也可能發生猝死的狀況。因此，早期的鑑定對於心臟異常的治療十分重要。帶有這種基因的父母親也被列為心律不整的高危險群（Smith, Green, & Van Camp, 1999）。任何一個有昏倒歷史的失聰孩童都應該被轉介去做遺傳或心臟的檢查評估（Smith, Schafer, Horton, & Tinley, 1998）。

神經纖維瘤第二型（Neurofibromatosis Type 2） 神經纖維瘤第二型是一種遺傳的雙側聽神經瘤，或是一種出現於第八對腦神經或其他腦部區域，因覆蓋細胞（許旺式細胞，Schwann cells）而造成的良性腫瘤（MacCollin, 1998）。此症候群是屬於體染色體顯性遺傳，其基因已被鑑定出位於第二十二號染色體上。相關的症狀包括漸進性聽力損失、平衡與走路的失衡、眩暈與耳鳴等，可能在兒童時期、青春期或者是成年早期出現。如果腫瘤的體積太大，或者是變成惡性腫瘤，就必須用手術移除。手術中第八對腦神經會被切除，而無法再用電子耳蝸植入術補償聽覺。到目前為止，大約有二百個以上的個案以聽覺腦幹植入法的方式來補償聽覺，但成功的程度

不一（與 J. Niparko 討論，2001 年 9 月 6 日）。

Pendred 症候群　Pendred 症候群是一種帶有感覺神經性聽力損失的體染 *49*
色體隱性遺傳症候群，通常是先天性，而且碘的代謝有問題，導致甲狀腺
腫大（Smith & Harker, 1998）。儘管 Pendred 症候群的基因已經被鑑定出
來，但是此基因的檢測卻非常困難，因為這個基因的突變形式有很多種，
且臨床上 Pendred 症候群的檢測還不普遍。很多 Pendred 症候群的個案會有
耳蝸異常的現象，通常是 Mondini 氏畸形（Mondini aplasia）或是前庭導水
管擴大（enlarged vestibular aqueduct）。根據 Ng、Niparko 和 Nager（1999）的
報告指出 Mondini 氏畸形也可能發生在其他的症候群，例如 Warrdenburg 以
及 Treacher Collins 症候群，也可能出現在失聰的一些環境因素中。這些作
者所引用的研究指出，有 Mondini 氏畸形的失聰者，植入電子耳蝸是一個
可能的補救方式。如果個案有續發性的甲狀腺荷爾蒙失衡的問題，也是可
治療的。

Stickler 症候群（SS）　Stickler 症候群或稱做遺傳漸進性關節眼病變症，
是一種體染色體顯性症候群，出現的症狀包括顏面平坦、顎裂、近視或是
視網膜剝離等視覺問題、肌肉骨骼和關節的問題，以及聽力損失（Nowak,
1998）。聽力損失可能是導因於顎裂造成的歐氏管功能異常，或有時是漸
進性的高頻感覺神經性聽力損失。還可能會有心臟僧帽瓣脫離的問題，因
此，這一類症候群的人，經常被建議去做心臟科方面的諮詢。但是由於
Stickler 症候群出現的症狀樣式很多，因此不易診斷。為了要減少一些併發
的問題，最好採取跨專業團隊的模式，以減少併發症問題的風險性。

Treacher-Collins 症候群　Treacher-Collins 症候群通常被稱做下顎面骨發
育不全（mandibulofacial dysostosis）以及 Frenceschetti-Klein 症候群，這是
一種顯性的遺傳，症狀有傳導性聽力損失以及外耳異常、眼睛下斜、顴骨
平坦以及其他臉部的特殊結構（Gorlin, Toriello, & Cohen, 1995; Reich,
1996a）。大約每一萬個新生兒中就有一個這樣的個案（Reich, 1996b）。

這又是所謂「不同的呈現」的另一個例子，不但出現的症狀不同，症狀的嚴重度也有差異。傳導性聽力損失可以透過手術或是戴助聽器來改善；受到外觀嚴重影響的個案通常需要心理方面的支持，來解決外觀所導致的社會心理問題（與 K. Arnos 的討論，2002 年 1 月 22 日）。雖然臉部的整型手術有其可能性，但是由於每個人臉部各有其特質，因此必須根據個人狀況量身修飾（Reich, 1996a）。

Usher 症候群　超過半數的聾盲成人，其成因是 Usher 症候群，它在心理及社會層面的影響非常巨大（Keats & Corey, 1999; Miner, 1999）。有三種不同的形式，每一種最後都會導致失明，發生時間可能在青春期、成人早期或晚期。第一型的患者有重度到極重度的先天性失聰、平衡困難以及兒童期就開始的色素性視網膜炎（retinitis pigmentosa）所導致的視網膜退化。所謂色素性視網膜炎，它是眼睛的一種疾病，其演進的過程是從夜盲症開始，退化成為視網膜色素的改變，喪失周圍視覺，最後變成盲。大約有 3-6 ％生下來就失聰的兒童有第一型的 Usher 症候群。電子耳蝸的植入對這類患者有所幫助，它可以提供額外的感覺輸入，彌補視覺的不足。第二型的 Usher 症候群比較常見，聽力損失的程度是中度到重度，平衡功能正常，色素性視網膜炎的出現時間比第一型晚。而第三型的 Usher 症候群在臨床上不常被鑑定出來，其出現的症狀包括漸進性的聽力損失，以及色素性視網膜炎。

　　漸進性的視覺損失讓這些原本依賴視覺做溝通的個案，必須做一些再調適（Miner, 1999）。日常生活變得比較困難，在周圍環境中的活動變得很有壓力，必須學習新的技術來使自己盡量獨立。因為沒有醫學方面的治療，啟聰學校就發展了篩檢計畫來促進早期診斷，並且改善這些個案的生活環境，以降低視覺損失對他們在教育及心理社會發展方面的衝擊（與 K. Arnos 的討論 2002 年 1 月 22 日）。最近科學家又鑑定出一種與 Usher 症候群有關的基因，即凝肌蛋白（myosin VIIA）基因（Keats & Corey, 1999），為未來預防視力損失的醫學管理提供了一線希望。

Waardenburg 症候群　Waardenburg 症候群是一種常見的顯性遺傳疾病，它所出現的症狀包括感覺神經性聽力損失、前庭功能異常、眼距寬、兩眼眼球可能顏色不同或是淡藍色、前額有白髮、鼻根寬及皮膚缺少色素（Gorlin, Toriello, & Cohen, 1995; Smith & Harker, 1998）。但是並非所有的症狀都會出現在同一個個案身上。智力通常在正常範圍內，聽力損失可能只會出現在 20-50 ％的個案中。由於是顯性遺傳，在同一個家族中可能會有好幾代都出現 Waardenburg 症候群，但因為病症的外貌並不相同，所以這些家族不知道他們有這樣的基因（Smith, Kolodziej, & Olney，年代不明）。

遺傳諮詢

對於為失聰者及其家人提供服務的專業人員來說，有一件事情越來越重要，就是了解遺傳的條件與性質，及其對社會、心理、教育、醫學方面的影響，並且知道何時該將他們轉介給遺傳諮詢者（Arnos, 1999）。遺傳諮詢可以協助家庭獲得有關下面這些事項的正確訊息，包括失聰的成因、相關的醫學或心理方面的問題、未來子女獲得症候群或非症候群失聰的機率及生育方面的選擇（Arnos, 1999）。儘管準確的病理通常並不能透過遺傳諮詢或遺傳檢測而得到，但是如果父母親被告知其他併發症的可能性很低或者不存在，他們會覺得比較放心。這種訊息有助於這些家庭對未來做規劃。此外，家人也可得知與特殊失聰基因有關的新的遺傳檢測方法以及方案。有效率的遺傳諮詢者會評估那些來尋求遺傳諮詢的人的情緒狀態，並且幫助他們處理在遺傳檢測後所發現的問題，及協助他們做一些對全家有重大影響的決定（Arnos, 1999; Vernon & Andrews, 1990）。這對一些因為被告知他們的小孩可能有遺傳的症候群，且需要特別的**醫療**或教育協助而感到不知所措的父母尤其重要。

遺傳諮詢通常不但對生下失聰兒的健聽父母很有用，對於失聰成人也一樣有幫助。對於那些已經長大的失聰者而言，他們並不太關切他們失聰的病因是什麼，因為基本上他們已經習慣了身為失聰者的生活，而不再思索為什麼他們會失聰。而且，他們通常也沒有其他需要特別關注的生理或

51

醫療問題。但是，對於失聰者來說，當他們接近生育的年齡，他們很自然地會想到究竟是什麼原因造成他們的失聰，以及下一代生出失聰者或聽人的機率如何（Arnos, 1999, 2002）。認同聾文化的失聰成人可能會傾向生下失聰兒（Middleton, Hewison, & Mueller, 2001），並因此尋求遺傳諮詢，這是可以理解的，因為失聰者，尤其是認同聾文化的失聰者，對於每天以聾人方式來生活感到很自在，所以有個一樣是失聰的小孩，可能會比較自在，就好像聽力正常的父母親會覺得有聽力正常的小孩比較自在，這是一樣的道理。其他的失聰者因為有一些健康的問題，而想要去了解究竟與失聰有關的症候群影響到他們自在生活的可能性如何（Arnos, Israel, Devlin, & Wilson, 1996）。

　　遺傳諮詢的過程通常包含了整個專業團隊所做的評估，包括專精於臨床遺傳學的醫生、博士級的醫學遺傳學家、碩士級的遺傳諮詢者、社工人員以及護士（Arnos, 1999）。評估過程會蒐集的訊息包括：家族史、醫療史、身體檢查的結果，必要時需進行醫療檢驗。

　　家族史非常重要，因為它提供了許多有關聽力損失在這個家族中出現的分布情形及家族成員在醫療方面的特質等細節。近親或遠親的健康或聽覺狀況等相關訊息，也都要蒐集，另外還要蒐集的是親戚之間的血緣關係和家族的種族背景。但是，即使在家族史中並未發現任何異常，並不表示其失聰的病理是非遺傳性的（Keats, 2001）。有些基因可以傳遞了好幾代，而沒有出現任何的症狀。醫療史包括了出生的歷史、重大疾病、慢性的健康問題，也包括失聰者及家人的聽力圖。這些資料可以提供一些線索，讓我們知道是否有遺傳性症候群或是其他環境因素的存在。體檢是由一群經認證且受過訓練的臨床遺傳科醫師，來鑑定特殊的特性及症狀，也包括如染色體或是新陳代謝檢測等醫學檢驗，這些檢驗結果結合家族史及醫療史的資訊，有助於遺傳的診斷。

　　遺傳評估的最後一部分是針對診斷的結果、遺傳的特質、預後以及治療方法的討論。提供這些訊息給個案的時候，必須要很敏感地顧及其情緒以及家庭的需求，因為這些訊息可能對他們的生活有很深遠的影響，而影響的程度與評估過程中所發現的遺傳狀況有關。整個團隊也可以做一個適

52

當的轉介，轉介給教育團體、醫療機構，或必要時轉介給一些專長於某種特定的遺傳問題的組織，對於某些需要後續追蹤的家庭，轉介尤其有幫助。

遺傳科技快速成長，尤其受到要把數千種存在的基因定位的影響（也就是有名的人類基因圖譜計畫，Human Genome Project），使得基因檢測與基因諮詢更廣為可行。但此計畫必須考慮到在道德上與種族上的影響，因為操弄基因的可能性越來越高，這種操弄基因的過程對於人類的生活有深遠的影響。

就遺傳性失聰而言，它對聽常小孩與失聰小孩的價值，會因為父母親的反應而有所不同，最終會導致他們在生殖方面做出不同的決定，而這對於未來的聾文化和聽損族群又有很深遠的影響（Arnos, 2002）。但是在這個部分，醫學觀點所認為的聾和聾文化所認知的聾會有所衝突（詳細內容見第二章）。Lane 和 Bahan（1998）指出，聾文化就是一群健康狀況差異很大的人所享有的次文化。把遺傳性的失聰連根拔除可以被視為是一種道德上的運動，其目標是減少失聰者生存在聽人社會中所遭遇到的困難，或者也可說是要把失聰者的生活價值污名化，從而達到文化滅絕的目的；Lane 和 Bahan（1998）認為第二種觀點是不道德的。

在 1880 年代晚期，優生運動支持選擇性的生殖，而把不想要的基因消滅掉（Friedlander, 1999），最終導致了德國納粹的種族純化計畫，容許不孕，而處死帶有遺傳疾病的受害者，包括失聰者（Biesold, 1999）。Arnos（2002）建議為了要彌補過去的錯誤，也就是不當的運用遺傳資訊，導致某些人做出不人性的行為，聽損族群的成員應該透過學習失聰的遺傳學來充實自己的知識，並且對不斷進步的遺傳科技，及遺傳科技可能對失聰者生活造成的潛在影響，做出自己的判斷。

失聰的診斷

聽力篩檢

　　新生兒聽力篩檢是新生兒護理很重要的一環。失聰的早期診斷促進兒童有機會發展出對周圍環境的感知、溝通、學業及社會技巧（Diefendorf, 1999）。美國有越來越多的州立法施行新生兒全面性聽力篩檢，並且持續努力推動，要在更多醫院施行聽力篩檢（ASHA, 1999）。但是，不能忘記的是，這個篩檢可能會漏掉一些兒童，例如發展性或中樞性聽覺損傷的兒童（Tucker & Bhattacharya, 1992）。

　　在一些有關新生兒聽力篩檢意見徵詢的研究中，極大多數有不同程度聽力損失孩子的父母親，對於這樣的篩檢都表示歡迎（Luterman & Kurtzer-White, 1999; Watkin, Beckman, & Baldwin, 1995）。1991-1993 年亞特蘭大都會區嚴重性聽覺損傷發生率的調查顯示，平均診斷出的年齡是 2.9 歲（Van Narrden, Decoufle, & Caldwell, 1999）。Christiansen 和 Leigh（2002）指出在他們以父母為樣本的調查顯示，聽力損失被診斷出的年齡大概是在十二個月到二十四個月之間，因此全面的新生兒聽力篩檢應可把診斷的平均年齡大幅度降低。

診斷期

　　對於大多數父母親而言*，除非是已發現某個主要的疾病導致了失聰，或是在篩檢嬰兒疾病時篩出失聰的問題，否則診斷出失聰的整個過程是很

---

* 在提及父母時，我們知道家庭有許多不同的組成形式，包括單親家庭與非傳統結構的家庭。

複雜的。失聰的診斷以及後續問題的處理可能會花很長的時間，因為初為父母的他們沒有注意到子女對聲音的反應很差、拒絕懷疑他們的小孩有聽力損失的可能、小兒科醫生讓父母忽視了小孩有聽力損失的可能性，以及聽力測驗之後從聽力師那邊得到一些不正確的訊息，這些都讓失聰的診斷及處置更加費時（Christiansen & Leigh, 2002; Mertens, Sass-Lehrer, & Scott-Olson, 2000; Vernon & Andrews, 1990）。

當父母懷疑小孩有聽力損失時，小兒科醫生通常是他們獲取訊息的第一個來源，之後，父母親會被轉介給耳科醫師與聽力師做進一步的聽力檢查。從懷疑到最後診斷的延遲時間大約有半年或更久（Mertens, Sass-Lehrer, & Scott-Olson, 2000）。

當父母親得知診斷結果並沒有比預期還差時，有部分的人會稍微感到寬心，但對大部分的父母親來說，診斷結果通常會造成他們情緒上的衝擊，或是感到強烈的失望，但做出診斷判斷的專業人員卻極少察覺到這些衝擊的嚴重程度（Christiansen & Leigh, 2002）。當父母親第一次面對聽力損失的時候，不能立即聯想到失聰的不可逆與生了失聰孩子的後續情形。他們所面對的是幻滅的「聽常小孩」的夢，取而代之的是一個不再聽得到父母親安慰、唱歌以及交談的小孩。

Luterman（1999）提出，專業人員在診斷過程中提供給父母親太多的訊息是錯誤的，因為父母親需要時間去處理這個震驚的消息，而當父母親體認到他們的生活將不再是原先所預期的，情緒上的痛苦會很沉重。最好是在之後與父母親的訪談中，才將更多的訊息提供給他們，雖然他們將會經歷不同程度和長短的悲傷反應（通常六到十二個月）（Kricos, 1993; Luterman, 1999）。這些悲傷的反應並非病態，事實上，這是一種正常的過程，因為它可讓全家人面對失聰這個問題，並且向前邁進，找出與失聰小孩共處的方法。當他們和其他有同樣問題的父母親聚在一起的時候，他們會覺得獲得支持，並且也比較不孤單（Hintermair, 2000; Kampfe, 1989; Luterman & Kurtzer-White, 1999）。

在悲傷的過程中，諸如內疚、憤怒或挫折等很多的感覺都會出現，而這些感覺也許是各自出現，或是同時出現（Kampfe, 1989; Luterman,

54

1999）。父母親可能會感到內疚，因為他們沒有保護好他們的孩子，並且會懷疑他們是否做了什麼才讓孩子變成失聰，尤其失聰成因不明的時候。例如，母親可能會回想懷孕的每個階段，是否在某個階段發生了什麼事而造成失聰。對這個母親而言，遺傳諮詢可能可以協助她減少這種內疚感。

根據家庭的背景，文化方面的解釋可能會比西方醫學的解釋還來得有影響。Eldredge（1999）提出了一些例子，例如，某位美國原住民母親，相信因為她在懷孕期間看到了貓頭鷹（一種邪惡的預兆），因此造成她孩子的聽力損失。另外，失聰也可能被認為是上帝對以前的過錯所給的一些懲罰，這兩種宿命論的態度，在很多拉丁文化中都很常見（Hernandez, 1999; Steinberg, Davila, Collazo, Loew, & Fischgrund, 1997）。在亞洲及太平洋一些文化中，也認為失聰是一種懲罰，例如因為父母親做錯一些事情，或是懷孕的婦人看到了剪刀或是兔子等（Cheng, 2000）。因此，失聰被認為是一個詛咒，雖然這個觀點慢慢在改變中。

如果父母親因子女不是個聽力正常的孩子，而有一種被欺騙的感覺，這可能會使他們感到憤怒，因為這個失聰小孩會帶給他們很多負擔。他們沒有了解到在孩子學習和成長的過程中，他們還是會經歷到很多快樂。父母的憤怒反映出他們的失控，憤怒也可能遮掩了他們的懼怕（害怕原本孩子的未來是安全的，而現在不再如此）（Luterman, 1999）。有些父母親可能會拜訪一個又一個醫生，試圖找出不同的診斷結果或是治癒的方法，卻徒勞無功。憤怒是要付出能量的，而這些能量可以被轉換成建設性的活動，讓父母認識他們的害怕與挫折。但是，如果父母親覺得無論做什麼都沒有用，憤怒也可能會變成失望。失望是悲傷反應的一種正常表現，失望可能會一再發生，但是一旦失望變成慢性，而且父母親不能夠對子女的興趣和需求有所反應，它就是一種病態。

祖父母、兄弟姊妹以及其他家庭成員也都會因為診斷的結果，而在情緒上受到影響（Luterman, 1999; Morton, 2000）。有些祖父母可以提供一些溫暖的支持，即使他們感覺到很傷心；有些祖父母可能就活在否定中，提供的是一些好意的勸告，或者是想藉著將診斷的結果作一個正面的詮釋，讓父母親覺得好過一些，但這些都徒然鼓勵父母親更否定其情緒上的傷痛。

兄弟姊妹必須要適應家裡的情況改變，包括他們在家裡面的地位會因為失聰孩子受到較多的關注而改變。例如，突然之間他們必須和媽媽及新生兒一起去一個早期介入的課程，而不是待在家裡跟鄰居的小朋友玩耍；家中成員溝通方式的改變也可能被認為是另一種新增的負擔。

當父母親面對要學習如何養育失聰孩子這個課題的時候，他們可能會覺得自己能力不足。在這種情況下，他們可能會過度信任聽力專家、教育家或是其他幫助他們的專業人員，並且容許他們做出如何引導孩子的生活的重大決定。有些專業人員可能犯了一個錯誤，就是承受這個責任，Luterman（1999）把它稱為安妮蘇立文效應（Annie Sullivan Effect）＊。為了要改變這樣的事情，專業人員應該非常注意，要幫助父母親增加他們對自己的信心，使他們相信自己是有能力的父母親。如果能夠做到這一點，最終的結果將可能是他們的孩子會適應得很好。

在診斷時期的這些情緒反應，如果能隨著時間在安全的狀態下完全地宣洩出來，父母親就可以在心理上放開他們曾經期望一個正常孩子的想法，而打從心底接受他們有了一個失聰孩子的事實，並且這個小孩雖然聽不到，但是仍然可以用不同的方式豐富父母的生活並且得到一樣的滿足（Leigh, 1987）。這樣父母在他們的家庭生活中，才能夠更接受並且產生一些改變，這種正面的態度促使整個家庭在新的生活情境中產生共同成長的能力（Luterman, 1999; Vernon & Andrews, 1990）。

較為富裕的中產階級的父母親比較會有效地去尋求一些服務（Moores, Jatho, & Dunn, 2001），因此對於那些教育程度比較不足或是家庭比較不富裕的父母親，我們必須提供他們完整的服務，以滿足其需求。不管家庭的情形如何，為了促進他們的適應，所有的專業人員必須了解家庭的情形，才能夠使父母親在接受診斷結果的同時，也幫助失聰小孩健康地發展。專業人員必須知道很多家庭在面臨困難的時候，會有勇於面對事情的彈性（Leigh, 1987; Moeller & Condon, 1998; Moores, Jatho, & Dunn, 2001）。另

＊ 安妮蘇立文是聾盲者海倫凱勒的老師，她扛起了所有照顧海倫的責任，以致窄化了海倫父母親的角色。

外，Pipp-Siegel、Sedey 和 Yoshinaga-Itano（2002）根據他們長期的研究做了一個結論，那些參加早期療育課程的失聰小孩的母親所經歷的壓力，與聽力正常子女的母親所經歷的典型壓力，二者並無不同，這個發現進一步確認了當父母有所支持時，可以比較有彈性地面對問題。研究者發現，對於那些表現出壓力的母親們，危險因素包括：低收入、支持較少、日常生活的負面感受、其他障礙、語言遲緩以及較不嚴重的聽力損失程度（可能因為是低估了溝通困難）。

介入的最好方式之一，就是詢問父母或家庭成員究竟何種介入方式對他們會有效，但是不要忘記了，所有家庭的文化、語言、經濟來源、基因的組成、家庭的結構都是不同的，並且沒有哪兩個小孩是完全相同的（Mertens, Sass-Lehrer, & Scott-Olson, 2000）。Moeller 和 Condon（1998）建議父母和專業人員要建立合作的伙伴關係，在這樣的關係中要進行的事情如下：互相對話，弄清楚父母親的需要及其關切的問題，找出問題與支持，設計行動計畫，決定父母親和專業人員各要做些什麼，與各自要分擔的責任以及整個過程的評鑑。

失聰父母

對於很多失聰父母來說，診斷期對他們有不同的意涵（Lane, Hoffmeister, & Bahan, 1996; Leigh, 1987）。很多失聰父母會說，最重要的事情是要有一個健康的孩子，聽覺能力是其次的（Leigh, 1987）。就因為這樣，他們對於失聰的診斷本身並不是特別關注，寧願透過細心的觀察去確認他們孩子的聽力狀況。但是，由於全面性新生兒聽力篩檢的技術，新生兒的聽力狀況更加可能在出生後不久就可以釐清。

失聰父母對於可能會生下失聰孩子這件事持較開放的態度，主要是因為他們身為失聰者的經驗及自在感。他們也把失聰孩子當作是他們自己的反射，就如同聽力正常的孩子也是聽力正常父母的反射一樣。有些文化型的聾父母發現孩子是失聰的時候，可能會有短暫的失望，主要是因為想到這個孩子可能要在生命中面臨許多額外的挑戰，但是這種反應不會維持太

久（Lane, Hoffmeister, & Bahan, 1996）。研究也指出失聰孩子和失聰父母之間的互動有正向的結果（Meadow-Orlans, 1997）。

然而，事實上大約有 80-90 ％的失聰父母親生下來的是聽力正常的孩子（Schein & Delk, 1974）。他們必須要應付一些不同的現實問題，包括社會化、溝通和教育需求。如果社經地位和教育程度相同，失聰父母養育子女（聽力正常或是失聰）的能力，與其他聽力正常的父母沒有兩樣，這一點已經逐漸地被現今的社會所了解（Lane, Hoffmeister, & Bahan, 1996）。Preston（1994）針對父母是失聰者但是自己聽力正常的成人所做的詳盡研究指出，這些人長大後回顧他們童年的經驗，跟其他族群的人相同，都是很多樣的。一般認為失聰父母所生的聽常子女不會有發展上的問題，但是，有些失聰父母仍可藉由支持性的服務，來增加他們教養聽常子女時的自在感與效能；尤其是如果他們在自己成長的過程中，和聽力正常的家人只有很有限的溝通經驗（Meadow-Orlans, 1997）。以此類推，聽力正常的父母養育失聰子女也可能遭遇類似的問題。

診斷後的時期及心理層面的考量

這個時期父母親要知道他們必須為很多令人困惑且複雜的事做決定，包括溝通的方法、語言的選擇、擴音系統（包括助聽器以及電子耳蝸）以及教育的方式（Christiansen & Leigh, 2002; Leigh, 1987; Stewart & Kluwin, 2001）。早期療育對於幫助父母發展出有效的方法極為關鍵，尤其是與剛被診斷為失聰的子女溝通。父母可能會覺得受挫且困惑，他們不知道如何從眾多的溝通、語言、教育方法以及不同的擴音系統等事項中來做選擇。在這本書裡我們將會討論這些議題。研究指出父母親想要從專業人員那裡得到不帶有偏見的訊息（Christiansen & Leigh, 2002; Mertens, Sass-Lehrer, & Scott-Olson, 2000）。這會讓父母親強化自己的能力，得以判斷什麼對於他們的家庭情境會最好。

是否要以助聽器或電子耳蝸作為主要的擴音系統，應該由聽力損失的程度、聽力損失開始的年齡以及其他相關的因素來決定。聽力師評量聽力

57

損失究竟是輕度、中度、重度還是極重度，並且根據醫學和聽力檢查的結果來建議特定種類的擴音系統。只憑聽力損失的程度不可能預測說話和口語理解的能力，因為還有其他相關的因素，例如，診斷的年齡、環境的噪音、在語音範圍內的各個頻率的聽力如何以及使用助聽器的能力。要獲得有關聽力學方面更多的訊息，請參考本章後面的附錄。

　　輕度聽力損失的兒童目前被認為是需要助聽器材的兒童，因為他們可能對於聲音有不一致的反應，並且會錯過一些比較細微的語音（Maxon & Brackett, 1992）。中度到中重度聽力損失的聽損兒童，如果助聽器配置適當，他們通常有能力將聽覺作為主要的管道，來了解語音與習得語言（Maxon & Brackett, 1992），並且他們還可以用視覺的方式（例如讀語或手語）來補足他們聽覺的不足（Diefendorf, 1996）。

　　對重度和極重度聽力損失的失聰兒童來說，聲音訊息對他們是次要的，需要的是視覺訊息的補強，如果他們有視力問題，則需要觸覺訊息的補充（Diefendorf, 1996）。通常視覺是他們察覺環境、溝通和語言學習的主要管道，擴音系統本身對於了解語音溝通是不太夠的，但是用來補充視覺則有其價值。雖然助聽器通常可以提供相當大的幫助，有越來越多的建議以電子耳蝸（參考第七章）來幫助這些因為聽力損失程度而無法從助聽器得到幫助的兒童（Christiansen & Leigh, 2002）。被建議植入電子耳蝸的父母親，必須決定要不要讓他的孩子接受電子耳蝸植入術，對多數父母而言，這可能是很苦惱的，做決定並不輕鬆。植入電子耳蝸後，在回顧時，多數父母親都認為電子耳蝸有幫助，因為對周圍環境聲音的察覺以及溝通的能力都有所增加。

　　其他的決定包括語言和溝通方式的選擇（英語口語或是在家裡使用的非英語口語、美國手語、英語式手語、口手標音法等）。父母做決定時，所面對的壓力是要決定如何和他們的子女溝通，以及必須學習如何使孩子有充分了解父母的能力。而這意味著父母親必須學習特別的技巧、學習手語或口手標音法，這些方法都要投入時間才能熟練。如果父母親這麼做的話，他們就要花很多時間去面對子女的種種需求。教育單位有不同的溝通和語言教學法，父母親必須從居住地區所提供的各種課程中，選擇最能符

合子女需求的課程。當孩子漸漸長大，父母親面臨另一個決定，究竟要讓失聰孩子就讀特殊的聾人學校，還是回歸主流／融合的學校（參考第六章）。如果父母親知道子女的溝通能力和教育需求會隨著發展而有所不同，那麼他們就會知道，子女的就學單位其實是可以變動的。父母親在面對這麼多的決定時，很擔心會做出錯誤的決定，這是可以理解的。他們必須一再確認他們已盡其可能為子女做了最好的決定，並且他們的決定也不一定是不能改變的。

一旦對教育安置的環境做出了選擇，父母親也同時決定了他們的孩子究竟是和聽力正常、或者是聽力損失的同儕或者是兩者有互動，這是父母親必須要面對的另一個因素。Bat-Chava 和 Deignan（2001）回顧過去文獻指出，失聰兒童如果與聽力正常同儕有社交的困難，可能會覺得寂寞與孤立。如果父母親對於擁有失聰子女覺得較自在，那麼他們對於子女有失聰朋友會比較自在。如果讓父母親去接觸不同的失聰者典範，從口語族的失聰成人到聾文化成員裡的聾人，都將會增加父母親自在的程度（Hintermair, 2000）。父母親並不常接觸使用手語的聾人，所以當他們碰面的時候，起初會膽怯，因為他們的手語技巧不是很好（Christiansen & Leigh, 2002）。當父母親已經準備好並且有意願的時候，專業人員可以協助他們促進整個過程中的互動。

對於生下失聰兒童的失聰父母來說，診斷後的局面較不緊張。失聰父母知道語言和溝通方面的選擇、教育的選擇與擴音器具的選擇。他們做的決定主要都是根據其成長的經驗、根據居住地區所提供的選擇以及根據他們所感受到的子女的需求。很多父母選擇啟聰學校，因為他們認為這個安置型態提供了完整的溝通管道，並且提供這些孩子與其他失聰同儕互動的最佳機會；而有些父母親對於回歸主流的安置覺得很自在。研究顯示，整體而言，失聰父母所生的失聰孩子在語言發展和教育成就方面的表現，比聽人父母所生的失聰孩子好很多（Marschark, 2001），雖然聽人父母所生的失聰孩子也有許多成功的範例。

結論

　　如果「開始」能夠被謹慎地處理，並且幫助父母適應家中有失聰孩子的事實，那麼結果將會是失聰小孩長大後在社會中可發揮很好的功能。一旦專業人員協助父母親了解病理與複雜的因素後（包括溝通，這是養育子女必須要做的決定），父母親的能力就更加豐富，得以盡其所能為失聰子女做得更好。

59 建議閱讀的書目

Gerber, S. (Ed.). (2001). *The Handbook of Genetic Communicative Disorders*. San Diego, CA: Academic Press.

　　《遺傳型溝通障礙手冊》，這本書有兩章與遺傳及失聰相關的精彩章節；第五章章名是遺傳性失聰，作者是 Robert J. Ruben。Ruben 博士簡潔地敘述了聽覺損傷在遺傳學方面的歷史，提出了聽覺異常的遺傳分類方式，並且也談到十種與失聰有關的症候群及其在臨床上的啟示與經營面的建議。最後一章是治療與預防，作者是 Sanford Gerber，他在基因治療方面提出精闢的討論，同時也提出了有關基因治療的道德問題，以及這個議題對於那些以聽損族群為工作對象的專業人員有何啟示。

Waltzman, S., & Cohen, N. (2000). *Cochlear Implants*. New York: Thieme.

　　《電子耳蝸》，這本書中有很多章節談到電子耳蝸的多種議題，植入體的工程學、醫學與手術層面、機器的調整、影響說話與語言的變項、教育啟示及未來趨勢。

Schwartz, S. (Ed.). (1996). *Choices in Deafness*. Bethesda, MD: Woodbine House.

　　《失聰的選擇》，這本書提供了聽力損失的醫學評估、聽力學測驗、擴音選擇（包括助聽器與電子耳蝸）等訊息，此外，也有一些章節談到父母親會考慮到的幾種溝通選擇。這些訊息的提供，是以一種不帶價值判斷的方式，這本書中也有一份清單，列出美國各地服務失聰者與重聽者的機構。

附錄：基礎聽力學

聽力學涵蓋的是聽覺的科學（Martin & Clark, 2000）。那麼究竟聽力師做些什麼？有適當專業資格的聽力師提供的服務包括評估、創建或是聽覺與前庭功能失常者的復健，也包括提供服務來預防這些問題（American Acdemy of Andiology, 1997）。聽力師的工作場所很多，包括私人診所、學校、耳鼻喉科、政府機構、大學訓練部門和醫院。美國聽語學會（American Speech-Language and Hearing Association）是美國專業聽力師的國家型組織，負責提供最新具有證照的聽力師名單，以及何處可找到聽力師（www.professional.asha.org）。

聽覺機轉

我們從耳朵本身來看，人們是怎麼樣聽到聲音的？*在這裡所描述的是一個很簡化的過程，從外耳開始（耳殼），聲音被導入外耳道，到達中耳的第一個部分，也就是耳膜（鼓膜）。聲音會使耳膜振動，引起三個小骨頭的連鎖震動，這三個小骨頭的名稱是槌骨、鉆骨和鐙骨。

鐙骨的動作傳導到橢圓窗，橢圓窗把中耳和內耳隔開，再把聲音傳到下一個系統。內耳裡面有前庭系統（負責平衡）以及耳蝸。耳蝸包含了聽覺的接受細胞，有著一種長得像毛髮的結構，通常被稱為毛細胞。這些毛細胞會將中耳系統傳來的機械式能量轉成電的能量。這個能量之後通過聽神經（第八對腦神經），傳到腦部的聽覺中樞，完成了聲音的接收。

---

* 附錄中的濃縮訊息是參考 J. Lucker 文章中的「我們如何聽到聲音與聽力損失」《電子耳蝸：科技概觀》，收錄在《孩童電子耳蝸：道德與選擇》（45-46 頁）一書中。作者是 J. Chrjistiansen 與 I. W. Leigh (Washington, DC: Galludet University Press, 2002)，經同意後使用。

61　**聽力損失的類型**

　　如果外耳和中耳不能有效率地運作，所導致的是傳導性聽力損失。造成外耳和中耳聲音傳遞干擾的來源有很多種，包括耳垢的堆積、耳朵受到感染或生理上的異常。傳導性聽力損失通常是暫時性的，而且可以用醫療方式來治療，包括手術（例如，把中耳的液體導引出來，或是重建中耳的小骨）。如果聽力損失是由內耳所引起，稱做感覺神經性聽力損失，通常是永久性的。感覺神經性聽力損失可能是由周圍因素所造成，例如，噪音、耳毒性藥物、頭部創傷，它可能是遺傳而且是漸進性的。在感覺神經性的聽力損失中，毛細胞沒有執行它傳導聲音的角色。可能的原因是它沒有正常發展或是受損，或是由於年齡或疾病所造成。最後一種類型是混合性聽力損失，也就是傳導和感覺神經的機制同時都出現了問題（Martin & Clark, 2000）。

聽覺的測量

　　傳統的聽覺測驗是以校準的儀器來測量聽力損失的類型和程度，並評估其溝通的潛能。聽覺測驗中有一項測驗，所使用的儀器會在有限的頻率範圍內放出聲音（通常是從 125-8,000 Hz），它的單位是 Hz，也就是每秒鐘的振動次數。這個儀器通常也可以改變每個頻率的音量。音調（pitch）是對於聲音頻率高低的主觀感受，和頻率有關。當頻率增加的時候，音調也跟著增加。舉例來說，男人的聲音、鼓聲、關門的聲音或是語音中的母音，都是低頻，而女人的聲音、鳥叫的聲音、電話鈴響和子音則是高頻。

　　響度（loudness）所使用的單位是分貝（dB），它是聲音強度的單位。聽力師將受試者在各個不同頻率所能聽到的最小響度，在圖形中標示出來，得到的結果就是個案的聽閾，而圖形則是聽力圖（見圖1）。

Name: _____ Date: _____ Age: _____ Sex: _____　**Audiologist:** _____
DOB: _____ Referred by: _____　**Transducer:** headphones insert
AUDIOMETER: _____ **IMMITTANCE METER:** _____　**Response Reliability:**　good　moderate　poor

聽力圖
FREQUENCY (PITCH) IN HERTZ (Hz)

LEGEND

		Right	Left
Air:	Unmasked	◯	✗
	Masked	△	☐
Bone:	Unmasked	<	>
	Masked	☐	☐

No Response ↓
Best Bone ___
Vibrotactile Response ★
Unaided Sound Field S

Narrow Band Noise
Warble Tone

PURE TONE AVERAGE (R: 　 L: 　)

AIR	Right	Left
	dBHL	dBHL

ABBREVIATIONS
C1 Canal Volume
CNA Could Not Average
CNE Could Not Establish
CNT Could Not Test
DNT Did Not Test
HL Hearing Level
MLV Monitored Live Voice
MTS Monosyllable, Troches, Spondees Test
MCL Most Comfortable Listening Level
NR No Response
PB% Word Recognition
SC Static Compliance
SDT Speech Detection Threshold
SRT Speech Recognition Threshold
S/N Signal To Noise Ratio
UCL Uncomfortable Listening Level

鼓室圖

	daPa	
	Right	Left
C₁ =		
SC =		

ACOUSTIC REFLEX MEASUREMENTS

Ear	Right				Left			
Stimulus	.5K	1K	2K	4K	.5K	1K	2K	4K
Contra (HL)								
Decay								
Ipsi (HL) (SPL)								

SPEECH AUDIOMETRY (dBHL)　MLV ☐　RECORDED ☐　LIST: _____

	SDT	SRT	MCL	UCL	PB% / HL	PB% / HL	PB% / HL	SIGNAL ___ NOISE ___ HL	MTS Categ%	Recog%
R					/	/	/	%	/	
L					/	/	/	%	/	
SF UNAIDED					/	/	/	%	/	
AIDED					/	/	/	%	/	

TEST INTERPRETATION:
TYPE:　　　R　　　L
☐ No Hearing Loss　____　____
☐ Conductive　____　____
☐ Mixed　____　____
☐ Sensorineural　____　____

DEGREE
R: _____
L: _____

RECOMMENDATION(S)
☐ Medical Referral
☐ Recheck Following Consultation
☐ Special Tests
☐ Hearing Aid Evaluation

☐ New Earmold(s)
☐ Hearing Aid Check
☐ See Hearing Aid Worksheet
☐ Annual Reevaluation
☐ Other (Specify): _____

COMMENTS: _____

_____ _____
Supervising Audiologist, CCC-A　　　　　Graduate Clinician

圖 3-1　聽力圖表格範本

資料來源：美國高立德大學聽力與語言中心同意刊印。

在做純音評估的過程中，聲音透過耳機（用氣導的方式）傳到耳朵，也可以透過放在額頭或耳後乳突的骨導振動體，用骨導的方式將聲音傳到骨頭。氣導和骨導的聽閾會被拿來比較，比較之後就可以了解究竟聽力損失的類型和程度如何。

圖 3-1 所顯示的是聽力師做聽力檢查時用的紀錄圖，這個聽力圖用來呈現頻率及音量的資訊。在圖形上 15 dB 的地方畫了虛線，代表的是聽力正常者的聽覺敏感度上限。聽力損失的程度通常是用三個不同頻率的平均值（500、1000、2000 Hz）來做表示。聽力損失的程度根據平均值的範圍分為以下幾種類型（Clark, 1981，引自 Diefendorf, 1996, p.9）：

63

0-15 dB	正常
16-25 dB	輕微聽力損失
26-40 dB	輕度聽力損失
41-55 dB	中度聽力損失
56-70 dB	中重度聽力損失
71-90 dB	重度聽力損失
> 90 dB	極重度聽力損失

讀者必須要知道，即使兩個人的聽力平均值都是 90 dB，他們的聽力圖也不見得完全一樣，因為三個頻率的平均值可以是不同數值平均的結果，即使最後得到的平均值都是 90 dB。而同樣都是 90 dB 聽力損失的人，他們所聽到的聲音也不一樣，這也是為什麼助聽器的配置最好要以聽力圖圖形作為依據。

圖 3-2 是一些周圍環境常見的聲音，根據這些聲音的頻率和音量描繪在聽力圖上，500 Hz 85 dB 的聽力損失可能就聽不到狗叫聲，如圖 3-2 所示。

再回到圖 3-1，注意到上面有標示語音聽力檢查，評量的是個案辨識與分辨語音的能力。標準化的測驗實施時，是以純音測驗中所使用的同一台校準過的儀器來進行。聽力師可用很多種不同的評量去了解溝通的潛能，測驗的結果通常和聽力損失的類型和程度相當地吻合。聽力檢查在有戴助

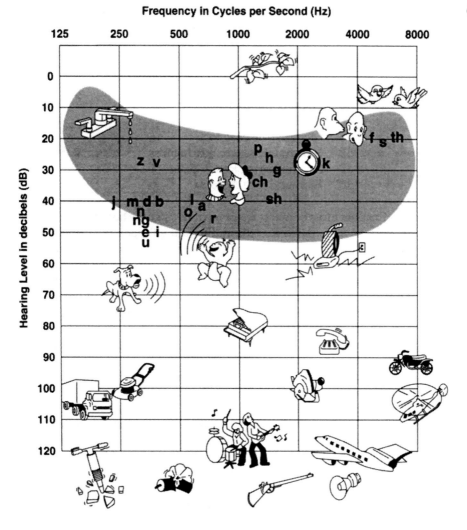

圖 3-2　聽力圖與我們熟知的聲音

資料來源：美國聽力學學會同意刊印

聽器與沒戴助聽器兩種情境下都會施測。

　　在圖 3-1 的聽力圖中，有個圖片標示為鼓室圖。鼓室圖是一個客觀的測驗，可以評量中耳的狀態，更精確的說，就是檢查耳膜的動作是否正常。運用特殊的儀器來測量耳膜的動作，它把聲音及不同程度的正壓和負壓灌

注在外耳道裡。測驗時，個案只要安靜地坐著，不必做出主動的反應，儀器會自動記錄結果。異常的圖形表示個案可能中耳裡有液體、歐氏管功能異常、耳膜破裂或聽小骨斷裂。

還有其他測驗也被發展來評估聽覺的敏感性，包括聽性腦幹誘發電位檢查法（Auditory Brainstem Response, ABR），它是一種腦電波的測驗，另外還有耳聲傳射測驗（Otoacoustic Emissions, OAE），這兩種都可用來評估幼兒和難以測驗的病人，並且都是非侵入式的，雖然有時候做 ABR 測驗要用到鎮定劑。

擴音系統

一旦發現有聽力損失的問題，而且醫學諮詢的結果排除了任何醫療或手術的處理方式，這時可以考量的就是各種不同的擴音系統，最後的決定取決於何者最適合個人的需求，以及有哪些可能的選擇。因為有很多不同的擴音系統可供選擇，聽力師會協助病人在選擇過程中找出最適當的擴音系統。

基本的選擇就是戴在耳朵後面或是置於外耳道裡的助聽器，這些裝置會在不同頻率把聲音擴大。類比式和數位式助聽器提供不同的電路選擇，可以讓聽力師依個案的需求來調整，以提供配戴者不同的聲音訊號處理方法。數位式助聽器可以依病人的需求而調整其增益、頻率反應與輸出；至於類比式助聽器可調整的選項則比較少。頻率轉移型助聽器將高頻率的訊息移轉到較低的頻率，讓一些個案可以聽取高頻的聲音訊息。另外，骨導型助聽器以震動耳朵後方頭骨的方式刺激聽覺，而不是把放大的聲音送入外耳道。

另外還有許多不同種類的植入式裝置。中耳植入型助聽系統已經研發出來，目的是試圖將聲音的傳遞最佳化，以改進聲音的音質，當耳掛型和耳內型助聽器不能滿足個案的時候也許可以嘗試。電子耳蝸的目的是以電流刺激第八對腦神經，適用於一些感覺神經性聽力損失者，他們的耳蝸內有大量的毛細胞損傷，嚴重到無法從傳統助聽器得到幫助。有些個案其損

65

傷部位在耳蝸比較後面屬於聽神經的區域，例如患有神經纖維瘤第二型的個案，有時會建議進行聽覺腦幹植入術，因為這個方法可以繞過受損的聽覺神經。

　　觸感式助聽器把聲音轉換成振動的訊號，變成皮膚上的觸覺刺激，助聽器中的微電腦將聲音轉成震動形式。不幸的是，單用這樣的訊號，不太能夠被轉譯為語音，通常使用者必須要把這種訊息和其他管道的溝通訊息一併使用，才能做有效的溝通。

　　擴音系統在每個人身上的效果都不相同，客觀的測量與主觀的感受都必須評估。儀器在每個頻率的增益值，以及環境中聲音和語音能被辨識的程度，這些測量都是必要的。聽力師設計了一些測驗，來評估個案從這些助聽器材所得到的幫助，最後的判斷則是依據個案主觀的感受來決定，也就是究竟這些器材的表現如何以及是否符合其需求與預期。

　　聽覺輔助器材（assistive listening devices, ALDs）的使用是要克服語音的三種干擾：噪音、距離、迴音。有些科技是和助聽器合併運用，但是它們不能用來取代助聽器。市場上有很多的個人系統，有些是有線的，有些是無線的，它可以用在小團體或大團體。有些是用無線電頻率傳送，而有些是用紅外線傳送，或是用感應線圈傳送。這些器材會把聲音訊號直接傳到個案的助聽器或者是耳機中。

　　有些警示裝置運用閃光或振動來標示聲音的存在。例如，小嬰兒哭聲轉換器、鬧鐘、門鈴、煙霧警報器、電話鈴響訊號器。聽力師可根據使用者的需求來協助他們選擇適合的器材，以符合每天生活中聽聲音的需求。

第四章

語言、認知與心智

雙手是實際而非抽象的；手和大腦是如此徹底地連結，以致手語的使用，不斷地對認知產生實質的影響。

——Stokoe, 2001a, p. 13

失聰學生如何思考、學習以及使用邏輯推理呢？研究者和教育家已經 *68*
探索此問題好幾世紀了。失聰者在非語文的智力表現作業上展現出思考的
能力（見第一章）。然而，即使失聰學生可以使用他們的認知技巧來快速
又輕易地學會手語，要運用他們的認知技能來精熟英語卻是另一回事了
（Vernon & Andrews, 1990）。英文，一個有時間順序性、語音的語言，可
以對應到美國手語這種空間的語言之上嗎？時間會是個因素嗎？也就是說，
失聰者在不同時期學習美國手語和英語，會影響他們美國手語和英語的語
言學習嗎？或者是否會因缺乏聽覺經驗，以致影響了失聰者腦部處理語言
的歷程？失聰兒童是否有跟聽常兒童一樣的認知能力來記憶、創造以及注
意刺激訊息呢？他們可以從認知技巧的訓練中獲益嗎？若是如此，他們如
何利用這些技巧來改進語言和學業的學習呢？綜言之，主要透過視覺而不
是聽覺來學習的心理層面是什麼呢？我們在這一章將探索這些問題。

本章目標

本章一開始將檢視嬰兒如何利用手勢動作來發展其認知、溝通以及語
言。接著將呈現聽人小孩和失聰小孩如何根據他們的家庭、感官的優勢以
及喜好的溝通模式，發展出不同的語言途徑。其次，我們會討論英語和美
國手語的結構，以及兩種語言在腦中是如何被處理。我們也會討論環境和
認知對一群不同的人其語言學習的影響。最後，本章會探討教育研究者如
何創造出一些方法來協助教導失聰學生以改善他們學業成就的認知策略。

早期手勢動作的根源

手部和雙眼是早期認知、心智和語言的中心。接近、抓物、揮手、握
住、指物以及做手勢動作——我們的手有很多的功用。嬰兒的手會緊握和
張開，接近並抓住物體、敲擊湯匙、揮手和做手勢動作。眼睛用來向前看、

有意識地看、辨認臉孔、注意事物以及檢視四周環境等。聽常和失聰兒童很像，都會用他們的手和眼睛來探索周遭環境，並發展出手勢動作來溝通（Volterra & Erting, 1994）。

對於聽常兒童而言，手勢動作的行為，例如：指物、給予以及展示等，都出現於口語之前。他們的早期手勢動作通常被父母解讀為詞的表徵（Acredolo & Goodwyn, 1994）。研究者對於聽常嬰兒的手勢動作是否可以構成語言，或僅表達一種溝通功能，有不同的看法。在 Volterra 和 Erting（1994）主編的《聽常和失聰兒童：從手勢動作到語言》中，從目前已有的研究推斷，嬰兒都會經歷由手勢動作到語言（gesture-to-language）的轉換過程。隨著嬰兒接收到的語言輸入的類型改變，嬰兒的手勢動作也變成越來越具符號性。由出生到七個月，嬰兒的手勢動作主要是反映他們的動作或肢體發展的一部分。從七個月到十二個月，他們開始用手勢動作來表示他們想要的東西。當他們在不同的情境下使用這些溝通的手勢動作時，這些手勢動作就具有符號表徵的意義。在聽常兒童方面，手勢動作也會出現，並和口語一起使用，然後，當口語成為越來越方便的溝通工具時，手勢動作就會被揚棄（Volterra & Erting, 1994）。

已經有一些方案在聽常嬰兒九個月大時，就教他們用美國手語來溝通。這些方案已經使得母親、照顧者與嬰兒之間的溝通增加。有趣的是，當這些兒童開始使用口語時，他們的手語使用通常在兩歲就減少了（Acredolo & Goodwyn, 1994）。

研究者發現，手語也建立了聽常兒童的視覺——動作技巧。在義大利的一所國小內，二十八位接受手語教學的小孩，他們的注意力、視覺區辨力、視覺認知力，還有空間記憶力的表現，都明顯優於未接受手語教學的學生（Capirci, Cattani, Rossini, & Volterra, 1998）。

在大部分的聽人社會中，口語是語言的主要形式，而語言的起源據信是由聲道、飲食和呼吸器官，以及腦部所發展進化而來（Poizner, Klima, & Bellugi, 1987; Stokoe, 2001b）。然而，聽損族群所使用的手語，促使語言理論學者去懷疑指物和手勢動作是人類最早的語言形式。口語的發展在手勢發展之後。語法被認為是經由手勢動作的使用而進化來的（Stokoe,

69

2001b）。

　　其他語言理論學者，例如 Noam Chomsky 和 Steven Pinker 則持有不同的論點。他們辯證認為語言是人類與生俱來的；它是一種本能。語言是一套完整的抽象規則；在人一出生時，語言就透過遺傳像電報一樣，進入人腦中（Pinker, 1994）。Chomsky 的語言學理論假設人類有與生俱來的語言成分，稱為語言習得裝置（language acquisition device, LAD）。Chomsky 的架構被用來檢驗兒童如何創造他們自己的兒童語言，其語法和成人的語言有差異（例如：she goed）。在此過程中，兒童過度類化其成人照顧者的語法，但是隨著接觸及經驗越多時，兒童的語言變成越來越像成人的語言。Chomsky 推翻 B.F. Skinner 的行為學派論點；Skinner 認為兒童的語言習得是模仿大人的語言而來，也就是透過古典和操作制約來形成連結（Pinker, 1994）。

　　有關失聰兒童的語言發展，從一個尼加拉瓜的失聰兒童身上，我們奇妙地看到即使沒有成人的語言示範，語言如何在他身上發展。語言學家追蹤發現，其語言由家庭的手勢發展到一個有點結構的洋涇濱手語，然後到具有完整結構的語法之語言。換言之，當這些失聰兒童與他的聽人家人分開時，他們發展出一種家庭手勢或是一種自己的手勢系統。但是當他們在學校開始有彼此的互動時，他們發展出一種洋涇濱手語；這種手語被認為是一種介於家庭手語和完全成熟的手語之間的一種中間階段。年幼的兒童如果接觸這種洋涇濱手語，會將這種手勢重新組構成為一種具有更複雜語法的手語。這個迷人的發展以語言學方法描述並記載在 Emmorey（2002）的書中。這個證據被解釋為即使沒有成人的母語輸入，兒童仍具有學習語言語法的生物本能。

70

　　今日，普遍認為語言的學習也包含家長的結構化語言（例如，以兒童為導向的話語）、認知以及社會的因素（Vygotsky, 1978）。此外，它包含訊息處理、語言要素以及生理成分（Pinker, 1994）。有些學者補充：失聰兒童還加上一種語言因素，就是溝通模式的差異（Newport & Meier, 1985; Poizner, Klima, & Bellugi, 1987）。兒童的認知和社會技巧會影響他們的語言習得。當兒童發展出更多的語言能力時，他們的認知和社會技巧就會跟

著改變或調整（Vygotsky, 1978）（見第五章）。

從聾父母所生的聾小孩身上，我們可以知道聽力並不永遠是語言習得的必要條件。他們語言發展的歷程與聽常兒童相同，但是聾小孩是用視覺／手勢溝通模式的手語管道，而不是口語的聽／說管道，來習得語言（Emmorey & Lane, 2000; Newport & Meier, 1985）。此種以視覺溝通模式來處理語言的心理層面影響，對於聾童如何習得概念、語言和社會技巧，具有深遠的意涵。這種處理的差異可以運用於我們要如何對聾童設立早期的語言方案，以及如何在學校內建構他們的學習。

很多聽常父母的失聰小孩使用擴音儀器來發展其口語。但是即使有這些儀器，也無法重製正常的聽力，因此小孩的口語發展通常會較遲緩。這不是說失聰兒童無法發展口語。很多失聰兒童的確發展了口語。他們發展「內在的言語」（inner speech）或是一種內在的音韻覺識，可用來分析英語字詞和句子的結構以輔助閱讀（Lichtenstein, 1988）（第五章）。但是學習說話是一條困難的路，也需要努力和訓練（第七章）。手語，從另一方面來說，較容易為失聰兒童所習得。

那些會美國手語也會英語的失聰兒童，常會混合使用這兩種語言。語言的混用，是一個學習第二語言的人通常會經歷的自然過程（Baker, 2001）。經過長時間和重複接觸這兩種語言，小孩將學會如何區分這些語言。連接美國手語與英語來教導閱讀與寫作，是失聰兒童的教師常用的策略（Grushikin, 1998; Wilbur, 2000）。然而，這兩種語言的結構是如此不同，很難將英語這一種時間上有順序性的語言，對應到美國手語這種視覺空間的語言。在我們分析兩者的一些結構後，讀者就可輕易明白原因為何。

美國手語和英語結構的比較

美國手語是一個發展完整的語言，有其複雜的語法。它和口語一樣都有其語法結構。兩種語言都有相似的組成原則，且包含一組有限的特徵。

71

換言之，就好像一個人無法用一組任意排列的字母來造出一個詞，同樣地，

一個人也無法用任意的手形、位置和方向組合來造出一個手語。在英文中，必須有語言的規則來限制將字母如何排列才能組成一個詞，在美國手語中，也有語言規則來限制手形等參數如何組合才能造出一個手語。在詞及語法的層次，兩種語言都有其規則。這兩種語言都具有被稱為重複性（recursive）的語法過程。也就是說，兩種語言都能組合詞來創造無限多組不同的句子（Emmorey, 2002; Valli & Lucas, 2000）。

英文，一個依序產生語音的語言，和美國手語之不同在於後者是在空間中組織其元素。手語不是只靠手部來呈現，還包括手臂、身體、嘴唇、眉毛、臉部、頭和眼睛。相同地，口語也不是僅侷限在口部，喉嚨和鼻腔也會發出聲響。手勢、手和身體的動作以及臉部的表情經常帶有語意且伴隨語音出現（Stokoe, 2001b）。由於在口語、書面語或手語中有這樣多的結構，因此，如果沒有溝通的橋樑來協助失聰兒童由一種語言轉換到另一種語言，失聰兒童很可能無法了解意義。

要看懂一位孩童的手勢和手語，對聽常父母及教師而言，常常是很困難的。失聰兒童能以複雜的方式來使用空間，但是對於聽人而言，通常缺乏這種能力，因為他們不了解美國手語的複雜特質。即使那些接觸口語或使用英語式手語系統的失聰兒童，其手勢和空間的運用方式，也會和以美國手語為母語的聾人類似（Supalla, 1991）。

了解不同語言中符號系統的運作，對於教導失聰兒英語是一個重要的考量。了解其運作原理可以使教師知道失聰兒童在其語言中如何編碼意義。教師可以藉由其運作原理，發展出從一個語言跨到另一個語言的連結策略。根據我們討論的目的，我們將呈現一些失聰兒童在學習兩種語言的語法時會遇到的困難。

美國手語跟英語一樣，都可以從詞、句子或語法層次來分析。詞和手語都有其音韻系統；一個詞可分析為母音和子音，一個書寫文字可分析為部件；而一個手語可分析為手形、手掌的朝向、位置、動作和非手勢的信號等成分（Emmorey, 2002）。看 cat 這個字的音韻系統，這個字可以再解析為/kaet/這些語音。它在英語中可以被寫為 cat、Cat 甚至是 CAT。而在美國手語中，CAT 的手語可以解析成手形（F）、方向（掌心朝左）、位置

（臉頰）和動作（將食指和大拇指摩擦朝向耳朵兩次），或者也可以用指拼法，以手指拼出 C-A-T 的字母，並以草寫字體寫下 cat 或 Cat。*

72
　　因此，失聰生要學習手語、指拼、印刷字以及草體字等表徵系統。在詞的層次，學習這些系統可能容易些，但是到了句子的層次，當不同的詞同時出現時，會因前後文意脈絡而改變其意義。失聰生在學習詞的排列方式如何改變語意（語法）時，常常會遇到困難。而在另一方面，聽常兒童不用費力就能習得自己語言的語法了（見第五章）。

　　有些手語看來像圖像（iconic）；這一點已被用來解釋為什麼失聰生很快就可學會手語。形象性或視像性（iconicity）這個特質，存在於美國手語的詞、句子、言談或會話層次中。當一個手語是有形象性的，意思是說它很像所代表的物體，例如球（BALL）的手語。某些手語的形象性特質，使得嬰兒更容易學習。有趣的是，形象性在失聰兒童習得他們語言規則的過程中，並沒有扮演任何角色。從手語長期的歷史改變研究中顯示，手語變得越來越具符號性，也代表一個更具符號性及武斷性（arbitrary）的語言系統（Poizner, Klima, & Bellugi, 1987）。口語的詞也有和形象性類似的特質，叫作擬聲（onomatopoeia）。這是指詞的聲音很像其指示的對象，例如 cock-a-doodle doo 這個聲音聽來很像公雞的叫聲（Valli & Lucas, 2000）。

　　英語的音韻結構和美國手語是如此不同，因此對於失聰兒童學習說和閱讀英語是一種挑戰。當學習說話時，失聰兒童必須學會發出英語所有的音，並了解一個音和另一個音在一起時會如何改變其發音。光靠視覺的讀話來學習說話是個困難的過程。模稜兩可和疲累的因素使得讀話本身就是一個困難，尤其要讓從未聽過語音的兒童來學習說話（見第七章）。在學習閱讀時，聽常兒童在將語音（一種語音的語言）對應為書面語言有其優勢。甚至是英語中有許多語音跟文字不一致的詞，聽力能協助兒童解讀該詞。對失聰兒童而言，視覺不足以處理這些不一致，而擴音儀器或許足夠，也可能不足以有效地協助他們。

　　教育家和研究者一直在尋找能協助失聰兒童將語音對應到文字的創新

---

* 本書使用下列慣例：(1)以大寫的英文字來表示手語，(2)大寫的字之間還有連字號連接的表示這是指拼的手語。

方法，例如口手標音法（cued speech）（LaSasso & Metzger, 1998）。口手標音法是一個協助失聰兒童在語音層次上將語音對應為另一種視覺系統的手語系統，其結果是所有的音都變成可見的形式。還有一種英語式的手語系統，將手語對應到英語的詞素（見第五章）。這些系統的缺點是聾人在日常生活溝通中並不完全接受這些系統（Vernon & Andrews, 1990）。

英語的構詞學是另一個失聰兒童覺得困難的領域（Mogford, 1994）。構詞學是研究一個語言如何形成新詞或新手語（Valli & Lucas, 2000）。詞素會增加一個詞或手語的語法訊息。英文是以線性的方式增加詞綴和詞素，但美國手語是增加動作和臉部表情。例如，英語增加後綴（suffix）來表達人物（如：teach+er）以及數目（cat+s）。英語的動詞有後綴來表示動作發生的時間（walk+ed）或持續的期間（walk+ing），而且是有順序性地加上詞綴。手語的構詞系統也可以是有順序性的；例如，先打出教導（TEACH）的手語再打出人物標記（PERSON）的手語就是教師的意思。但是手語也可以同時加上動作和臉部表情來表達構詞變化（Valli & Lucas, 2000）。

以下是使用動作和臉部表情來表達美國手語詞素的例子。打出詞根學習（STUDY），打手語者可以增加動作和臉部表情來代表此人繼續一直在讀書、很規律地在讀書、讀了很長的一段時間或是匆忙地讀書（Valli & Lucas, 2000）。* *73*

美國手語可以利用空間及動作以許多不同方式造出新詞。例如，動詞「飛」（FLY）可以藉由動作的變化而形成名詞「飛機」（AIRPLANE）。美國手語也有形成複合詞的語法規則（「女孩＋一樣」代表姊姊）。此外，美國手語也可以將數字及時間融入到手語中，例如：三週前（THREE-WEEKS-AGO）。這些可說明美國手語如何利用空間及動作來表達意義。

英語使用詞序來表達其語法關係；美國手語則利用空間和動作。例如，使用相同的一組詞或手語，我們可以造出兩句帶有不同語意的句子。但在手語中，當句子的動作改變時，語意也改變了：

---

* 參見本書網址。http://hal.lamar.edu/~andrewsjf/bookindex.htm。

1. The dog bit the cat.（狗／咬／貓）
2. The cat bit the dog.（貓／咬／狗）

　　在美國手語中，打手語者在空間中表達出狗以及貓所處的位置，接著從一個位置移動到另一個位置：狗／貓／咬，或貓／狗／咬。美國手語有很多類似的語法過程，利用空間和動作來表達手語跟手語間的語意關係，而英語則使用不同的詞序來表達不同的語意關係。

　　有些語言，像美國手語，不使用 be 動詞但是使用不同的述詞（predicate）系統。例如，在美國手語中，「貓／病」包含了一個名詞和一個形容詞述語。美國手語的句子並不使用 is 這個動詞，而由形容詞「病」扮演述詞的角色。動詞、名詞和形容詞在美國手語中都可以當作述語。很多聾童在寫作中常忽略 be 動詞，因為在他們的手語中並沒有用到這個詞。美國手語有一套複雜的動詞系統，由分類詞述語（classifier predicates）、分類詞手形，以及位置動詞所組成。美國手語的代名詞（他、她、它）及限定詞（這、一）系統，是由相似的指物手勢所組成。冠詞系統是另一個讓聾童在作文中覺得困難的英語結構。美國手語的助動詞系統（將、能、完畢、必須、應該）被用於句子的開頭和結尾，而不是像英語將助動詞放在句子當中。此外，美國手語使用介詞的方式也跟英語不同。

　　英語使用詞素來表達時間的概念；美國手語則使用手語來標記時間（現在、未來、很久以前、過去、完成）以及動作。例如，這些句子有不同的時間架構：

74

英語	美國手語
1.The cat walks.（這隻貓在走路。）	CAT WALK.
2.The cat is walking.（這隻貓正在走路。）	CAT WALK-持續動作
3.The cat walked.（這隻貓走過去了。）	CAT FINISH WALK.
4.The cat will walk.（這隻貓將要走路。）	CAT WALK WILL

　　在第一個句子裡，s 這個詞素用來表達現在式。第二個句子表達的是現在進行式。第三個句子中的 ed 表達的是過去式。will 一詞表達未來。第三句的 ed 發成無聲的 t。口語的詞由子音和母音音段所構成，而其發音會因前面的字母不同而不同，此點對失聰兒童而言可能很困難。學習規則的時式變化（例如-ed 代表過去式）以及拼法完全不同的不規則變化（如：set/sat; eat/ate, see/saw），對失聰兒童閱讀及書寫的學習都很困難。動詞像是 walk 其拼寫法的時式變化是有規則的，但是英語中有很多動詞有不規則的拼寫法；失聰的學習者必須強記其拼寫法。聽常兒童在讀寫這些不規則詞時，或許也會有困難，但是他們可透過聽取周遭的會話來學習其不規則變化的形式；相較之下，失聰兒童較少有直接透過聽取語音來習得這些不規則變化的機會。

　　英語的基本詞序是主詞─動詞─受詞，在美國手語中卻不一定是這樣。美國手語允許把受詞放在句子的最前面。這種現象稱為主題化（topicalization）。因此，「男孩喜歡他的貓」可改為「貓／男孩／喜歡」當然，英語在一些複雜的句子中也會出現類似的句子結構（如，「這隻屬於我的貓在衣櫥裡」）。

　　美國手語在講故事或是以手語描述一件有許多角色的事情時，還可利用空間來表達角色的轉換。打手語者可一人身兼數角。打手語者利用身體的移動、眼神的凝視以及頭部的轉動來講一個故事。在英語寫作中可相對應的，則是以引號來表達角色的變化。

　　英語的句法仍是失聰學生學習英語時的主要挑戰。在閱讀時，失聰學生常能規避英語的句法，而利用他們的背景知識以及經驗來著眼於文字的語意。但是在他們的書面語中，了解英語的句法是很重要的一件事。失聰學生熟練英語寫作的程度不一，有些失聰者終其一生無法學好英語的寫作。

　　Quigley 和他的同事執行一個大型計畫，研究失聰學生的英語書寫語法（Quigley, Power, & Steinkemp, 1977）。他們發展了句法能力測驗（Test of Syntactic Abilities, TSA），一種可以用來評量十到十八歲失聰學生對於他們認為困難的九種句法結構之理解層次。在 TSA 中，即使失聰學生了解句子的概念，也難以理解句子的字詞次序。失聰學生在處理句子方面有落後

遲緩的差異現象。例如，他們有些人認為所有英文句子的詞序都是主詞—動詞—受詞，他們無法理解帶有詞組結構的複雜句（例如，The girl who kissed the boy ran away.）

　　對於英語和美國手語的差異，我們只描述了表面的一小部分。美國手語（或它的混雜系統，包括接觸手語）這個語言符號系統並無法直接轉換到英語，在言語、閱讀或寫作的教導方面都是如此，因此造成失聰兒童學習的困難（第五章）。很多失聰者可以輕易地學習視覺語言的語法，卻很難學習聽覺語言的這個事實，這引發了一個問題：我們在學校內要如何建構其語言的學習環境（第七章）？無疑地，手語之所以容易學習，部分是因為失聰者在家中或校內經常接觸美國手語的關係。但是如同本章後面將討論的，手語習得的容易性與快速性，可能和一些因素更有關係，包括：接觸的時間點、語言如何在腦部運作以及視覺學習的模式。這並不是說聽覺這個途徑沒有用處。它們是有用的。但是重點是該「強調」何者？哪個途徑是教師應該在教室內強調的？哪個途徑是家長在家中應該強調的？有關語言習得的文獻，可以提供一些引導。

語言的途徑

　　失聰兒童和聽常兒童一樣，會依據父母在家中使用的語言和教育經驗來選擇不同的語言途徑。視覺——手勢和聽覺／聲音途徑並非互不相容。失聰兒童可以選擇其一或是兩者都採納。某些失聰父母教他們的孩子說話；某些失聰父母使用美國手語或兩種都用。聽常父母所生的失聰小孩可能發展口語以及（或）美國手語的能力，要視他們學習這兩種語言的技巧以及在家中和校內的接觸情形而定。

　　聾母親跟聽常母親一樣，當她們對其聾嬰兒打手語時，她們會使用一種以小孩為導向的語言形式。母親會重複手語、誇大動作，並且用較慢的速度來打手語；她還會大量利用觸覺和視覺，調整孩子的手以打出手語，或是將手語打在兒童的身體上，以及使用誇大的臉部表情。研究也發現聾

母親會使用正面的影響，手語直接打在孩子可及的視線範圍內，且慢慢打出手語以確保孩子看到母親的手語。母親也會運用身體的策略，例如拍拍兒童的身體或揮手來引起小孩的注意。母親也經常在以手語表達物體的名稱時，把該玩具或物體放在嬰兒的正前方（見 Holzrichter & Meier, 2000 文獻回顧）。Rodriguez（2001）解釋，聽常小孩的聾父母會形成一個會話三角區（conversational triangle）或一個會話的空間。因此，在言談的層次，他們使用空間來對兒童打手語、指向一本書、玩具或食物，在做這些動作時，也都一直維持雙方的視線接觸。

從出生到九個月大，聽常嬰兒會發出呀呀兒語（babble），但是聾嬰兒在打出他們第一個手語詞彙前，則用手或手指來牙牙學語（Petitto, 2000）。聽常嬰兒以我們可預知的方式來發出聲音；同樣地，聾嬰兒的手形運用也是遵循我們已預知的模式；接著，隨著不同手形的發展而進展到音節性的牙牙學語。這個時期聾嬰兒所產生的一連串手勢動作（gestures），雖然其音韻系統很像在打手語，但還無法讓人辨識為手語詞彙（signs）。從九到十二個月，聾嬰兒進展到單字詞的階段。他們第一個可辨識的手語詞彙產生了，一次一個手語詞彙單獨出現。有些研究者報導說聾小孩的第一個美國手語詞彙的出現，比英語第一個口語字詞（word）的出現還要早很多。但是這個論點本身充滿爭議，並未被所有的研究者所接受（Volterra & Erting, 1994）。

76

從大約九到十二個月，聾嬰兒除了使用非語言的指物動作來指自己和物體外，他們也開始使用代名詞指涉物（pronominal references）的手勢（用手指東西）。第一個手語詞彙和聽常嬰兒的第一個字詞很類似，例如牛奶、媽咪、爹地。聾嬰兒繼續學習手語，一次學一個，而在滿一歲時，他們通常已經學會十個或更多的手語詞彙了。

之後，聾嬰兒開始將其手語詞彙合併成為兩個詞的說話方式（utterances）。在第二年，兒童增加自己對指涉物的代名詞的使用，而且開始正確地使用代名詞來代表第一、第二或第三人稱。從二到三歲，聾幼兒會使用分類詞和表達動作與位置的動詞。大約從兩歲半開始，他們大量地使用呼應動詞。分類語的數量開始增加。開始會搭配臉部表情、身體的

姿勢以及動作的速度快慢來表達名詞和動詞。從三歲到三歲半，分類詞與動作動詞增加了，兒童繼續發展其複雜的構詞系統。到了四歲，他們開始使用wh問句（what、why、when、where、who）。到了四歲和五歲，他們使用更多複雜的句子以及不同的詞序和分類詞（Emmorey, 2002; Newport & Meier, 1985; Pettito, 2000）。見表 4.1，美國手語和口語習得的對照表。

聾父母所生的聾小孩很早就開始學習使用代名詞、呼應動詞以及空間來建構句子。聾小孩對代名詞的使用，已被用來證明指物的動作已由手勢發展為符號系統。九個月的聾嬰兒所使用的指物手勢，跟聽力正常的嬰兒一樣。但在兩歲時，當他們的詞彙增加了許多手語，他們停止指物而直接表達其名稱。在兩歲末期時，他們會再次開始指物，但這次是作為一種語言的符號系統。在此階段中，語言學家注意到有些令人訝異的誤用（例如：小孩的手語比「你」，其實是表達「我」）。使用口語的聽童也會搞混他們的代名詞，例如，「你」說成「我」或是「我」說成「你」（Petitto, 2000; Poinzer, Klima, & Bellugi, 1987）。

語言學家認為從失聰兒童語言習得的資料來看，即使兒童聽不到，大腦的生理結構原本就使人類普遍具有創造語言系統的能力（Emmorey, 2002; Poinzer, Klima, & Bellugi, 1987）。如果失聰兒童跟聽常兒童都可以習得語言，他們在學習口語的困難，和他們接觸這個語言的時間點有關嗎？或者和語言如何在腦部運作有關？語言學家和腦神經科學家已經獲得一些有趣的發現。

78

關鍵期

Lenneberg（1967）的關鍵期假設是由兩種相關的想法所組成。第一個想法是，大腦的側化發生在很早期的關鍵期，而此時大腦對語言發展很有可塑性。第二個想法是，如果要發展語言，某些語言事件必須在這個時期呈現給小孩。一般的理論認為，第一語言要有最佳的發展，不管是口語或手語，都要在這個時期開始。研究顯示，如果在這個階段以後才開始學習

表 4.1　美國手語和口語習得的對照表 77

年齡	聾父母所生的聾小孩	聽父母所生的聽小孩
出生到一歲	手勢的兒語（manual babbling）	聲音的兒語（vocal babbling）
一歲到二歲	語言期前的溝通手勢 臉部表情 手語的音韻錯誤 嬰兒手語 第一個手語（First signs）	語言期前的溝通手勢 臉部表情 字詞的音韻錯誤 嬰兒字詞 第一個詞（First words）
一歲到二歲	進入五十個手語的里程碑 使用否定詞手語 臉部的副詞 代名詞	進入五十個詞的里程碑 開始使用否定詞
二歲到三歲	兩個手語的語句 正確的代名詞 加上臉部表情的 wh 問句 呼應動詞 一些分類詞的手形 指拼手語（fingerspelling）	兩個詞的語句 開始用詞素（冠詞、代名詞、 　現在進行式、複數、過去式、 　短縮形式、助動詞、副詞） 參與會話 使用 wh-問句 動詞規則過度規則化
三歲到四歲	主題化和條件句 方向性動詞 使用空間表達位置 開始使用分類詞述語 開始言談技巧 開始會話時，先尋求視線的接觸	詞素變一致 使用不規則動詞（see/saw、eat/ 　ate） 簡單句、否定句、祈使句、疑問 　句、關係代名詞
四歲和以上	名詞和動詞有完整的構詞區隔 以複雜句作為名詞指涉物、分類 　詞、構詞、言談結構的觀點、 　複雜的動作動詞、繼續修飾語 　法	關係子句、被動以及其他複雜 　句、反身代名詞、比較級和最 　高級、副詞詞尾、不規則比 　較、繼續琢磨語法

資料來源：Emmorey（2002）及 Newport 和 Meier（1985）。

語言，其學習過程就會比較費力。

　　聽常父母所生的失聰兒童，其語言的接觸通常較遲緩，因此他們可以作為好的個案，來驗證這個關鍵期假設。那些較少接觸到口語或手語的失

聽兒童，會直接發展出家庭手語系統（Emmorey, 2002）。這些兒童並沒有語言的學習模範，但是他們卻能調整自己的家庭手語，使其成為一個有組織的系統（Goldin-Meadow & Mylander, 1990）。但是，他們的語言發展不一定都可以發展到他們該有的程度。一個極端的例子是Genie（Curtiss, 1977）。

Genie是一個聽常小孩，被限制待在房間裡，如果發出聲音就會被處罰；她從二十個月大起被忽略了長達十三年，最後她終於被移到一個比較有語言刺激的環境；經過五年的訓練，Genie 雖然無法發展出任何會話技巧，但能理解基本的語言。她的案例可作為關鍵期假設的證據，但是也能用來反駁關鍵期假設，因為 Genie 在十三歲時，仍然可以學到基本語言理解的能力，即便她沒有學會表達的技巧。

研究成年失聰者在不同時期學習第一和第二語言的表現，可讓科學家進一步檢驗語言關鍵期假設的本質。Emmorey（2002）針對不同時期接觸美國手語的成年失聰者，研究其語言發展後做出結論：晚期才學習美國手語的失聰者，某些語言處理的學習似乎不受影響，例如：詞序以及指涉的表現，但美國手語中一些較複雜的語法結構的學習的確會受到影響。這些可以從觀察失聰與重聽學生由公立學校轉到住宿學校就讀的案例來證實（第六章），尤其是在國小後期、國中或高中才轉學的例子。雖然這些兒童通常其閱讀和學業成就低，但其中有許多人卻能快速習得美國手語，尤其是當他們住在宿舍裡和別的聾同學有機會共處時。他們的手語流暢度雖然無法和以美國手語為母語的聾同學相比，但是他們也能很舒適地使用美國手語來溝通和學習。

傳統上，假設關鍵期被用來解釋為何第二語言的習得對年齡較大的小孩與成年人是如此困難。但是有些研究者已經注意到，年長的學習者在剛開始學習第二語言時。比年幼的學習者更有其優勢，因為他們的認知能力和動機更高（見 Krashen, Long, & Scarcella, 1982 的文獻回顧）。然而，年幼的兒童其優勢是在音韻系統的學習或是知道如何以正確的腔調來發音。第二語言的學習者，不管是兒童或成人，都能透過使用第一語言來學習第二語言。傳統的型態是讓失聰兒童先學習英語，之後才學習美國手語。但

79

是有越來越多的資料顯示，先學習美國手語作為第一語言的失聰兒童，可以發展其英語的讀寫技巧作為第二語言（Butler & Prinz, 1998; Chamberlain, Morford, & Mayberry, 2000）（見第五章和第七章）。

大腦與環境

我們現在知道使用手語的失聰兒童和成人，其語言處理都是發生在大腦的左半球。過去認為，因為美國手語的空間特質和語法，美國手語的處理應該在右半腦進行。但從一些腦功能受損的聾人打手語者的案例來看，事實並非如此。腦神經學家已經研究這些人，以求了解大腦是如何處理語言和空間認知的。

在一系列的實驗中，研究發現成年聾人打手語者是用其左半腦來處理手語的語法。這些實驗使用非語言和語言的測驗來對失聰的失語患者施測，有些是因中風導致右半腦受損，有些則是左半腦受損。結果顯示，雖然美國手語是依賴空間關係的語言，手語主要是由左半腦來處理（Hickok, Bellugi, & Klima, 2001; Poizner, Klima, & Bellugi, 1987）。

今日，腦神經學家無須受限於研究腦功能失常的失聰者來研究大腦的功能；他們也能使用非侵入式的掃瞄科技，包括 MRI（磁核共振顯影）以及 PET（正電子斷層掃瞄）來描繪出腦部的組織，並檢視手語是在腦中哪一區被處理。研究成年失聰者的手語作業，複製了中風失聰患者的研究，並提供更多的證據，證明手語和口語一樣是在左半腦被處理的，只是由於視覺和聽覺處理的不同而有些差異（Hickok, Bellugi, & Llima, 2001）。

已經有人透過特殊的語言學習者來研究不同的環境、失聰病因以及語言學習之間的關係。這些案例提供「自然的實驗」以檢視兒童認知和語言發展的方法，甚至是在不尋常的情境之下，例如：在語言刺激極貧乏或濫用的情境下、在父母是失聰者而小孩是聽人的家庭中以及智障兒童或威廉氏症候群（Williams syndrome）的兒童。

之前提到的 Genie，是一個嚴重語言環境貧乏的例子。另一種環境貧

乏的形式是當學前兒童入學時，只有一點或根本沒有語言接觸（Vernon & Andrews, 1990）。這些兒童通常會發展他們自己的語言，並使用一種空間的句法。許多失聰兒童在童年晚期或成年初期會學會使用手語，雖然不像以手語為母語者那麼嫻熟，但這些語言習得的事實，就像之前所說，都將挑戰關鍵期假設的說法。

80　　　　聽常父母所生的失聰兒童，其語言發展有很大的差異性，受到許多因素影響，例如失聰的年齡和失聰的病因。有些病因，例如巨細胞病毒（CMV），可能會影響腦神經，導致語言學習等障礙（第三章）。其他因素，諸如家庭語言、教育方案的類型、聽覺擴音的適當與否，以及兒童的動機等，都會影響語言的學習。失聰兒童的研究顯示，他們在學習英語的音韻、語意、句法以及語用等方面都不完善（Vernon & Andrews, 1990）。雖然如此，許多失聰者的確在不同程度上學會了英語（口語以及書面語），且每天使用英語來溝通。

　　很多聾父母所生的聽常小孩長大後成為一個雙語者。他們可能先學會美國手語再學英語口語。Mogford（1994）回顧這些兒童的研究後，指出這些研究的發現並不一致：有些研究顯示聾父母所生的聽常小孩其口語發展很正常，但有些研究的證據顯示這些小孩有語言遲緩的現象。Mogford注意到聽常小孩並不會學習模仿聾父母的口語錯誤（例如帶有鼻音的口語），其口語發展跟一般聽常父母所生的聽常小孩所經歷的口語發展階段一樣（Mogford, 1994）。

　　年幼的口語——手語雙語者引發有關兒童雙語主義的一些有趣問題。有一些反對的意見，不贊同兒童在生命早期就學習兩種語言。支持「先發展一個語言」者相信，如果家長讓孩子在生命早期學習兩種語言，必會產生語言的混淆和語言遲緩。他們也擔心兒童永遠不會發展任一語言的能力（Petitto & Holowka, 2002）。但是研究同時使用雙語的兒童發現並非如此，年幼的口語——手語雙語者其時間的里程碑（例如，第一個詞、前五十個詞、最先的雙詞併用等）和聽常的單語以及雙語者類似。此外，Petitto和其同事的研究顯示，在極年幼同時學習口語和手語的雙語者以及學習兩種口語的雙語者，並不會使小孩的典型語言發展里程延後，也不會造成他們

在語言的語意和概念學習上的混淆。換言之，聽常小孩很早就可以輕易地學會兩種語言，不管是兩種口語或是一個手語、一個口語。Petitto 從她的兒童雙語研究以及其他研究做出的的結論是：讓發展中的小孩學習兩種語言是有益處的，因為雙語對小孩的認知、社會以及發展都有好處（Petitto & Holowka, 2002）。

　　語言的習得，經常在討論認知的先備條件時被提及。例如，Piaget 的發展組織論清楚地將語言和認知的其他層面連結在一起。兒童的發展是一個階段又一個階段地進行，每個階段的發展都根基於上一個階段，而語言的發展是在兒童將語言內化並且開始使用此符號系統時的感覺動作階段的末期。有一群患有威廉氏症候群的兒童，這是一種罕見的新陳代謝失常，對這個看法提出了挑戰。它是語言能力被保留的一種智能障礙，但其認知卻有嚴重的缺損。當這些孩子說話時，他們可使用複雜的句法以及像成人般的語詞，顯示出他們對語言有嫻熟的使用能力。然而，他們的認知發展卻低於兩歲以下的幼兒（Bellugi, Marks, Bihrle, & Sabo, 1994）。相反地，失聰兒童具有正常的認知能力，但是在語言的能力上卻有嚴重的遲緩落後現象。患有威廉氏症候群的孩童讓我們需重新思考認知在語言學習中的角色是什麼？依據 Piaget 等人的看法，科學家們過去相信認知能力對語言的學習是必要的。但是從威廉氏症候群的孩子的案例，顯示大腦中有一些部分可以在沒有高等認知能力的情況下學習及處理語言，且這些認知能力在以前被認為是語言習得所必須具備的。Bellugi 和其同事正在加州聖地牙哥的沙克實驗室研究這些議題。

　　所有這些案例都使我們更加了解失聰兒童的語言習得。首先，聾童不需要藉由口語來學習語言。第二，手語不一定會阻礙口語的發展。從大腦處理語言的觀點來看，口語和手語都是在左半腦運作的，雖然運作方式並不完全相同。針對語言環境貧乏的兒童所做的研究指出教育環境的重要性，但也告訴我們大腦在關鍵期之後，仍有能力學習基本的語言技能。研究威廉氏症候群的青少年，使我們知道以前的專家並不完全了解語言習得背後的認知機制。這些兒童雖然認知能力嚴重不足，仍能表現出高度發展的語意和句法的技巧。

雙語論、智力與思考

　　針對失聰兒童和成人的研究，提供科學家許多機會研究失聰對於雙語論、智力以及思考所造成的影響。和聽常雙語者有關的是，人們多年來錯誤地認為，雙語者的智力和認知能力比較差。而對手語的雙語者也持有類似的看法，認為手語對失聰者的思考能力會造成不利的影響。這種想法，從十九世紀初期一直到 1960 年代，都認為雙語會對小孩的思考能力不利。就像早期對失聰和認知的研究一樣，早期的雙語論以一種負面的觀點，認為雙語者的智力較差（Baker, 2001）。但事實上，沒有任何一個實證研究說雙語不利於認知發展（Baker, 2001）。今日，人們普遍接受雙語對於認知有益的觀點，包括提升創造性的思考、認知的可塑性以及後設語言的覺知（Baker, 2001）。

　　後設語言覺知（metalinguistic awareness）是指一個人其思考和反省語言的本質和功能的能力。雙語者可以思考並操弄口（或手）語以及書面語（Baker, 2001）。我們可看到聾人如何使用他們對美國手語以及英語的後設語言覺知來說笑話。例如下面這個流行的聾人笑話「請，打開柵欄」（Please But）的翻譯。

82
　　有一次，有位聾人開車經過，停在鐵軌前，因為鐵軌安全號誌柵欄放下了，但是沒有火車經過。他等了很久要讓火車經過，但什麼事都沒有發生。他決定走出車門並轉動柵欄。（管理員正坐著講電話。聾人盡可能有禮貌地寫下：「請／b-u-t」），一邊把紙遞給管理員。管理員疑惑地看著這位聾人：「請，但？這是什麼意思？」他不懂那個意思。（Rutherford, 1989）

　　這個笑話對於一個不會打手語的人來說一點都不好笑，Rutherford 提供了一個很好的解釋，因為妙點就在於英語的 but 和美國手語的 BUT 手

勢。因為「打開鐵軌安全號誌柵欄」的手勢和BUT（但）的手勢這打法看起來很像，但其語意卻有點改變。聾人可以使用他們對美國手語的知識（「BUT」的手勢）以及他們對英語的知識（but這個詞）來開玩笑。Rutherford 解釋，當這個笑話以手勢打出來時，英文字「but」的手勢是以美國手語的「BUT」手勢來表達。BUT和「打開柵欄」這兩個手勢使用的手形都是一樣代表柵欄的分類詞手形，但其手掌朝向卻是不同的。

　　雙語論的研究者對於雙語和認知的提升，何者發生在先，尚未有共識。有可能語言的學習和認知發展是一起進行的，且會互相促進其發展。大部分雙語論的研究對象都是年幼的學童，幾乎沒有以十七歲以上的聽常雙語者以及單語者為對象的認知功能研究（Baker, 2001）。年齡和經驗可能會造成相似的認知技能，研究年長的失聰雙語者可以解釋這些議題，並幫助雙語論者修正其有關學習雙語對認知益處之理論。

學習如何思考、記憶與學習

　　有大量文獻探討失聰者的智力（Braden, 1994; Marschark, 1993; Vernon, 1968）（第一章）。也有很多文章探討失聰者的學習、記憶以及創造力等議題。根據測驗的作業（tasks）有無牽涉語文的成分，失聰者在記憶和創造力的作業表現有其優勢也有其限制（Clark, Marschark, & Karchmer, 2001; Marschark, 1993）。當記憶作業本身是空間性和訊息性的，失聰者的表現至少和聽人相等（Parasnis, Samar, Bettger, & Sathe, 1996）。失聰者使用的是空間的句法（Bellugi, O'Grady, Lillo-Martin, O'Grady, van Hoek, & Corina, 1990）。但是，當作業本身需要失聰者將次序性的語言訊息編碼時，他們的表現就不是很好了（Bebko, 1998）。Parasnis 和其研究團隊（1996）回顧文獻顯示，聾人打手語者在各種視覺空間作業、圖像作業、記憶同時呈現不同形狀、臉部辨識以及動作偵測等方面，都表現得比聽常打手語者更好。也有很多研究顯示，手語對於聾人的認知功能有積極正面的影響（見Courtin, 2000 的文獻回顧）。Marschark（1993）回顧過去的研究指出，在允許

83

打手語的作業中，聾人會表現出創造力、空間認知、可塑性以及片段記憶力的增強。

這些都是很好的，但是重要的議題是，失聰生如何將這些思考、推理以及解決問題的認知能力運用到學業科目的學習，包括閱讀和寫作？有些針對失聰生的研究顯示，透過訓練可以加速將認知能力轉化到學業領域（K. Keane, personal communication, February 20, 2002; Martin, Craft, & Zhang, 2001）。

將認知能力轉為學業學習

很多失聰生在沒有能力去「學習如何學習」時，就進入學校就讀。調整一個人的學習，或當你不知道某些事物時能有所察覺，以及能設計計畫來學習你所不知道的事物，都是教育心理學家所談的後設認知能力。後設認知的歷程已經被人以電腦的選單來解釋。學生決定下一個過程，從幾個選擇中選取某一過程，接著監督選擇所造成的效果；如果對結果不滿意，再回到前面的選單。後設認知，或「對思考的思考」，是學生用以控制他們諸如推理、理解、解決問題以及學習等認知歷程的能力（Baker, 2001）。

後設認知需要學習者使用三種技巧：計畫、監督以及評量。「計畫」要求學生思考做此工作要花多少時間，應該何時開始做？工作的順序應該如何等等。在「監督」階段，學生要思考：「我做得如何？」「這樣做合理嗎？」「我應該改變策略嗎？」「評量」則包括對結果的判斷：「我應該改變策略嗎？」對於專家而言，這些策略是自動化的。但是對於某些學生而言，這些策略需要被教導（Baker, 2001）。

後設認知技巧跟聽覺無關，但是的確需要學生有很多偶發學習（incidental learning）的經驗和機會，使其能形成後設認知的策略。很多來自聽常家庭的失聰生，在家中只有很有限的溝通技巧，因此沒有這些偶發以及正式的機會來發展其後設認知技巧（K. Keane, 個人溝通，2002 年 1 月 20 日）。

　　認知可變性（cognitive modifiability）模式已經被用來教導失聰生後設認知的歷程。這個模式最先是由一位以色列學者和教育家 Reuven Feuerstein（1980）所發起。他在歐洲和以色列專門研究低功能性、文化弱勢的青少年。由於不滿意傳統的智力測驗——他認為這些測驗不能提供任何有關學生學習潛力的訊息，因此發展了一個評估工具，稱為「學習潛能評估工具」（Learning Potential Assessment Device, LPAD）。這是一個包含十五項評估的一系列測驗，包括各種語文和非語文的作業。學習潛能評估工具後來又被發展為一個課程，稱之為「認知增潤」（Instrumental Enrichment, IE）的介入方案，被美國和以色列的一些學校所採用。這套課程提供學習機會，使老師可以矯正學生不足的認知功能並提升他們的學習能力。　　*84*

　　這套認知可變性模式也和 Vygotsky（1978）的社會文化學習理論有關。Feuerstein 所服務的對象是文化弱勢的兒童，這些兒童的環境中沒有很多成人可協助他們學習、解決困難或解釋他們的經驗。Vygotsky 建議認知的發展要依靠兒童和專業成人或父母之間的互動；這些人藉著幫助小孩了解他們的世界、使用他們文化中的認知，來調整小孩的學習經驗。在這裡的一個重要認知就是語言（Vygotsky, 1978）。

　　Feuerstein 方法的基本特質不是只有矯正學生所需要的技巧，例如閱讀或數學技巧，而是真正地改變學生在學習這些技巧時的基本認知過程。依據 Feuerstein 的看法，有兩種學習會影響學生的認知能力：直接的學習經驗（direct learning experience, DLE）以及中介的學習經驗（mediated learning experience, MLE）。中介的學習經驗指的是學生藉著「中介者」（mediating agent），例如家長、教師或照顧者，以一種技巧或過程來幫助其學習經驗的意義。例如，中介者先設立一個學習經驗，藉著比較物體或事件，將學生的注意力吸引到這個經驗的某個面向，使學生的注意力集中在重要的面向，協助學生將此經驗命名和分類等等。也就是透過教師所提供的修正學習經驗，來改變學生的思考過程。學習者接著就能夠繼續督導或自我調整其在新作業中自己的學習（K. Keane, 個人溝通，2002 年 2 月 20 日）。

　　在一個針對四十五位來自萊星頓啟聰學校（紐約州傑克森中學內的日間學校）重度到極重度聽障的九到十三歲失聰學生的研究裡，學習潛能評

估工具的五個工具被用來評估修正介入法對學生認知作業表現的效果（Keane, Tannenbaum, & Krapf, 1992）。所有失聽受試者的父母都是聽人。學生被隨機分派到三組之中。第一組（十五人，修正學習組）給予最大的支援以及修正教導。例如在觀察學生做某項作業（例如將小點排成幾何形狀）的表現後，主試者會示範完成此作業的適當方法，然後學生運用他所學到的再做一次。此組使用「測驗——教導——測驗」的方法。第二組是標準情境組，十五位學生沒有接受任何修正輔助，只是得到做作業的指示。另一個提示組的十五位學生在做作業時，會得到他們做對或做錯的回饋，但不會有人示範要如何做。研究結果顯示，得到示範以及中介學習經驗的學生，在六項學習潛能評估工具的認知作業中，有五項表現優於標準組和提示組的成員。失聽生在提示情形下有較好的表現，比完全不給回饋的標準組表現好，但是修正學習組學生的表現仍然是三組中最好的。研究者指出在修正學習組的學生，如同此實驗結束後的另一個認知測驗表現所顯示的，能夠改變他們的學習。在修正學習組所提供的中介學習經驗，可以使其認知能力較其他兩組增加更多。

　　這種中介的學習經驗模式已經被整合入萊星頓啟聰學校的家長——幼兒方案、國小方案以及高中方案的課程中。Keane（個人溝通，2002 年 2月 20 日）指出，這些學生中有很多人很晚才被診斷出失聽，在家中也經常未能得到有效的溝通，因此，他們可能錯失了很多和父母相互溝通的機會，而父母也未能提供他們中介的學習經驗。由於在他們的環境中缺乏足夠的訊息，兒童就可能對片段的訊息做出急躁的反應，因為他們對於應該要專注於哪些訊息只有不完整的看法。

　　在萊星頓啟聰學校內，學生的背景反映出美國有色聾童人口的變化（第二章）。這間聾校有三百八十位聾生，大部分中學生是由附近區域的國小啟聰教育方案轉入。大約有 80 ％的學生接受聯邦午餐補助方案，在這些聾生的家庭中共使用二十四種不同的語言。

　　萊星頓啟聰學校的教職員已接受密集的教職員發展訓練，包括批判性思考、創造性的問題解決能力以及中介的語言經驗。經由這些課程，Keane注意到學生的改變，包括正面的行為、學習動機以及課業表現的增加。在

提供給失聰生三年的中介學習經驗以後，有28％的失聰生在閱讀方面提升了一個年級的程度，大約28％的人增加了二個年級的閱讀程度，有16％的聾生增加了三年級或更多的閱讀理解程度。他們的數學表現也提升了：有16％增加了一個年級，有20％增加了二個年級，而且有32％增加三個或以上學年的數學成就。

　　Keane指出這個中介學習經驗也改變了教師。在教職員專業發展期間，新進教師從資深專家身上學習要如何將此模式運用於課堂中。教師不但必須要了解此理論，還要將其實際用於課堂中。依據此模式，教師也成為一個學習者。教職員本身的進展對這個過程是很重要的。

　　萊星頓的中介學習經驗方法也被用於其他啟聰學校，以及中國和英國的啟聰學校中。在一個針對華府高立德示範中學（MSSD）的失聰高中生所做的兩年長期研究中，研究者改編了「認知增潤」的課程，並設計一套介入方案。六種「認知增潤」的認知（部分——全體、比較和分類、對稱、視覺關係的投射、空間關係，以及遵守指令）用來讓受過訓練的教師使用。一個禮拜兩次，教師在正規學科外加上一系列視覺、語文以及幾何學活動，老師會協助學生參與這些活動，並使學生參與後設認知的討論（思考有關思考的事）。然後教師和學生討論要如何將這些策略運用在其他學科。實驗組的聾生（四十一位）和控制組的學生（四十一位）比較；二組在年齡、聽障、性別、聽損程度以及閱讀能力都類似。二組學生同樣接受四種評量：瑞文氏測驗、研究者發展的認知行為觀察量表、一份需要敘述解決方法的困難解決情境，以及史丹佛成就測驗（SAT-HI）中的閱讀理解、數學計算以及數學概念部分。研究者報導指出實驗組的認知增潤表現在瑞文氏測驗、閱讀理解、數學概念以及書寫形式的困難解決測驗等方面都優於控制組的學生，且這些差異都達到統計上的顯著水準（Martin, Craft, & Zhang, 2001）。*86*

　　這個研究的改編版又在英國與中國擴大實驗過。根據多元智力的理論、擴散思考，以及Feuerstein（1980）的認知可變性模式，教師被施予批判及創造思考的訓練。所有設計的活動都強調創造性的問題解決過程。教師使用這些認知策略於課堂中長達六個月，這些批判與創造性的活動每禮拜施行三次，每次三十分鐘。在每個教學階段裡，教師教導學生解決問題的過

程，然後師生討論他們需要使用何種心智過程去解決問題，最後師生討論他們如何把在課堂中所學到的某種認知技巧應用在他們的實際學科中。例如，一位學生在認知策略的課堂中可能學到要如何將具有相似性質的項目分類，然後教師會示範如何使用那些分類策略去學習自然科中的身體系統。

六個月後，研究者測試九到十三歲年齡層的失聰學生。他們報導說，瑞文氏測驗後測成績顯示認知增潤的介入對失聰學生的推理能力具有正面的效果。學生在討論他們的思考以及問題解決技巧時，認知詞彙的使用也增加了；同時，在課堂討論中，學生考慮他人觀點的能力也提升了。這些研究者注意到學生整體的專注力以及他們在課堂的學習動機也改善了。二個國家的教師在課堂中對高層次思考問題的運用也增加了。Martin 的研究，如同 Keane 的研究，顯示了教職員接受有關認知策略教學技巧的發展訓練的重要性。

另外一個稱之為「心智理論」（theory of mind）的理論，已被用來了解失聰學生的認知及語言行為。此理論的特質是使人不侷限在以自我為中心的思考（egocentric thought），而有能力去思考和理解別人的思考。它指的是能將信念、企圖以及情感歸之於人們。此理論根植於 Piaget 的幼兒發展理論，幼兒那時剛開始分析他們自己的想法。聽常小孩的心智理論發展始於四歲，那時幼兒可以理解並開始思考別人的想法。

有些研究者認為兒童的心智理論是天生的，有些學者則反駁兒童必須依據他們的經驗以及提供修正的成人將其世界解釋給兒童理解而建立心智理論。社會世界扮演了部分的角色：首先是和家人，之後是和朋友；當幼兒和同儕以及成人互動，學習如何和他人對話以及建立溝通的能力時，其社會認知就發展出來了。社會行為以及社會成熟度都是心智理論的重要成分。心智理論和由教學中獲益的能力、了解故事的能力（Gray & Hosie, 1996）以及了解科學推理與批判性思考有關。教師可以協助兒童透過把想法說出來，使其將思考清楚表達，如同上述已解釋過的萊星頓啟聰學校方案一樣，小孩有機會用語言將他們的想法表達出來。這個心智理論是幼兒在學齡前即可學會的，並可作為其概念基礎來建構後設認知能力，透過之前提過的，在啟聰學校裡老師所提供的中介學習經驗來達成。

有些證據顯示失聰兒童心智理論的發展時程和聽常兒童不同（Peterson & Siegel, 1995, 1998），之所以會延後發展，和失聰兒童生長在聽常家庭有關，因為他們無法在家中與父母談論有關心智概念和信念等主題。但是有學者相信，這個落後的現象在失聰兒童長大成人後會獲得解決（Clark, Schwanenflugel, Everhart, & Bartini, 1996）。有趣的是，Courtin（2000）報導說，失聰兒童對手語的經驗與獲得透視的經驗，導致其表徵（representation）層次的改變，因此打手語的失聰兒童之心智表徵發展，早於聽常兒童。很明顯地，這是一個值得在日後做更進一步探索的領域。

結論

為了解失聰對於認知、思考以及語言的心理影響，我們必須了解失聰者的心智能力是如何以視覺的方法來表達、發展以及組織。我們在聽覺的範例外，增加視覺的範例，以便增進我們對於失聰者如何運用其認知、心智及語言來學習、思考和解決問題的了解。

建議閱讀的書目

Deacon, T. (1997). *The symbolic Species: The Co-Evolution of Language and the Brain*. New York: W. W. Norton.

　　《符號的人類：語言和大腦的進化》，本書作者透過追蹤語言和大腦協同演進的交流，來提供他對於符號性思考重要性的看法。

Emmorey, K. (2002). *Language, Cognition, and the Brain: Insights from Sign Language Research*. Mahwah, NJ: Lawrence Erlbaum.　　*88*

　　《語言、認知和大腦：來自手語研究的洞見》，本書包含了極豐富有關手語研究對我們了解認知、思考及語言的貢獻的資訊，許多數位拍攝的手語小圖片，協助非語言學領域的讀者了解更多語言學的描述。

Stokoe, W. (2001). *Language in Hand: Why Sign Come Before Speech*. Washington, DC: Gallaudet Press.

《手中的語言：為何手語早於口語》，在 Stokoe 過世後出版，本書描寫他對語言起源的革命性理論。Stokoe 以他個人的經驗以及已出版的研究，提供了一個動人的論點，來反駁一般人認為人類具有特殊與生俱來的學習機制學語言。

第五章

從溝通到語言到讀寫能力

要促進這方面的發展是沒有妙招的，想要成為成功的閱讀者，必須享受閱讀，並且花時間練習閱讀；若要成為成功的書寫者，必須享受書寫，並且投注時間去練習書寫。

——Tucker, p. viii，引自 Livington, 1997

學習閱讀究竟會有怎樣的心理影響？不學習閱讀會有怎樣的心理影響？ *90*
這兩個問題是同等的深奧。毫無疑問的，讀寫能力可以促進一個人在心理
層面的健康，提供很多時間的學習、啟發、替代的經驗，並且可以漫無邊
境地遨遊。它開啟了通往高等教育的門戶，也提供了更能發揮所長的工作
機會，不學習如何閱讀會嚴重限制個人成長的機會。雖然也有許多沒有讀
寫技巧卻也成功的案例，但是整體來看，不識字是一種障礙和負擔。

要了解失聰對讀寫能力的影響，很重要的是要了解許多失聰學生在學
習閱讀的同時，也同時在學習另一個語言。這並不是一件簡單的事情，因
為閱讀的技巧建立在英語的語言技巧之上。對失聰兒童來說，手語習得很
容易，但是說話、閱讀以及書寫通常都得透過正式的教導。儘管有這麼多
的困難，多數的失聰者還是每天使用英語。他們高度倚賴電視上的字幕、
文字電話（TTYs）、電子郵件、便條、傳真等，這些都是跟閱讀和書寫有
關的活動。

本章目標

這一章是要檢視一些在學習閱讀時所牽涉到的知覺、認知、心理語言
以及社會文化歷程，並且也解釋失聰學生為何可以被當作是第二語言使用
者。這章同時也檢視在讀寫課程中，老師如何把英語、手語、說話和指拼
的橋樑搭起來，以及科技如何被運用在閱讀的課堂中。最後，這一章也顯
示運用手語來學習閱讀，不但可以解釋失聰兒童的閱讀歷程，也可以用來
解釋認知、語言和學習異常的聽常兒童以及併有視覺和聽覺損傷者的閱讀
歷程。

第一次會話

這一切都是從母親的懷抱中開始。早期的研究影片顯示當嬰兒在主動

吸吮、注視、打嗝、微笑、發聲的時候，母親是在休息的狀態。但是當母親主動撫摸或說話的時候，她們的嬰兒就在休息的狀態。在餵食的時候，這種例行性的活動與休息輪替的過程，就是嬰兒最早期的會話。這些例行活動，語言期前的嬰兒也使用手的指向、眼睛的注視、微笑、發出聲音及與他們的父母親共同從事一種活動（例如：玩躲貓貓），而這些都建立了早期的會話技巧。無論是用口語或是手語，母親唱童謠及歌曲、講述家庭的故事、閱讀圖畫書、解釋在家中發生的事情等，總而言之，透過這種早期的會話（換言之，早期的知覺——認知經驗），在一個充滿愛與關心的家庭中，語言的學習開始出現並且蓬勃發展，而這就是讀寫能力的基石。

91 讀寫能力通常被認為只是一種解碼的、圖像式的認知動作能力，但事實上不止如此。閱讀使年幼的孩童有能力思考、發展概念、溝通，及思考書寫語言的內容。如果正確的情境能被建立，並且如果成人能向兒童解釋書面的內容是什麼意思（無論是用手語或口說的方式解釋），這一切都會以一種可預測而且自然的方式緩慢地發展出來。其路徑是從知覺和認知發展到溝通，再發展到語言和讀寫能力，這個路徑是雙向的。接著，讀寫能力的學習會促進個人的語言、溝通、知覺和認知的發展（Andrews, 1986）（見圖 5.1）。

圖 5.1　從溝通到語言到讀寫能力

　　嬰兒早期的會話在一些共享性質的活動中演化，例如：吃飯、閱讀、遊戲或讀書。從這些經常性的活動中，孩童學到詞彙、句法及語言的社會規則。很多父母會與他們的嬰兒、幼兒或學前孩子談論在他們周圍看到的文字（例如：印在早餐盒上的字、麥當勞、交通標誌、巧克力糖的包裝等）。孩童學習到文字的功能是為某些東西標上名稱或命名，他們也學習到每個字母都有各自的名稱，而且可以組合成詞。當有人為孩童讀書時，

或是當他們自己閱讀時，他們學習到如何跟著主題閱讀。他們學到了故事有開始、中間和結束，裡面包含一些角色、劇情、懸疑及場景。這些都是閱讀之前要做的準備，或者稱做閱讀前的技巧（Andrews, 1986）。

如此早期的親子會話是社會性的，並且是相互性的。父母親或是照顧者會形成一個支架或支持。根據 Vygotsky（1978）的看法，這樣的過程建立了一個所謂的近似發展的領域（zone of proximal development），孩童在當中依賴著父母親的支持來完成一些活動，並且從過程中學習。當孩童的語言技巧出現時，父母親就會撤除支持。孩童於是準備好獨自開始、維持、改變與結束會話的進行。

閱讀的課程也是一種會話或對話。老師或父母親扮演閱讀專家的角色，提供鷹架或榜樣，讓孩子們知道如何去理解文字的意義。然後孩童試著去閱讀，起先這些閱讀專家會在旁支持他們，之後逐漸地，孩子們自己開始掌握閱讀作業並能獨自閱讀。

但是閱讀的時候也會有其他的會話出現，這個會話是私下進行的，即使書寫的文字是一直呈現在紙張上，並且受到語法規則的限制，也受到標點符號等的限制，閱讀基本上仍是讀者和作者之間無聲的會話過程。讀者把他們的背景經驗及期望帶到文章裡，他們透過自己所知道的，去了解作者要表達的意涵，以這個方式來與作者互動。例如說，在哈利波特的故事裡面，作者J. K. Rawlings透過書中的角色哈利波特及其他人來與讀者對話。

當大人在家中稱呼物品、食物和家人的時候，孩童就把這些人事物和其名稱建立連結（無論是用手語或口語表達的名稱），孩童很快地用這樣的方法習得詞彙。就像我們在第四章所提過的一樣，失聰的嬰兒會有手語的兒語現象，且其經歷的語言發展歷程和有口語兒語現象的聽常嬰兒所經歷的歷程一樣（Petitto, 2000）。很多在幼年早期或晚期習得手語的失聰兒童，到了小學甚至中學都還會有手語的兒語現象。手語的兒語技巧會發展成手語和指拼手語。在很多的例子中，失聰兒童學會說、指拼、辨識文字或寫在紙上的第一個字，通常都是自己的名字（Andrews & Zmijewski, 1996）。孩童以口語或手語所產出的第一個字，通常也是他們會讀或寫的第一個字。事實上，孩童開始閱讀的時期應該和口語或手語能力的發展平

92

行。

　　孩童的第一個詞通常是和動物、食物、玩具、動作、形容詞以及和社會有關的字眼，例如：謝謝你、請、不要、是等等（Howell, 1985），當孩童在紙上看到字詞的時候，他們會把這些文字和其心理表徵連結，例如，一幅圖畫、一個經驗、一個手語或口語的字詞，於是視覺性字詞的詞彙（sight-word vocabulary）開始發展。孩童學會閱讀的第一個字詞可能是整體性的，例如某個人的名字。而他們第一個以指拼法拼出的手語詞也是以整體方式習得。但是很快的，孩童學到要把指拼法和書面的字母配對。他們了解到詞是由很多字母組合而成，而他們可以用手指拼出來，也可以用文字方式呈現（Andrews, 1986）。

閱讀歷程

　　因為閱讀和書寫的歷程包含了許多不能直接觀察和測量的表徵，心理語言學家採用許多不同的技巧去推論，究竟讀者的心智如何處理文字；有一種工具可用來檢視大腦透過眼睛和耳朵如何處理文字的模式。失聰學生的閱讀和書寫的錯誤讓我們更進一步了解失聰閱讀者對文字的心智運作過程（Ewoldt, 1981; DeVilliers, 1991; Quigley, Power, & Steinkemp, 1977）。有一些研究探討受試者在觀看有字幕的節目時，其眼睛的移動情形，這些研究也提供了我們對失聰讀者的了解（Jensema, Sharkawy, Danturthi, Burch, & Hsu, 2000）。

　　「用眼睛閱讀」的模式，是從讀者會辨識字母開始，而字母的辨識是透過視覺的分析及指派圖像編碼給不同字母。而這些字母或視覺型態，最終會被孩童以整個詞的方式去認識，並且給予語意或有意義的詮釋，之後，語意的編碼被儲存在大腦中，有些失聰讀者也以指拼字母的順序儲存在大腦中。而根據作業的不同，失聰讀者會併用手語、指拼、讀話、構音以及字詞的拼寫結構等方式去了解、編碼以及記住英語的印刷體（Marschark, 2000a）。

　　「用耳朵閱讀」的模式，其開始也是視覺性的，藉著視覺分析的過程來辨識字母並且指派給一個圖像編碼或一組字母，然後將字母轉譯成語音編碼，也就是把字母連結成語音（即字母和音素的對應，grapheme-phoneme correspondence）。閱讀的歷程因此和說話的歷程連結，而這些語音型態就被辨識為詞並賦予語意（詞的辨識）（Crystal, 1997）。當然，並不是每個 *93* 人都如此。

　　為了要得到流暢的英語閱讀能力，聽力正常的孩童必須要先熟練一些技巧，例如字母和音素的對應規則及英文的拼寫法、字母組合成詞的規則以及所有例外的拼寫法。很多剛開始閱讀的人可以很容易並自然地就把字母和音素連結起來，這個事實支持了「用耳朵閱讀」的方法，也就是，幼童很快就學會辨識字母的名字和字母的聲音。那些可以將詞做音韻解碼的小孩，當他們碰到不熟悉的字詞時會有較大的優勢將詞成功地辨識。

　　上面提到的這兩種方法都可以解釋失聰者如何閱讀，雖然「用眼睛閱讀」的方法在學習閱讀與掌控文字時，可能扮演較重要的角色，因為習語前的失聰者比較無法完全提取其音韻編碼。這並不是說語音對失聰的讀者沒有用，有些接受口語訓練或習語後才失聰的失聰讀者，在閱讀時，會用口形說出或在嘴唇上默唸字詞（Conrad, 1979; Litchenstein, 1998）。這麼做可能會有助於閱讀行為時所需要的短期記憶。讀者從字母的辨識，進展到詞、句子、段落的理解，並在繼續閱讀更多的文字時將這些訊息存放在其記憶裡。但是研究者並不清楚究竟產生一個內在語言（inner speech）是不是一種好的閱讀，也不清楚口語能力是否能促進聾人的閱讀（Marschark, 1993; Marschark & Lukomski, 2001）。

　　「用眼睛閱讀」的方法可能對失聰的讀者在辨識字詞、句子和文章的主旨有幫助，但是「用耳朵閱讀」的方法對於把某些詞分解成比較小的單位，可能是有幫助的，而拆解的方式可以是直接用指拼法，也可以是透過語音、嘴唇的動作或口手標音法（cued speech）中的視覺線索（LaSasso & Metzger, 1998）。我們需要有更多的研究，才能決定來自不同背景的失聰者，如何把文字和詞組解碼。

辨識字詞

閱讀為的是要了解文意，就知覺來看，這個作業可能很龐大。兒童必須要認識五十二個大寫和小寫字母、十個數字和其組合、標點符號與詞之間的空格，而這些不過是個起步而已，孩童還必須要學會詞的意義（語意）及詞的組合規則（語法）。

但是，學會字母對失聰兒童而言相當容易。一個針對幼稚園和小學一年級失聰兒童所做的研究發現，字母的辨識和字詞的辨識是孩童閱讀前技巧的一部分。當他們的閱讀逐漸發展時，他們學習到指拼可以與紙上的字母連結，而詞的意義可以對應到熟悉的手語或概念（Andrews, 1986）。

失聰兒童早期嘗試使用的指拼法，不是為了要拼出字詞。他們用指拼法就和他們用手語一樣，是要代表一個完整的意義。例如說，一個失聰男孩可能會在臉頰部位打出 B 的指拼手勢來代表他的朋友 Bob，然後又用指拼法拼出 B-O-B 來表達一個完整的手語。一段時間後，隨著他們對字母的覺知，他們會把詞分解成對應的指拼，也就是用指拼法將字母逐一打出。對於年紀小的失聰讀者而言，手語與文字的連結代表著視覺性詞彙的萌芽。例如說，使用手語的失聰兒童看到故事書中寫著 c-a-t 的時候，會打出貓的手語。相對地，很多聽力正常的孩童會藉由和書面英語對應的口語，將聲音、音節和意義連結（有些聽力正常的讀者並沒有學到把聲音說出來的策略，他們通常依賴著視覺性的文字），他們會運用自己對音節、聲韻、音素的覺知。聲韻可以幫助孩童形成詞的聽覺類別，當這些孩童在文字中看到這些詞時，聲韻可以促使他們將其與發音相似的詞建立連結，聲韻也幫助他們的音素覺知和斷詞的技巧（segmentation skills）。聽力正常的孩童早期的書寫錯誤顯示出他們正在發展音韻的覺知，並且運用它來斷詞。很多失聰兒童會使用指拼法來斷詞，以及發展一種詞的視覺和動作記憶。失聰兒童的錯誤指拼，表示他們正在發展拼寫法的覺知及字母組合後形成的不同視覺類型（Andrews, 1986）。

有關失聰兒童是否大量運用音韻訊息的研究結果很不一致。有的研究

94

指出失聰兒童在閱讀的時候，會運用音韻的訊息及聲韻的覺知；但也有的研究指出失聰兒童所發展出的視覺性拼寫聲韻（visual orthographic rhyming）及讀話的聲韻技巧（speech-reading rhyming skills），本質上都不同於聽力正常孩童的聽覺聲韻技巧（LaSasso & Metzger, 1998）。

　　一些研究者已將音韻的編碼與覺知、短期記憶和閱讀歷程之間的關係予以連結。然而，究竟音韻覺知的技巧可以幫助失聰生的閱讀處理到怎樣的程度，或者音韻覺知是否必須與其他視覺編碼（例如：手語、指拼）一起使用時才有用，與這些議題有關的研究目前還沒有定論。Lichtenstein（1998）的報導指出，使用口語的失聰讀者中，有些人因為有較好的音韻技巧，所以有較好的語法技巧及閱讀理解力，因為在閱讀時所需要的記憶，用音韻表徵會比用手語或視覺編碼來得有效率。關於視覺和聽覺在失聰讀者的音韻表徵中的交互作用情形，還需要更多的研究來探討。

　　對於年幼且使用手語的聾讀者來說，手語、意義和文字的配對一開始是一個手語與一個詞對應（例如：美國手語的 CAT 對應到英語的 cat），最後會進展到多於一個手語的對應，就好像從一個語言翻譯到另一個語言時，通常是沒有一對一的對應關係（Andrews, 1986）。

　　當失聰讀者學會用語境來推測他們不了解的詞時，手語、意義和文字的連結，就會進而發展成詞和詞之間的連結，例如，失聰讀者可能會在故事裡遇到橡實（acorn）這個新詞，他可能會從故事前後文知道這個字就是堅果的意思。但在心智中，這個失聰讀者會看到NUT的手語，並且把其語意轉換到 acorn 這個新詞。這個兒童會打出 NUT 的手語，然後用指拼法拼出 A-C-O-R-N，將其存在記憶裡，失聰學生用這樣的策略來習得更多的詞彙。手語加上指拼法是一種習得英語詞彙的簡單方式，尤其是對一些沒有相對應手語的英語詞彙，例如，汽車的廠牌名稱、英語的一些語法特性等（Padden & Ramsey, 2000）。

　　也有一些證據指出，失聰的讀者會運用一些視覺手形，例如在口手標音法中的手形去辨識和閱讀字詞。支持者認為運用口手標音法的優點是它提供了視覺的音韻訊息，而這不是英語的手語系統與美國手語所能提供的（LaSasso & Metzger, 1998）（見第七章）。

95

　　研究者和教育者嘗試了許多不同方法將手語視覺化地呈現，並以圖像的方式將其對應到英語的文字，企圖藉此將文字傳達給失聰學生。這些技術也被拿來教聽力正常者學手語，這在任何一本手語書籍中都很明顯，因為書中有很多的手語圖片。

　　為了找出將視覺性的手語和印刷文字彼此對應的方法，教育者激發出許多有創意的點子。他們發展了許多閱讀材料，將手語及文字以圖像方式呈現，且將手語和英文的文字互相配對。*

　　以圖像方式呈現手語對失聰兒童閱讀理解的成效，這方面的研究目前還沒有定論。Wilson 和 Hyde（1997）的報告指出，使用這些手語材料有助於閱讀理解。Drasgow 和 Paul（1995）回顧了過去一些將手勢編碼為英語（Manually Coded English, MCE）的相關研究，他們指出，儘管有一些失聰兒童透過這種方式而在學習閱讀和書寫方面獲得了一些幫助，但還是有很多失聰兒童書寫能力的發展無法施展到他們能達到的程度。換句話說，這些技術可能可以幫助失聰兒童發展視覺性字詞的詞彙，但是卻不能夠幫助他們了解故事及連貫的文章。

　　另一些研究者為失聰讀者設計了閱讀策略，其中包括解碼或根據手語的成分來分析手語圖像（Supalla, Wix, McKee, 2001）（見第四章）。其基本理由是，就如同聽力正常的學生根據聲音把字詞解碼，Supalla 和他的同事也假設年輕的失聰讀者可以根據手語的手形、位置和動作等組成成分來分析文字，並建立一個基本的手語字詞詞彙（sign-word vocabulary）。這些研究者已編輯了一些詞典，其組織是根據手語的組成成分來排列。

　　Supalla 的小組也根據他們所謂的美國手語字母（graphemes）創造了一套手語書寫系統。這些美國手語字母代表著手語，就如同書寫的字母代表口語的詞彙一樣。Supalla 和同事根據手語字型系統（SignFont system, 1989）發展並修改他們的手語書寫系統。1965 年，Stokoe、Casterline 和 Croneberg 編寫第一本美國手語詞典時，他們設計出最早的手語書寫系統。這些不同的手語書寫系統所使用的字母數量都不太相同。

----

* 參考本原文書的網頁及所附的光碟片，當中有將這些例子以圖畫方式呈現（http://hal.lamar.edu/! andrewssjf/bookindex.htm）。

　　另外也有一些將美國手語的手語（signs）、詞組和句子以圖畫方式呈現的例子。例如，在一份失聰讀者群中很普遍的報紙靜默新聞（*Silent News*）中有一個專欄「雙語角落」（Bilingual Corner），所呈現的是一幅圖畫，當中畫著一個人打出一個美國手語。在圖畫的下面有相對應的英語文字來表達該手語的涵義。

96

　　這些例子顯示出教育者充滿創造力的嘗試，為了建立視覺性語詞詞彙（sight-word vocabulary），他們試著提供手語和文字之間的橋樑。要有流暢的閱讀必須要有大量且能快速提取的詞彙，閱讀能力差的讀者會受到詞彙量不足的阻礙，而這樣的事情經常發生在失聰讀者身上（Kelly, 1996）。事實上，比起聽力正常的讀者，失聰讀者的詞彙量較少，習得詞彙的速度比較慢，並且在詞的學習方面，相關的語境範圍較狹窄（Lederberg & Spencer, 2001），部分的原因是失聰學生欠缺接觸英語的多重管道，也就是這管道不但要有意義，而且他們要能理解。

閱讀、書寫和拼寫的發展

　　正如同聽力正常的學生，失聰讀者也要學習閱讀、書寫和拼寫的規則，他們會把指拼法運用在字母覺知、字母命名及詞的拼寫技巧中，也會將手語運用在他們的字詞辨識上（Padden & Ramsey, 2001），以及將視覺閱讀策略用於理解技巧中（Grushkin, 1998; Wilbur, 2000）。

　　失聰兒童在習得拼寫技巧方面的進展和聽力正常的孩童相似。但是，聽常小孩所拼寫的詞其發音會近似於英文詞（例如，der ant Geen 發音近似 Dear Aunt Jean），而失聰兒童的拼寫則會根據詞的圖像或視覺特性（Romig, 1985），有些失聰學生在其書寫中仍會用畫圖的方式把手語畫出來，美國手語的語法也影響了失聰學生的書寫。從以下這段十歲大的失聰學生的文章可以看出一些拼寫和寫作的錯誤。

KNIGHT AND THE DAGON

　　Once upon a time a big castle with lonely boy name is Knight and other is a stone stuck at hat where dagon live. One day dagon rad book about "How fight Knight." Knight think and get book about cook and he finish it with it so he go to made a stone sivler body. he fix a round with sivler hammer and he strew on it and he pow it up so it can be stay hard and he made everything ready so he put it on and he get his horse and his knife and dagon has no supply to fight but his nose have fire and then Knight say 1... 2... 3... go both of us run toward than to back and both fell down and Knight only go to library and read.

　　研究者指出失聰學生的書寫有幾個特性，重複、用到較多簡單的句法結構、連續的句子、有限的詞彙，以及缺少複雜的句法形式（Devilliers, 1991）。這些學生的困難是寫作的機制（例如，標點符號、大小寫）和經常因為字的圖畫相似性而拼錯字（而不是因為聲音相似才拼錯），如前一段的寫作範例所示，部分的原因是因為他們缺少英文寫作技巧的練習。

閱讀理解

　　閱讀所包含的不只是說得出字母名稱、拼寫和閱讀詞彙，它所包含的還包括從文章中獲得意義。一個好的讀寫課程會讓兒童有機會閱讀優良的孩童文物，包括：多文化主題、不同的文體、寫作的活動、大聲朗讀、指引式的閱讀、獨立閱讀的課程以及詞和語法分析的基本技巧；有很多人支持以此種均衡的方法來讓失聰學生學習讀寫能力（Gallimore, 1999; Smith, 1999）。

　　研究者指出，失聰的讀者和寫作者對於英語詞彙和語法的使用有一些困難（DeVilliers, 1991; Quigley et al., 1977），他們在寫作連貫的故事方面也有困難（Yoshinaga-Itano & Snyder, 1985），但是他們對故事細節的記憶

97

會因為練習用手語打出故事而增加（Andrews, 1986）。

　　以下這段文字是本書作者之一所寫，用來呈現失聰讀者在故事、詞與語法方面所遭遇到的困難。

THE CAT, THE DOG, AND THE ANT

　　One crisp fall day in a sunny spot in the woods a cat was chased around a tree by a dog. When the dog barked, the cat was bit by an ant. Full of fear and pain, the cat ran up the tree like lightning. Up in the tree, he pulled an acorn from a branch and dropped it on the dog. The dog barked and the ant crawled up the dog's leg. The cat laughed when the ant was carried away away with the dog. He knew the dog would get his just desserts and he felt happy. What goes around comes around, he thought to himself.

貓、狗和螞蟻

　　秋高氣爽的某天，在樹林裡陽光照得到的一個地方，有隻貓被一隻狗繞著樹追趕。當狗叫的時候，貓正好被一隻螞蟻咬到。充滿了懼怕和疼痛，貓像閃電一樣爬上了樹。牠在樹枝上抓了一個橡實，向下丟在狗身上。狗叫了起來，螞蟻爬到了狗的腳上。當狗把螞蟻帶走時，貓笑了，牠知道狗會得到他應得的報應，牠覺得很開心。一報還一報，牠這麼想著。

　　文章裡面的一些單詞，例如：天、貓、狗、樹、螞蟻、追，單獨列出時都很容易閱讀。但是當這些詞組成句子，而句子又再組成故事，文章的理解就充滿了困難。例如，失聰的讀者可能對被動的句子結構有困難。當他們讀第一句時，可能會理解成貓追狗，而不是狗追貓；失聰讀者會把英語的主詞──動詞──受詞的詞序套用到他們閱讀的文句上（Quigley et al., 1977）。

　　如果問他們：「當狗被果實打到時，牠在哪裡？」失聰讀者可能會運

用視覺吻合策略，去文章裡搜尋，試著找出與問題相同的詞組來回答問題。但是在故事裡，狗的位置並沒有明顯地標示出來，所以讀者必須要閱讀前幾個句子去推論螞蟻的位置。用視覺吻合策略可能對某些問題有幫助，但是對於一些要從故事的概念去推論的問題就沒有幫助了。失聰讀者對於以文章為基礎的測驗通常會極度依賴視覺或逐字吻合的方式（Lasasso, 1999）。失聰學生也可能會用猜的方式去回答，而不是根據他們有限的閱讀技巧和背景知識來解決問題（Marschark & Everhart, 1999）。

98　　　　失聰讀者一旦了解故事的意義，通常可繞過語法理解的層次（Ewoldt, 1981）。但是在英語裡有一些結構，即使失聰讀者了解故事內容，也難以閱讀。在前面的故事裡，要了解 ran up（跑上去）、carried away（帶走）等介系詞的意思，可能會很困難（Payne & Quigley, 1987）。一些有多重意義的字，例如 bark、head、bit、run 的意思會因為前後文而改變。故事中 to be carried away by a dog（狗帶著它走了）不同於 to be carried away by an idea（被一個想法盤據了）。

失聰讀者要了解比喻用語「跑得像閃電一樣快」（Girorcelli, 1982）及代名詞（Quigley et al., 1977）可能會有困難。曾經被紅螞蟻咬過的年輕讀者可能可以感受到貓的疼痛。但是如果沒有這種情緒上的經驗，可能沒有辦法去同情故事中角色的遭遇（Gray & Hosie, 1996）。失聰學生可能對於故事裡的寓意（一報還一報）有些理解上的困難。從故事的語法來看，這個故事有開頭、中間和結束，都是根據帶有寓意的情節來進行。唯有在學生對故事的各個部分都有概念時，這些觀念才會有助於理解。

有關閱讀理解的分析，我們只提及了一些皮毛，但是已經把失聰讀者所面臨的挑戰凸顯了出來。理解有困難是因為很多失聰學生在學習閱讀英語的同時，才剛開始學習英語。不像聽力正常的學生，他們在學習閱讀時，已有一些英語能力，而失聰讀者通常沒有這些英語能力，使得這失聰學生對閱讀英語更加困難。

語言教學法及通往讀寫能力的橋樑

究竟哪一種語言教學法可以帶來比較高的閱讀表現？研究結果相當分歧。研究者指出，那些參與單一口語／聽覺方案的學生有比較好的讀寫表現，並且這和他們整體英語能力的發展有關，可預測該項表現的因素包括早期介入、參與口語／聽覺方案及比較高的家庭動機（Marschark, 2000）。

另外也有不同的看法。一群研究者檢視了失聰兒童使用美國手語的語言能力與讀寫成就的關係。這項工作某個部分是將 1960 年到 1970 年代的研究予以延伸，那時的研究顯示手語的使用有助於失聰兒童的英語學習（見 Vernon & Andrews, 1990 的文獻回顧）。後來的研究者用多種不同的方法來測驗美國手語的語法，並且把美國手語的分數和閱讀成就的分數及書寫測量的結果做比較。他們發現美國手語的能力比較好的失聰學生，其英語閱讀分數比美國手語能力較差的學生來得好（見 Butler & Prinz, 1998; Chamberlain, Morford, & Mayberry, 2000）。

也有研究者將視覺教室技術予以摘要整理，用重點方式顯現出老師如何運用美國手語作為通往英語的橋樑（Grushkin, 1998; Wilbur, 2000）。這個研究背後的想法是，如果學生具備了一種語言能力，那麼他們可以將它運用到第二語言的學習，Cummins（2000）稱之為語言內在相依模型（Linguistic Interdependence Model）。這個模型的假說是所有的語言背後都有個共同的熟練度，而一種語言的讀寫技巧可以轉移到第二語言的讀寫技巧。Mayer 和 Wells（1996）認為這樣的原則不可以運用在聾教育，因為 Cummins 模型的一些假設並不符合聾教育的情況，尤其是美國手語並沒有書寫的形式。同樣地，Mayer 和 Akamatsu（1999）主張自然的手語和口語的書寫形式之間只有很少的語言內在相依關係，作者認為根據英語而打出的手語對於手語和文字之間的銜接會有幫助。其他人則主張以雙語來教導與學習語言，應該只使用美國手語和英語，而不要把人工發明的手語系統納入（見 Nover & Andrews, 2000 的文獻回顧）。

99

就語言的教與學而言，不管你支持的是單語、混合語言（人工發明的系統）或雙語，目前這個領域仍欠缺一個將英語讀寫能力教導給失聰兒童的一致性理論。由於語言的習得可以用視覺的替代性管道，那麼用視覺的方式作為英語讀寫能力教學的新方法，也許可以讓失聰兒童受益。這並不表示要放棄全部的聽覺策略，而是以視覺為主要途徑，以聽覺作為次要途徑。

許多老師運用視覺策略將手語和文字予以連結，但是並沒有閱讀方面的理論可將這些策略整合。如此的模式可能要建立在失聰成年人如何為他們年幼的失聰孩子閱讀的方法上，也許這樣的模式也可以建立在失聰成人如何為失聰兒童閱讀的方式上（Schleper, 1997）。

Gallimore（1999）的研究開始將這個架構轉成概念，她將一些成功地運用在聽常孩子的技術做了修改，例如，大聲朗讀、引導式的閱讀、字詞分析及小型語法課程等，她應用了一個均衡的教學方法來教失聰學生閱讀（Lyons & Pinnell, 2001）。

圖 5.2 呈現的是 Gallimore（1999）和 Bailes（2000）所提議的失聰學生應有的閱讀課程。他們把理解技巧、字詞和語法技巧整合在閱讀課程中，並且運用均衡的方法（由上而下和由下而上）和互動式的活動。

在引導式的閱讀方法中，首先老師會把整個故事用手語打給學生（用美國手語說故事）（Gallimore, 1999）。然後，老師就逐頁將意思翻譯出來（讀故事）。在這個階段，老師並沒有把文章中的字詞逐字翻成手語，而是把整個詞組和句子的意思用手語表達出來（Gallimore, 1999）。在閱讀引導的過程裡，老師會設定一些特定的閱讀技巧來教學（例如：找出主要的意思或把多義的詞找出來），然後與學生討論如何運用這些技巧來理解文字和整個故事。在小型語法課程裡，老師再挑出文章中的一部分，並把重點放在文法的某個特殊技巧中（例如：過去式、被動句等），然後老師回到整篇文章重複這些步驟。許多教失聰學生閱讀的老師，都在閱讀教學的課堂中使用這種融合了手語、指拼法、文字、從英語到手語的轉銜策略等的互動式教學法（Bailes, 2001; Gallimore, 1999）。

100

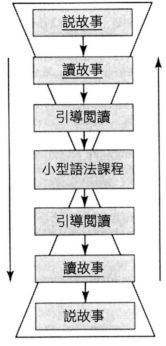

圖 5.2　教失聰生閱讀

讀寫能力和學科

　　此外，另一個欠缺的領域是，缺少運用讀寫能力於學科的研究（第六章），很少有研究觸及有關失聰的讀者如何運用閱讀和書寫在數學、科學和社會科學等科目。要能夠讀寫科學這個學科，讀者不能只是懂科學的觀念及技術性的科學詞彙，同時也必須知道如何在科學實驗室和教室中運用閱讀和書寫的能力。科學的讀寫能力不只是學習新的科學詞彙，也同時意味著學習如何去運用閱讀和書寫來學習科學的觀念和科學的研究方法（McIntosh, Sulzen, Reeder, & Kidd, 1994）。

　　數學學科對於失聰學生來說也很困難，因為要讀數學詞彙或解應用題。數學的詞彙很困難，而數學的運算方式可能隱藏在題目的文句中，例如下面這個應用題。

娜塔莉有五輛玩具車，她比蔻兒少八輛，那麼蔻兒有多少輛？

101　　　這個句子的語法很簡單，但是詞彙卻暗藏玄機。看到「少」這個字的學生可能認為這題要用減法運算，但事實上，這個題目要用加法。

錯誤分析和眼動

　　　一些研究者藉由檢視失聰讀者在閱讀時所犯的錯誤來探討他們如何處理文字。在早期檢視閱讀錯誤的研究中，有一篇發現失聰讀者過度依賴圖像訊息，例如，應該是 cart，卻誤打手語為 CAT（貓）；或是把 fog 打成 FROG（青蛙）。在失聰讀者閱讀句子時，他們會用指拼法作為暫時的表達法（也就是以指拼法來拼出不熟悉的字）。但是一旦他們理解故事的意思時，他們會回頭把這個字以手語重新打出（Ewoldt, 1981）。另一篇研究探討的是失聰讀者在高中階段的後設認知策略，其中有一個失聰讀者用指拼法拼出 T-H-E 代表 there，而用 FATHER 代替 farther。換句話說，失聰讀者是根據詞之間在圖像方面的相似性來臆測，而不是根據字詞的意思（Andrews & Mason, 1991）。

　　　失聰讀者在看字幕時眼睛的移動方式也讓我們對於失聰者如何理解文字有了一些了解。Jensema 和他的同事（2000）觀察六個失聰成人在看有字幕和無字幕的影帶片段時眼睛的動作。發現加上字幕之後，會造成眼睛移動方式的改變，觀看影片的歷程會比較像是閱讀的歷程。對於成年觀看者來說，字幕的閱讀主導了其眼睛的移動，而看螢幕裡的其他畫面變成是次要的。這些資料也顯示，依賴讀話來溝通的成人讀者，比較注意演員的嘴型而不是字幕。那些英語技巧不好的人，則幾乎大部分的時間都是在閱讀字幕。作者發現，當字幕速度越快，用在閱讀字幕的時間會越多。Jensema 和他的同事在 2000 年做了後續研究，探討十四到六十一歲的二十三個失聰成人閱讀時眼睛的動作，發現他們有 84％的時間看著字幕，而畫面則是 14％的時間，另有 2％的時間眼睛會離開螢幕。年齡、性別和教育

程度對於看字幕的時間長短只有很小的影響。研究者在結論中指出，用這麼高比例的時間看字幕（84％），表示觀看字幕是主要的閱讀作業。如果一個人一週看電視三十小時，失聰者大概有二十五小時的時間是看著文字，這個結論對失聰兒童和青少年閱讀的教學有一些啟示（Jensema et al., 2000）。

社會文化的歷程

當語言和讀寫的學習牽涉到家庭和學校群體時，會有很深遠的文化意涵（Heath, 1983）。根據孩童本身的文化，他們會學習到不同形式的提問、回答、傾聽和說故事的方式。

失聰成人和失聰老師在教年幼的失聰兒童時，也會因為不同的文化而 *102* 在會話與閱讀課程中有不同的呈現方式。Rodriguez（2001）的研究以波多黎各四個失聰父母所養育的聽常幼兒為對象，他發現失聰父母在他們自己、子女和物體（食物、玩具或書）之間建立了動態的三角關係。失聰父母在這樣的三角關係內打手語，指向物體，或是在孩子身上、書上、玩具上或食物上打出手語。這個三角形的尺寸會隨著父母親靠向兒童或把身體遠離（以便讓孩童做出反應）而擴大或縮小（Rodriguez, 2001）。

Smith（1999）研究三個非裔美洲家庭如何為他們的學前失聰兒童閱讀，她發現只要教給父母親基本的手語溝通技巧、將主題為非裔美洲的兒童書籍介紹給他們、提供閱讀的示範、引導、支持和回饋，家庭中的讀寫行為就會增加。Smith 本身也是非裔美洲人，她把這種課程的成功歸因於分享了父母親的文化傳承。她建立了與父母親之間的互信和密切關係，並且她也直接根據父母親的程度和需求來教學。有些非裔美洲失聰成人會為其子女閱讀，她把這些非裔美洲失聰成人介紹給父母，提供他們這方面的典範。

其他有關失聰父母和老師為失聰孩子閱讀的研究顯示，他們使用了不同的策略，例如，打手語時，靠近書中的圖片或靠近孩童的身體。失聰成

人根據失聰小孩與故事相關的背景經驗來做更多的闡述，用手語來加深書裡面的觀念，用指拼法拼出故事中的人物名與地名，或提問以檢視孩童是否理解他所讀的內容，或用眼睛凝視與視覺注意力等策略來獲得或維持孩童在會話或閱讀中的注意力（Mather, 1997）。

　　很少有研究探討口語族的失聰成人及不使用手語的聽常父母如何為其失聰子女閱讀。一些來自沒有正式記載的失聰研究生資料顯示，口語族的失聰母親和聽覺正常的母親用圖畫的線索、用嘴巴說出字型和比手畫腳的方式來解說文字，這個部分我們需要有更多的家庭研究來記錄這些行為。

雙語主義及以英語為第二語言

　　雙語主義及以英語為第二語言，如此的領域為聾教育者在學習閱讀的歷程方面提供了很多的洞見以及啟發。舉例來說，來自中國、日本、韓國和沙烏地阿拉伯的孩童必須要學習不同於他們自己口語的文字。同樣地，學習手語的失聰兒童也要把手語的圖片和指拼法與文字做連結。口語族的失聰兒童使用嘴巴的動作、讀唇或透過擴音系統所聽到的訊息，將文字做連結。就像其他的第二語言學習者一樣，失聰讀者的第一語言不必很流暢，才能把它對應到書寫語言中（Cummins, 2000）。

　　像其他第二語言的學習者一樣，當使用手語的失聰兒童開始書寫英文時，他們通常會把兩種語言混淆（美國手語和英語），而創造出第二語言研究者所謂的通用語（interlanguage）。這樣的語言提供我們有趣的內在觀察方式，得以了解其語言處理的策略。當學生的書寫受到第一種和第二種語言的影響時，通用語的語法就建立了。例如，下一段是一個聾人所寫的一段文章：

HOW DO I FIND EARTH

　　I not know much about Earth. I have no feel about Earth, but I finish learn about Earth. People need care for home. People need respect. People are nice to earth. Animals can live long if animals eat healthy food, drink clean water and breathe clean air. Animals live free. Each help people and animals live. Each is very pretty because blue water, <u>colors many different</u>. Earth need nicely. Earth not need mess.

我如何發現地球

　　我不知道太多有關地球。對地球我沒有感覺，但是有關地球我<u>完成了學習（finish learn）</u>。人們需要對家庭關切，人們需要尊重，人們對地球很好。如果動物吃健康的食物、喝乾淨的水和呼吸新鮮空氣，就可以活得久。動物是自由地活著。每一個都可以幫助人和動物生活。每一個都是美麗的，因為藍水，<u>顏色很多不同（colors many different）</u>。地球需要很好。地球不需要混亂。

　　劃底線的兩個詞組是我們所要強調的關鍵點。這個失聰書寫者對於冠詞和動詞時式的學習很吃力，這類語言發展的錯誤經常發生在以英語為第二語言的人身上。我們也可以注意到，這個學生主要用的美國手語影響到他的英語書寫。例如，這個孩童用美國手語 FINISH（完成）來代表過去式，而他其實想表達的是他曾學過有關地球的事（learned about Earth）。在倒數第二個句子中，他也將美國手語的語法特性運用在其英語書寫中。在美國手語的詞序裡，形容詞可以在名詞後面出現，所以他寫成 colors many different（顏色很多不同）（Nover & Andrews, 2000）。

　　失聰的寫作者會把他對美國手語過去式的知識運用在英文句子裡，他們也會犯其他年幼的孩童在學第一語言時會犯的錯誤。例如，當失聰兒童學習到英語的過去式要加 ed 的規則時，他們通常會把這個規則運用到所有的書寫英語中。這種過度運用會在很多失聰學生身上出現，即使到了高中或成人時期（Wilber, 2000）。

　　影響孩童學習閱讀和書寫第二語言的因素有很多，包括年齡、情感因素、認知因素和學生學習第二語言所採用的是何種教學法（Baker, 2001）。第二語言的文獻可能會提供我們了解與教導失聰學生閱讀和書寫的新方法（Nover & Andrews, 2000）。

教室裡的科技

微晶片的發展使得老師在教室裡有很多新的器具和電子設施可使用，但是，科技正如俗諺所說的一樣，其好處是根據使用它的人而定。有很多的科技可以協助老師在讀寫能力的教室裡運用，例如電子耳蝸、助聽器（類比式、數位式）和 FM 調頻系統及電話擴音機等溝通科技。這些聽覺科技提供聲音的察覺，加上訓練之後，有些人可以了解口語，這些都會促進閱讀、拼音和書寫的音韻覺知。

失聰者使用文字電話、電子郵件及無線傳訊來溝通，使用這些產品都涉及閱讀和書寫。今天高速的網路被運用在多數大學和機構裡，視訊會議變得相當平常，影像傳遞系統在美國逐漸被建立，有越來越多的失聰者和聽人使用桌上型的視訊軟體做商業上的溝通。

104　　有很多速記系統使用的是速記機，也就是法庭紀錄員所使用的機器。訓練有素的速記員利用這二十四個按鍵的機器將口說英語以語音方式轉譯在電腦上，電腦接著會將這些語音碼轉成英文字，且即時呈現在電腦螢幕或電視螢幕上。這些文字通常是逐字出現的，這樣的系統被用在學校時，被稱做即時溝通翻譯系統（Communication Access Real-Time Translation, CART），通常它也被用在法庭和專業會議上。

除此之外，還有所謂的電腦輔助筆記系統（computer-assisted note-taking, CAN）。這個系統藉由受過特殊訓練的打字員，用一種標準的 QWERTY 鍵盤，把別人說的話逐字打在手提電腦上，可以做成摘要筆記或逐字稿的形式。有些電腦輔助筆記系統還包括了電腦縮寫輸入軟體，而縮寫輸入軟體的發明是要讓打字員快速且大量使用縮寫的字詞或詞組來輸入。

C-Print 系統是 Michael Stinson 博士和他的同事在紐約羅徹斯特的國家聾人科技研究院所發展的系統。這個 C-Print 系統包括訓練和專業軟體。專業軟體透過自動語音辨識和電腦化的鍵盤縮寫系統可以做即時的文字輸出。中介的操作員（或稱字幕員）和失聰生或重聽的學生坐在教室裡，他對著麥克風口述句子，這些聲音透過麥克風連結到手提電腦，手提電腦含有自

動的語音辨識軟體及文字縮寫軟體。這個軟體同時也有把學生和操作員的電腦做網路連結的功能，將文字呈現在兩者的電腦上。這個軟體讓學生能參與教室裡的討論，強調（highlight）字幕員打出來的文字，並且使學生更容易記筆記。

　　Stinson 和他的同事所做的研究顯示，語音轉文字的轉譯系統，例如 C-Print 系統，可以有效增進回歸主流的失聰學生獲取訊息（Elliot, Stinson, McKee, Everhart, & Francis, 2001）。在口語方式下教養長大的失聰學生，當他們進入高中或大學時，會廣泛使用這種筆記的系統。

　　現在十三吋以上的電視螢幕都有安裝轉譯器，可將閉路字幕訊號轉為螢幕上的文字。在比較大的都市，像休士頓，第一輪的電影都會為失聰觀眾加上字幕。國家媒體中心（National Center for Accessible Media, NCAM）發展出虛擬視覺的眼鏡，這種系統包括一個大號的眼鏡和一個很小的液晶顯示器（裝在眼鏡的最上方，且螢幕朝下）。電腦送出來的字幕會透過與座位相連的線路傳送到螢幕上。透過稜鏡和鏡子，螢幕上的字幕就會反射在眼鏡上。當使用者看著螢幕時，字幕看起來像是浮在空中。使用者對這種系統的反應很混雜：眼鏡價格昂貴（要價七百美元），整場電影都戴著眼鏡會很疲倦，並且有一條電線在旁邊很令人討厭（Clark, 1994）。其他的電影字幕系統包括在座位後面的顯示器或是用後視的顯示器來呈現電影字幕（Clark, 1994）。

　　老師也有一些電腦軟體可以運用，例如多媒體光碟。這些材料可以用來呈現美國手語的電影、圖像、動畫、文字和聲音。有些是互動的，也就是讓學生可以和材料以遊戲或問答的方式來互動。有許多適用於桌上電腦 *105* 的電腦軟體，讓老師和學生可以創造語言課程。網路上有很多工具可供老師運用於讀寫教學，例如網路課程、網路廣播、視訊串流、百科全書等等。

　　其他可用在閱讀教室的科技是文件投影機，讓老師能把一本書放在相機下，然後投射到螢幕上。另外，也有一種功能跟電腦一樣的電子螢幕 SmartBoards。此外，數位相機讓教閱讀的老師得以把語言經驗拍攝下來，用來準備寫作的課程；數位攝影機可將小孩或大人使用手語的影片拍攝下來；數位的靜態畫面與動態影片則可匯入 PowerPoint，作為語言和讀寫課

程的材料，藉這個方式把美國手語和英語這兩種語言展示給失聰兒童看。

　　用到視訊串流的網路學習課程也可以運用在失聰學生上。目前網路系統還無法支援清晰與快速的手語傳輸，未來第二代網路的發展或許可以提供更多機會讓老師和學生以手語視訊交流。

　　視訊會議可讓學生跨越地理上遙遠的距離，而得以選讀許多不同的學科，達拉斯地區日間學校的失聰青少年目前透過遠距學習的方式，向遠在數小時之外的德州聾校學習代數。這些回歸主流的失聰學生因為有失聰老師教他們代數公式而獲益。同樣地，在德州聾校的老師也可以透過視訊會議把手語教給全州其他地區一般高中的學生。視訊會議對失聰學生的另一個好處是可以進行虛擬的參觀旅行，從德州聾校來的聾生，可以透過視訊會議和辛辛那提動物園的教育專家討論，或者和全國各地博物館及公園的工作人員討論。

　　當然，要為年幼的失聰學生建立這樣一個完全視覺的視訊會議是有許多挑戰的，例如，有了翻譯員，時間會有所延宕，尤其是當教育專家想要讓學生有親自動手操作的活動時，並且，當教育專家已經以投影片講課時，要如何再加入一個翻譯員呢？因為視訊會議已被拿來運用在更多的州立啟聰學校或針對失聰學生開設的課程，這些議題毫無疑問的都要討論。

　　有一些電腦程式運用到虛擬實境的技術。虛擬實境是一種以電腦為基礎的互動式多媒體環境，使用者被同化並成為虛擬世界中一個主動的參與者。這種科技可以用 3D 的方式即時呈現訊息，因此讓使用者在一個不必依賴字詞來交互溝通的環境裡，成為主動的參與者。*

　　手語虛擬人物（signing avatars）是 3D 的電腦人物，透過手語和使用臉部表情來溝通（www.signingavatar.com）。直到最近，大多數的科技都只著重於將聽覺訊息轉換為文字或字幕。今天已經有很多公司運用動畫科技，發展手語虛擬人物或卡通人物，讓這些人物用手語溝通，這些科技對於教父母手語及教年幼的失聰兒童讀寫有其潛在的用途。

　　在英國，研究者開始在郵局試驗用數位的手語虛擬人物來作手語翻譯。

106

————————————

* 參考原文書的網頁及所附的光碟，當中有介紹這些科技的圖片。

電腦接收口說英語之後即時轉換成文字，數位的手語虛擬人物接著將文字轉成手語，呈現在電腦螢幕上，透過這個系統，失聰者或重聽的人就可以和郵局的工作人員溝通，並且完成他要做的事情。當然，郵局的手語虛擬人物並不是很流利的翻譯員，但是一些常用的語句可以預先程式化（例如：要買一些郵票嗎？）。手語虛擬人物不能即時把口頭會話轉譯成文字，但是隨著科技的進步，這種功能未來是有可能的。未來手語虛擬人物可能有一天會出現在行動電話或手持電腦上，可以即時將英語和手語轉譯，如此的科技可能會改變聽損族群的溝通和讀寫經驗（*BBC News*, March 2, 2002）。

　　到目前為止，很少有研究探討以科技教導讀寫能力的成效究竟如何。科技和閱讀方面的多數研究都著重於電視字幕。這些研究指出，呈現字幕給失聰學生觀看，對於幫助他們的閱讀理解有正面的效益。但是如果是要讓學生受益，字幕的速度和閱讀的程度必須做一些調整（Jensema, McCann, & Ramsey, 1996）。

　　多媒體結合了文字、圖片、照片、電影和動畫，有很多含有美國手語影片的多媒體程式，可供教閱讀的老師運用。Gentry（1999）在一篇運用多媒體來教失聰學生的研究中，比較國小的失聰學生在四種情境中的表現：文字加圖片、文字加美國手語影片、文字不加圖片，以及文字加美國手語和圖片。Gentry 指出，如果他們可以看圖片及影片，而不是只看文字，這些失聰學生重述故事和理解故事的能力會增加。她建議這種類型的材料，對失聰兒童建立閱讀理解能力有其潛在的好處，她同時也指出有很多失聰兒童，起先不知道如何把注意力集中在影片中打手語的人，他們必須經過訓練，才能從影片中獲取訊息。

有讀寫需求並且使用手語的獨特群體

　　大約有 30-40 ％失聰兒童在教育方面顯著地異常，有認知和學習障礙的失聰兒童通常會用手語來溝通，而且會因為功能性的目的而學習讀寫（Vernon & Andrews, 1990）。提供給有特殊需求孩童的溝通和讀寫能力的課程包括溝通／語言、功能性數學、社會／情緒、家政、社區生活、健康

及兩性教育,而這些都是用手語教學。他們可以用手語來學習社會或語用的技巧,例如,問候人、遇到陌生人的應對、繼續會話等等。雖然有特殊障礙的失聰兒童可能沒有辦法閱讀教科書,但是當老師把重點放在與下列事情有關的詞彙技巧上,他們還是可以受益,包括:閱讀藥瓶、安全信號、菜單、求職、報紙、電話簿和食譜。數學的讀寫技巧包括編預算、列雜貨清單、開立銀行帳戶和從事一些相關的功能性活動。

107

　　手語和指拼法對於聽力正常但有語言學習困難或因為說話異常、視覺損傷、智能問題、失讀症、自閉症和聽覺處理問題而有溝通困難的學生,可能是有潛在的好處。有上述這些溝通及讀寫異常的孩童,沒有辦法運用音韻的訊息和語音來發展有音韻結構的詞彙(Vernon & Andrews, 1990)。

　　手語和指拼法也被用在有閱讀、書寫和拼寫異常的聽常兒童身上,因為他們都無法運用讀寫過程中所需要的音韻訊息(Daniels, 2001)。因為手語和指拼法不需要聽覺處理和聽覺記憶,因此老師得以運用多重感官的方式,並且善用學生的視覺學習優勢(Daniels, 2001; Greenberg, Vernon, DuBois & McKnight, 1982)。

　　Daniels(2001)做了好幾個聽常孩童使用手語的研究。在幾個長達十年的研究中,他將沒有使用手語的聽常孩童(控制組)與那些在閱讀課程中使用手語的聽常孩童(使用雙重模式的實驗組)做比較,發現實驗組在畢保德圖畫詞彙測驗(Peabody Picture Vocabulary Test)的分數比較高。

　　視覺和聽覺逐漸減損的孩童,其讀寫能力的發展究竟如何,研究者們所知甚少,尤其是聾盲者。公立學校有一些併有視覺和聽覺問題的小孩,他們需要特殊的服務。聽覺和視覺都受損的人會使用很多的溝通策略:說話、讀話、指拼、在手上指拼、在手上打手語或靠近臉部打手語、閱讀及書寫。針對這群人所做的讀寫能力研究,基本上是沒有的,只有少數幾個聾盲成人的個案研究,其閱讀視力很好,有能力閱讀和書寫英語。有位Usher 症候群(第三章)的聾盲者說他在喪失了視覺之後,讀得更多了,因為他再也沒有其他的娛樂管道。許多患有 Usher 症候群的失聰者學習了點字法,也就是觸摸紙張上突出來的點,以之作為溝通的方式。這種點字法讓聾盲者可以運用其他的溝通科技,例如:Teletouch 和 TeleBraille 和其

他的書寫方式來做溝通（Duncan, Prickett, Finkelstein, Vernon, & Hollingsworth, 1988）。Teletouch是一種可攜式的溝通工具，其中一面用來點字，可讓聾盲者把手指放在上面，另外一面是讓說話者可以使用的打字鍵盤。TeleBraille 是一種電子設施，一面有點字的鍵盤，而另一面有打字的鍵盤和可以顯示文字的顯示板，讓聾盲者和其他人可以把訊息藉著這個工具來溝通。但是，因為點字是以英語為根據，聾盲者必須要有英語的能力，許多喪失視覺的失聰兒童可能不具有學習點字的英語能力。有殘存視力及聽 *108* 力的聾盲孩童及青少年，可以在電腦上使用放大的文字和擴音器，他們也可以使用點字書和手語來學習閱讀（Miles, 2000）。至於聾盲的孩童、青少年和成人如何習得、發展和維持他們的閱讀和書寫技巧，則是一個有待更多探索的領域。*

結論

　　啟聰學校高中生的平均閱讀水準大約是四年級（Traxler, 2000），然而標準化的閱讀測驗並不能勾勒出全貌。大多數的成年失聰者每天透過文字電話、電子郵件、電視字幕，幾乎每天都在閱讀和寫作。新的聽覺科技，例如電子耳蝸，可能會提供更多訊息讓我們知道究竟失聰讀者如何運用聽覺去提取音韻編碼來幫助他們閱讀，因為有些研究者認為音韻覺知是閱讀學習的一個重要管道。新的視覺科技可以在課堂中把美國手語和英語同時呈現給學生。目前啟聰教育的領域欠缺一個有關讀寫教學的一致性學說，來引導教室裡的老師運用最佳的讀寫方法。此外，有關閱讀障礙的出現率需要有更多的研究投注，包括以失聰者為對象的失讀症研究。就如同在這一章一開始Tucker校長所提到的，必須給予失聰兒童大量的閱讀和寫作練習，但一定要在有老師引導的環境進行，老師可幫助他們搭起溝通系統和英語文字之間的橋樑。寫筆記的系統，例如電腦輔助筆記系統、即時溝通

---

* 參考原文書網頁及所附的光碟，當中有介紹失聰讀者的個案研究。

翻譯和 C-Print 系統都給予失聰學生學習英語的完整管道。但是要使用這些系統，失聰學生必須要具備英語的閱讀能力。

建議閱讀的書目

Ashton-Warner, S. (1963). *Teacher*. New York: Simon & Shuster.

　　《教師》，在這本經典書籍中，Sylvia Ashton-Warner 述說她在紐西蘭如何教毛利印第安人（Maori Indians）閱讀。她發現他們並不是使用不列顛方法（British method）來閱讀，於是她在自己的課堂中，創造了一種結合毛利印第安人語言與文化的讀寫教學方法。她的發現與教導失聰學生讀寫的方法極為相關。

Bryson, B. (1990). *Mother Tongue: English and How It Got That Way*. New York: Avon Books.

　　《母親語：英語及它如何成為現在這個樣子》，這本具有高度可讀性的書是幽默的作者 Bill Bryson 所寫，他提供了很多英語的訊息，對於教閱讀的老師了解英語的複雜度會很有幫助。

第六章

教育觀點

除了聽以外，聽人能做的任何事情，失聰者都做得到。

——I. King Jordan（高立德大學校長）

只要給我們機會，我們都能做得到，但是這個機會必須要以好的教育作為起點。

——Bowe,1991, p. x

教育是要傳遞學術訊息及被社會重視的文化價值，對於失聰兒童，教 *110*
育還必須加強他們基本的語言習得，且超過對聽常學生所做的程度。教育
者有崇高的使命，在他們決定要教些什麼以及要如何教時，他們必須考慮
所有小孩的差異性，包括個人不同的學習風格。對於失聰兒童的教育，過
去曾經發展了很多方法來解決長久以來學業成就的問題，這些都讓如何把
失聰兒童教得更好變得更複雜，因為沒有哪一個方法能提供最終的答案。
底線是，我們必須明確地了解這些孩童的教育需求，這些需求是否被滿足
了，以及教育法規如何影響教育的過程。

本章目標

這章的重點是有關啟聰教育的一些觀點，包括目前會影響教育決定的
一些法律、目前存在的教育型態及服務、決定失聰兒童最適當教育安置的
因素，以及每一項的優點與缺點。這章同時也討論到老師和教育翻譯者在
不同啟聰教育方案裡的角色、教室裡的多文化議題，以及其他國家的啟聰
教育。

安置的議題

在這麼多的教育選擇下，有關於失聰兒童教育安置的決定變得非常複
雜。有州立的住宿聾校、失聰學生的日間私立學校、公立學校內的自足式
班級、一般的公立教育以及採用口語溝通、口手標音法或混合多種溝通概
念和方法來教育失聰兒的一些教育方案。另外也有一些課程提倡結合英語
和美國手語的雙語教育，近幾年來也建立了一些失聰學生的特約學校。

讓這個議題變得複雜的一些其他事項是，這些課程的學術品質、可獲
得性、可負擔性都不同。此外，每個失聰兒童的需求也都不同，包括他們
用哪種語言溝通，他們目前的認知發展到了哪個程度，以及他們如何運用

殘存聽力等。失聰兒童使用手語、說話、助聽器以及電子耳蝸的能力也不同，並且，有些失聰兒童還有附加的其他障礙，例如，視覺損傷、智能遲緩以及學習障礙（Stewart & Kluwin, 2001）。

教育安置的決定有時候很容易，例如，當這名失聰兒童的需求非常明確，而且在他居住的地方找得到最符合其需求的教育安置；但是，不幸的是，多數失聰兒童所需要的最適當安置，在他居住的地區可能並未提供，然而，法律規定公立學校必須要滿足這些孩童的需求。事實上，這些學校對失聰兒童的準備可能還很糟，且提供不適當的教育服務（Lane, Hoffmeister, & Bahan, 1996; Ramsey, 1997; Siegel, 2000）。

每一個失聰兒童和重聽的孩童都應有一個品質精良且具溝通導向的課程，來幫助他們發展出符合其年齡水準的語言技巧，不管是口語英語、美國手語或是兩者的合併。如此的課程應該提供他們適足的溝通、認知程度相同的同儕、老師和教職員直接和失聰與重聽學生溝通、行政人員了解這些學生的獨特需求、失聰和重聽的典範角色以及參與課外活動和學校其他重要活動。這些孩童溝通的需求應該是教育安置的首要考量（Siegel, 2000）。

由於長期以來很多的文獻顯示，多數失聰學生在畢業時的學業成就不佳，因此思考這些失聰兒童究竟在何種學術環境，可以擴展與精練其學業技能，是相當重要的。學業成就不佳的原因很複雜，包括病理、聽力損失的程度、父母親的聽力狀況、早期環境刺激的本質以及社會因素等（Marschark, 1993）。如果當孩童進入教育系統時，他們的語言有缺失，且他們對於世界的知識也很欠缺，學校就會被期望著要補救這些落差（Moores, 2001a），這是件很令人卻步的工作，學校必須將溝通的觀點與學業做最適當的統合，才能把這些學生學業成就不佳的現象最小化。

事實上，失聰兒童的學業成就的確差異很大，失聰學生可以有很好甚至很精湛的學業表現，期望這些失聰學生的學業成就與其他聽常同儕的表現相當並非不實際，但是要實現這個期望，必須先有一個與一般課程一致的有效課程設計（Moores, 2001a）。

在介紹失聰兒童不同的教育方案前，必須先了解《身心障礙者教育法

案》的角色。

身心障礙者教育法案

1975 年的《身心障礙兒童教育法案》（The Education of All Handicapped Children Act of 1975；公法 94-142）是《身心障礙者教育法案》的前身，美國國會 1975 年通過此法案，那些希望智能障礙孩子回歸公立學校，進到普通班，而不是被安置在一個隔離環境的父母親強烈支持這個法案（Kauffman, 2001）。在智能障礙兒童領域的專業人員與一些代為發聲的團體努力之下，促使 94-142 公法通過。此外，由於 1963-65 年德國麻疹的流行，導致失聰兒童的大量增加，當時現有的住宿型啟聰學校沒有辦法吸收這麼多的學生，而各地的學校必須能夠接受這群數量龐大的學生，94-142 公法被認為是確認課程標準的一個法案（Moores, 2001a）。

112

法案中規定要提供免費和適當的公立教育給所有的身心障礙孩童（free, appropriate public education, FAPE），也列出了一些程序上的保護條款來保護這些孩童及其父母親的權益。法案中規範要提供無差別待遇的測驗以及適合於每個小孩的年度個別化教育計畫。發展個別化教育計畫的過程包括父母的參與，其最終目標是要把孩童安置在最符合其需求的最少限制環境（least restrictive environment, LRE）。

雖然 IDEA 法案被認為是回歸主流的法案，但是它其實只有規範適當的教育以及最少限制的環境，無論是住宿型學校、日間的私立學校、日間班級、資源教室或巡迴班。這些替代性服務的延伸也包括在普通班教學外加一些其他服務（例如：翻譯）、特殊班、特殊學校、家中的教學，以及醫院或是機構的教學。

最少限制環境的目標是提供一個沒有障礙的環境，很不幸地，許多失聰兒童的個別需求被納入到融合的更大目標下，而將最少限制的環境定義為典型的聽覺教室。這樣的結果是基於一個假設，認為失聰學生需要以聽常學生的適當行為、標準的語言和約定俗成的溝通模式為典範。事實上，

這些失聰學生對語言和溝通的接觸可能很有限，因為這些學生周圍所環繞的對話通常都是以聽覺為主（Ramsey, 1997）。將特殊的學生回歸主流，在法律上可能認為是將他們納入了教育，但事實上有很多失聰兒童因此被排除在外（Siegel, 2000）。失聰兒童的融合有很多種不同的程度，從很容易就回歸主流到完全的排斥在外，以致有孤獨、拒絕或者是負面的自我價值等感受（Stinson & Leigh, 1995）。也有許多成功的故事，但是我們也必須仔細想想當訊息不是直接來自老師，而是來自翻譯人員的二手訊息，以及因為理解的困難導致同儕間溝通很有限所造成的影響。

504 法案是另一個促進溝通管道的法案，包括在學校裡面的輔助科技，尤其是較高層次的學習。法案要求那些得到聯邦補助或是間接受益於聯邦補助的機構，必須提供身心障礙者適當的溝通管道（National Association of the Deaf, 2000a）。

美國國家啟聰教育計畫（Siegel, 2000）是美國失聰兒童協會（ASDC）、啟聰機構教育行政人員會議（CEASD）、美國啟聰教師會議（CAID）、高立德大學、美國聾人協會以及國家聾人科技研究院的合作計畫，為的是要闡明失聰兒童與重聽孩童的教育與溝通需求（Siegel, 2000）。基於失聰兒童與重聽孩童都有權利擁有一個語言豐富的教育系統，且此系統富含溝通以及由溝通所主導，並且能確保有平等受教的機會，這個計畫的目標在於明確定義在教育方面必須要做的一些基本改變，以便支持《身心障礙者教育法案》。在 IDEA 法案之下，豐富的語言環境不是必要的，但是如果沒有這樣的環境，失聰兒童就無法發展。必須要了解失聰兒童的教育方案和服務的種類，才能從中理解不同的教育方案如何影響溝通的管道。

學校的安置

早期介入方案

　　IDEA法案中規定,三歲及三歲以上的失聰兒童必須參加早期療育課程,這些課程的推動,是基於我們越來越了解早期教育對未來功能發展的影響(Moores, 2001a)。如果能得到適當的早期語言訓練,經常發生在失聰兒童身上的語言異常就可減少或消除(Marschark, 1993; Moores, 2001a)。這個訓練可以是手語或口語,而提供者可以是聽人或失聰的父母、早期課程的老師或是同儕。接受早期療育的這些孩童將來在社會上的發展,會比沒有這種經驗的孩童好很多(Marschark, 1993)。

　　然而,要真的有效,早期療育必須在聽力損失被鑑定出來時就展開,且在三歲之前進行,才能增強語言和心理層面的發展(Calderon & Greenberg, 1997)。最近的聯邦法案(公法 99-457 和公法 101-476)規範了個別化的家庭服務計畫,這個計畫通常是在公立的學校區域及失聰兒童的日間學校或住宿型學校裡施行(Lane, Hoffmeister, & Bahan, 1996; Marschark, 1997; Moores, 2001a)。在一個完整的評鑑之後(評鑑最好有專業團隊,以及父母親或照顧者參與),就會給予一些與服務相關的建議(Calderon & Greenberg,1997; Moores, 2001b)。

　　該計畫提供的一些必要服務包括將失聰的資訊及其代表的涵義(不管是短期或長期的)告知孩童及其家庭成員,當家庭成員因面對失聰發生在自己小孩身上而需要做些自我調適時,計畫會提供諮商和支持。訓練的重點在於幫助家庭成員發展下列這些技巧:適當助聽器的配置和維護、提供他們與社會接觸且充滿智力刺激的環境、有效的溝通技巧(透過親子教學的方式),也提供輔助的科技設備與服務(Calderon & Greenberg, 1997; Moores, 2001a)。

優良的早期療育課程是存在的，但是他們總是無法順利克服語言、社會及學業方面所有的困難（Marschark, 1997; Moores, 2001a; Calderon & Greenberg, 1997）。因為經費有限，沒有任何一種課程可以針對每一個失聰兒童及其家人不同的需求，而提供各種不同層次的服務。要找出一個標準的模範課程也不容易，因為欠缺一些方法嚴謹的研究來探討早期療育課程的有效性。由於失聰人口的發生率很低而且是個異質性的群體，長久以來語言和教學方法的爭論，以及對於介入策略與家庭功能欠缺適當的評量方法，這些都讓自然的、科學的調查更加困難（Calderon & Greenberg,1997），第八章會提到其他有關早期療育課程的細節。

住宿學校

由州政府支持的住宿型啟聰學校是最早提供正式啟聰教育的學校（Van Cleve & Crouch, 1989），一切都要從 Thomas Gallaudet 牧師說起。他因為遇到一個年輕的失聰女孩 Alice Cogswell，激起他想教育這個女孩的想法。這女孩的父親 Mason Cogswell 醫生下定決心設立一所學校，所以就提供經費支持 Gallaudet 努力去學習歐洲的教學方法。Gallaudet 拜訪了英國一所用口語方法教導失聰兒童的學校，因為學校的行政人員拒絕訓練他，他就到了法國巴黎的另一所學校。在那所學校他遇到了好幾個受過教育且使用手語的失聰者。Gallaudet 成功說服了一位失聰老師 Laurent Clerc 來到美國，和他以及 Cogswell 醫生合作，這三個人成立了美國第一所失聰者的住宿學校，也就是現在的美國啟聰學校，地點在康乃狄克州的哈爾福特，之後很快的，其他州也建立了他們自己的州立啟聰學校。要了解住宿學校更多的歷史，可參考 Van Cleve 和 Crouch（1989）著作。

在施行 94-142 公法之前，州立的住宿型學校是教育多數失聰兒童的兩個主要選擇之一，另一個就是日間的私立學校。住宿型學校的設計通常是許多棟大型的建築物，裡面容納了四歲到二十歲的學生，並依其年齡、性別，有時候也依其聽損程度或其他障礙來分班。到了現在，學校的規模縮小了，班級裡只有失聰兒童，因此減少了對教育翻譯者的需求。學校提供

> 　　我從來沒有意識到我的失聰，因為每個人都是失聰，這沒什麼大不了的。能夠隨時完全地溝通真的是很棒，每個人都打手語，而且我有一種歸屬感。和同儕社交不是個問題，當我回到家，家中沒有人是失聰者，且他們都不會手語，我必須處於無法溝通訊息及孤立的情境中。我提出要求想知道到底發生了什麼事情，但是他們常常告訴我說，我必須要接受我的限制，因為我是住在一個聽人的世界裡。天啊！他們真的會讓我發瘋！——高立德啟聰住宿學校的畢業生

這些學生的是範圍廣泛的課外活動，例如：運動、社團、戲劇以及年幼失聰領導者訓練活動（見第十章對 Jr. NAD 的解釋），這些活動是為了幫助他們發展領導的能力。成年失聰者通常會在這樣的學校裡擔任老師、行政人員或教職員，他們成為學生在適當的社會行為、性別角色、道德推理以及與聽常者互動方面的角色典範。支持性的服務（例如：語言治療、殘存聽力訓練與物理治療）通常是由受過訓練且全時服務失聰者的專業人員所提供，另外這些學校和州立的職業重建機構合作，為這些學生規劃轉銜到下一個階段的教育或是職場（Marschark, 1997）。

　　住宿型學校的另一個優點是它能提供小孩深度的社交，讓他們結識可以交往一輩子的朋友，他們學會了對自己的失聰感到自在。在使用手語的學校裡，他們彷彿處在一個能夠了解教職員、老師與同儕對他說些什麼，且隨時都知道周圍發生了些什麼事的環境，而不像在家裡那種處在聽覺環境中，可能比較不知道周圍發生的事情。就讀住宿型學校的失聰學生，會比那些就讀於公立學校的失聰學生有較好的適應與情緒成熟度（Lane, Hoffmeister, & Bahan, 1996; Marschark, 1997）；但是，品質良好的公立學校安置再加上品質合適的服務對於促進其調適會有正面的影響。

　　傳統上，住宿型學校的孩童只有在夏天和假日才回家，基本上是因為距離因素、交通問題以及花費。因此，他們跟家人相處時間不多以致無法維持親密的關係，父母也沒有充分時間學習以手語來跟他們的失聰小孩溝

115

> 　　就讀啟聰學校不方便的一點就是我不能那麼常回家，學校離我家好幾個小時遠。我經常想家，且很羨慕聽力正常的兄弟姊妹不需要去讀住宿學校。而我的家人手語總是學不好，如果我的家人都不會手語，我學手語又有什麼用呢？——高立德啟聰住宿學校的畢業生

通。因為目前家人被認為是孩童發展社會化的重要人物，他們可以促進發展其學業潛能，因此小孩都被鼓勵盡可能多回家，通常是每個週末（Marschark, 1993; Bodner-Johnson & Sass-Lehrer, 1999），而住宿型學校現在也收一般通勤的學生。

　　就某種意義來看，住宿學校是一種人工的環境，而不是真實世界的體現。因此，住宿型學校的學生被認為錯過了大部分小孩所體驗過的不同生活經驗，其中包括他們和聽常同儕社交的機會。這種情形使得人們認為，住宿型學校會是公立校區為特殊孩童選擇的各種安置方式中，最有限制的一種。目前比較偏好的方式是將這些有特殊需求的學生安置在一般的教室裡，並且再多提供一些補足性的支持性服務（Reschly, 2000）。但是，事實上，住宿型學校可能是限制最少的環境，能提供完整的溝通管道以及失聰者的角色典範，並且促進一些想法和思想的交換，而這些都有助於教育的成長（Lane, Hoffmeister, & Bahan, 1996）。

116

> 　　我的確在寫回家的信上提到，學校好像監獄一樣，我父母親認為我在開玩笑。事實上，學校過於制式使得我們不可能獨立。他們對於責任非常的關切，這是能了解的，但是代價是什麼呢？我聽到畢業生的一些事情，聽說有些人變得無法無天，因為他們對如此的自由感到很不習慣。對我而言，我覺得可以不必徵求同意就做任何我想做的事情，是一種非常棒的經驗。當我從學校畢業的時候，我十九歲。——高立德啟聰住宿學校的畢業生

日間學校

通常在大都市裡才有失聰兒童的日間學校,它們就跟住宿型的學校很像,只是沒有宿舍。與大多數的回歸主流學校(稍後會做討論)相比,日間學校提供更易溝通的環境,教學是以失聰學生為主要的對象,並且,有許多的失聰同儕可作為社交的對象(Moores, 2001a)。

根據 Lane、Hoffmeister 和 Bahan(1996)的研究,日間學校的缺點包括學生所能接觸到的失聰教職員數量比較少,因為學生的住處通常不在學校或同學家附近,比起住宿型學校,日間學校失聰生放學後較少有機會和其他年紀比較大的失聰生有社交的活動。多數老師都是聽人,而師生間的溝通暢通程度則隨著雙方溝通的好壞而定。

> 對我而言,日間學校是最好的選擇,因為我有失聰的家人,所以溝通不是個問題。我同時有兩個世界最棒的部分,去日間學校是一個世界,上完課回到家又是另外一個世界。我不必忍受一個很制式的生活安排,也就是住宿型啟聰學校的常態。我可以自由地去任何地方,也可以自由地和我的家人討論許多事情。我一直不知道我是多麼的幸運,直到有一天我帶著學校的朋友到我家過夜,他告訴我這是他第一次在晚餐時體會與家人聊天的享受,而所聊的內容是我在學校學了些什麼。──日間學校的畢業生

特約學校

特約學校,例如科羅拉多州傑佛遜郡的梅格涅啟聰學校(Magnet School for the Deaf),或是德州當肯谷的金恩瑪瑟學院(Jean Massieu Academy),以及俄亥俄州的山谷口語學校(Ohio Valley Oral School),是日間學校的一種新趨勢,採用雙語法或口語法來教導失聰兒童。他們通常是由

一群家長、老師或聽損族群成員負責，在校區內採用半自主的學校型態，在特約學校校區的成員與當地的教育局以簽約的方式合作（www.colorado.edu/CDSS/MSD/9/22/00）。

梅格涅啟聰學校以年幼者到十二年級的失聰兒童為對象，所提供的教育不但對聾人友善，並且支持小孩的家庭，而且由父母、聽損族群以及學校的人員來管理經營，其教育方法所根據的前提是，失聰兒童是以視覺為導向，因此需要一個能提供他們視覺性語言的環境（例如：美國手語），來促進他們的思考技巧、學習以及遊戲。美國手語被當作是學習英語的踏腳石，也被當作失聰兒童教育的必要部分。此外，也有一些伴隨著家庭教育計畫的混合上課班級，提供學習美國手語的支援，它同時也是有證照的兒童照護及教育中心，並且提供聽覺與說話訓練等的額外服務（www.colorado.edu/CDSS/MSD）。

金恩瑪瑟學院鼓勵創新的教學方法，使用美國手語作為教學的語言，著重於掌握英文的閱讀與寫作，同時還遵照德州的基礎知識與技巧課程（www.jeanmassieu.com）。家長認為美國手語會促進英語的學習，而學英語被認為是學校在失聰兒童教育的使命中必要的一部分。學生都加入全州的閱讀、寫作和數學的試驗課程，這個學校是在 1999 年 8 月 11 日開始試驗，當時有二十三個學生，目前學生超過一百人。這個特約學校的特色是大約有三分之一的學生是聽常學生，他們多數因為有失聰的父母或親戚而會手語。

俄亥俄州的山谷口語學校是全美三十五個教育失聰者口語的學校之一（www.oraldeafed.org），是由一群父母親所成立，他們的子女曾經就讀於當地校區的早期療育機構。這些父母親希望能提供更多的口語教育給他們的孩子，因為他們認為這種方式會讓他們失聰的孩子在聽人世界中有更好的機會。這個學校提供加速的說話和語言技巧發展課程，以及提供一般的課程，目標是要在三年級時，為學生做好回歸主流進入一般傳統學校的準備。

公立學校的安置

　　就讀公立學校的失聰學生數目快速成長，隨之而來的是相當多有關融合教育能不能成功地教育失聰生的討論。當我們把失聰生安置在聽常同儕就讀的公立學校時，許多討論所關切的是一些要注意的事項，因為溝通、發展、教育與社會等方面的後續效應，例如，缺少足夠的失聰同儕提供其正面的溝通及社會經驗的接觸（Siegel, 2000; Stinson & Antia, 1999）。

　　融合、回歸主流和統合（integration），這幾個名詞通常被交替地使用著，因此將失聰生安置在公立學校這件事就造成一些困惑，融合和回歸主流是教育上的一種措施，而統合這個名詞則用來描述實施後的成果（Hardy & Kachman, 1995）。

融合　融合的哲學來自於普通教育之主張（Regular Education Initiative, REI），意思是一般的教室會因應不同的學習者而改變，並且在一般教室中提供他們需要的特殊服務（Stinson & Antia, 1999）。從實務面來看，它反映的是將所有身心障礙的學生都安置在鄰近的學校，與那些沒有障礙的同儕一起，也就是安置在普通班（Hardy & Kachman, 1995）。從理論面來看，這些學生被提供了所有的支持性服務，例如，手語翻譯員或是巡迴教師，這些都是學生繼續在普通班順利讀下去所需要的。但是，這並不保證他們能進入融合的環境，尤其是失聰生，因為他們可能是學校中唯一的失聰生。因此把融合的環境當作是最少限制的環境，就會與《身心障礙者教育法案》直接抵觸，因為在最少限制環境法案裡面，融合應該只是數種不同安置的選擇之一。因此，美國聾人協會（見第十章）特別跳出來反對這種「同一雙鞋給所有人穿」（one shoe fits all）的融合概念，因為它忽略了每一個孩童獨特的能力和需求，並且也違反了最少限制環境中所規範的免費和適當的公立教育（National Association of the Deaf, 2002）。美國聾人協會倡議在考慮教育安置的時候，要以個別化教育計畫來確保每個孩童的需求，就這個觀點來看，如果他們的需求有被考慮，融合教育對孩童是適當

的。

回歸主流 雖然回歸主流的哲學暗示著孩童必須適應一般的教室（Stinson & Antia, 1999），回歸主流的型態廣泛地包含了在一般公立學校教導失聰兒童，但不一定全天都在一般教室內。在公立學校環境下的回歸主流，其所涵蓋的安置選擇比融合教育來得大而且實際，包括了完全融合、公立學校裡針對失聰學生的自足式教室、資源班、巡迴課程和團隊教學（Stinson & Antia, 1999），例如，一個就讀資源班或是自足班的失聰兒童，他只有在一些特定的課程才回歸主流，例如數學課或是體育課（Hardy & Kachman, 1995）。

> 在我讀中學的時候，我有很多的課都回歸主流。在高中時，我被允許上有翻譯人員的西班牙文課，但是不管我怎麼樣的請求，英文課卻不可以。終於到我高二的時候，學校變得比較寬容，讓我去選回歸主流的英文課，但是卻警告我，如果成績不好就要把我調離這門課。後來這堂課的老師建議我去選榮譽英文課（Honors English），並且在十年級的時候完全回歸。——回歸主流課程的畢業生

資源班 回歸主流的失聰兒童可以個別的方式或是小團體的方式，從資源班老師那裡獲得一些服務（Stewart & Kluwin, 2001），這些老師被訓練去教導不同年齡、不同聽損程度、有其他障礙以及學業成就問題的學生。他們的服務包括諮商以及與其他老師合作教學（其他老師可能向這些老師提出要求，一同協助學業上有需求的學生）、資源教室教學、個別教學，以及一般教室的支持服務（Stewart & Kluwin, 2001）。雖然所有求學階段都設有資源班，但是多數都集中在高中階段（Stewart & Kluwin, 2001）。

119 **巡迴教師** 巡迴教師是到各個因為特殊學生不足而沒有資源班老師的學

校，去服務回歸主流學生的特教老師。巡迴教師的數量正逐漸在增加，因為失聰和重聽的學生就讀住家附近學校的人數越來越多。就和資源班教師一樣，他們要提供兩類主要的服務：諮商和直接的服務，對於這些服務，Smith（1997）有很詳細的說明。簡短的說，「諮商」的服務通常是提供給那些在班級中表現不錯的學生、教職員或父母親一些建議和引導。而接受「直接的服務」的學生，是那些需要定期指導或是依據個別需求施以每日或每週一次個別教學的學生。巡迴老師可以在教室裡協助老師教學或是在一般教室外針對特殊學生做個別指導，以不同的增強策略來支持普通班老師的教學。

巡迴教師其他的服務可能包括針對某個特定主題提供補充教材，對班上的其他學生介紹聽力損失或教其他學生手語（Smith, 1997）。巡迴教師必須能和教職員以及所有的學生有正面的互動，具有有效的溝通技巧，對其時間表和教學策略的改變必須要有彈性，必要時能提供情緒與社會性的支持。巡迴教師必須著重於學生的需求，並且要評估學生學業、說話、聽力和社交的需求，才能針對學生的年度個別化教育計畫撰寫目標、必要的改變以及一個跨領域（包含教師、學校心理師、聽力師及其他學校成員）的三年評估，而當學生準備進入下一階段的時候（無論是繼續就學或就業），巡迴教師可能也會對轉銜的計畫有所影響。

美國每一州對巡迴老師專業認證的要求不同，有的州並未在一開始就要求老師有普通班的教學經驗，雖然說這樣的經驗有助於了解普通班的教學需求，而能在教師的課堂活動中對學生的服務做較佳的整合（Smith, 1997）。

Yarger 和 Luckner（1999）以質性研究方式調查巡迴老師對於他們責任的看法、工作的滿意度以及效率，研究結果顯示，他們投入大約60％的時間與學生做直接的服務，其他的時間則花費在往返學校之間和提供一般教育的老師和家庭諮商。對於工作滿意度包括工作很多元、很自主、有時間自省以及接觸到很多樣的學生。研究也顯示他們了解能夠使用各種手語溝通方法是很重要的，這些方法包括手語及英語手語，但也承認他們沒有這方面的能力。他們所在意的事，包括很孤獨、時間和預算很有限、學校之

120

間的交通距離很遠。研究者建議未來的研究要把重點放在怎樣的訓練可以訓練出有效的巡迴教師，何種特質的失聰和重聽學生可能因巡迴教學服務而成功以及探討巡迴服務模式的效能。

團隊教學　團隊教學的教室裡面有一般的老師以及啟聰教師，他們教的學生包括聽常和失聰兒童（Stewart & Kluwin, 2001），比例上大約是五個失聰生與十五個聽常的學生。雖然兩位老師都有每天的活動，啟聰教師通常還有責任為失聰兒童發展個別化的教育計畫。

額外的服務　額外的服務包括不同的人員，例如，語言治療師、多文化的專家和學校的心理師，他們應該要具備服務失聰生的專長，才能夠提供有效的服務，但是通常事實並非如此。

與合作有關的議題　為了讓融合教育對失聰兒童有效，普通教師必須和啟聰教師或是特教老師一起將課程做一些調整，並發展出可促進所有學生在社交和學業方面統整的教室策略。Antia（1999）訪談了一般老師和特教老師，為的是要了解學校對於統合失聰兒童所做的努力。她發現特教老師除了直接的教學，並且也幫助一般教師做課程的調整，為了這麼做，他們必須知道一般教室的課程及方法，並且還要知道失聰兒童就讀班級的細節（通常他們在這方面比較欠缺）。他們對普通班教師經常有不切實際的期望，因此他們常會做出不適合班級文化或是班級老師風格的建議。有時候，他們會覺得自己的專長被普通班老師低估，因為普通班老師把教育普通班的失聰兒童當作是他們的主要責任。於是，普通班的教師為了要維持對失聰生的擁有權，而會對他們與特教老師的有效合作有所限制，這些特教老師的建議被視為是有威脅性的。另外一個有趣的發現是，普通班教師和特教老師都和手語翻譯員有較多的溝通，而彼此的溝通卻比較少，因為他們想要從和學生有較親近接觸的翻譯員得到有關這個學生重要的訊息；這個研究中發現到一些問題，這些問題讓失聰兒童在教室裡的學業生命無法完全的統合。

教育方面的翻譯　手語翻譯員監理中心（The Registry of Interpreters for the Deaf, RID），是一個認證翻譯員的會員組織，將翻譯視為高度專業化的專業領域（RID, 2000）。懂得手語或是只修過幾堂手語課不會讓一個人成為合格的教育翻譯員，必須有充分的訓練和長時間的經驗，才能夠了解翻譯的相關議題；口語轉譯（用嘴重複說話者口部的動作）也需要專業的訓練。得到手語翻譯員監理中心證照的人必須要成功通過國家測驗，測驗會評量他們的語言知識、溝通技巧、道德、文化議題以及專業程度，這些項目對於翻譯品質都很重要。

　　手語翻譯員監理中心在針對教育環境設定的翻譯守則裡面提到，教育翻譯員要促進失聰學生和其他人之間的溝通進行，這包括老師、提供服務的人與同儕。Schick（2001）解釋了教育翻譯員的角色和功能，他指出翻譯員可為教室活動、遠足、社團會議、集會、諮商課程以及運動競賽翻譯。翻譯的類型可能包括手語翻譯、口語轉譯、同時翻譯（用手語把每一個英文打出來）以及反向的過程，也就是把那些打手語的人所講的內容口譯出來（Schick, 2001; RID, 2000）。

　　教育翻譯員的責任和許多因素有關，例如，在學校或校區裡失聰兒童的人數、年級與學校建築的分布範圍、受雇的性質（全職、兼職或是按鐘點計費）以及翻譯員的背景、知識和技巧（Schick, 2001; RID, 2000）。Jones（1999）描述了翻譯員所扮演的多重角色，他們是教育團隊的成員之一，要參加他們幫忙翻譯的失聰學生的會議，並且提供訊息給父母，他們同時也要作為失聰兒童的語言典範，此外教育翻譯員要準備其翻譯工作以及和老師共同努力去發展一些增進失聰兒童和同儕互動的方法（RID, 2000）。在某些學校，翻譯員也可能要替失聰父母、失聰老師與其他失聰雇員翻譯。如果有資格的話，他們可以教導失聰兒童，也可教導聽常的教職員與學生手語，並且向他們說明失聰是什麼。儘管他們的工作有很多的專業需求，他們經常被認為是半專業的人員，因為有些學校把影印、歸檔、遊樂場的監督，以及一些監督的責任交給這些翻譯員，在雇用人員之前，最好先釐清他們的工作任務，以減少困惑。

我必須說服我們學校在體育課中提供翻譯員，因為我很不喜歡那種不知所措及困惑的感覺，學校想改變我的想法，但是我非常堅持，我總是希望我能完全地獲取訊息及感到自在，學校終於在體育課給了我一個翻譯員。——回歸主流課程的畢業生

我是個別化教育計畫中一個很活躍的參與者，我最恨的是我的翻譯員評鑑我的課堂表現，我覺得作為一個學生的隱私權和獨立都被踐踏了，我一再地要求把翻譯員對我的評量從我的個別化教育計畫資料中剔除，但是一直不成功。——回歸主流課程的畢業生

當我六年級的時候，有一位口語翻譯員來到我的班級，這非常棒，因為我只要看著他，就可以了解別人說的每一句話。在我讀公立高中的時候，我要求有口語翻譯員，但是卻被迫去接受學校已有的教職員手語翻譯員，這是很荒唐的，因為那時候我並不會手語。我要求翻譯人員用嘴型再說一次，但是他們一直打手語，我最後只好去修手語課，因為這樣我才能知道他們在翻譯些什麼。我也無法跟以前一樣跟自己的老師溝通。這些手語翻譯員設立一些很愚蠢的原則，也就是我必須先告訴他們，而不是直接去跟我的老師講話，這變成我和翻譯員間的戰爭。我打的仗不只是得到完整的教育，我同時也在為我一輩子的獨立性作戰。我覺得翻譯員沒有盡到他們的責任，也就是幫我了解教室裡發生了什麼，反而是逼我必須透過手語來溝通。——融合課程的畢業生

即使有教育翻譯員在場，訊息的傳遞仍然有障礙。有些州，但不是全部的州，對於教育翻譯員有鑑定的過程，以確保其翻譯的品質。很不幸的，在這個相當新的專業裡，合格的翻譯員並不是常態，要找到具備諸如數學、社會和語言藝術等各種學科背景知識的翻譯員很難，也很難找到能將科技觀念及術語正確並且有意義翻譯出來的翻譯員，更少有翻譯員也懂得兒童的發展。很重要的是，教育翻譯員的手語技巧必須要高於失聰兒童的手語

能力，才能促進其語言的發展。很多老師不知道如何將他們的工作與教育翻譯員的工作做很好的整合（Jones, 1999），因此限制了翻譯員的效率。翻譯的訓練課程，如果只著重在教育的翻譯角色，基於這個工作本身的複雜性，會造成一些問題（Jones, 1999）。

此外，有許多就讀公立學校的失聰兒童，其英語或是美國手語的技巧還不夠使其能從翻譯中受益，而學業與社會的目標也不能單靠翻譯來達成（Winston, 2001）。正如一個小規模的初步研究結果所證實，翻譯者所翻譯出來的英文經常不能很清楚地被學生所理解，該研究探討高中的失聰學生、教育翻譯員、老師以及同學間的溝通類型（Nover, 1995）。失聰學生所獲得的語言訊號，並不是口語或是書面英語，而是指拼的英語或是美國手語。至於英語和美國手語混合的洋涇濱英語式手語，經常被翻譯員使用，這樣的形式並不能讓失聰學生看到完整的英語表達，除非他們會讀唇且讀得很好，因此限制了他們對英語模式的接收管道。除非這些失聰兒童具備了適當的英語知識，英語式手語似乎對失聰兒童而言是一種無效的形式（Nover, 1995）。此外，當演講的內容被翻譯時，失聰學生會漏掉一些英語的字詞，因為他們得同時接收英語和美國手語（Nover, 1995）。

123

> 我曾經遇過這種可怕的翻譯員，他們完全沒有翻譯技巧，而且在整個課程當中不斷要我教他們一些詞的手語。這激怒了我，氣得我憤怒地向母親抱怨。——回歸主流課程的畢業生

孩童會經歷發展上的轉變，而這些轉變會影響他們對於翻譯員的了解以及運用翻譯員的能力，如果他們對語言的了解很有限，這將會影響到他們從翻譯者獲益的能力（Schick, 2001）。孩童在學習任何語言的時候，其語言了解和表達經常會犯錯，當孩童從翻譯員那邊接收到無意義的訊息，而他們也依照這個訊息做出反應，所犯的錯誤就會更離譜，使人認為孩童看起來似乎比較不聰明，孩童就更不願意就負面的回饋做出溝通的反應。因此翻譯員能配合孩童的程度是很關鍵的，如此才能夠很正確地把訊息概念化讓孩童理解，並且反映出孩童的反應（Schick, 2001）。針對孩童在語

言方面的變化本質而調整翻譯技巧是必需的，但是有這種能力的教育翻譯員為數很少。

　　學校應該是一個增強孩童使用語言的場所，並會幫助他們吸收新的訊息及建構他們的思考技巧。不能夠被孩童了解的活動，會剝奪他們使用語言的機會。例如，當老師在黑板上寫下一些東西，同時也描述如何做，或是一面指導學生觀看一個物體，一面也解釋它們的意義，多數聽常的學生可以把聽覺與視覺訊息同時統整（Schick, 2001），失聰兒童則是通常會看著翻譯員而不是物體。在這種情形下，翻譯員變成其視覺訊息管道的障礙。教育翻譯員可以去教導老師和學生，讓他們知道在這種情境下翻譯是不可能的，並且幫忙發展教學策略以促進孩童的視覺訊息管道。了解失聰兒童透過翻譯員學習究竟有怎樣的涵義，這個議題對於增進他們的有效性十分關鍵，尤其是孩童並不清楚這些翻譯員應該做些什麼（Schick, 2001; Winston, 2001）。

　　這樣的障礙看起來似乎很大，但仍然有希望。公立學校的教室可以透過與老師、翻譯員以及父母合作來解決溝通問題，翻譯員確實幫助具有良好語言基礎的學生做好教室的溝通。有關於教育翻譯員這方面的研究很少，需要再加強，並且教育翻譯員必須被當作是專業（Stewart & Kluwin, 2001）。老師、父母和學生選擇透過翻譯來接受教育時，必須將其優點和缺點予以權衡。一旦為失聰兒童選擇了透過翻譯來教育，必須經常評鑑其溝通的通暢性，同時也要評鑑教室裡面的一些調整，以確保失聰兒童對大部分的學習經驗都能接收（Winston, 2001）。

124

　　我在課堂上參與討論經常受到限制，因為我知道我的翻譯員不具備良好的翻譯技巧，並且他將手語轉成口語的過程非常地緩慢，班上同學必須邊等邊看。翻譯員傳達的經常是錯誤的訊息，於是我覺得自己更加愚笨。作為一個青少年，這對我的自尊是個很大的傷害。——回歸主流課程的畢業生

　　　　我很感謝我有機會能回歸主流，並有翻譯員幫忙，因為我真的知道如果沒有回歸主流，我就沒辦法在教育方面有這麼好的發展，對我而言，這當然是一個艱難的奮鬥，但是我接受了良好的教育，因此我成功了。——回歸主流課程的畢業生。

安置的改變及其後果

　　依據失聰兒在教育時期的任一時間點的需求，他們通常會經歷不同的教育安置，包括安置在住宿型學校。從歷史上來看，只有那些有最多殘存聽力並且有最佳口語溝通技巧的學生才會被安置在資源班和巡迴服務的教育環境（Moores, 2001a）。由於大家對於在一般教室中使用教育翻譯員的接受度越來越高，有越來越多的極重度聽損的失聰兒童在普通班上課。如此的安置讓失聰兒童可以住在家裡，學習和聽常同儕互動的策略，以及和聽常同儕接受相同的教育（理論上）。有趣的是，Holden-Pitt（1997）發現高中階段有越來越多的學生被安置在住宿型學校裡。

　　地區性安置的統計資料顯示，大約有 52 ％的學校只有一個失聰或重聽學生，有 24 ％的學校有二到三個失聰或重聽學生，而只有一個失聰生或重聽學生的學校數目從 1979 年的 1,797 所學校，增加到 1986 年的 4,412 所學校（Siegel, 2000, p. 16）。很多學生被安置在不適當或者支持性不足的回歸主流學校中，因為他們的個別化教育計畫沒有將學生順利求學所需的所有服務列出（Siegel, 2000）。由於預算方面的因素，要提供失聰兒童最適當的教育相當困難，包括一些必要的一對一服務，例如，手語或口語的翻譯、語言治療，以及對失聰有所了解的學校心理師所做的心理評估。

　　　　我居住的城市有小學、中學和高中的回歸主流方案，大約有五十個學生，但是人數在減少中。主要的原因是這個城市有經濟上的困難，這些課程都已經不存在了，這個城市現在把失聰和重

聽的學生與其他有學習障礙、多重障礙的學生放在一起。讓我鬆
一口氣的是，我不需要經歷這些學生目前所經歷的過程。——回
歸主流課程的畢業生

125　　　但是，一旦能提供失聰兒童所需要的服務，公立學校的失聰生人數的
確會增加。把學生安置在公立學校，可以提供失聰生和聽常生間頻繁與正
面的溝通，為其社會心理的成長做好準備，但是成功並沒有標準的公式。
在安置的決策過程中，還有一些應該要被考慮的關鍵因素，包括學生的溝
通能力、教育成就、人格特質、社會和情緒的調整以及家庭的支持。

　　　因為父母親對自己為子女所做的決定的確有責任，他們可能必須投入
很多時間和精力去獲得其失聰子女所需要的服務（Christiansen & Leigh,
2002）。當父母親在考慮要給他們的子女做某種教育安置時，他們有權利
去問任何相關的問題，以便了解這種安置是否能提供有利其子女學習的環
境。如果他們的孩子要被安置在回歸主流的環境，他們對學校的校風、行
政結構、教學方案、教職員資歷、提供給小孩和家長的支持性服務、課外
活動以及翻譯員的品質，都應該熟悉，同時父母也要知道他們的孩子是如
何被評量。失聰生國家資料中心（National Information Center on Deafness）
所出的回歸主流小冊子（NICD, 1991）列出一些有關溝通能力、教育成就、
人格、社會心理調適以及家庭支持的問題。這些都有助於教育安置的決定
以及個別化教育計畫的撰寫。

　　　父母親對於個別化教育計畫的建議若是不滿意，可能必須訴諸於訴訟，
訴訟的結果總是不如他們所願（Siegel, 2000）。訴訟的議題主要是溝通、
支持性服務的提供以及在特定個案最少限制的環境的定義。法庭案件的判
決傾向於根據校區遵守《身心障礙者教育法案》規範的程度以及記錄他們
努力的文件。在一個案例中，法庭判父母親勝訴，其失聰小孩被允許至州
立學校就讀，因為鄰近校區無法提供免費而且適當的教育（Barbour County
Board of Education. v. Parent, 1999），這名學生所需要的服務並沒有被提
供，並且也沒有資料顯示他有任何教育的進展。在另外一個案例中，法庭
判學校贏，因為學校指出他們所提出的個別化教育計畫有合理的考量到這

名學生在教育方面的利益，因此就《身心障礙者教育法案》而言是適當的，即使父母親比較喜歡的是不同的教育方式（Brougham v. Town of Yarmouth, 1993）。

教育測驗的運用

　　目前美國很多州都倡議要使用標準化的測驗作為評量學生學習表現的方法之一，2001 年《沒有任何一個孩子落後法案》（The No Child Left Behind Act）規範了教育機構，尤其是學校和教育者，必須要為增進所有學生的表現負起責任（www.whitehouse.gov）。這個法案的成立，部分是因為普遍認為學校對於訓練所有的學生，做得並不是很有效。因此，這個法案的通過就是希望學校要在學業內容和學業成就這兩項符合訂定的標準，每個孩子的進步與成就每年都要定期評量，目的是要確認學校能夠知道要做哪些事情，才可以促進學生達成規定的標準。 *126*

　　這意味著每一個州現在都要開始使用標準化的測驗來作為學生的學業追蹤、提升以及是否能畢業的關鍵性標準，換句話說，跨州的測驗現在被認為是一個高風險的測驗（high-stakes testing）。如果某些標準沒有達到（或是說，如果某些測驗沒有通過），學生就不能得到高中文憑，不管這個學生在無須測驗的領域可能已經學了多少。過去資料顯示，失聰生在閱讀理解的表現很少高於四年級的程度，所以前面所提到的事情對失聰生而言相當嚴重（Johnson, 2001），很可能會造成更高的輟學率、更差的受雇機會以及更多人依賴社會安全保險（Social Security Insurance, SSI）（見第十章）來補助經濟。標準化測驗的上下文相關訊息較少，而其文法結構對於不是以英語為母語的使用者來說，較不易理解，即使是很聰明的失聰學生，做這些測驗題目的時候也會無法理解測驗所要問的問題，主要是因為語言結構不同。

　　失聰和重聽學生的教育者加入了很多的組織，包括：全國教育協會（National Education Association）、全國父母老師協會（National Parent

Teacher Association)、全國校長會議（National Conference of School Super-intendents）、美國教育研究協會（American Educational Research Association），他們加入這些協會以抗議這些高風險的測驗，因為他們認為這些測驗對很多學生不公平而且具歧視性（Johnson, 2001）。在這同時，這些教育者並沒有規避他們的責任，因此，他們分析了一些方法來確保失聰學生在這個競爭的世界中能獲得成功所必要的工具。失聰學生的教育者開始對於一些重要的議題努力奮鬥，包括：測驗的結構、採用適合不同教育階段學生的標準、適當的測驗調整（包括以美國手語來傳達測驗指導語以及測驗項目），以及發展一些有效的課程，促使學生每年都有進展，從早期直到通過授予高中文憑的評量。一個高風險測驗的替代方式就是使用一個多重評量的方法（包括測驗及其他評量方式的組合）作為教育決策的基礎（Randall, McAnally, Rittenhouse, Russell, & Sorensen, 2000）。全國失聰與重聽者平等測驗特別小組（National Task Force on Equity in Testing Deaf and Hard-of-Hearing Individuals）是失聰、重聽和聽常的專業人員所共同合作建立，目的是要追求失聰和重聽的學生能夠享有完全的學習和平等的測驗，而這是確保這些學生在沒有任何人會落後的運動中真的不落後的主要因素（www.gri.gallaudet.edu/TestEquity）。

多文化議題

　　當今美國啟聰教育者面對的一個重要議題就是失聰兒童的家庭分別屬於不同的種族，並且他們使用英語或美國手語以外的語言作為主要的溝通方式（Christensen, 2000）。來自不同民族或種族背景的失聰和聽常的專業人員為了所有失聰兒童的利益，必須要思考合作的方法。長時間以來對於多文化的失聰和聽常兒童的歧視、不平等的對待、低期望以及無法接受的低成就表現，這些專業人員都必須探討（Fischgrund & Akamatsu, 1993）。

　　多文化的學生因長時間以來被歧視，已發現他們的種族或民族被貶低價值，無論是因種族本身，或是因為還有失聰的因素（Christensen,

1993），例如，非裔美籍以及西班牙裔的失聰學生，可能會被聽常者和失聰者壓迫要先以聾人自居（Deaf first），才算是聾文化的一部分（Christensen, 1993）。而他們與其家人所共享的文化方式，在啟聰學校裡可能會被排斥。為了要成功，他們可能會覺得他必須要認同聾文化，並忽略自己的種族特性。正如我們將在第九章中所討論的，這對於個人的認同發展，在心理上並不健康。

　　要提高專業人員的敏銳度，他們必須了解學生間的互動影響，因為學生不只屬於不同的種族、語言和民族團體，同時也都在探索聾文化。這些學生所連結到的文化不只有一個，每個都連結到不同的文化（Humphries, 1993）。來自不同民族的學生必須在他們的家庭文化、美國主流文化以及美國聽損族群文化之間取得平衡（Corbett, 1999）。

　　研究者指出，在目前的教育結構下，多文化失聰學生的教育要達到平等與有品質是可能的，只要把課程做一些修改，增加學生對於民族、種族、文化團體（包括他們自己的團體與聾文化）的覺知與知識。這樣的過程會促進每個學生的認同發展，在一個平等的架構下促進他們對於文化差異的正向價值觀，並且為學生做好在多文化社會中因應與發揮功能的準備（Christensen, 2000）。

　　要有效地做到這一點，教育者可以使用的方法之一，就是運用三語與三文化的觀點，也就是包括家庭語言與文化、學校語言與文化以及視覺語言與聾人的文化（Christensen, 2000）。其他的國家，例如中國，主流文化的語言和地區性的語言並存，這是美國可以學習的。當他們接觸到自己家裡的語言、鄰居的語言以及教育系統和政治區域所使用的語言，中國的失聰兒童可能在雙語甚至多語的環境下長大，雖然他們在各種語言的能力可能在程度上有所不同（Callaway, 2000）。這些孩童通常有能力以一種以上的語言去進行有效的溝通，並且能夠自在地對不熟悉的文化環境做調適。

　　當一個失聰孩子的家庭中納入了另一種語言，例如英語或手語，所有的家庭成員都需要一些介入，幫助他們的溝通達到可以理解的程度。Christensen（2000）指出，三語教育的研究支持以手語作為兩種不同口語之間的橋樑，她發現當父母在說西班牙語時也同時運用美國手語的技巧，

128　父母親和失聰孩子間的溝通就會增加，且相互的理解也會增加。Sussman 和 Lopez-Holzman（2001）描述一種運用在所有課程中促進語言發展的技術，他們的方式是在口語課程中採取互動／經驗模式，他們發現一旦家庭語言和文化被融入到學校課程中，這些學生的能力都增強了，而且失敗的機會也減少了，即使這些課程是以英語為基礎。

　　當教育人員檢視他們自己對於民族、種族的態度以及這些態度如何影響教室與學校裡的權力關係，以致他們喜歡一個種族勝過另一個種族，他們對於學生個別文化的了解與尊重就會有重大的進步（Welch, 2000）。這些教育人員幾乎都是白人，而且比較少被認同為角色典範，使這個過程變得比較困難。為了要增進這些教育人員在學校裡提倡健康的多文化主義，在教師訓練課程、教科書、教育媒體以及電腦課程中，都應該就文化多樣性的議題做深度的探討，以創造更好的學習氣氛（Christensen, 2000）。這樣的目標曾經被一些專業團體所背書，包括：全國失聰者服務教育行政人員會議（National Conference of Educational Administrators Serving the Deaf, CEASD），這個組織經常在會議中討論有關於來自不同民族、種族或語言背景的失聰兒童的需求；失聰者教育會議（Council on Education of the Deaf, CED）規定多文化的課程要納入啟聰教師的教育訓練（http://deafed.educ. kent.edu/cedman1.html）；美國啟聰教師會議（Convention of American In-structors of the Deaf, CAID）則針對啟聰教育中的多文化議題成立了一個特別的團體；非英語學生的英語教師協會（Teachers of English to Speakers of other Language, TESOL）也開闢了一個給啟聰老師的特別區域，他們正在發展美國手語和英語雙語雙文化有關的訊息。很不幸的，這個領域還缺少實證或是研究導向的訊息來告訴我們如何去教這些來自不同背景的失聰兒童（Sussman & Lopez-Holzman, 2001）。教育人員必須共同努力去改善這樣的情境，以幫助來自不同文化背景的失聰和重聽的孩童盡可能地發展他們的潛能。

教師訓練的議題

　　教師訓練課程努力協助老師有效地最大化他們的能力，來幫助所有的孩童達到他們的潛能及發展他們在情緒、社會以及智能方面的能力，使他們成為有生產力的成人。為了要確保教師的品質，教師檢定是必要的，美國各州針對啟聰學生教育計畫的完成都有個別的要求。此外，失聰者教育會議針對教師訓練課程，有其國家檢定標準（http://deafed.net）。失聰者教育會議列出一百七十三項所有特教老師必須符合的標準，而在失聰和重聽教育領域則列出六十六條專業標準，主要是針對下列這些項目的能力：哲學、歷史、法學基礎、學習特性、評量、診斷、評鑑、教學內容以及評量、教學環境的計畫與經營、學生行為的管理與社會互動、溝通與合作關係、專業主義以及道德規範（請參考 http://deafed.net，該網址對於這些標準有更詳細的介紹）。至於基礎學科領域如數學、科學和社會科學以及英語的訓練也是必要的。

129

　　很有趣的一點是，針對啟聰教師的國家檢定要求，最常見的項目仍然是聽覺復健、聽力學、語言治療、聽力檢查儀器以及助聽器。失聰兒童在學科領域需要有更多的訓練（Lytle & Rovins, 1997），因為失聰和聽常學生在學業成就表現的差異仍然大得無法讓人接受，對於失聰兒童的課程應該和聽常學生相同的這種期望，可能可以增加學科領域在教師訓練課程中的份量。

　　失聰與重聽學生的老師未來可能工作的場所也需要被納入訓練課程中，Miller（2000）提到多數的訓練課程所強調的是為住宿型學校和自足式班級的老師做準備，而沒有考慮到回歸主流的情境，而這是目前大部分啟聰教育進行的場所。為了要促進成功的回歸主流教育，訓練課程應該包括和普通教師合作的方法、有效的個別化教育計畫的訊息以及定義巡迴教師、資源教室老師以及團隊教師的專業角色（Miller, 2000）。

　　很明顯的，訓練老師去教來自不同種族和民族背景的失聰和重聽學生，

正如同訓練老師去教那些有特殊需求的失聰與重聽學生一樣越來越重要。如此的訓練包含了對學生認知能力的了解，以及考慮到其他異常（例如：智能遲緩）與失聰的交互作用所應有的適當學習策略的了解。啟聰教師除了普通教師檢定的要求外，還需加上這些考量，而這些也增加了訓練課程的時間（Moores, 2001a）。

　　教師訓練課程究竟要著重什麼，這與失聰兒童的教育哲學有關，例如，如果重點是口語溝通，而其假設是失聰兒童有能力達到讓人理解的口語表達能力，課程中大部分的時間就會被投注在訓練增進口語的策略上（Moores, 2001a）。老師必須在口語訓練的需求和學科內容的教導，兩者間取得平衡。近年來，有許多的課程除了教他們讀話、運用殘存聽力、英文的語法、讀寫能力（閱讀和寫作）之外，也開始將美國手語的理解和表達納入訓練課程。這些課程同時也要注重如何維持較高的學術標準，這並不是件容易的事。此外，訓練課程也要談到，如果在教學中適當地運用，科技在語音的接收表達及手語的學習會有潛在的好處，學習也是如此（Moores, 2001a）。目前美國有很多的教師訓練課程已經提供有關雙語雙文化的教學（Nover & Andrews, 2000）。

　　教師訓練課程也應鼓勵發展創新的認知策略來促進學習，例如，萊星頓啟聰學校成功地運用了認知策略的方法，他們稱做「修正的學習經驗」（mediated learning experience）。老師為了使學生有最佳的學習而精心設計此經驗，學生則從中學習推理、推論，並且分析該經驗。萊星頓啟聰學校使用這樣的方法多年，學生的學業成就表現有很大的進步（Johnson, 2001）。

130

　　當時我要去選十二年級的英語課，但是負責審查選課的工作人員不建議我修課（他們要確定有足夠的翻譯員），啟聰教育老師特別告訴我因為課程的內容多半是莎士比亞的作品，我不會有能力跟得上班級的進度，當時他們說「太難了」。我很固執，問那堂課的老師，我是否可以修課，老師非常支持我，而我也很喜歡這堂課，跟上進度一點困難都沒有。——回歸主流課程的畢業生

老師對學生的期望也是同等重要的事，新老師必須知道對失聰學生有刻板印象的危險。可能有人告訴他們，失聰學生的閱讀水準很低，且很難學好英文，儘管有這些事實，他們應該相信失聰學生有能力學習，而對他們有更高的期望。

另一個訓練的領域是轉銜，引導學生走向有創造力與滿足的生活，而這可以減少成年失聰者長久以來極糟的就業問題（見第二章與第十章）。和教育有關的是，必須要教他們特殊的知識和重要的技巧，幫助學生從高中階段走向中學後的教育或是職業訓練和工作，這些知識除了學習就業和嘗試就業之外，還包括人際關係、做決定、合作技巧（LeNard, 2001）。為了能夠更有效，學校必須要施行轉銜課程，將成效導向的跨領域課程納入，並且找失聰同儕與導師作為正面的模範角色，以激勵學生參與規劃他們自己的未來（LeNard, 2001）。

訓練失聰教師

訓練失聰教師與行政人員有其迫切性，但其中一個明顯的困難就是專業證照的取得在很多州都很困難（Lane, Hoffmeister, & Bahan, 1996）。Moores（2001b）指出，沒有任何一個在住宿型學校的失聰教師，第一次去考州立教師能力測驗的時候就通過測驗，測驗包括口語的部分，而這個項目並不能有效地代表這些失聰教師的溝通能力。

全國失聰與重聽者平等測驗特別小組的任務之一就是提高失聰與重聽的專業人員人數（www.gri.gallaudet.edu/TestEuity），其成員倡議在大學和研究所的入學考試以及專業證照和檢定的考試中盡量採取多重的評量方式。就教師檢定而言，其中可以採用的一種測驗就是教師表現的工作分析，而這一點符合《美國身心障礙者法案》（Moores, 2001b）的規定。

訓練少數族群教師

131

啟聰教育裡極少有少數族群及失聰的少數族群擔任專業人員，這一點

文獻上有很清楚的記載（Andrews & Jordan, 1993; LaSasso & Wilson, 2000）。目前針對白人及聽常者設計的教育訓練課程，其入學標準有修改的必要，倒不是要降低標準，而是要能反映出少數族群以及失聰的少數族群教師的長處。提供支持性服務與領導訓練、對於多元文化敏銳，以及修改舊的課程以反映目前多元文化的真實性，都有助於訓練及保存這些獨特的個體。這樣的過程會談到的議題是教育中欠缺不同民族背景的專業人員（不論是聽常者或者是失聰者），而他們正好是目前極缺乏的模範角色。

國際上的啟聰教育

在美國以外其他國家的啟聰教育正努力追求教育失聰兒童的最佳方式，所努力的議題也都和美國的啟聰教育情形相似，這可從 1996 到 2000 年間《美國失聰者年刊》（*American Annals of the Deaf*）所發表的一些文章中看出（Moores, Jatho, & Creech, 2001）。Brelje（1999）的報告指出不同國家發展出許多不同的教育方法來滿足其失聰兒童的教育需求，該報告也描述了啟聰教育的歷史演進以及一些有關失聰兒童教育服務的程度與類型的背景訊息。

失聰兒示範教育課程在一些發展中國家開始成立，例如，約旦的失聰者聖地研究機構（Holy Land Institute for the Deaf）、墨西哥的濱湖啟聰學校（Lakeside School for the Deaf）、加薩的阿特法盧那學校（Atafaluna School），以及加薩走廊的障礙者照護社團（Society for the Care of the Handicapped, SCH）所提供的課程（Moulton, Andrews, & Smith, 1996; Silverman & Moulton, 2002）。基本上這些課程剛開始都只有很少數的失聰兒童，隨著時間人數慢慢增加，有需要的話也會增加學術、職業和住宿型的課程。約旦的失聰者聖地研究機構有一個單位提供給失聰學生，另一個單位是給那些除了失聰還併有其他多重障礙的孩童。老師在溝通與教學中用的是約旦手語，也有一些成年失聰者擔任該單位的老師與助教，有增強雙語課程的作用（Brelje, 1999）。

　　加薩的阿特法盧那學校是 Jeri Shawa 所創立，他是個通曉阿拉伯語的
美國人。在日本和美國失聰兒童教育者的協助下，Shawa 訓練了當地的老
師，並且招募了阿拉伯的聽力技術人員。此外，加薩走廊的障礙者照護社
團是 Hatem Abu Ghazaleh 博士所管理的一個非營利的巴勒斯坦復健機構，
這個機構從 1991 年開始與美國德州布孟（Beaumont）的拉瑪大學合作，透
過完整訓練課程，對失聰的兒童和成年人提供服務。墨西哥傑可德沛克
（Jocotepec）的濱湖啟聰學校剛開始只是一個小單位，現在這個機構已經
擴大。創辦人是 Gwen Chan，她諮詢一些啟聰教育專家的想法，並且把他 *132*
們的建議作了一些修正以符合當地文化和經濟的需求（Moulton, Andrews,
& Smith, 1996）。上面所舉的這些工作只是世界各地為失聰兒童努力的一
些例子，他們都努力幫助失聰兒童做好在社會中生活的準備，因此增強發
展他們的潛能，讓他們成為對國家有貢獻的一份子（Brelje, 1999）。

失聰與重聽孩童的權益法案

　　美國聾人協會認為有必要發展失聰與重聽孩童的《權利法案》，來凸
顯這些孩童有接受良好教育的需求以及讓大家知道他們在當地的教育系統
並沒有得到適當的教育（www.nad.org）。根據目前的想法，《權利法案》
所說的是，這些孩童有權利在合格且通過檢定符合教育標準的人員協助下，
進行適當的溝通，且其教育環境應有許多年齡相近、相同語言模式及語言
能力相似的同儕。有些州已經通過了自己的《權利法案》，包括：路易斯
安那、南達科他、加州、羅德島、科羅拉多、蒙大拿（www.nad.org），美
國聾人協會建議其他州也通過相似的法案。

結論

　　失聰與重聽孩童的教育，因其不同的需求而有多種不同的教育選擇，

不管是哪一種安置，每一個孩童都應有一個良好的、以溝通為導向的課程，來促進適合其年齡程度的語言技巧發展，並提供大量的溝通以及同年齡和認知程度相似的同儕（Siegel, 2000）。學校必須擔負這樣的責任，失聰兒童在多文化、特殊需求、語言、學科等各種不同領域內的最佳教育方式是哪一種，有待未來的研究探討，教師與翻譯員的訓練課程必須要根據目前的需要做調整，失聰的教師和行政人員的訓練（包括來自不同種族背景的人）應該優先被考量。

建議閱讀的書目

Connor, L. (1992). *The History of the Lexington School for the Deaf (1864-1985)*. New York: Lexington School for the Deaf.

《萊星頓啟聰學校的歷史（1864-1985）》，舉世知名的萊星頓啟聰學校是口語教育運動的發源地，這本書提到了這所學校如何為成千的失聰學生提供服務，以及其努力滿足目前失聰學生需求的過程。

133   Langdon, H., & Cheng, L. (2002). *Collaborating with Interpreters and Translators: A Guide for Communication Disorders Professionals*. Eau Claire, WI: Thinking Publications.

《與翻譯者合作：溝通異常專業指南》，這本書是語言治療師與聽力師所寫，但是也可以提供給一些在家庭中服務且使用英語以外語言的失聰生教師。作者解釋如何在醫療與教育場合使用翻譯員，他們也提出一些例子，說明那些不同語言或是不同文化的人之間的溝通可能發生的衝突。書末的附錄中列出一些測驗與學生的個案研究，都是很方便的資源。

Reed, R. (2000). *Historic MSD: The Story of the Missouri School for the Deaf*. Fulton, MO: Ovid Bell Press.

《密蘇里一所啟聰學校的故事》，這是一個有關美國最悠久的住宿型聾校之一的有趣歷史故事，學校成立於 1835 年。書中充滿有趣的人物、地方，與影響就讀該校失聰生的重大事件。這本書有很多學生、剪報、建築物與學校有關的歷史文件等照片。這所學校的歷史讓讀者對於失聰者對他們就讀學校的

想法、情感與信念有完整的概念。

Winzer, M., & Mazurek, K. (Eds.) (2000). *Special Education in the 21st Century: Issues of Inclusion and Reform*. Washington, DC: Galludet University Press. 《二十一世紀的特殊教育：有關融合與改革的議題》，為了支持教育改革，這本書詳細檢閱了不同群體的上課情形，包括失聰生。這本書也探討了有關師資訓練的議題，而師資訓練課程必須顧應到許多差異性，才能促進各種不同族群學習者的學習。

第七章

語言學習和語言教學的方法：
社會文化的觀點

老師不再只是教學者，透過和學生的對話，他成為被教學者，當他被教的同時，他也正在教人。

——Friere, 1970, p.2

文字讓我們感到歡樂，激發我們，讓我們受到別人的喜愛，隱藏事實　*136*
或揭露真相，讓我們感到快樂或哀傷。從語言的本質來看，它是創造性的、
好玩的、有趣的、可愛的、充滿感覺的，當然還有更多其他特性。它是被
用來思考的工具，是一種溝通的系統，也是讀寫能力表達的方式，語言讓
人們能夠用創造性的與有意義的方式和他人建立連結。幾世紀以來，教育
者不斷在爭議究竟失聰學生應如何學習語言，以及哪一種教學法是最好的
方式？但是對失聰學生最有效的語言學習與教學方法，研究還沒有定論
（Marschark, 2000b）。為了解失聰對於失聰者生活中的語言有怎樣的影
響，我們有必要了解他們所使用的不同語言以及他們和別人溝通的模式。
了解聽損族群如何使用語言，可以讓教育者知道何種教育策略用在學校會
最好。

本章目標

這章是要檢視老師如何用一種語言（單語的方式）或兩種語言（混合
語言或雙語的方式）來教學*。根據社會文化架構，語言的教學方式可以分
成三種：單語、混合語言和雙語。每一種方式都融合了語言、文化以及族
群，每一種方式也都有它獨特的教學技巧、支持性服務、評量策略以及科
技運用。科技被包含在內是因為跟聽覺和視覺有關的數位科技在目前已經
能派上用場，可以促進語言教學和學習的目標。

溝通能力

成年失聰者使用單語、雙語或多語，具有雙文化或多文化，且使用不
同的語言和溝通方式（Grosjean, 1998）。失聰成人和孩童會以一種以上的

---

* 運用在這三種語言教學法的科技，其網站與圖片可參考下列網址與原文書所附的光
　碟：http://hal.lamar.edu/~andrewsjf/bookindex.htm。

語言作為橋樑來維持他們與家庭、工作及同儕的關係，例如，他們可能會學習一些口語的英語、納瓦伙語（Navaho）或是西班牙語，依其家庭傳統而定。他們也許會學習一種手語，例如美國手語、墨西哥手語、波多黎各手語或其他任何一種手語，或者他們會使用接觸手語以及他們的社會所使用的書寫語言，他們會根據溝通對象所使用的語言來合併、混合或是改變（code switch）他們所使用的語言（Grosjean, 1998）。

聽力損失的程度與類型、聽力損失開始的年齡、家中使用的語言、對於視覺或／聽覺的依賴程度等變項，都會影響語言的學習（Quigley & Kretchmer, 1982）。許多在習語前失聰的兒童都會依賴視覺，以之為溝通的管道，並使用一種視覺手勢系統的手語，加上眼睛的凝視、頭的傾斜、臉部表情以及使用空間、手形、手語和動作等來表達。他們當中有些人會從早期的擴音系統得到不同程度的幫助，很多重聽的孩童和有漸進型聽力損失的孩童，一開始是先學會英語，後來可能會學習美國手語作為其第二語言，來幫助他們在學科方面的學習（例如，社會科的一些觀念）（Grushkin, 1998）。

在美國，有聽力損失的孩童被鑑定出來的平均年齡是十二到三十六個月（見第三章），但是由於新生兒聽力篩檢的制度，聽力損失在出生後很快就可以鑑定出來（Joint Committee on Infant Hearing, 2000）。究竟新生兒聽力篩檢系統是否改善了以後的語言表現仍有待觀察，因為其中有很多複雜的因素（見第八章）。但是，整體來看，那些接受早期語言訓練的失聰兒童，透過聽語中心與住宿學校所提供的親子課程，他們在語言發展的表現比那些沒有得到這類服務的孩童還好（Yoshinaga-Itano, 2000）。

孩童從他們的照顧者那裡學到會話的輪流順序以及如何清楚表達想法。當他們參與並且觀察溝通的行為，並主動找出在不同社會情境下語言的多種表達方式，他們就可發展出社會與認知技巧。漸漸的，孩童發展出一個稱做溝通能力（communication competence）的複雜系統。家中的一些活動，例如，日常的會話、說故事、回答孩子的問題，都讓孩童可以自由地去表達他們的情感和意見，這些活動也都有助於孩童溝通能力的發展。失聰對於家庭中的溝通能力所造成的影響在文獻中有很好的記載（見 Marschark, 2000b 的文獻回顧）。通常（但不總是如此），許多有失聰兒童的聽常家庭對於建立和失聰兒童之間的溝通有困難，而這些問題有很大的差異性。

很多習語前失聰的孩童最先接觸的是手語，以手語為他們的第一語言，他們的表現就如同把英語當成第二語言的學習者一樣。他們使用他們的第一語言來思考與溝通，並以其為基礎來建立他們英文讀寫能力的技巧。儘管如此，對許多失聰兒童而言，他們所接觸的第一語言未必會是他們的主要語言，這些小孩可能在他們童年的稍後時期學習美國手語，由於這個語言可完全被他們所接收，因此可能成為他們的主要語言，或是第一個完全習得的語言。這些孩童後來就像其他學習第二語言的孩子一樣開始學習英語作為他們的第二語言（Mounty, 1986）。

失聰兒童主要是依賴視覺的管道來接觸語言，其次才是透過擴音系統的幫助以聽覺來接觸語言。透過助聽器和電子耳蝸來使用他們的殘存聽力，不代表他們可以完全充分地了解口語，並學習到其語言規則。這些裝置的作用很可能只是讓失聰兒童知道在其周遭環境中有溝通正在進行（Marschark, 2000b; Spencer, 2002）。然而，對許多失聰兒童而言，這些聽覺的裝置對於他們和聽力正常者的整體溝通很有幫助。

兒童在不同的族群中學習語言，在這些族群裡，他們展現了使用語言的彈性，例如，在遊戲場上，語言的學習可能是非正式的、較沒有結構的，並由手勢、口語和手語組成。而在教室裡，失聰兒童很自由地混用口語、美國手語、以英語為基礎的手語（English based signing）、指拼法、書寫與畫圖，至於用哪一種則是根據他們老師所使用的語言而定（Maxwell & Doyle, 1996）。被教導英語手語的失聰兒童，可能在遊戲場上會使用較多類似美國手語的手語（Supalla, 1991）。在他們的寫作中，經常會混用美國手語和英語的語法。像這樣的語言混用，對於學習第二語言的人來說，是一種很自然的社會語言過程，也就是，第二語言的學習者會運用他們學得較佳的語言，和正在學習的新語言混用（Baker, 2001; Cummins, 2000）。

成年失聰者彼此之間溝通或是和聽常者溝通時，也會把英語和美國手語混用（也就是接觸手語）（Lucas & Valli, 1992），雖然語言的混用是一

138

種自然的社會語言現象，很少有第二語言的學者會建議把它作為教學的方法，因為它並沒有提供給兒童任何一種語言的正確典範。儘管如此，多數的第二語言學習者在他們學習語言的過程中都會在某個時期有語言混用的情形。

家庭、學校和臨床單位會依據他們的語言教學信仰系統，提供不同的語言課程（Nover & Moll, 1997）。失聰兒童經常將他們所學習的語言做改變，以符合他們的會話需求。他們可能會混用語言，但是，如果他們在早期經常接觸一種以上的語言，並且每種語言都得到適當的接觸，他們通常就能將不同語言區分開來，但是這的確需要一些時間。

單語的方法

使用單語教學法的老師只著重於英語這個語言，他們假設失聰兒童學習口語的語言發展里程跟聽常孩童一樣（見第四章）。正常聽力的孩童可以毫不費力並很自然地就習得口語，而失聰兒童需要深度的訓練才能習得口語。關鍵因素包括早期的鑑定和早期介入（Yoshinaga-Itano, 2000）、運用殘存聽力學習口語、大量的聽覺和說話訓練及聽力學的管理（Eastabrooks, 2000）。父母親積極的參與、擴音系統的科技、發展適當的語言教學以及各種教育安置型態（自足式、回歸主流或是融合教育）（見第六章）也都用於單語教學法。

聽覺口語法（auditory-verbal approach）的目標是使失聰和重聽的小孩成長後的功能能像聽力正常的孩童一樣（Eastabrooks, 2000）。這個方法完全著重在以聽覺來促進語言的發展，而視覺策略的使用，例如讀話，則是很少，孩童通常到私立的聽覺口語法教學中心就讀。聽覺說話法（auditory-oral approach）和聽覺口語法有些不同，主要是聽覺說話法除了聽覺增強的課程外，比較常運用不同的視覺策略（主要是讀話）來幫助語言的學習。在聽覺／口語法或者是聽覺口語法的課程中，則不會使用手語來教學。

139　　習語前失聰的兒童所聽到或感覺到的聲音（戴上助聽器）和聽力正常

的人所聽到的聲音不同（本章稍後會再提到）。為了促進說話和語言的發展，密集的聽覺訓練有其必要，讓他們能夠辨識這些聲音並學習這些聲音的意義。當今的聽覺訓練活動可以很愉快，例如，稱職的治療師會和年幼的孩童玩聲音的遊戲，或者是給高中生聽當代流行音樂的歌詞。

在聽覺說話法中，讀話的訓練可以和聽覺的訓練一起進行。有些治療師使用口手標音法來減少讀話時可能產生的歧義現象（Cornett, 1967）（本章稍後會提到口手標音法）。

說話訓練包括說話表達技巧的發展（長度、大小聲、音調以及構音），包括在語音層次（獨立的音節）和音韻層次（詞、詞組和句子）的發展（Ling, 1976）。為了讓說話訓練變成正向且充滿樂趣的學習經驗，有許多新科技被設計出來。語言的訓練也從科技的使用得到幫助，例如以電腦的視覺呈現方式將語言表達出來。

學習聽和說話的進展快慢，有大部分是由孩童對擴音系統（助聽器、電子耳蝸、聽覺輔助系統）反應的有效性來決定，父母親和老師通常要確定這些擴音系統運作正常。下面這份清單（Waltzman & Cohen, 2000）列出老師對於電子耳蝸所必須具備的知識。

- ■ 電子耳蝸的最新訊息
- ■ 電子耳蝸與助聽器的差異
- ■ 對於電子耳蝸的期望
- ■ 對於植入系統的基礎知識
- ■ 微調過程的基本概念
- ■ 如何監控系統的功能
- ■ 如何解決系統的問題

在課堂中，有一些會口語的失聰學生可能會找口語翻譯員來協助他們了解口頭對話，他們也可能會使用電腦化的筆記系統，例如，即時溝通翻譯系統、C-Print 系統，或其他字幕和可以將語音轉換為文字的軟體。老師也可能會使用字幕以及語音轉成文字的軟體來設計一些含有圖片和影片的

語言課程。學生會使用電子郵件、無線的手提電腦，以及很多其他數位溝通科技來學習英語，他們也可報名一些網路的課程。這些科技如果正確地使用，可以提供學生更多接觸英語的機會，補強擴音系統的使用（見表7.1）。

表 7.1　以單語法教失聰兒童語言

方法	描述	優缺點	科技之使用
聽覺說話法（Auditory-Oral）	發展各年齡層孩童口語與聽覺技巧，採用視覺方法，包括讀話	優點：使用家庭中的語言，父母積極參與 缺點：不是所有的失聰兒童都能受益；說話訓練可能很冗長；即使使用擴音或電子耳蝸，失聰生的聽覺功能有很大的差異	聽覺科技：助聽器、電子耳蝸及聽覺輔助器材，例如擴音器與調頻系統 視覺科技：文字電話、傳輸服務、警報系統、字幕、電腦、電子郵件、即時溝通翻譯系統、C-Print系統
聽覺口語法（Auditory-Verbal）	發展聽覺與口語溝通技巧：早期發現、聽力學與醫學涉入、以父母為典範；協助孩童使用聲音；依據聽常孩童的語言發展里程來發展其說話與語言、觀察與評量孩童的進展；與正常聽力孩童在一般教室上課	優點：使用家庭中的語言，父母積極參與 缺點：不是所有的失聰兒童都能受益；在教學中不提供如讀話等視覺線索	與上述相同

　　單語法的目標是將失聰兒童完全同化到聽覺的主流文化，和一些正常聽力的同儕一起就讀普通學校，並採用標準的學校課程。聾人文化和美國手語並沒有在這樣的課程中被介紹，相反的，卻強調如說話、聽與行為都要像聽力正常者的文化價值觀。許多原本接受單語教學的失聰兒童後來可能根據他們個人在求學生涯中的需求，而轉換到語言混合或是雙語的課程

140

（Spencer, 2002）。

　　單語法的支持性服務包括在家中與學校中密集的語言和聽力治療，聽力學的服務包括助聽器維護和電子耳蝸的電流圖製作（本章稍後會提到）及維護。家庭支持團體包括：電子耳蝸協會（Cochlear Implant Association, CIA）、亞歷山大失聰和重聽者協會（Alexander Grahem Bell for the Deaf and Hard of Hearing, AGB），以及聽覺口語法國際協會（Auditory-Verbal International, Inc., AVI）。這些組織提供家庭機會去認識會說口語並且使用助聽器或電子耳蝸的成年失聰者。《沃塔之聲》（*Volta Voices*）是亞歷山大失聰和重聽者協會出版的期刊，裡面刊載了很多有關家庭經驗、營隊、研習會以及父母教師會議的訊息，在第十章的附錄中列有網址。

單語法的相關議題

141

　　單語和雙語教學法兩者所爭論的最重要議題之一就是：究竟聽力和說話訓練對於習語前失聰兒童的溝通發展效果如何？支持單語法的人認為聽覺很重要；支持雙語法的人則認為語言的學習和教導，運用視覺最為有效。這也是歷史上長久以來被熱烈爭論的一個難題，稱做口語手語的爭議（oral-manual controversy）（Winefield, 1987; Vernon & Andrews, 1990）。

　　實際上，失聰兒童如何使用他們的眼睛和耳朵來學習語言，會隨著他們溝通的對象、家庭背景以及生理的特質（聽力損失的程度和類型、聽力損失開始的年齡、病理等）有很大的差異，他們或多或少會使用不同的溝通模式。

　　說話、讀話和聽覺訓練可以增進失聰兒童的說話和聽覺技巧，但這些是有限制的。研究指出，密集的語言治療會改進語言表達在許多方面的表現，但是習語前失聰和極重度聽力損失的失聰兒童很少能發展出清晰的口語（Marschark, 2000b）。可能的現象是有一些失聰學生進展達到某一階段就會停滯，這個過程受到很多因素影響，包括將那些已不同於正常聲音予以區辨的天生能力與技巧、聽力損失的本質，以及環境中的支持。要維持現有的技巧，可能需要依賴持續的教學，當孩童的說話不能被別人所理解，

或者是沒有任何進展的證據時，持續密集的語言訓練可能會產生不良的後果。專業人員這時可能會建議採用手語的訓練課程。

那些認為當聽力喪失之後可以用讀話來替代聽力的假設是錯的，讀話並不容易，因為英語的四十二個音素中，幾乎有三分之二的聲音是看不見的或和其他聲音的嘴型相似（Hardy, 1970），這些都造成讀話者理解上的歧義。八字鬍和下巴的鬍鬚、凸出來的牙齒、不同的口音、手或者是報紙擋住嘴巴等，都會造成讀話者的障礙。在團體的情境裡，當失聰的讀話者注意到有一個人講完話時，下一個人可能已經把他要講的話講了一半。老師在授課的時候面對著牆或者是有強光照在臉上，都會加深讀話的困難度。如果房間裡的光線很暗，也會讓讀話無法進行（Vernon & Andrews, 1990）。

由於這些原因，讀話對於那些已經了解英文的成年失聰者仍是件困難的事。要一個一出生就失聰的孩童，只依靠讀話而沒有助聽系統的輔助來學習語言，幾乎不可能，雖然也有極少數的例外。一般失聰兒童以讀話的方式只能理解對方說話內容的 5 ％（Mindel & Vernon, 1971）。當失聰兒童知道語境且會話內容比較簡單時，讀話會有些幫助。例如，在學校裡，當失聰兒童遇到來拜訪學校的人，他們會預測來訪者問的是哪些問題，例如，「你叫什麼名字？」「你幾歲？」「你從哪裡來的？」這些孩童的讀話任務變成只是在回答前先猜測或是分辨究竟在問哪個問題，一旦溝通不再是簡單的對話，而是進展到比較複雜的溝通，讀話就變得相當不適用（Vernon & Andrews, 1990）。

多年來，助聽器、調頻系統和電子耳蝸的科技有長足的進步，而且嘉惠了很多聽力損失者。到今天為止，全世界有超過三萬五千人植入電子耳蝸（Christiansen & Leigh, 2002）。目前，每十個失聰兒童當中有一個接受了電子耳蝸植入術，預測未來每三個失聰兒童就會有一人植入電子耳蝸，尤其是可進行植入術的年齡已降到十八個月以下甚至更小（Christiansen & Leigh, 2002）。

和一般假設相反的是，助聽器和電子耳蝸並不能夠使習語前失聰的兒童完全理解口語，例如，透過助聽器所聽到的聲音不像一般正常聽力所聽

到的聲音（Vernon & Andrews, 1990）。背景噪音和回音可能會太大聲，且被過於放大，空調可能聽起來像是怒吼的海洋。戴著助聽器與戴著眼鏡不同，眼鏡可以將眼睛的水晶體予以矯正，並且把完美的視覺呈現在角膜上；擴音系統可以把聲音放大，但不一定會更清晰。因此，大腦接收到的是不清楚的訊號。所以，對很多的失聰者而言，如果沒有受過聽辨聲音的訓練，助聽系統本身對了解語言並沒有太大幫助。一般人通常對這個觀點感到困惑，他們以為戴上助聽器，只要稍加努力就可以了解語音，或是加上一些訓練就可以自動學會聽懂語音。有些失聰兒童可能會覺得戴上擴音系統的不舒適感與麻煩遠遠超過他們從助聽系統所得到的幫助。

　　當失聰者不能從助聽器受惠時，他們可能會被轉介給醫生做電子耳蝸植入術。電子耳蝸包括麥克風、言語處理器組成的外部元件，也包括一組電極組成的內部元件，透過手術安裝在內耳的耳蝸裡。外部與內部的元件須透過磁鐵來吸附，植入體的功能是透過以電流直接刺激聽神經的方式產生聽覺（Waltzman & Cohen, 2000）。

　　電子耳蝸和助聽器不相同，助聽器放大聲音並且依賴毛細胞做出反應；電子耳蝸則是繞過受損的毛細胞而直接刺激聽神經。對某些孩童來說，電子耳蝸對於發展語音感知和語言所提供的好處遠超過觸覺式助聽器與傳統助聽器（Geers & Moog, 1994）。

　　電子耳蝸的使用者所聽到的聲音和正常聽力者所聽到的聲音不相同，這種感覺和放大的聲音不一樣，二者牽涉到不同的處理歷程（Waltzman & Cohen, 2000）。電子耳蝸的使用者必須要學習如何使用這種新的訊息，對聲音有所感覺的聽覺，不同於要聽懂教室裡的會話或學科中所使用的語言所需要的聽覺能力。有幾位專家質疑電子耳蝸可以幫助習語後才失聰的成年失聰者聽懂口語，但目前大家都同意的是，植入電子耳蝸對於習語前失聰的小孩的成效差異很大（Spencer, 2002; Waltzman & Cohen, 2000），習語前失聰的成年失聰者手術後語言理解的進展一般都很有限（Waltzman & Cohen, 2000; Spencer, 2002）。

143

　　究竟如何界定成效？對於不同的人，成功有不同的意義。如果小孩能辨識環境中的聲音，父母親可能會認為這就是成功。在電子耳蝸中心的專

業人員要父母和成年失聰者先做好心理準備，能辨識環境中的聲音可能是他們術後唯一的好處（Christiansen & Leigh, 2002）。其他人可能會把成功界定為能夠處理語言、使用電話或是聽音樂，專業人員也同意即使有電子耳蝸，在沒有充分訓練的條件下，失聰兒童也無法像聽常孩童一樣處理語音並自動地發展口語能力（Spencer, 2002）。吵鬧的環境對於所有電子耳蝸使用者仍是個問題，這些噪音會嚴重降低他們的語言理解能力。

研究者找出一些可能會影響結果的因素，例如，失聰的年齡、電子耳蝸植入的年齡、術前孩童的語言和聽力技巧、治療的本質和密集度、術後所提供的治療類型、孩童神經系統的完整性，以及家庭參與的程度與資源（Spencer, 2002; Waltzman & Cohen, 2000）。評量方式多半都是語言理解、語音表達及一些語言測驗，但是，很少有研究探討電子耳蝸在吵雜的教室裡面、在吃飯時、在遊戲場和其他真實生活的聽覺情境裡的使用情形，需要有更多的研究去探討電子耳蝸幫助孩童在現實生活情境中（包括集體討論時）聽取語言與了解語言的成效。

Spencer（2002）指出，植入電子耳蝸的孩童，他們在說話和語言方面的平均表現很少達到同年齡聽常同儕的水準，但是她注意到他們受益的差異範圍很大，有些孩童在說話方面有很大的進展，但是，也有些孩童只有稍微進展（Spencer, 2002）。大部分植入電子耳蝸的孩童仍需要學校的支持性服務，例如翻譯員服務、巡迴教師服務等等，但是隨著更多年幼的孩童植入電子耳蝸以及科技的進步，專家們目前對說話理解和語言發展的了解，在未來可能會改變（Christiansen & Leigh, 2002）。

每一個孩童在接受電子耳蝸之後，都要做個別的調整。言語處理器的電流圖要由受過專業訓練的聽力師仔細調整，聽力師會根據孩童的聽力圖來決定電極的適當電流量。電子耳蝸的使用者與聽力師之間必須有密切的溝通，以找出言語處理器最適當的設定。聽力師把這樣的過程稱做尋找聽閾的電流量（hearing threshold level, T level）及舒適的電流量（comfort level, C level）。換句話說，在電子耳蝸使用者的配合下，聽力師和病患必須討論如何舒適地使用言語處理器來聽聲音。嬰幼兒聽力師在為嬰幼兒及幼童將言語處理器程式化的時候需要更小心與耐心，因為孩童的溝通技巧很有

限（Waltzman & Cohen, 2000）。

　　許多提供言語處理器電流圖製作的電子耳蝸中心都離這些孩童上課的　　*144*
學校有相當遠的距離。當言語處理器需要再做電流調整的時候，孩童將會
有一段時間沒有電子耳蝸可用。他們可能需要往返電子耳蝸中心好幾趟，
喪失一些上課的時間（Waltzman & Cohen, 2000）。手術的危險性和產品的
損壞率已經有很多改善，高立德的調查研究顯示在四百三十九個個案中，
有 6 ％需要再重新植入（Christiansen & Leigh, 2002），目前一個好的保險
方案可以支付手術的費用（Christiansen & Leigh, 2002）。

　　很多裝有電子耳蝸的孩童會同時打手語和說話，或是只用說話方式回
應他們的父母親的說話和手語。有許多人偶爾會和他們的聾朋友打手語，
但在日常生活中主要都是使用說話的方式，因此，使用電子耳蝸的孩童並
不需要停止手語的使用。Christiansen 與 Leigh（2002）最近的統計報告指
出，植入電子耳蝸的孩童被安置在不同的班級型態中，從失聰者的住宿型
學校到完全的回歸主流都有（見第六章有關教育安置的說明）。回歸主流
的孩童目前有 40 ％接受手語翻譯，13 ％接受口語翻譯，他們也和其他住
宿型學校的失聰和重聽學生一樣，需要學校提供支持性服務。

　　因為住宿型的學校目前也有植入電子耳蝸的學生就讀，未來研究者必
須探討美國手語以及目前所使用的各種手語系統是否可與電子耳蝸搭配使
用，以及二者如何搭配使用。教育和家庭服務中心目前正致力於發展不同
的策略，要找出能將美國手語和電子耳蝸的使用予以整合的最佳方法。

　　Goldberg 和 Flexer（2001）針對各種聽覺復健方法的成效，就其消費
者作了調查報告。2001 年所有的受訪者都畢業於聽覺復健課程，他們就讀
於當地學校並且受雇於不同的工作、專業或職場，多數的受訪者都使用助
聽器，幾乎所有的受訪者都提到他們的母親對於他們的發展付出了很多的
時間。大約 62 ％使用文字電話，72 ％使用過一般電話，約三分之二的人
說他們有學習的困難。至於社會化的狀況，76 ％的人說他們是屬於聽人世
界，大約 21 ％的受訪者說他們同時處在失聰與聽的兩個世界（Goldberg &
Flexer, 2001）。

語言的混用

　　自從啟聰學校設立後，大多數學校都使用手語，手語於 1880 年在米蘭的國際會議後被禁用（Van Cleve & Crouch, 1989）。由於一些針對失聰兒童和失聰父母提早使用手語溝通的好處之研究，使得語言混用或是手語與英語合併使用，在 1970 年代再次被學校系統採用。這種合併方式的目的是要盡早給失聰兒童一個溝通系統，除了透過視覺的手語，也要反映他們父母親的英語，為了達到這個目的，英語的手語碼（manual codes of English）被創造出來。

　　現今多數的失聰兒童是接受手語和口語一起使用的教學方式，我們將語言混用法定義為混合美國手語和新創的英語手語碼及語言的一種技術。口手標音法（cued speech）不同於標準的手語，因為前者用到一些不是手語的手形。

　　Orin Cornett 發展了口手標音法，目的是要彌補讀話的不足，它是一個以聲音為基礎的系統，有八個手形代表不同的子音群，而以臉部四個不同的位置代表母音群。此法運用口手標音法與說話時自然的唇部動作，使口語變得視覺化（Cornett, 1967）。

　　口手標音法被五十六種以上的語言和方言所採用，LaSasso 和 Metzger（1998）針對使用口手標音法，以失聰學生為對象的個案研究作了一個詳盡的文獻回顧，他們發現這個方法的使用對於語言的表達，其有效性參差不齊，這表示口手標音法無法滿足所有溝通的需求。將口手標音法運用在字詞辨識或是閱讀理解上，則有比較多的正面結果，研究者的結論是，在家裡和學校都使用口手標音法的失聰兒童，對於運用音韻處理歷程來讀寫會比只在學校使用口手標音法的兒童來得有效。更明確地說，口手標音法使音韻訊息在閱讀和寫作中成為看得到的訊息。LaSasso 和 Metzger（1998）建議把口手標音法運用在語言的教學方法中，例如在雙語雙文化方法中，將其當作一種工具提供給失聰兒童，以獲取聲音訊息，包括韻腳、頭韻、

擬聲法、重音以及方言。

　　手語和說話兩者都使用的方法被稱做綜合溝通法（total communica-
tion），這個名詞的哲學觀就是贊同把所有的溝通方式都一起使用，包括視
覺、手勢、聽覺和書面文字，綜合溝通法也被用來指稱雙模式溝通法或同
時溝通法（bimodal or simultaneous communication, SimCom）、以手語支持
的口語（Sign Supported Speech, SSS），或是手語英語與英語手語（Siglish
或 Ameslish）（Andrews & Vernon, 1990）。以英語為基礎的手語也可以稱
做洋涇濱語，語言學者最近比較反對使用洋涇濱語這個名稱，而比較傾向
使用接觸手語（contact signing）這個詞（Lucas & Valli, 1992）。接觸手語
指的是一種混合美國手語和英語特性的溝通方式。

　　這一類語言混用法通常是將美國手語的單詞手語結合各種英語的新創
手語及新創的詞素手語（例如-ing、-ed、複數的s）混合使用。這些系統也
包括說話，說話時會把美國手語和新創的英語手語，依據英語的詞序來表
達。現今就讀特殊教育方案的多數失聰兒童都會使用某種手語。語言混合
法的支持者認為英語式手語（signed English）可以將英語以視覺方式呈現
在手上，而使失聰學生習得英語的技巧。

　　尚有其他幾種英語的手語碼，通稱為MCE。失聰者對於美國手語和英
語的知識會影響他們在這些手語碼的使用情形，有些人使用較多美國手語，
有些人則會使用較多的英語手語碼，依其語言背景而定。Stedt 和 Moores
（1990）在其著作中提到了有關這些系統的歷史及目前使用情形的說明。

　　其他以英語為基礎的手語系統包括英語式手語（Signed English, SE; Bor-
nstein, 1982）、精要英語手語（Signing Essential English, SEE 1; Anthony,
1971）、精確英語手語（Signing Exact English, SEE 2; Gustason, Pfetzing, &
Zawolkow, 1978）、視覺英語手語（Linguistics of Visual English, LOVE;
Wampler, 1971），以及其他如精確語意英語手語（Conceptually Accurate
Signed English, CASE）等系統。起源於羅徹斯特聾校的羅徹斯特法，結合
了指拼法和口語（Vernon & Andrews, 1990）。

　　語言混用法也運用各種科技，包括擴音系統和電子耳蝸。老師可以使
用內容有美國手語和英語式手語的多媒體系統或是錄影帶、電視字幕或字

146

幕軟體來設計語言課程。他們可以應用多媒體或者是其他的軟體讓失聰兒童以手語、動畫、圖畫、相片和文字來創造他們自己的故事。使用語言混合法的失聰者也可能使用影像傳遞服務，表 7.2 總結各種不同的語言混用法。

147　表 7.2　語言混用法

方法	描述	優點與缺點	科技的使用
英語式手語（SE; Bornstein, 1982）	以美國手語為基礎；有三千個以上手語，十四個手語標記代表英語的詞素；可使用指拼法，依照英語的詞序	優點：以視覺方式呈現英語；對父母而言，比美國手語易學；有很多教材與錄影帶可提供給老師與父母使用；在所有不同形式的英語手語碼中，可能是父母最易學習的一種 缺點：缺乏表情；未遵守語言形成的語言規則	聽覺科技：助聽器、電子耳蝸、聽覺輔助器材與調頻系統 視覺科技：字幕、電子郵件、文字電話、影像傳輸服務、電腦、視覺聽力設備、即時訊息、即時溝通翻譯系統、C-Print、Smartboards、液晶投影機、文件投影機、美國手語及英語的錄影帶、光碟、數位相機、數位攝影機、多媒體光碟、DVD 光碟
精要英語手語（SEE 1; Anthony, 1971）	將手語分類為基本的複合詞與複雜詞；使用語音、拼寫與意義的三取二法則；因為採用標準語音和拼寫，多義的字詞以相同手語呈現（例如：跑、能夠、綁）；發明了五十個以上的手語來對應英語詞素	優點：以視覺方式呈現英語；父母學習這種手語可能不難，因為詞序與英語相同 缺點：缺少表情；很慢、很龐大、很怪異；多義的字詞以相同手語呈現，以致困惑很多失聰兒童（例如，跳舞的 ball，和玩具球的 ball 都用相同手語表示）	與上述相同

表 7.2　語言混用法（續）

方法	描述	優點與缺點	科技的使用
精確英語手語 SEE 2（Gustason, Pfetzing, & Zwalkow, 1978）	基本詞彙與美國手語詞彙相同；新創一些代表英語詞素的手語；邊說英語邊打手語；只能被翻譯成一種對應的英語；運用三分法則（語音、拼寫與意義）；複雜詞是由基本詞加上詞綴或變化形（例：-ing, -ed, -ly）；使用字首化的手語；與 SEE1 相比，SEE2 新創的詞素手語比較少	與上述相同	
羅徹斯特法（Vernon & Andrews, 1990）	是一種字母系統，融入指拼法與口語；用二十六個手語字母來對應英語的字母	優點：如果某個詞沒有手語，使用者可以用指拼；可以用手語方式學習詞的拼寫；可協助早期字母辨識及拼寫的閱讀教學 缺點：缺少表情；必須知道英語才能了解這種手語	
口手標音法（Cornett, 1967）	用手來視覺化英語的語音或是音素；以八個手形，在臉部附近的四個位置來輔助唇、齒與舌頭的動作，減少讀話的歧義	優點：以視覺方式呈現說話及閱讀時的語音 缺點：手語碼本身不具意義；難用在團體討論中；必須與說話者面對面；使用者必須做複雜的聯想才能了解意義；幼童以這種方式發展語言有困難。	

表7.2 語言混用法（續）

方法	描述	優點與缺點	科技的使用
精確語意英語手語（CASE）	與 SEE2 的描述相似；在德州的日間學校使用	與上述相同	與上述相同
視覺英語手語（LOVE; Wampler, 1972）	根據手的位置來區分詞素的一種手語系統；LOVE 根據語音、拼音與意義的相似度來區分詞素；LOVE 手語也被用來代表語音的韻；用於學前與幼稚園孩童	與上述相同	與上述相同

　　語言混用法的目標是要使失聰者發展他們英語的精熟度，並讓失聰兒童能夠融入聽人的世界。以手語來支持說話和書面英語的發展，視覺——手勢以及聽覺——口語這兩種溝通模式都有運用，但是口語被認為是主要的管道，而手語則是一種支持性的角色。

　　某些早期療育的課程會強調手語和口語，並且也運用一些視覺導向的注意力吸引策略（Meadow-Orlans, Mertens, Sass-Lehrer, & Olson, 1997）。失聰母親被視為是一個典範，因為她們可以很自然地運用這種視覺策略，且其與失聰嬰兒間的溝通侵略性較少，溝通性較多，且可提供較多認知和社會方面的刺激（Mohay, 2000）（詳細內容見第八章）。

　　雖然在語言混用法的課程中，會藉著與其他失聰兒童和成年失聰者的互動，將聾文化介紹給孩童，但是英語還是被賦予較高的地位，因為這些孩童學習的重點不是美國手語，而是英語（口語、手語、文字）。

　　聽常者和失聰者都參與語言混用法，聽常的父母親與專業人員可能會因為他們具備英語的母語能力，而覺得使用語言混用法來學習會比較自在。語言混用法也得到成年失聰者的支持，因為允許在教室中使用手語，但是使用這種手語系統的成年失聰者很少。當成年失聰者和聽人溝通時，他們比較喜歡使用接觸手語，也就是混合使用美國手語和英語，而不用新創的手語。

　　隨著語言混用法的使用，眾人了解到手語能力也是失聰兒童語言能力的一部分。教育者在原本給聽常孩童做的測驗中加上手語的說明，也有一些測驗是特別為手語詞彙發展而設計的測驗，例如，卡羅萊納州圖畫詞彙測驗（Carolina Picture Vocabulary Test）。至於一些句法測驗，例如誘發語言的語法分析測驗（Grammatical Analyses of Elicited Language, GAEL）以及羅德句法測驗（Rhode Test of Syntax）都允許孩童使用口語和手語。Bradley-Johnson 和 Evans（1991）在《聽損孩童心理教育評量：由學前到高中》*149*（*Psychoeducational Assessment of Hearing-Impaired Students: Infancy through High School*）一書中針對認知、學業成就、說話、閱讀、寫作和手語測驗做了詳盡的文獻探討。

　　第九版的史坦福成就測驗（Stanford Achievement Test-9th edition）是一個以失聰學生為常模的複選式標準化測驗，被大部分的語言混用法課程所採用，指導語是用手語來表達，它可以評量閱讀、語言、科學、數學和社會。

　　語言混用法近幾年來的新發展是美國手語檢核表的使用，以失聰者的失聰小孩發展里程的心理學研究為基礎而編製（French, 1999）。利用這些檢核表可以提供老師有關於失聰兒童學到哪些美國手語以及哪些結構。多數的學校仍未針對失聰兒童的手語精熟度去蒐集相關數據，而只關注其英語的精熟度（Nover & Andrews, 2000）。

　　有許多篇期刊的文章都提到一些概念，供使用語言混用法的老師教導說話、語言、閱讀和寫作。另外也有一些採用英語手語碼的教材，例如，英語手語故事系列以及高立德大學出版社和現代手語出版社（Modern Signs Press）出版的一些手語教學書籍以及錄影帶。高立德大學所出版的《奧德賽雜誌》（*Odyssey Magazine*），提供父母親與老師一些語言教學的概念，以及有關營隊、研習會和會議的訊息。另外也有一些家長團體，例如，美國失聰兒童協會（American Society for Deaf Children）。

150 語言混用法的相關議題

語言學家對語言混用法的批評是，以英語為基礎的手語不能代表真正的手語。手語是自然的語言，由一個族群的使用者經長時間使用而發展出來，如果孩童從小接觸這個語言，手語可被自然習得，且其語法與其他人類語言的語言規則一樣有結構（Valli & Lucas, 2000）。相反的，手語碼是由一個委員會所發明，而不是族群所使用。它要教導才會，而不是自然就可習得，它欠缺美國手語所具備的音韻、語意和句法結構（Valli & Lucas, 2000）。

批評者提到，當兩種語言混用時，要正確地示範兩種語言，幾乎不可能。例如，當美國手語這個視覺空間語言和英語這個聽覺口語線性連續的語言（auditory-vocal-linear sequential language）混合的時候，結果是讓說話變得不清楚而且緩慢。當美國手語中基本的臉部表情的語法特性被省略，或是手語的造詞原則被破壞時，美國手語的本質就受到了改變。英語的語法特性也有改變，因為英語中的詞素和詞尾都被省略了（Drasgow & Paul, 1995）。

批評以英語為基礎的手語的評論者認為，孩童必須要先具備英語的構詞和句法能力才能夠理解並學習這些手語碼，但是有很多失聰兒童即使經過多年介入與說話和聽覺訓練，當他們入學時，其英文能力還是很少。因此，以英語為基礎的手語並不適於作為教學的語言（Wilbur, 2000）。有些研究者質疑能否以英語為基礎的手語來學習英文的讀寫（見Drasgow & Paul, 1995 的文獻回顧）。

但主張以英語為手語基礎的支持者不同意上面所述，他們認為這樣的系統可以使英語視覺化，他們假設失聰兒童會透過看得到的手語碼而自然學會英語，最終會使學生學會英語的寫作能力，他們也主張父母親認為學習手語碼系統比較容易。有些研究顯示使用語言混用法的失聰兒童的確有較好的英語精熟度（Vernon & Andrews, 1990），其他的研究者則把語言混用法視為一座橋樑，銜接了美國手語與書面英語，並且，如果孩童能了解

這些觀念並且適當地使用這些手語碼，混用法也會促進英語的語法（Mayer & Wells, 1996; Mayer & Akamatsu, 1999）。

雙語法

雙語雙文化的方法在北美、南美、澳洲、歐洲以及中國被使用（Callaway, 2000; Metzger, 2000; Nover & Andrews, 2000）。更明確地說，使用雙語雙文化法的老師會以聽損族群的手語作為教學的語言（例如，美國的美國手語），而以多數聽人族群所使用的語言當作第二語言（例如，美國的英語）（見表 7.3）。

表 7.3　雙語法的描述、優缺點與科技的使用

方法	描述	優點與缺點	科技的使用
雙語雙文化	使用兩種語言（美國手語與英語），並且促進對這兩種文化的了解（聾文化與聽文化）	優點：透過美國手語，可經由視覺學習完整的語法與詞彙；把英語作為第二語言，失聰雙語者有經濟優勢（可在聽損族群內工作） 缺點：美國手語的精熟對聽常人會是挑戰；將美國手語作為第二語言學習，需要聽損族群與之互動；失聰者只能與聽損族群使用美國手語	字幕、電子郵件、電腦、即時溝通翻譯器、C-Print、Smartboards、液晶投影機、文件投影機、美國手語／英語錄影帶與光碟、數位相機、數位攝影機、多媒體光碟、DVD 光碟

就像多數聽常的雙語者一樣，失聰的雙語者很少能同時流利使用兩種語言，除非他們是所謂的平衡的雙語者（balanced bilinguals），他們被認為是雙語者是因為他們使用兩種語言，美國手語通常被主流文化邊緣化並賦予較低的地位，這情形就如同其他少數語言和方言一樣（例如，西班牙

151

語、黑人英語、蓋爾語、威爾斯語）。失聰的雙語者就像聽常的雙語者一樣，通常是在英語補救班上課，而不是在加強班中接受教育。但是不像多數聽常的雙語者，失聰的雙語者從來沒有學習書寫他們的第一語言，因為美國手語並沒有書寫的形式。雖然也有人嘗試研發美國手語的書寫系統（例如，手語圖像、美國手語字母及註解），但是並沒有被廣泛地使用（Stokoe, 1960; Supalla, Wix, & McKee, 2001）。父母聽力正常的失聰雙語者，他們和聽力正常的雙語者不一樣，因為聾文化和美國手語並不是從他的家庭傳襲下來，而是從其他聽損族群裡的失聰成年和孩童得來（Grosjean, 1998）。有關於聾文化的知識和美國手語的習得通常會延遲到孩童早期或是青少年早期，甚至有時候會到成年期才開始（Nover & Moll, 1997）。

依照慣例，先學的語言被稱做 L1，第二學習的語言叫做 L2。此種命名法並不完美，因為有時 L1 和 L2 是同時學習，有時候孩童時期接觸的第一語言，到了青少年或成人期卻成為其次要語言。這情形就好像聽常父母親所生的失聰兒童一樣，他們先處於英語環境中，稍後在孩童期才接觸美國手語。對於這些失聰兒童來說，美國手語後來可能變成他們的主要且最習慣的語言，因為美國手語的語法和詞彙是視覺的且可完全被他們接受，而英語則不是如此（Mounty, 1986）。

成年失聰者在他們生命中不同時期開始學習美國手語，如果他們的父母親是聾人，他們一出生就學習（同時性雙語），或是在孩童期的較早或較晚才學（次序性雙語），依其教育安置型態以及有沒有機會接觸到失聰同儕和成人而決定。有些口語族的成年失聰者和那些習語後才失聰的成年失聰者在孩提時期學習的是口語和書面語，但在成年時期才學習美國手語。失聰學生用兩種語言（美國手語和英語）來提升他們整體的語言學習，每個失聰的雙語者對英語和美國手語的使用程度有很大的差異。

在失聰家庭裡，英語是以 L2 的方式增加到家庭中的語言，外加的雙語是指有一個第二語言被加入，而不是要替代原先的語言。聽常父母所生的失聰兒童會先處於英語環境中，之後才學習美國手語，通常聽常父母會把美國手語加入家庭的英語環境中，因此創造出家中的附加語言環境。

一般認為年紀較大的孩童和成年人要學習第二語言比較困難，但是最

近有研究者指出這種假設是錯誤的。雖然孩童如果能在生命早期就學習第二語言，會有發音和音韻方面的優勢；但年紀較大的習語者，其認知優勢有助於第二語言的學習，學習速度會比年幼的習語者快（Bialystok & Hakuta, 1994）。失聰者學習美國手語的情形也一樣，他們要能夠習得美國手語的複雜構詞和語法系統，年齡很重要（Newport, 1990）（也就是越早學美國手語，效果越好）；但是，有很多年紀較大的失聰兒童和失聰青少年後來才學習美國手語，也可變成流利的美國手語使用者。

　　第二語言的習得和第一語言習得的情形，有相似之處也有相異之處。就如同L1、L2的學習者要用一些創造性的過程來將語言內化，也就是說，學習者不是只模仿他所看到的語言，他還要將語言的規則內化，經歷一連串的心理語言發展歷程，包括創造性的使用語言，使他們的語言逐漸趨近成人的語言模式（Pinker, 1994）。

　　L2 學習者的不同處在於，他們的年紀通常比較大，認知發展更加成長，也有先前的語言經驗。第二語言的學習者所用的策略會和第一語言學習者不同（Baker, 2001; Cummins, 2000），第二語言的學習者會經歷語言干擾的時期，這個時期他們會把L1和L2混合在他們的會話或寫作中（Cummins, 2000）（見第五章）。

　　雙語研究者指出學習兩種語言在認知上有其好處，可以學習運用兩種符號系統思索與分析概念，也有語言的優勢，也就是雙語者可以學習兩種不同規則的語言，而以一種語言去思考與討論另一種語言（後設語言技巧）（見第四章），其他的好處包括較佳的認知、認知可塑性和創造性（見 *153* Baker, 2001 的文獻回顧）。

　　研究顯示失聰父母所生的失聰子女如果是在雙語下成長，從一出生就學習美國手語而以英語作為第二語言，在認知和語言方面會表現出優勢（見 Vernon & Andrews, 1990 的文獻回顧；Wilbur, 2000）。

　　但是雙語的孩童也有其不利之處，即兩種語言都不十分流利。這也是很多新移民小孩所遭遇的窘境，他們的第一語言並不好，同時也得努力學習英語作為第二語言（Cummins, 2000）。這些孩童被說成是半語言（semilingual），意味著他們這兩種語言都學得不太靈光，很多失聰兒童入學的

時候，其第一語言也不太好或是根本沒有第一語言，他們同時還要奮力去學習第二語言。對這些失聰兒童而言，學習美國手語或是英語的過程緩慢而且延宕。有些孩童可能有學習和認知的異常，因而延緩了他們的語言學習。

雙語法賦予美國手語和英語同等的地位，也賦予兩種文化同等的地位（失聰與聽）。雙語的方法就如同語言混用法，所參考的是失聰父母所生的失聰小孩其語言發展的里程碑。例如，針對失聰嬰兒習得語言的心理語言研究顯示，在他們習得複雜的句法和構詞系統的過程中，會經歷一些可預測的階段，從手語的兒語期（finger-babbling）、單詞手語期、雙詞手語期等（Chamberlain, Morford, & Mayberry, 2000）。

1970 年代的研究證明失聰父母所生的失聰子女，其成就表現較好，已被用來作為支持雙語法的證據（見 Vernon & Andrews, 1990 的文獻回顧）。在 1990 年代，一連串研究探討美國手語和英語能力之間的關係。《語言異常專題》（*Topics in Language Disorders*）期刊有一期專門討論這個主題，名稱是〈美國手語精熟度與英語書寫能力的習得：新觀點〉（Butler & Prinz, 1998）。研究者的報告指出，美國手語表現較好的孩童，在英語讀寫能力測驗也表現較好（Hoffmeister, 2000; Strong & Prinz, 2000）。有些研究者主張美國手語和英語之間的關係不會自然發生，必須透過指拼法和手語的語碼轉換（code-switching）活動來建立（Padden & Ramsey, 2000）。

雙語教學的方法涉及了父母親、聾人助手、聾人教職員、聾和聽常同儕以及聾和聽常成人，他們都是失聰的語言學習者的溝通對象。這個教學法得到美國聾人協會及美國失聰兒童協會的支持。

為了要進一步探討失聰學生所使用的雙語，Stephen Nover 博士和他的同事發展了一個美國手語及英語的雙語架構，以之教導語言與學習語言（Nover, Christensen, & Cheng, 1998）。這個架構的假設是，用雙語法（美國手語和英語）併用語碼轉換策略，是教失聰兒童語言的最好方法。這個模式也含有把英語作為第二語言的成分。當失聰生已經發展出美國手語與英語的基礎時，他們就可以進一步練習在教室中只用英語來寫作文，而不去使用美國手語。一個只用英語的教室，可能有電腦連接到網路系統上，

154

讓學生與老師可以透過這個系統來回溝通，且這些學生可以將他們的英語書寫技巧做更多練習。美國手語及英語的雙語架構目前被十四個住宿型學校及五間大學的教師訓練課程使用。

　　許多曾經和美國手語與英語雙語教育與研究中心（Center for American Sign Language and English Bilingual Education and Research, CAEBER）合作的老師、行政人員及大學教授將這個架構拿來擴大使用，中心主任是Nover博士，西元2000年成立於新墨西哥啟聰學校（www.starschools.org/nmsd）。這個中心負責協調全美與美國手語／英語雙語法有關的研究與耕耘，圖7.1列出這個中心的研究和教育活動。

美國手語與英語雙語教育與研究中心的活動包括：

■ 針對十四所採雙語法住宿型啟聰學校內一百五十位以上的教職員做發展訓練；發展第一和第二語言習得及讀寫能力的理論
■ 提供啟聰學校行政人員訓練課程（如果他們有意為教職員建立美國手語及英語雙語的發展課程）
■ 開設暑期學校教導美國手語及英語雙語法
■ 為數位科技的導師及教師展開訓練課程，增進他們以美國手語及英語雙語教學的能力
■ 在訓練課程後，探討教師改變的程度及學生的學業表現
■ 設立兼收失聰及聽常小孩的雙語幼稚園，使用美國手語及英語兩種語言教學
■ 針對教師發展以網路為基礎的美國手語及英語雙語法線上課程
■ 發展失聰小孩英語閱讀及語言成就表現的網路資料庫

圖7.1　美國手語與英語雙語教育與研究中心

雙語法的相關議題

　　批評雙語教育的人提出一些問題，很多家長要學習美國手語或是任何手語系統都感到困難，這樣的方法怎麼可能在家中會有效果呢？另外一個

問題與美國手語老師的手語能力有關，很多失聰學生的老師或者是大學裡擔任師資培訓的老師對於美國手語的技巧都非常薄弱，甚至完全不懂，如果要執行雙語法，老師的美國手語技巧要怎樣才能改善？

另一個議題與測驗有關，Maller、Singleton、Supalla 和 Wix（1999）發展了一個唯一的美國手語測驗，其心理計量特質已被出版。這個針對六到十二歲失聰兒童的測驗只評量二十三種特定的美國手語句法結構，必須由美國手語的語言學家或是受過訓練的人來實施、計分與解釋，要做的分析還包括孩童數小時的手語錄影，因此這個測驗對教室裡的老師並不實際也不好用，未來有必要發展一個老師可以用來評量失聰生美國手語能力的測驗。

雖然研究顯示美國手語的習得和文字的學習二者之間有很強的關係（Butler & Prinz, 1998; Chamberlain et al, 2000; Wilbur, 2000 的文獻回顧），但是使用這個方法的人仍遭遇到一些問題，例如，我們已知這兩種語言的形式和結構如此不同（見第四章），如何用美國手語來教英語？也就是說，哪一種銜接策略或者是合併的銜接策略能夠最有效地將孩童的溝通系統銜接到英語？

另一個新議題是電子耳蝸和手語的合併使用，勞倫特克勒克國家教育中心（Laurent Clerc National Education Center）成立了電子耳蝸教育中心（http://clerccenter.gallaudet.edu/CIEC/）。這個中心的目標是要針對植入電子耳蝸的孩童調查、評鑑並且分享最好的教育方法。這個中心強調的是透過電子耳蝸所帶來的口語能力發展，以及透過手語所帶來的視覺語言發展。

未來需要更多的研究去探討電子耳蝸的科技如何將雙語教學結合應用，或者是如何把雙語教學併入電子耳蝸的使用。有越來越多的住宿型學校與日間學校學生裝有電子耳蝸，我們必須為他們發展一些特殊的課程。

結論

　　一個好的教育政策是在學校裡鼓勵能帶動有效語言學習的創新（Bial-
ystok & Hakuta, 1994），但是就如同 Bialystok 和 Hakuta 所警醒大家注意
的，我們不能將雙語理論強加在教師訓練課程內，當新的訊息出現時，必
須要允許老師能批判地檢視、運用以及改變一些理論上的觀點。

　　同樣地，有效的語言學習方法，其答案最終是決定在成年失聰者本身。
教育者必須了解他們在家裡、工作、家庭與朋友之間，如何使用語言。此
外，以消費者調查和族群研究來探討失聰兒童如何使用他們的語言（說話、
指拼、英語手語系統、美國手語、閱讀和寫作），可能會提供答案，讓我
們了解究竟失聰兒童的最佳語言學習的方式是什麼，以及老師如何可以最
有效地教語言給他們。

建議閱讀的書目

Baker, C. (2000). *Foundations of Bilingual Education* (3rd ed.). Clevedon, Eng-
　　land: Multilingual Maters, LTD.

　　《雙語教育的基礎》，這本書是今日美國雙語學派的一本絕佳、可讀性高的
　　書，Baker 在書中提到雙語與失聰者，並比較醫療與文化觀點。

Estabrooks, W. (2000). Auditory-verbal practice. In S. Waltzman & N. Cohen
　　(Eds.), *Cochlear Implants* (pp. 225-246). New York: Thieme.

　　《聽覺口語法實務》，這篇文章以圖表清晰地說明聽覺口語法聽力技巧的階
　　層，作者討論了手語碼在強調聽覺中的目的。文章中提供了父母一些技巧，
　　最後還談到聽覺口語法的治療對於電子耳蝸成人植入者的運用。

Freeman, Y., & Freeman, D. (1998). *ESL/EFL Teaching: Principles for Success*
　　(2nd ed.). Portsmouth, NH: Heinemann.

　　《英語作為第二語言的教學：成功的原則》，這本書是一對夫妻所寫，他們

156

是雙語教育者,在雙語教育的課堂中提供有關最佳的第二語言學習的個案研究與方針。這本書是為聽常學生所寫,但是書中的原則可以被運用在失聰學生的學習上,這本書也非常強調多文化主義。

第八章

童年時期的心理議題

沒有任何一顆水晶球可以預知童年時期的哪些重要事件和經驗會影響他未來的思考和決定。

——Sheridan, 2001, p.1

　　發展心理學家探究各種因素在生命不同年齡和時期對於發展的影響，　　*158*
其影響包括生物、環境、社會、文化和行為方面。發展的某些層面，例如
出生前的發展和語言的發展，都和關鍵期有密切的關係，所謂關鍵期是指
某個特定時期，這個時期中，孩童處在最佳準備狀態，可處理特殊訊息，
例如語言。孩童和環境之間的互動，尤其是在關鍵期，對於孩童發展有深
遠的影響。就失聰兒童而言，這些互動必須要做一些調整，讓他們有最好
的心理發展。

本章目標

　　本章是要探討失聰兒童發展方面的議題，最先要談的是有關親子關係
的涵義以及正向親密關係的重要性，其次是談到父母和失聰子女間的依附
感，之後是檢視早期療育課程的角色，接下來是談到孩童和青少年時期的
社會情緒發展、自尊以及認同。本章稍後也談到孩童精神疾病可能以何種
方式出現在失聰兒童身上，本章最後以討論失聰兒童的心理評量做結束。

親子關係

　　失聰兒童的家庭中，90％以上的父母親聽力正常，且通常對於失聰不
具有任何知識與經驗（Moores, 2001a），就如同第三章所指出的，失聰對
於失聰兒童及其家庭都有影響（Koester & Meadow-Orlans, 1990）。當這個
孩子被診斷為失聰的時候，這個家庭所要面對的不只是聽覺損失，他們的
世界改變了，對於失聰並不十分熟悉的聽常父母，通常會對他們的孩子抱
持著不確定感（Christiansen & Leigh, 2002）。他們可能不知道他們對失聰
孩子的未來可以有怎樣的目標與期望，他們也不了解在這個新的情境中，
他們的角色是什麼以及如何成為有效的父母親。他們可能會體會到罪惡、
困惑、無助等多種感覺，這些都是可以理解的。

診斷期只是家庭一生中要經歷的一連串主要生態轉換中的一個過程（Harvey, 1989），其他的過程包括：懷孕、生孩子、對於聽力損失的疑慮、入學、中學畢業後的安置、婚姻、生子以及父母的過世。有趣的是，對聽力損失的疑慮這個過程，未來可能會消失，部分的原因是在 1999 年通過的《新生兒聽力篩檢與介入法案》（106-113 公法）。這個法案讓州政府有經費針對新生兒作聽力篩檢，這樣的聽力篩檢可以避免父母親及其他家人好幾個月不必要的疑慮以及挫折，並且能夠促進早期介入的服務、擴音系統、溝通以及教育安置，如果新生兒一出生就有聽力損失，那麼上述活動就會加緊進行。篩檢的程序可能會使潛在的語言遲緩減少（Sheridan, 2001），並且影響到父母或照顧者與子女間依附感的演化。

依附感

出生第一年的時候，嬰幼兒和照顧者之間產生的感情聯繫被稱做依附感（attachment）。John Bowlby 的依附感理論指出嬰兒的生理健康和心理健康會受到依附感品質的影響（Bowlby, 1958）。當照顧者持續地表現出溫暖而且對嬰幼兒的需求有回應時，嬰幼兒就會發展出安全的依附感；相反地，當照顧者對於嬰幼兒的情緒或行為疏忽、不一致或者不敏感，那麼就會產生不安全的依附感。嬰幼兒時期依附感的品質和很多的長期效應有關聯（Goldsmith & Harman, 1994）。研究顯示曾有安全的依附感歷史的聽常學前孩童，比那些曾有不安全的依附感歷史的學前孩童更具社會性、有同情心以及比較有能力處於社會中（Collins & Gunnar, 1990; Kestenbaum, Farber, & Stroufe, 1989）。而有安全依附感歷史的聽常青少年，比起那些過去曾有不安全依附感歷史的青少年問題少，在學校表現也較好，並且和同儕也有較成功的關係（Sroufe, 1995）。

依附感經常用 Ainsworth 的陌生情境（strange situation）來評量（Ainsworth, Blehar, Waters, & Wall, 1978）。這個評量的對象是一到二歲的小孩，測驗中會有一個陌生人走進房間，而母親跟小孩正在玩一些玩具，

母親會短暫地跟孩子停留在房間裡，之後就離開，留下孩子單獨跟陌生人在這房間內。很快地，母親又再回來，在房間內留下來幾分鐘，之後又離開，然後再回來。研究者透過一個單面鏡觀察在一連串母親離開又返回房間的過程中孩童的行為，而依附感的品質則是藉由觀察孩童在整個過程中對母親的行為反應來評估。

　　當母親在的時候，有安全依附感的孩童會將母親當作一個安全基地去探索新環境，並且不時地回到母親身邊（Ainsworth, Blehar, Waters, & Wall, 1978）。當母親離開房間的時候，孩子會很苦惱，但是當母親再度回來的時候，他就會很快樂地去迎接她，或者是很容易就被母親安撫；而一個沒有安全依附感的孩童，即使母親在身邊，也比較少去探索周遭的環境。當母親離開的時候，這些沒有安全依附感的孩童就會非常焦慮或者是表露出完全不在意的樣子，這些嬰幼兒會忽略或是避免母親試圖對他所做的安慰。

　　孩童的語言發展很典型地幾乎都來自母子之間的互動，這互動也是形成依附感的基礎。在這個社會化的過程中，例如，當嬰兒哭的時候，母親會撫摸他且安慰他，跟他說話或是把他抱起來，安全的依附感會被增強，嬰兒通常會停止哭鬧，並且看著正在微笑或說話的母親。嬰兒會用發出聲音的方式來回應，如此的互動來來回回持續著，隨著時間的推進，這個過程變得更複雜。

160

　　聽常的新生兒處在聽覺的訊息中，很早就能夠辨識母親的聲音，並且對於一些噪音非常熟悉，視覺和聲音相互地進入並且成為他們早期溝通的一種方式（Montanini Manfredi, 1993）。當母親離開房間的時候，嬰兒仍然聽得到她的聲音，即使沒有看到母親。

　　如果嬰兒的失聰，在診斷方面被延遲，聽常的父母並不知道他們的孩子聽不到聲音，每當他們離開孩子的視線時，他們就在不知情的狀況下，讓孩子以為他們不見了（Montanini Manfredi, 1993）。失聰的嬰兒依賴著觸覺、直接的接觸以及視覺來做溝通，他們沒有辦法運用噪音、接近的腳步聲或是從另一個房間裡傳過來的說話聲來預測有人走近。如果喪失聽覺卻沒有用視覺和觸覺持續給予刺激來彌補，失聰兒童的孤立感可能會被增大，雖然這些孩童事實上相當有反應。

　　通常母親都是第一個能辨識嬰兒吸引注意力的行為並做出反應的人
（Vernon & Andrews, 1990），因此，她通常也都是第一個發現孩子的反應
不太對勁的人，一般要花一年或更多的時間才能確定是否有失聰（Christi-
ansen & Leigh, 2002）。在那段時間內，孩童可能會用一些非口語的技術來
溝通，但是這樣的溝通不太準確，且讓父母親很困惑，使他們有無力感。
父母也沒辦法透過聽覺來規範孩子的表現，這樣的困難會一直地持續，直
到這個家庭在診斷後進入療育的課程，並且學到如何和這個失聰孩子溝通。
這樣的延誤可能會影響孩子的語言、社會化以及教育經驗（Marschark, 1997;
Vernon & Andrews, 1990）。但是，有些家庭也確實發展出暫時有效的溝通
策略，例如：手勢，一直到早期療育的專家提供他們必要的溝通工具為止。

　　在早期研究者的描述中，聽常父母所生的失聰子女比較不可能和他們
的母親間有安全的依附感，而這只是一些非正式的觀察，並非實證的研究
（Marschark, 1993）。他們的理由是，聽力和說話會促進正常與相互的母
子關係，沒有這種溝通系統，相互作用就沒有辦法從非口語傳遞到口語系
統。研究者提出的假設是，母親在等待著確認孩子是否有聽力損失時的壓
力，會使母親在產生依附感的過程中對子女的行為做出錯誤的解釋，例如：
認為孩子可能是智能遲緩。聽常母親和失聰孩子之間可能發展出一種相互
的行為模式，而這個模式不同於聽常母子間的模式。

　　為了要更加了解母親溝通的有效性以及聽常母親與失聰孩子間的依附
感關係，Greenberg 和 Marvin（1979）以及 Lederberg 和 Mobley（1990）做
了一些研究，比較聽常母親與其失聰幼兒的關係以及對照組聽常幼兒與母
親間的關係。他們發現失聰幼兒和聽常母親間的溝通，並不像聽常幼兒和
聽常母親的溝通一樣好。在孩子並未看著母親的時候，母親還是會和他說
話並且做出一些動作，而因此經常導致互動的結束，母親並沒有學到要配
合孩子的視覺注意力來跟他們溝通，並且失聰幼兒和他們聽常的母親一起
遊戲的時間比較少，而聽常的幼兒和他們的母親則比較多，也許部分的原
因是失聰兒童必須將注意力分散在母親與玩具間。

　　聽常的母親對於處理他們與失聰孩子間互動的困難，似乎有較多的壓
力，而聽常幼兒的母親則比較少壓力。聽常的母親對失聰孩子的未來比較

161

悲觀，對於身為父母比較不滿意，並且對他們的生活也比較不滿意。但很特別的是，這些壓力和溝通問題並沒有影響到母子關係的品質。這兩組的母親在情感、敏感度、主控權以及教導行為方面，並沒有什麼差別。而這兩組的孩子，無論是失聰還是聽力正常，在主動、配合、情感、注意力廣度、掌握感、創造力方面也同樣沒什麼差別。整體來看，在這種即使不十分理想的情境下，似乎失聰幼兒也能和他們聽常的母親建立正向的安全依附感（Lederberg & Prezbindowski, 2000）。PippSiegel、Sedey 和 Yoshinaga-Itano（2002）（見第三章）的新研究指出，至少在診斷期過後，母親的壓力並不像以前認為那樣是一個很重要的因素，尤其是在早期療育課程中的母親們，她們所承受的壓力，和那些聽常孩子的聽常母親很相似。

　　根據最近有關於失聰兒童和失聰父母親之間依附感行為的研究顯示（例如：Koester, Papousek, & Smith-Gray, 2000; Meadow-Orlans, 1997），失聰父母的確有促進他們和孩子間最佳依附感的技巧。這和早期研究者的假設相反（例如：Galenson, Miller, Kaplan, & Rothstein, 1979），新的研究所發現的是失聰小孩依附感的類型和那些同年齡聽常孩子的發展幾乎一樣。例如，有些研究探討的是在生命的第一年母子間面對面的互動行為，這些研究的結果顯示失聰母親和孩子溝通的時候會修飾她的手語，這種活動就好像聽常的母親會用母親語（motherese）和她聽常的孩子溝通一樣（Erting, Prezi-oso, & Hynes, 1990）。手語會被簡化，並且高度的重複，且會比較靠近母親的臉部而不是在比較大的空間裡，所以幼兒可以看著媽媽時也看到手語。當嬰兒轉頭或是看其他東西時，失聰母親就會靠近那個物體或是在嬰兒視覺範圍內去打手語，以獲得有效的溝通（Koester, Papousek, & Smith-Gray, 2000）。

　　失聰幼兒經常會仿照著母親的手語來回應（Koester, Papousek, & Smith-Gray, 2000）。尤其這些幼兒會經常舞動著他們的手和手臂，而父母親會用讚美和鼓勵來增強這種動作。此種反應代表的是失聰嬰幼兒早期手勢和手語溝通的前身，也是形成依附感過程的一部分。

　　在互動當中，眼睛的凝視和維持視線的接觸都特別的重要，Koester、 *162*
Papousek 與 Smith-Gray（2000）發現，失聰嬰幼兒較常來回凝視失聰母親

和周圍環境，嬰幼兒的目光停留在失聰母親的時間會比較長，相較之下，失聰兒童把目光停留在聽常母親身上的時間比較短，而有比較多的時間是在看周圍的環境。

　　孩童自我調整的行為可以幫助他們調整壓力、不快樂或者是過度刺激的反應（Terwilliger, Kamman, & Koester, 1997）。對失聰幼兒而言，如果照顧者的臉部表情和身體動作可以讓他們模仿，那麼其自我調整的行為就會被增強。失聰母親對她們的嬰幼兒似乎特別主動並且會做出各種動作，這會引發幼兒的正向反應。當失聰幼兒的父母親省略了這種視覺的接觸或者是臉部表情的時候，失聰幼兒就可能做出抗議的反應（Terwilliger, Kamman, & Koester, 1997）。失聰幼兒會發出聲音，但多半是要抗議或是要做出刺激，如果沒有擴音系統來傳遞語音，那麼他們像聽常嬰幼兒學習會話的技巧就不會被增強。視覺的刺激，例如，誇張的臉部表情與視覺語言，和觸覺與擴音系統一樣，都會促進互動的溝通，而提供語言發展的基礎。

　　聽常的父母親必須要記住的就是，失聰是視覺性的經驗，即使提供了擴音系統。父母親可能需要特別的幫助來學習對子女做出反應，也要促進子女對視覺刺激和訊息的了解，因為對他們來說，這是個不同的溝通型態（Swisher, 2000）。他們必須要學會對孩子早期的動作做出反應，也就是除了聽覺刺激，也用視覺與手勢模式做出反應。這包括了目光接觸的察覺及目光的轉移，因為這些反映出孩子興趣的所在、注意的程度以及對於環境輸入的理解。

　　早期療育專家與聽常照顧者有很多事項要向失聰父母學習，例如，他們如何運用前面提到的視覺策略來做互動的溝通以及增強自我調整的行為（Koester, Papousek, & Smith-Gray, 2000; Swisher, 2000）。Koester、Papousek 和 Smith-Gray（2000, p.56）將這些策略當作是直覺地養育子女（intuitive parenting）的一部分，而這個名詞的定義是「一種非意識的行為，事實上很適合用來支持嬰幼兒適應社會的自然傾向」。

　　為了讓擴音系統把周圍環境以最有效的方式帶給嬰幼兒，照顧者必須要把聲音與有意義且自然的情境連結（Goldberg, 1996; Maxon & Brackett, 1992）。日常的例行活動和遊戲時間是提供聽覺訊息的機會，例如，照顧

者可以用臉部表情並且指出聲音來源的方式，引導嬰幼兒去注視周圍環境特定的聲音，像是會發出噪音的玩具或是發出哨音的水壺，然後向他們溝通當時進行的是什麼事情，用手語、口語或是美國手語都可以，周圍環境必須要相當安靜，讓小孩集中注意力在聲音上。

　　有關失聰父母與聽常孩子間依附感的本質比較不清楚，對於這個族群的研究多半偏重在語言和說話的習得，就如同 Meadow-Orlans（1997）的研究指出，關於家庭關係的研究都較關注失聰父母年齡較大的聽常孩子，研究結果顯示，和一般族群一樣，家庭關係的變異很大。在其先導研究中，她探討了聽常嬰幼兒與失聰父母間的互動類型，她的數據是透過觀察小孩與母親在兩個不同時期的遊戲行為而來，分別是在是十二個月大及十八個月大的時候。失聰父母和十八個月大聽常子女之互動行為，比起十二個月大時還差。Meadow-Orlans 建議，母親和孩子聽力狀況的不同，可能影響了母親的直覺了解（intuitive understanding），以致不知如何對嬰兒行為做出反應，而聽常的父母和聽常嬰幼兒及失聰的父母和失聰子女之間的表現就比較好。她強調聽力狀態不同的許多母子，還是會展示出正向的互動行為，但是可能可以從早期療育課程中受益，而讓互動有最佳效果，這類早期療育課程對於幫助父母促進其子女的心理社會發展扮有關鍵性的角色。

早期療育課程

　　94-142 公法只適用於三歲以上的身心障礙兒童，99-77 公法則是為了支持早期療育課程而設計，將重點著重於個別化的家庭服務計畫（IFSPs），藉此強調孩童在三歲前所需要的迫切服務（Bernstein & Morrison, 1992; Moores, 2001a）。

　　家庭必須提供失聰兒童持續地接觸自然語言的管道，他們才能獲得在很多情境中所需要的工具，這些情境包括：遊戲、尋求幫助、和家人溝通、識字、正向的發展，以及發揮他們最大的潛能（Marschark, 1997）。有很多的證據顯示，為失聰兒童及其家庭設置的早期療育提供了關鍵的服務，

有助於失聰兒童的正向發展及教育成效（Marschark, 2001）。在過去二十年來，這類課程被證明是失聰兒童整體語言能力提升的一個主要因素，其主要方式是提供家庭工具，使孩童融入家庭、社區與學校。

　　理想的早期療育課程，應該在孩童被鑑定出有聽力損失的那一刻，就開始服務這個失聰兒童和其家庭（Calderon & Greenberg, 1997）。就如同第三章和第六章所提到的，父母親和其他家庭成員需要盡快地在溝通方法和教育方面被引導，而父母親在處理家有失聰孩子的感受及改善他們自身的感受方面，也應該要接受諮商及支持。同時，父母親也要發展技巧來為其失聰子女提供智力和社會的刺激環境（Marschark, 1997）。他們也可能要學習一種手語的溝通形式，或是刺激口語溝通的技巧，至於是哪一種，則依早期療育課程的哲學觀而定。

164

> 　　這個女孩是在十個月大的時候被診斷為失聰，她的母親對於早期療育課程的看法是：「（他們）太好了，當我走進去的時候，我……就哭了，（他們）聽我說而且告訴我還有其他選擇。你知道嗎？事情並不會太糟，我的女兒將會很好，我們有很多的小孩，……他們都很好，所以這就是之後會發生的事情，也是我所希望的事，一切都會變得很好」（Christiansen & Lgigh, 2002, p. 79）。

　　為了要對早期療育課程的程度及內容有些了解，Bernstein 和 Morrison（1992）針對各州教育局調查有關失聰嬰幼兒和學前孩童的課程以及其特色，有十六個州以及華盛頓特區回覆問卷。總計有三百四十個課程，其中有一百三十四個單位回答了問卷。大約 69 ％是學校型的課程，而有 41 ％是家庭型的課程（也就是專業人員會到家庭去服務），這兩個數字加起來超過 100 ％，因為有些課程是兩種形式都有。

　　這兩種課程所提供的活動不同，多數學校型課程強調的是口語或英語式手語的發展和學科的準備，而家庭型的課程比較強調語言和英語的發展、聽覺訓練、手語的習得以及經驗和認知的增長。只有 10.5 ％的課程提供美國手語教學，大多數家庭訓練的重點都是說話和聽覺活動，父親和兄弟姐

妹很少參加這種家庭型的訓練。調查結果顯示，州級的機構通常不太了解早期療育的領域到底在做什麼，但是，比較正向的是，很多的州都了解早期鑑定的價值，並且早期療育課程也開始提供個別化的家庭服務計畫，期望可以減輕長久以來失聰兒童在教育方面的不足（Bernstein & Morrison, 1992）。

目前，還沒有一個理想且全面的早期療育課程可以滿足所有失聰兒童與其家庭的需求（見第六章）。當一個課程要把很多的成分融入時，例如，諮商、孩童發展、語言學、說話、聽覺及教學，問題變得更複雜。經費也是個問題，即使國會提出一個補償公式，規定聯邦政府要補償州政府為特殊孩童所多支付的教育經費（相較於正常兒童）的 40 ％，Moores（2001a, p. 234）指出，事實上，政府是希望各州自行支付這些經費，而且聯邦政府的預算從來沒有達到國會立法的規定。

專業人員應該要知道在早期療育課程中，將父親及母親納入有關失聰子女的討論與決定的重要性。父親在其子女生活中的角色通常是被低估的（Crowley, Keane, & Needham, 1982）。在一個針對口語溝通能力相關因素的調查研究發現，即使參與的父母親都積極地認為父母親有參與的必要，但是父親卻很少參與，且都是透過母親來得知有關小孩的消息（McCartney, 1986）。在文獻回顧中也發現有特殊需求的年幼孩童，其父親通常都較少參與其中（Essex, Seltzer, & Krauss, 2002）。這樣的事情可能會改變，因為文化在轉變中，有越來越多母親開始去工作，父親照顧子女的角色於是加重。

父親也有可能像母親一樣面對許多壓力，例如，教育、文化、個人特質。支持團體可以促進父親參與其失聰子女教育的程度（Crowley, Keane, & Needham, 1982），尤其是在一個敏感的文化環境中。

165

兒童發展與失聰

語言發展的基礎

　　增強那些可以讓相互溝通和語言發展達到最佳成果的視覺策略，會減少溝通有限所帶來的問題（包括語言遲緩），並促進遊戲的行為，而這個行為會促成複雜的互動行為以及最佳的認知發展，於是健康的心理社會發展隨之而來（Lederberg & Prezbindowski, 2000）。以下是一些家長可以運用的視覺溝通策略（Mohay, 2000）：

1. 非口語的溝通
2. 獲得與吸引注意力
3. 使語言在語境中凸顯出來
4. 減少注意力分散
5. 連結語言與意義
6. 修飾手語

　　第四章和第五章談到語言發展的議題，但是很重要的一點是要強調父母親必須了解如何一面運用孩子的知覺領域及減少注意力分心的情形，一面幫助孩子去追蹤可以促進語言發展的刺激（Calderon & Greenberg, 1997）。談到注意力分散，失聰兒童傾向於先把他們的注意力集中在溝通本身，然後才是溝通的主題（Koester & Meadow-Orlans, 1990）。他們不能夠同時注意視覺環境又接收語言的溝通訊息，除非是透過適當的擴音系統提供可能對他們有意義的聽覺訊息（這並無法保證）。因此，前面提到的視覺追蹤技術很重要，對於聽常父母來說，這種策略剛開始可能看起來不自然，因為這不是一般聽常的父母親對於其聽常嬰幼兒所會預期的行為。

166

但是，他們最終可達到有效且雙方都滿足的互動形式，雙方都會對另一方有所反應並影響另一方的行為（Maxon & Brackett, 1992）。當這種對語言發展很關鍵的互動，對於聽常的父母親變得越來越容易時，他們對於新發現的溝通技巧會更有信心，且對照顧失聰嬰幼兒的能力也會增加（Koester & Meadow-Orlans, 1990; Mohay, 2000）。

促進失聰兒童成功的語言發展有很多因素，包括：有效的親子溝通、參加早期療育課程以及提早開始使用手語，雖然使用手語不一定是所有失聰兒童最適合的溝通模式（Marschark, 2001）。Marschark 注意到那些在早期就接觸手語的失聰兒童，有效的溝通經驗比較多，且在語言、認知和社會方面的表現也較好，他們在美國手語和英語方面的表現就像成人一樣流利。Spencer（2002）的文獻回顧指出，植入電子耳蝸的小孩因為接觸手語和口語而獲得顯著的幫助，因此，他們可以同時從視覺和聽覺的增強策略中獲益。

遊戲在早期認知發展中的角色

如果孩童有機會以遊戲的方式來探索其環境，對其認知發展會有幫助（Spencer & Deyo, 1993）。社會歷史學者 Vygotsky（1978）和認知發展學者 Piaget（1929）把遊戲當作是促進孩子發展與練習成人行為的方式。遊戲的過程融入了真實與假裝的行為，是發展思考很關鍵性的一步（Vygotsky, 1978）。例如，拿一個盒子來當作是一輛車，提供孩童一種方式去分辨實體和其代表的意義，並且可以促進他們把盒子的心理表徵當作是其他事物，而這樣的方式可以發展認知處理的可塑性及抽象化的能力，孩童所處的族群和文化對於他們遊戲行為的演化以及認知行為的塑造都有很大的影響。

遊戲，尤其是表徵性的遊戲對於失聰兒童的認知和社會發展非常重要（Marschark, 2000a）。會干擾失聰兒童習得表徵性遊戲的並不是他們的聽力損失，而是語言發展的遲緩以及社會互動的不足（Brown, Rickards, & Bortoli, 2001; Spencer & Deyo, 1993）。換句話說，失聰兒童所表現出來的表徵性遊戲的成熟度可能代表著他們語言發展、社會行為特質以及認知能力的

水準。研究顯示，學前和國小早期階段的失聰兒童，其聽常母親較會控制
子女語言和非語言的互動，尤其是溝通受到限制時（Musselman & Churchill,
1991），也比較會去控制失聰兒童的行為（Greenberg, Calderon, & Kusche,
1984）。而 Brown、Rickards 和 Bortoli（2001）建議，當家庭的成員學會
了假扮遊戲的技巧，這會促進雙方對於互動的滿足，並且也會促進正向的
依附感。

心理社會的發展

家長與教育者必須要注意孩童的心理社會發展，因為這方面的成功也
會帶來能力與自我肯定感的發展（Calderon & Greenberg, 1997）。此外，在
這個發展過程中產生的個人的認同發展應該能使孩童獲得堅定的自我認同，
這對於他們的情緒和社會發展，以及獲得內在安全感都會有所幫助（Cal-
deron & Greenberg, 1997）。

健康的心理社會發展過程是由什麼內容所組成？Erik Erikson（1972）
的理論模型提供一個很有用的參考架構。在這個模型中，Erikson 提出八個
心理社會階段來描述個人與情緒發展的特色（這些連續的階段都有其潛在
的危機），並以一些成功與失敗的解決方式來描述，而通常的結果就是在
這兩個極端之間的平衡。每個階段的成功解決方式依據這個階段本身的難
度及個人、父母、社會與族群中可立即獲得的支援而不同。這八個階段，
從嬰兒期開始的發展分別為(1)基本信任與不信任階段；(2)自主與羞愧懷疑
階段；(3)主動進取與內疚階段；(4)勤勉與自卑階段；(5)認同與認同困惑階
段；(6)親近與孤立階段；(7)創造與停滯階段；(8)完整與失望階段。最後三
個階段則含括在成人期中。

Schlesinger（2000）以 Erikson 的心理社會發展階段為架構來追蹤失聰
者一生的心理社會發展，我們將其觀察放在本章的討論中。

第一個階段，也就是基本信任與不信任階段，含括了早期的依附感時
期，接下來出現的是自主與羞愧懷疑階段，發生在十八個月大到三歲之間，
它包含了開始學習一些適合家庭和文化的行為與態度。根據 Schlesinger 的

想法,如果有意義的相互溝通受到限制,失聰兒童就會有所遲緩。儘管很多專業人員都給了很多勸告,聽常的父母可能會過度保護他們的失聰子女,以致阻礙了自主的發展。而這又會導致孩童藉著反抗來爭取自主權,例如,在他們被強迫去做他們並不想做的事情時,會拒絕維持目光的接觸或溝通。如果父母親可以給子女一些探索的空間,這些孩子會在環境中學到一些新技巧,因此發展出自主。很有趣的是,Schlesinger 注意到失聰父母似乎較願意給他們的失聰子女做更多的探索,爭取自主權的強度比較不大,而這些孩童會經歷較少的飲食和如廁訓練的困難。

　　下一個階段是主動進取與內疚階段,在這個階段的孩童(三到六歲) *168*
要學習的是發展出一種主動的感覺,並且對於人生和自我有目的感。根據別人給他的回饋,孩童開始知道他究竟是好或不太好。最理想的是,父母在這個時期用例子讓孩童知道哪些行為是適當與可接受的,而這些孩子接下來要能主動去測試環境,例如,騎腳踏車沿著街往前騎到十字路口,停下來等父母親來了再一起過馬路。

　　因為溝通能力有限而有語言表達的限制經驗的失聰兒童,經常會以激烈的行為來表達,尤其當小孩有疑問時,卻不能夠用字詞或手語來表達他們的感覺,為了避免減少他們的主動性,父母必須要提供足夠的訊息,為外在事件或外在行為提供理由,並且建立不會過度限制他們探索環境的安全限制。

　　教育情境也可能會增加一些額外的限制,當孩童被強調要安靜地坐在位子上或是要對某一事物專注一段時間,可能會限制了某些主動行為的增強,但也提供了學習機會,讓新的主動行為得以在自由活動時間被增強。對於那些較少接觸聽覺環境的主動失聰兒童,很難決定怎樣才是最適當的教學情境。吸引視覺的注意以及運用良好的聽覺監控可促進主動行為在適當情境中的發展。

　　自我概念會在這個時期發展出來,失聰兒童必須要接觸成年失聰者,這樣才能夠減少失聰兒童長大後對於失聰兒的扭曲期望。事實上,有些孩童會認為成年失聰者不存在,因為他們從沒有看到過任何成年失聰者(Lane,1999)。相似地,多文化研究顯示,一旦有相同膚色及語言能力的成功成

年人被介紹到他們的社會和學習情境中，弱勢孩童的自尊與學業成就會快速地提升（Ervin-Ttripp, 1966，引自 Schlesinger, 2000）。

　　六到十一歲的小孩在學校階段要努力發展出一種勤勉感及相伴而來的能力感，如果不這樣，孩童會覺得自卑。當孩童在學校裡奮力掙扎時，可能會升高自卑感。要克服這種感覺很困難，可能會影響到內化正向自我認同感的下一個階段，且自我感可能會變糟。為了要感覺到有能力，孩童周遭必須要有可增強孩童能力的人，譬如老師。如果父母親不要掌控或是不要經常告訴子女必須要做些什麼，孩童的能力感就會得到鼓勵。當孩子有足夠的語言基礎了解其可能的選擇及限制的時候，這樣的做法是行得通的。

　　當失聰兒童可以很輕易地與家人及同儕會話和社交（不論用的是口語或手語），且可以把社會規則內化時，這會使他具有社會能力（Marschark, 1993, 2000a）。正常聽力父母的失聰兒童無法像聽力正常的孩童一樣聽到發生在周圍環境的語言互動，而聽常孩童通常對於發生在周遭的事情比較清楚。如果家庭可以發展出一些方法，例如，快速地解釋目前正在進行的事情，或是確定這個失聰兒童能看到房間內的每一個人，那麼這個失聰兒童被遺漏在這整個事件之外的機會就可減少。很不幸的，有時候即使在良好的家庭中，在有壓力的情境中要記得使用這些策略是不容易的。

　　失聰兒童也無法輕易地從電視機或收音機中獲得訊息，除非他們所看的是有字幕的節目並且能理解這些字幕。唯有失聰兒童的語言發展及閱讀技巧已達到相當水準時，他們才能從書籍的閱讀中得到許多有關世界的知識。當失聰兒童從各種可能的訊息管道得到有關其社會環境的適當訊息時，對於事件、社會傳統及符合其年齡對關係之期望，他們於是發展出基本的理解（Lederberg, 1993）。

　　失聰兒童與其失聰同儕可以也確實能發展出社會關係，就好像聽常的孩子和聽常的同儕發展出關係一樣。如果沒有提供他們這種機會，或者是有提供機會但他們仍沒發展出這種社會關係，是個值得關切的事情。寂寞感與其他的社會問題會是可能的後果（Leigh & Stinson, 1991）。有文章指出失聰兒童間的社交關係與聽常孩子間的社交關係在許多方面不相同，一方面是因為他們缺少一些聽常孩子社會化的資訊，另一方面是因為失聰同

儕間互動的視覺性本質（Marschark, 1993）。究竟在社交關係當中觀察到的不同，是缺失還是差異，必須謹慎地依其年齡應有的互動本質來檢視。

失聰兒童能和聽常同儕發展出良好的社交關係，但是這種成功的關係和他們與聽常同儕互動過程中的社交與溝通能力很有關係（Bat-Chava & Deignan, 2001; Stinson & Antia, 1999）。就讀公立學校的失聰生，如果沒有失聰同儕，比較缺少正向的社會與情緒的經驗，雖然其中的差異性很大。特別是在回歸主流情境中，失聰兒童通常會被聽常同儕否定（Stinson & Antia, 1999）。失聰兒童在高中畢業後常常會提到過去他們在回歸主流時，曾經歷過寂寞、被排斥及社會孤立（Foster, 1989; Stinson & Foster, 2000）。就讀住宿型啟聰學校的學生人數快速下降，但是就比率來看，失聰父母所生的失聰子女就讀這些學校的比率，其下降速度不像聽常父母的失聰子女就讀這些學校的比率來得快。這個訊息意謂著可能有很多的失聰父母認為，

因為我們的學校有很多失聰者，所以我可以和失聰同儕有社交活動，我主要是和兩個完全回歸主流的學生互動，我很少和聽常同儕互動，這些年來我也參加了很多不同的組織和活動，但每學期或每年我都會轉換去另外的活動中，為的是希望可以找到一個適合的地方，並且被聽常同儕所接受。——大型回歸主流課程的畢業生

在初中和高中階段我並沒有太多的社交活動，尤其是和聽常同儕。我確實是參加了一些社團及課外活動，但是我從不覺得和這些聽常同儕社交很自在，我通常會較喜歡和失聰或重聽的學生社交。——講這段話的是一個完全回歸主流的失聰女生，她與其他聾和重聽的同儕都就讀於自足式的班級

我經常覺得我是站在聽力正常的這一邊，只有幾隻腳趾踏在失聰的那一邊，就好像是把幾隻腳伸到熱水裡面一樣，只想稍微接觸受熱的感覺，但是卻不想完全浸到熱水裡去。大部分時間我都和聽常的朋友們在一起。——融合安置的畢業生

他們的失聰子女在這樣的學校不只可以在教育經驗上受惠，並且也有最適於心理社會發展的社會化與課外活動的機會。

由於有更多的失聰兒童回歸主流，專業人員必須與父母一起協助其子女在學校和家庭中建立社會聯繫網絡，以促進他們健康的心理社會發展 *170* （Calderon & Greenberg, 1997; Stinson & Antia, 1999）。每一個有失聰兒童的教育安置都應該發展預防導向的策略，以減少一些學生的不佳表現，例如，學科成就低落、社會困難以及心理壓力（Greenberg, 2000; Greenberg & Kusche, 1998; Marschark, 1993; Stinson & Antia, 1999）。

以下是一個以學校為基礎的綜合課程的例子，它的名稱是促進替代性的思考策略（Promoting Alternative Thinking Strategies, PATHS），這是 Kusche 和 Greenberg（1994）所發展，透過教失聰兒童問題解決的行為來促進他們自我控制、了解情緒以及問題解決的技巧。這個課程的成效透過十一個綜合溝通的自足式班級來探討。老師接受介入模式的訓練並且整個學年都提供 PATHS 課程。研究結果顯示，整體失聰學生在社會問題解決技巧、情緒辨識的技巧、社會能力，甚至閱讀技巧方面有顯著的進展（Greenberg & Kusche, 1998）。

失聰兒童協會（National Deaf Children's Society, NDCS），是英國重要的國家慈善團體，他們有一個三年的研究計畫，把 PATHS 用在有失聰兒童的七所實驗學校，這些失聰兒童都有更正向的社會技巧（NDCS, 1999）。早期療育課程也可以從 PATHS 的課程中得到幫助，藉著提供父母親一些策略去發展其子女的情感詞彙，促進同儕關係，討論失聰的議題以及為其失聰子女建立日常的社交網。

Greenberg（2000）指出 PATHS 課程對於促進健康的失聰認同有其潛在好處，這也是 Erikson（1972）的心理社會理論所提到的下一個階段，發生在青少年時期，這個時期獨立和認同的問題開始出現。他們所要做的就是 *171* 把早期經驗統合到真正的認同感當中，青少年尋求的是他們到底是誰，如果前面階段的危機能夠解決，青少年期就可以準備好去探索對自己的認同感（Erikson, 1972）。

認同所反映出來的是人們如何去定義自己，他們認為什麼是重要的，

及他們在生命中要完成哪些目標。團體中的成員關係通常對於促進青少年的認同感扮演著重要的角色，而團體也可贊成青少年可能會採用的價值及目標，在青少年真正發展出他們成年的認同感之前，他們需要相當多的時間探索不同的選擇，以決定自己要歸屬於怎樣的團體。

　　失聰的青少年也需要時間去探索不同的選擇，尤其是失聰的認同這個議題。他們接觸成年失聰者典範的程度，以及他們覺得自己到底是一個失聰者還是聲人，這些會影響到他們的認同發展。一個就讀聽常學校的失聰者，他可能會接受這個團體對於失聰的標準觀點，把失聰當作一種缺陷；但反過來說，啟聰學校的文化可能會促使失聰人認同自己是文化型的聾人（Bat-Chava, 2000）。Bat-Chava 指出，她的研究結果（見第九章有更多有關認同的議題）似乎支持 Tajfel（1981）的社會認同理論（Social Identity Theory）。這個理論提到少數族群的成員會經過兩種途徑達到他們正面的社會認同，第一個是嘗試透過自己的改變去接近主流團體，第二個方式是和其他的成員一起努力來改變社會。失聰者可能會變成「文化型的聽常者」來讓自己融入聽常團體，但是有雙文化認同的人（對於聽文化與聾文化都一樣自在），並不見得會把他們排斥在聽常的團體之外。第二個管道就是失聰者和聾文化結合在一起，努力改變聾文化和多數聽常團體的互動。失聰青少年會因為正面的自尊或自我形象而加入其中一個團體（根據他們可以從哪個團體獲益），如果沒辦法達成這些，他們可能就會真的離開這個團體或是心理上不再歸屬於這個團體（Bat-Chava, 2000）。

　　　我總是把我的認同當作是一條線，失聰世界在線的一邊，聽常世界在另一邊，我的家庭在聽常世界的一邊，我的朋友多數也是在聽常世界的一邊。但是，我不能夠否定我的失聰認同，它對於「我是誰」與「我是什麼」有很大的影響。我的失聰朋友也和我一樣，會說話、戴助聽器或植入電子耳蝸，就讀聽常的大學，並且在聽常世界工作，我們的共同點是我們的失聰，以及我們在聽常世界的生活，我的失聰認同和其他認同一樣，例如，女性、猶太人、住在中西部的居民。我的失聰認同影響我的日常經驗及

我看世界的方式，沒有這些失聰朋友的幫助，我無法在聽人世界中成功。我會永遠保持在中間地帶，我需要這兩個世界，兩組友誼，我永遠不會完全地跨越這條線，因為我知道我需要這兩邊的力量來讓我成為一個成功及快樂的人。——融合教育的畢業生

172　　Crocker 與 Major（1989，引自 Bat-Chava, 2000）「提出這樣的說法，被污名化（標記）的團體成員，如果有很強烈的團體認同感，他們會比那些團體認同感較低的人有更高的自尊」（p.421），這句話暗示著支持失聰認同的失聰者會有較高的自尊。Bat-Chava（1993, 1994）與 Maxwell-McCaw（2001）的研究，都支持這個有關自尊與對失聰或雙文化認同之間的關係。觀察失聰父母的失聰子女會發現他們會較有自信，有較高的自尊，且能在學校維持其自信（Marschark, 1993）。對於這種正向自尊的解釋是，失聰父母能成功地以失聰者的方式過生活，因此也可為其兒女示範他們成功地調適與失聰者及聽人之間的關係（Lane, Hoffmeister, & Bahan, 1996）。我們發現雖然這些失聰兒童不一定會有失聰認同的問題，但是他們會面臨青少年時期的其他認同問題。

　　父母是聽常者的失聰青少年情形如何？如果他們沒有經常接觸失聰同儕，他們可能會有興趣去探索和其他失聰同儕的接觸（不是所有的人都如此）。但是這可能會有困難，如果他們的聽常父母表達希望子女只和聽常同儕社交，而較不希望和成年失聰者同處（Bat-Chava, 2000; Leigh & Stinson, 1991）。如果他們和聽常同儕的社交無法深入，這個問題會變得更挫折。當這些青少年開始表達出比較想要和失聰同儕社交，去探索聾文化，並且因為溝通有困難而和家庭開始疏離，通常父母不會輕易放手（Leigh, 1987; Schlesinger, 2000）。如果父母親對於有失聰的孩子感到真的自在，那麼他們就會把這個時期處理得較好，讓子女與失聰同儕有社交的經驗並使用手語，而這會使子女對聾文化感到自在及認同；並且把這個時期當成是必經的過程（Lane, Hoffmeister, & Bahan, 1996; Leigh, 1987; Leigh & Stinson, 1991）。父母親必須要了解如此的探索不見得會造成其子女完全拒絕和聽常者接觸，跟青少年子女之間維持著開放的溝通，在這個時期非常關鍵。

　　Lytle（1987）提出了實證來支持失聰的女大學生也和聽常同儕一樣，確實會成功地經歷 Erikson 所說的心理社會發展階段，處理相同的認同議題，並且也很相似地被分為四種認同類型（Marcia, 1993）。這些認同的分類受到Erikson（1972）所提出的分類準則的影響，即是否有轉折期（用來探索替代方式的時期）以及全人投入。

　　認同完成（identity achievement）的特性就是在探索了替代性選擇後，對於所做的決定願意全人投入。閉鎖（foreclosure）是一種在沒有轉折期的情形下所做出的全人投入，此一類型的認同者不會花很多的時間去考慮其他的選擇，而是根據他們的父母或其他重要他人幫他們規劃的生命計畫。認同暫停（moratorium）的定義是個體正在經歷轉折期，但尚未選擇要全人投入何者來解決這個轉折期，這個狀態就被稱作為認同暫停。如果沒有全人投入，也沒有轉折期，其結果就稱作認同模糊（identity diffusion），這些人與他人的關係很表面化，且經常覺得寂寞和不快樂。屬於認同完成類型的人，通常會比較成熟且在和其他人的人際關係比較有自信，其他三個類型的人這方面比較差（Marcia, 1993）。在青少年時期認同的類型會一再改變，青少年晚期之後會有更多的人被納入認同暫停類型或是認同完成類型，而其他的人仍然留在閉鎖型或是模糊型（Kroger, 1993）。 *173*

　　會影響認同狀態的因素，例如父母鼓勵他們自主及探索認同差異的程度（Kroger, 1993），其餘的因素包括自我發展的程度、道德推理、自我肯定、自尊、在壓力下的表現及親密關係。未來需要有更多的研究去探討年紀較輕的失聰者的認同因素，這樣的研究可以促進有效課程的發展，也可增強他們心理社會方面的適應與認同。

失聰專業人員在心理社會發展的角色

　　失聰專業人員可以促進自尊形成的過程，對於為聽常父母及其失聰子女提供學習典範，並不扮演著主要角色（見第六章）。早期療育的專家通常都是聽常者，儘管如此，這些專業人員也該被訓練到家庭中拜訪家長，並且和這些家長分享失聰者在當代的意義。聽常的專家可以拿失聰者為典

範，因為這些失聰者可以作為失聰兒童出生後手語和語言習得策略的典範。如果父母親也雇用失聰的照顧者，或是邀請失聰者（不管是打手語或口語）去和他們的子女相處，那麼他們的子女就會接觸到另一種語言，而且在發展過程中有不同的社會典範。有機會接觸到成功失聰者的生活，會促進失聰兒童和青少年的自我感，覺得自己是個心理健康的人。

兒童心理病理學

　　失聰兒童心理調適的正式研究可以追溯到十九世紀晚期和二十世紀初期，大約是心理測驗才剛開始被使用的時間（Pollard, 1992-93），當我們在探討失聰兒童的兒童心理病理學時，必須非常謹慎，因為這些診斷的測驗工具，很多都是口語的形式且缺少失聰常模，經常很不適當地施測於孩童，因此問題的意思被改變，當然反應也跟著被改變（第九章有更多相關議題）。過去曾經有很多錯誤的診斷，而造成不可逆的心理和教育的損害，就如同 Lane（1999）的報告所指出的，Matti Hodge 和 Alberto Valdez 這兩個人，由於其智商分數被誤診為智障，以致一生中大部分時間都被安置在機構裡。後來的測驗結果顯示他們的智力正常，原先的測驗錯得令人傷心。心理師不了解對於失聰兒童應該用哪些適當的測驗，是這些問題的核心（Leigh, Corbett, Gutman, & Morere, 1996）。

174　　有關失聰兒童心理不適應的程度、本質與發生率的研究在 1970 年代就開始進行，研究發現，比起聽常的同儕，失聰兒童有更高比率的心理不適應問題（Chess & Fernandez, 1980; Freeman, Malkin, & Hastings, 1975），Meadow（1980）回顧 1980 年之前的文獻，發現失聰兒童情緒和行為異常的發生率大約在 8-22 ％之間，一般的孩童則是分布於 2-10 ％之間。

　　Rehkemper（1996）發現失聰兒童被診斷出有情緒和神經行為問題的百分比，在 1970 年代後的研究中明顯下降，她將之前較高的發生率歸因於1960 年代大流行的德國麻疹，這個疾病也造成了聽力損失以外的其他多種異常，在 1970 年代後發生率的改善可能是因為教育介入的成效及診斷標準

的變化。

　　近幾年來發生率的數字是來自 Karchmer 和 Allen（1990）的報告，他們根據的是 1997 年到 1998 年的「失聰、重聽兒童與青少年年度調查」，問卷由老師填寫，用來評估孩童在教室裡的功能。根據 30,198 個學生的調查結果顯示，功能有所限制的人數遠超過有其他異常的人數。在這個大樣本中，74 ％的個案除了失聰以外沒有其他的問題，22.6 ％以上還有另外一種問題，3.2 ％至少有兩種以上的問題。這些並存的其他問題，包括學習異常、智能遲緩（比率最高），之後是注意力缺陷、腦性麻痺以及盲。情緒或是行為異常、自閉症、氣喘以及其他一些疾病，大約占 3.8 ％。有四分之一的學生曾檢查過一種或更多的障礙問題，由於問題是由老師提供而不是經過訓練的診斷師，Karchmer 和 Allen 指出，可能會因為這些老師無法和這些學生溝通，因此認為這些學生表現出不適當的社會行為，而其實並非如此。

　　評量聽常孩童的情緒和行為異常的方法，即使到現在也還沒有被發展得很好（Anderson & Werry, 1994），其方法上的問題和選舉的時候以民意調查或是以猜測的方式去預測誰會當選很類似，得到的數字會因為下列情形而不同：樣本是如何選的？問了什麼問題？這些問題是如何問的？因為失聰兒童被安置在不同的教育型態中，因此要得到正確的數字變得更加困難。這裡所報導的發生率仍有許多問題，包括：診斷的標準、評量者對失聰和兒童心理學的專業程度以及樣本是否真的能代表一般失聰兒童（Anderson & Werry, 1994）（見第九章有更多的討論）。 *175*

　　除了診斷的標準會造成一些問題，診斷人員面對的另一個困難是要把失聰的衝擊和異常本身予以區隔，例如學習障礙。幾乎沒有研究去探討學習障礙以何種方呈現在失聰兒童身上，或是將失聰者對刺激的有限接觸與學習障礙的標準診斷予以區隔？目前所採取的意見是根據一些非正式的證據、調查的意見、有限的實證研究（Samar, Parasnis, & Berent, 1998）。注意力缺陷異常是另一個問題，目前研究的數量還很零星，但目前的證據顯示，失聰的學習障礙者和注意力缺陷異常者有很多相似的特質，就如同聽常的學習障礙者及注意力缺陷異常者有很多相似的特質一樣，但是失聰的

主要病理，例如，德國麻疹、Rh不相容、腦膜炎、缺氧、早產以及巨細胞病毒也都是學習障礙的病理因素（Mauk & Mauk, 1992）。因此，失聰者的人口中，學習障礙的出現率可能會高於正常人的學習障礙出現率（Moores, 2001a）。在注意力缺陷異常中，另一個複雜的因素是誤診的危險，因為當失聰兒童沒有足夠能力去了解周圍事物並且覺得很無聊時，可能會出現靜不下來的行為。

因為診斷標準有其困難，因此要發展出有效的測驗方法來正確診斷失聰兒童的學習障礙或注意力缺陷異常，到現在仍是個艱難的任務，研究者不得不接受欠缺失聰兒童適當常模的事實，在評量過程當中對於溝通和語言因素的控制不一致，包括評量者和失聰兒童究竟如何溝通以及失聰兒童在測驗和學習情境中可能會依賴適應性的注意力和認知因應策略，以致掩蓋了真的異常（Samar, Parasnis, & Berent 1998; Samar, 1999）。這些都是屬於會影響心理評量的因素，本章稍後會再討論。

虐待孩童及其後果

身心異常的孩童有更大的危機受到各種形式的虐待，發生率大約是一般人口的四到十倍（Ammerman & Baladerian, 1993；引自 Burke, Gutman, & Dobosh, 1999），但是由於研究者對於怎樣的行為才可界定為虐待、怎樣才叫異常，定義都不相同，因此有關於虐待的發生率，實際的數字不容易計算。虐待的行為可分為身體的、性的或情緒的（Garbarino, Guttmann, & Wilson Seeley, 1986）。

根據Burke、Gutman 和Dobosh（1999）的文獻回顧顯示，失聰兒童有很高度的風險會被虐待，如此的發現是根據失聰者的回顧訊息裡所得到的，青少年被虐待的事件可能會因某些因素而沒有被報導，這些因素包括害怕施虐者或施虐系統（住宿學校或者是家中）的報復、害怕那些發生在住宿學校的虐童事件會傷害學校的名譽，以及對於身為受害者欠缺了解（Schott, 2002）。

　　很多的失聰兒童並不知道什麼叫做虐待，因此，他們可能並不了解自己處於一個被虐待的情境（LaBarre, 1998）。他們通常難以向別人述說他如何被虐待，並且不知如何解釋發生在他們身上的事件，他們通常並沒有機會從學校或家裡去學習怎樣的觸摸是好的，怎樣的觸摸是不好的（LaBarre, 1998）。比起一般聽常的同儕，他們得到訊息的管道很少，尤其是在性虐待方面，因此他們有較多機會被戀童癖者虐待（Gannon, 1998）。

　　從目前有限的研究發現來看，我們可假設失聰的被虐兒童和那些聽常的受虐同儕遭受相似的結果（Burke, Gutman, & Dobosh, 1999）。當他們被虐待的時候，不論是何種性質的虐待，都是隱藏的，其後果可能會發生在身體、情緒、認知和社會層面，尤其是當虐待持續進行時。對於聽常的孩童，這些後果可能包括語言發展遲緩（Coster, Gersten, Beeghly, & Cicchetti, 1989）、認知功能低落、行為問題（Eckenrode, Laird, & Doris, 1993）、生疏的社會技巧、朋友很少以及負面的和扭曲的自我概念（Price, 1996）。多數的被虐孩童不會變成少年犯、罪犯或者是精神異常，雖然有很大的可能（NRC, 1993）。較低的自尊和害怕感通常會持續到成人時期，這群人比較容易有沮喪、焦慮、憤怒、性障礙及酒精和藥物濫用（NRC, 1993），雖然多數被虐孩童成長後，不會再去虐待其他的孩童，但這樣的可能性還是比較高（USDHHS, 1999）。同樣地，一些被虐待的失聰受害者，也有機會成為施虐者（Vernon & Rich, 1997）。很多被不當對待的孩童，如果能和支持他們的人建立依附感，得到相關的幫助，接受治療，經歷了好的婚姻或愛情的關係（Kaufman & Zigler, 1987; Egeland, Jacobvitz, & Stroufe, 1988），他們會展現出驚人的恢復力。

　　預防虐待以及治療的課程對於減輕這些傷害的影響有很大的幫助，No-Go-Tell是一個例子，這是一個給學校使用的很有名的性虐待預防課程，設計者是在紐約萊星頓失聰者中心（Lexington Center for the Deaf）工作的Elizabeth Krents和Dale Atkins，其目的是要提供學童自我保護的訓練（Sullivan, Brookhouser, & Scanlan, 2000）。課程中教導孩童們要提防哪些事情，以及教他們如何以標準詞彙來描述可能發生的性虐待事件。Achtzehn（1978）的《PACES：透過性教育預防兒童性虐待》（*PACES: Preventing*

Abuse of Children through Education for Sexuality）也有相同的目標。治療課程的目的是要保護孩童，限制加害者，以及將所有相關人員都納入復健，包括學校或家庭（Strand, 1991）

177　　不幸地，預防和治療的課程對於預防性虐待以及虐待後的療育課程，在成效方面並沒有相關的研究數據，Sullivan 與 Knutson（1998）建議要仔細篩選與訓練教職員，提供教職員支持性的課程，密切監督與管控學生以減少住宿型學校的虐待事件，再加上校外的代言人系統，以之監督啟聰學校。

治療課程

　　失聰兒童非常需要心理方面的治療，尤其是門診很少有這樣的資源（見第二章），多數的治療都是學校裡的心理師或諮商人員，或私人診所的心理健康人員所提供，或是根據個別化教育計畫中，有結構的教育方案來符合兒童的需求，與失聰兒童適當的溝通是達成成功的治療的關鍵因素。

失聰兒童的心理評量

　　失聰兒童經常接受各種測驗，包括聽力測驗、智力測驗、成就測驗與心理社會測驗。《身心障礙者教育法案》規定這些測驗要定期施行，這個法規也提到測驗必須不具歧視性，並且測驗的材料和過程要根據孩童的特殊需求來做選擇，而施測的時候不能夠有文化和種族的歧視（Blennerhassett, 2000）。這個法規同時也進一步提到，這些材料和過程必須要根據孩童的語言溝通模式來施測，這表示要依照孩子最自在的方法來選擇，可用口語溝通或手勢溝通，包括美國手語或口手標音法。測驗的選擇與實施不能著重在失聰的限制，或是因他們的語言差異而懲罰他們（Lane, 1999; Lane, Hoffmeister, & Bahan, 1996），孩童的長處應該要在評量報告中被考慮到。

　　心理師對於語言也需有足夠的訓練和知識，因為這和失聰兒童有關，他們才能客觀和正確地予以診斷。只有修過幾節手語課或參與了在職訓練課程的學校心理師並不具備評量失聰兒童的資格（Blennerhassett, 2000），必須要有更多的訓練和經驗才能處理失聰兒童各種不同的溝通和語言使用方式。如果心理師無法在語言和溝通方面符合失聰兒童的需求，倫理上他們就不應該進行評量，因為他們對失聰兒童的技巧和能力可能會提供錯誤的訊息。由於每個孩子的差異性很大，因此每一個個案都要持續地評量。

　　但是，具備溝通和語言能力並不足以評量失聰兒童，美國州級特殊教育主管協會（National Association of State Directors of Special Education, NASDE）要求心理師除了了解失聰的語言及文化因素外，還要具備失聰的 *178* 社會學和心理學的知識（Blennerhassett, 2000）。高立德大學的臨床與學校心理學課程（www.gallaudet.edu/psychology）和國家聾人科技研究院的學校心理學課程（www.rit.edu/~schpsych）都有提供特殊的訓練。

　　為失聰兒童設計適當的語言測驗是個有待更多研究的領域，需要有更多評量語言的工具來正確評量失聰兒童的語言處理歷程，目前並沒有如測驗英語精熟度一樣的標準化測驗，可測量美國手語的精熟度以及它和學業及職業成就間的關係。

　　當失聰兒童接觸英語的程度不一時，我們很難區分究竟是語言的缺失還是認知的缺失？許多認知測驗都著重於英語能力，當心理師在評量失聰兒童的認知技巧時，了解評量議題的心理師最好能使用多種評量方式，包括非語言的評量，Braden（2001）把評量的方式分為以下四類：

1. 觀察有助於我們發展有關失聰兒童認知能力的假設，在沒有其他證據前，心理師依賴觀察來做推論的時候要特別小心。
2. 訪談提供了一個窗口，得以藉著心理師和孩童之間的對話去評量認知功能的程度。
3. 非正式的測驗是一種沒有失聰者常模的測驗，可用來發展有關認知功能的假設，以作為可能的診斷與治療，但是在使用這類測驗時要特別小心，因為信度及效度的問題（見第九章）。

4. 智力測驗是一個正式的標準化測驗，可提供有關於個人功能和
能力水準的重要訊息，建議使用非語言的智力測驗而不要用語
言的智力測驗，因為很多失聰兒童對於口語的接收有其限制。

經過這些過程所得到的訊息應該要和孩童能力的其他資料整合，以提
供有關教育安置和心理社會發展方面的適當建議。

結論

一般來說，如果各方面條件都相等的話，失聰兒童和聽常孩童可能會
有相似的發展。早期療育課程可以幫助父母學習和失聰孩子溝通的最佳策
略，從而促進他們正向的心理社會發展。「促進替代性的思考策略」這一
類社會能力課程對於失聰兒童會有幫助。當失聰兒童很習慣於自己的失聰，
並且也接觸到失聰的角色典範，會促進健康的認同發展，失聰兒童心理病
理學研究，會有助於促進適當的治療計畫。為了能夠提供最適當的評量服
務，心理師必須要對於失聰兒童的心理、語言、文化與社會層面有所了解，
並能有效地與失聰兒童溝通。

179

建議閱讀的書目

Sheridan, M. (2001). *Inner Lives of Deaf Children: Interviews & Analysis*.
Washington, DC: Gallaudet University Press.

《失聰兒童的內心世界：訪問與分析》，這本書的內容寫的是孩童的社會發
展與他們自我概念的形成。七至十歲的失聰兒童接受訪談，每個孩子都有獨
特的背景，並且使用不同的溝通方式。作者是個社會工作者，書中對於失聰
幼童的心智提供了罕見的洞察。

Spencer, P., Erting, C., & Marschark, M. (2000). *The Deaf Child in the Family and
at School*. Mahwah, NJ: Lawrence Erlbaum.

《失聰兒童的學校與家庭生活》，這本書是由一些有名的作者共同完成，內容涵蓋了失聰兒童的心理、教育與社會發展。書中包含很多有用的資訊，諸如家庭與學校如何促進失聰兒童最佳的發展。

第九章

成年失聰者：心理學觀點

大部分失聰者都是適應良好、心理健全和有能力的。

——Sussman & Brauer, 1999, p. 9

認為失聰者在心理上都是同質性的實體，以及他們利用周圍世界的能　*182*
力很有限的這種刻板印象已經在改變中。近代有關心理學和失聰的刊物不
斷報導成年失聰者在處理生活上所展現的彈性、優點和能力。他們的心理
功能受到其內在因素、家庭和教育經驗的差異、接觸形形色色的溝通方法，
以及其他變項的影響。和失聰者一起工作的研究者、專業人士以及一般大
眾，他們越來越能了解失聰者所表現出的心理學功能是變化多端的。

本章目標

本章從正向心理學（positive psychology）、正向健康以及健康模式的
角度來探討成年失聰者的功能性。我們將分析「常態」（normalcy）的概
念應用於失聰族群時的意義。失聰者的失聰認同與自我概念的角色，被強
調對失聰者心理健全有主要貢獻。讀者將了解有關的心理評量以及心理衛
生議題，這些議題對於提供失聰者適當的服務很重要。

正向心理學和正向健康

心理學的領域正面臨轉型。在歷史上，心理學充斥著負面、病理的或
以問題為主的準則，例如，精神疾患（mental illness）或人類沒有能力發揮
所預期的功能。很多研究都是有關心理病理學、負面情緒（例如仇恨和沮
喪）以及個人缺陷（例如認知因素）等會限制個人功能能力的領域。但從
1940 年代以來，傑出的心理學家如 Eric Froman、Abraham Maslow 和 Carl
Rogers 等人，都認為心理學界太過注重一個人的錯誤行為或是阻礙我們適
應日常生活的內在因素，反而忽略了能增進人們發揮其潛能、活出美好生
活的因素。

最近的刊物指出正向心理學現在正重獲氣勢。心理學家開始在這些會
分別或互動地影響正向發展或最佳功能的範圍內，檢視生理、環境與文化

因素（Sheldon & King, 2001; Seligman & Csikszentmihalyi, 2000）。Seeman
（1989）的正向健康模式進一步具體說明最佳功能是根基於一個有機的（organismic）整合過程，包括人的所有行為子系統：生化、生理、知覺、認知以及人際層面。心理學的工作就是去了解這些子系統如何影響個人的正向健全心理，以及發展著重於心理成長的健康模式。

成年失聰者：心理學觀點

長期以來的研究指出失聰者是發生心理問題的高危險群（Marschark, 1993; Vernon & Andrews, 1990）。知覺、認知與人際功能的問題，其原因都來自缺乏聽力。1980 年代早期的心理學家，如 Edna Levine、Allen Sussman 以及 Barbara Brauer 提議，是跳脫這些不友善和通常無效的研究；他們認為，應該著眼於成年失聰者所擁有的優點，因為很多失聰者能為自己活出令人滿意的生命。不幸的是，Sussman 和 Brauer（1999）發現心理治療師及一般社會大眾仍用病理學的觀點來看待失聰，他們很難描述健全的失聰人格。成年失聰者也經常遇到一些對失聰並不了解的專業人士，因此錯誤診斷的問題總是層出不窮，即使告知專業人員如何對成年失聰者進行適當的心理評量等資訊已有所進步（Brauer, Braden, Pollard, & Hardy-Braz, 1999; Leigh, Corbett, Gutman, & Morere, 1996; Pollard, 1998）。心理評量者必須考慮優點以及特定的測驗因素（會在本章內敘述），使其對失聰病患的負面與錯誤診斷減至最低。對那些想要有效服務失聰病患的心理治療師，我們強烈推薦他們使用健康模式，著重於當事人對生活正向調適之有利條件及優點。

正常：一個需要澄清的派典　在美國社會中，「正常」（normal）是一個使用極為廣泛的字。很少人知道「標準、常模」（norm）這個字的觀念是在十九世紀時才進入英語語言中（Davis, 1995）。在那之前，和一個不可能達到的完美相比，人是不完美的，且在某種層面而言，是不同的。今日，

「常模」被定義為平均智力或發展的同義詞。也就是說，大部分人的表現被預期會落在標準機率鐘形曲線的區域內。因此，相較於不同、偏差或不正常的特性，處於「平均」或「正常」變成一種衡量的標準。

因此，家長可能很難接受他們的失聰小孩被認為是與他人「不同」（Leigh, 1999a）。例如，有些父母會寫說他們的失聰小孩成為「真正聽力正常的小孩」了（Parents and Families of Natural Communication, Inc., 1998, p. 33）；或是將子女視為聽常者，好像如果視其為失聰小孩就代表他不正常一樣。如果這些失聰兒童中有些人最後並未採取典型的聽常成人溝通行為，而只依靠手語溝通或使用典型的聾文化行為，諸如拍打他人肩膀以獲取注意時，他們有時就會被視為不太正常（Davis, 1995; Lane, 1999; Pollard, 1998）或成為人們好奇或憐憫的對象。

即使一般的聽常者不一定視失聰為「正常」，但有許多成年的失聰者倒視自己是正常人，只是他們恰巧失聰而已。Davis（1995）爭論說現在是從常態的含蓄聽力標準，轉變為「差異性」標準，來作為人們狀況一部分的時候了，此標準視「差異」為人類的一部分。採用這種架構，就可能視失聰者為人類多樣化範圍的一部分（Leigh, Corbett, Gutman, & Morere, 1996）。 *184*

心理健全的成年失聰者　有很多書籍（本章文末有部分書目列表）和媒體刊物以及改善的電視傳播（包括 2002 年 1 月 13 日及 20 日的 CBS 週日早安節目播出《手語城市》，顯示紐約州羅徹斯特市失聰者的日常生活），已經讓更多大眾人士了解到失聰者的正常生活。很多人了解到失聰者不一定需要我們的好奇或憐憫；他們是有能力的個體，就像大多數人一樣，有能力照顧自己。像聽常者一樣，他們多少能夠撫育失聰和聽常的小孩（Meadow-Orlans, 1997; Mohay, 2000; Preston, 1994; Swisher, 2000），而且他們都做得不錯。Barnartt 和 Christiansen（1996）以資料顯示失聰工作者的就業狀況一直在改善中，雖然失聰者和聽常者比起來還是一直落後，特別是那些沒有高中文憑的失聰者（第二和第十章）。依據一項全國性對聾與重聽大學畢業生的調查，大部分的回應者表示，他們很成功地受雇，對生活也很滿意（Schroedel & Geyer, 2000）。而在智力方面，Braden（1994）針對

諸多文獻做了後設分析，強調失聰者和聽常者在非語言智力表現的相似性。
Sussman 和 Brauer（1999）依據一項終身的研究觀察，總結認為成年失聰者具有正向的自尊、對自己身為失聰者坦然接受、能表達自己、必要時會向他人求助、擁有有效的人際關係和社會技巧，並表現出對生命積極的熱情；儘管許多成年失聰者如本書第十一章所述，必須處理負面態度的壓力以改善其溝通管道。的確，有些失聰者的生活會遭遇問題，我們會在介紹完本章的心理衛生議題後再來討論，但再說明一次，這種失聰者極少。

認同　通常當人們請成年失聰者描述自己時，「失聰」這個詞彙就會出現。聾（Deaf，大寫的 D）是一個特質，有很多失聰者在形成自我表徵或認同時，將聾這個特質內化了。隨著個人環境及在當下何種特徵最顯著，他們會擁有許多不同的認同。依據和他人相比時相似或相異的特質，如性別、種族、職業、教育程度、文化歸屬以及一些其他變項，這些認同感就產生了（Corker, 1996）。形成這些認同是透過不同社會脈絡中的互動過程來建立，例如家庭、學校、職場、社交場合、宗教機構、體育競技場等等（Camilleri & Malewska-Peyre, 1997; Harter, 1997）。依據場合，這些人可以是父母或祖父母、老師或學生、聚會者或宗教領導者等等。

185　　　　認同的構成會影響個人的發展（Waterman, 1992）。由於近年來美國和其他國家文化多樣性的增加，對於探索文化或種族成員關係及社會認同的興趣也大增（Sue & Sue, 1999）。目前研究社會認同及其評量方法的目標在於提升個人在文化族群間與文化族群內的調適。這點對於失聰者代表什麼意義呢？

　　根據 Corker（1996）的說法，失聰者的認同不一定是有核心的認同；相反地，其認同發展要看失聰在一個人的日常生活中的凸顯程度而定。如果某位失聰者經常接觸聾文化——不管在校內、家庭或社交場合——則其認同自己為聾人的機會就大增。那些較少接觸聾文化者會稱自己是聽力方面的失聰者、聽覺損傷、重聽或其他類似的稱呼（Leigh, 1999b）。在探索失聰者認同的發展及其在心理衛生方面的應用過程中，研究者已注意到社會經驗所覺知的品質差異，和一個人的社會適應以及其是否認同自己是失

聽者有關（Leigh, 1999b; Stinson, Chase, & Kluwin, 1990）。一般而言，失聰者若越認同自己是失聰者，他就越習慣與其他失聰的朋友社交。

其他研究者利用不同的理論模式來定義失聰和聽常認同。Weinberg 和 Sterritt（1986）使用一種以障礙為基礎的架構，將聽常認同概念化為健全的；失聰認同則為有障礙的；雙重認同則反映出認同失聰及聽常的同儕。雙重認同和更多正向的適應結果有關。Stinson 和 Kluwin（1996）使用社會導向的因素，詢問失聰者有關和失聰者、聽常者以及一般同儕互動社交的問題，企圖將個人的社會認同分類成失聰導向或是聽常導向。經過統計上的群聚分析，Bat-Chava（2000）得出三種認同類型：認同聽常文化、認同失聰文化以及認同雙文化；此結果是根據四個和溝通與社交有關的標準變項：手語的重要性、口語的重要性、團體認同和對失聰者的態度。

Neil Glickman（1996a）檢視文化和種族的認同階段發展理論，並發展了一個融入四種不同階段失聰認同的相似模式。在第一個階段——文化性的聽常階段中，失聰者被視為需要改善的醫學狀況或障礙，因此支持服務或手語的需求被減到最低；個人採用聽常者的方式來說話、理解並以能促進融入聽人社會中的方式來表現。通常屬於這個階段的人包括人生後期才失聰的成年失聰者、從小使用英語長大的口語族失聰者、主要和聽人同儕互動的人，以及倡導失聰兒童使用口語的組織。由於 Glickman 認為這個階段是反映對失聰的一些拒絕，他質疑這個階段心理上有多健康？第二個階段是反映文化的邊緣，包括存在於聽人和聾文化邊緣的失聰者，無法完全融入其中任何一個文化。要和兩個團體的成員保持緊密的關係是很難的。第三個階段的失聰者將自己浸淫在聾文化裡，認同自己是失聰者，表現出他們認為失聰者該有的樣子。在第四個雙文化階段中，失聰者可以融入聽人和聾文化的價值觀，並和失聰者以及聽人保持正面的關係；在此階段中，美國手語和英語都受到尊重。

186

就理論而言，第四個階段的整合立場反映出更健全的心理健康。從文化邊緣階段開始的失聰者，在失聰認同發展過程中可能發展到最後一步的雙文化階段，而聾父母所生的聾小孩通常以聾為榮，並在失聰者以及聽人世界中都能怡然自得，他們很早就接受雙文化的認同。因為不是所有失聰

者都從第一個階段開始發展，因此每個失聰者在發展中所經歷的階段，不一定是線性的。

　　Glickman（1996a）發展出「失聰者認同發展量表」（Deaf Identity Development Scale, DIDS）。這是一個包含六十個項目的評量，包括四個分量表，每一個都反映上述的階段。追蹤研究指出雙文化量表無法區分失聰者和聽人受試者（Fischer, 2000; Friedburg, 2000; Leigh, Marcus, Dobosh, & Allen, 1998）。對兩組樣本而言，社交偏好（social desirability）可能是一個因素。當失聰者在工作中和聽人同儕越常透過網際網路或其他管道互動時，雙文化就越被視為一種社交偏好（Padden, 1998）。

　　Maxwell-McCaw（2001）採用另一種方法，依據文化適應模式發展了失聰者認同的分類。文化適應模式假定移民的文化適應型態會轉變，依其對原文化以及新文化的心理（或內化）認同，以及依其在每個文化中的行為牽涉度及文化能力而定。與文化適應模式相似，Maxwell-McCaw的理論認為失聰者的文化適應模式類型會就其認同聾文化及聽人社會文化的程度，以及他們在每個文化中的行為參與和文化的能力而有所變化。為了測試這個想法，她發展了「失聰者適應量表」（Deaf Acculturation Scale, DAS），並以三千零七位失聰者和重聽成人樣本來測試其信度和效度。它包含兩個文化適應量表：失聰適應量表和聽常適應量表；每種都包含五個分量表，彼此平行，並評量心理認同、文化行為、文化態度、文化知識以及和失聰者與聽人環境有關的語言能力這五個領域。受試者可以評為適應聽人文化的（在聽常適應方面是高分，在失聰適應方面都是低分）、邊緣的（在聽常以及失聰適應方面都是低分）、適應失聰文化的（在聽常適應方面是低分，在失聰適應方面是高分）以及雙文化的（在聽常以及失聰適應方面都是高分）。Maxwell-McCaw發現適應失聰文化者和雙文化者，比適應聽人文化者有較高的自尊以及對生活較滿意。所有四種適應型態中，以邊緣型者最不適應。

187　　如同本書所強調的，聽損族群越來越朝向多元文化。認同的形成不可忽略種族面向（ethnic dimension）。事實上，Corker（1996）認為種族認同在失聰認同之前，因為他們早年都深受家庭的影響。那些失聰兒童所接觸

的對象，要看此家庭成員在日常生活中常和誰互動而定。通常，這些人是家族中的成員。隨著日後與失聰者的接觸越來越多，可預期種族認同和失聰認同之間會依據情境而有交互效應（Parasnis, 1996）。具有多元文化觀的失聰者通常會融入至少一項的四種族群身分：較大範圍的聽損族群（larger deaf community）、失聰前原是聽人的聽損族群（ethnic hearing community of origin）、本身種族為聾人的聽損族群（ethnic deaf community），以及占主導優勢地位由大多數聽人所組成的社群（predominant majority community）（Corbett, 1999; Wu & Grant, 1999）。這需要轉變行為來適應特定的族群，如交替模式所解釋的——專注於語碼轉換或交替轉換為適合文化情境的行為。在理論上，此種模式的壓力層次將比同化模式來得低；同化模式要求放棄一種文化（和認同）以同化到另一種文化（LaFromboise, Coleman, & Gerton, 1993）。隨著聽損族群組成分子的變化，失聰者的文化認同及心理適應是一個適合研究的領域，因為在一些普通心理學的學術期刊中，有 60％的研究報導是有關失聰族群的資料，連續有五年之久（Case & Smith, 2000）。

自我概念和自尊　研究者長久以來頗有興趣探討失聰者的自我概念或自尊（self-esteem），以及它們如何受到人們對失聰較負面態度的影響。這兩個術語通常在文獻中被交互使用，雖然兩者的意義並不同（Harter, 1997）。自我概念的定義是一個較為穩定的認知結構，反映出個人對自己穩定特質的主觀覺知，例如信念、心境、企圖和行動，或簡單地說，自我感知或自我知識（Kagan, 1998）。自尊反映對自己特質的正面或負面感覺，因此有一個較情緒化的成分（Kagan, 1998）。這些對自己的心理表徵會規範並影響心理的健康（Harter, 1997）。

　　Vernon 和 Andrens 蒐集從以前持續到 1970 年代，有關自我概念和自導的研究文獻後作出結論：失聰者的自我概念通常比一般人更為負面消極。然而，由於很多當時的研究有評量上的問題，因此通常被認為是無效的（如第一章所提及的，以及在本章後面會做解釋）。

　　近代的研究則強調成年失聰者的自我覺知（自我概念、自尊、自我形

象等）會隨不同的因素而改變。已經有很多研究探討失聰兒童與青少年的自我概念，但有關成年失聰者的研究卻乏人問津。在一個針對四十二個實證研究所做具發展性的後設分析中，Bat-Cava（1993）分析失聰兒童、失聰大學生與成年失聰者的自尊；大部分研究進行的時間是從 1970 年代到

188 1990 年代初期。他注意到失聰者的自尊比聽常者低。經過進一步的檢視，他指出下列因素似乎會導致失聰青少年和成人擁有較高的自尊：擁有失聰的父母、使用手語和家人溝通，以及在校內使用手語等（Bat-Chava, 1993, 1994, 2000; Desselle & Pearlmutter, 1997）。如前所述，跟聽常或邊緣認同相比，較高的自尊和文化性失聰、雙文化認同之間彼此相關，但和聽人認同以及邊緣認同之間反而無關（Bat-Chava, 2000; Maxwell-McCaw, 2001）。這些研究結果代表一個重要的改變——以前 Sussman（1974）的研究顯示，說話不清楚的成年失聰者自認自尊較低，但現在自認有能力用口語溝通的成年失聰者，反而自尊不高。

　　Bat-Chava（1993）對目前研究結果的解釋是：失聰者不一定會被動地接受大部分人對其負面的態度。相反地，他們可能採用心理上能提升其正面自尊的機制，例如將他們和失聰同儕而非聽人同儕比較，或看重手語及其他聽損族群的特性。最近的事件，包括承認美國手語，顯示越來越多人知道有聾文化的存在，以及 1988 年高立德大學的「我們要聾人校長」學運——這些都具有深遠的影響，以一個更積極正面的導向，重新塑造很多失聰者的自我覺知（Maxwell-McCaw, 2001）。

　　Bat-Chava（1993）從她所回顧的研究中發現，自尊的高低會隨著評量的功能、形式及指導語傳達給研究參與者的方式而不同。未經修訂的評量或書面的指導語（即使加上手語輔助）會使失聰參與者得到較低的自尊分數；反之，以手語實施的修訂版評量或指導語，會使聽常者和失聰者得到差不多的分數。此點直接導致我們要考慮心理評量的相關議題，以及這些議題如何造成對失聰者描述的影響。

成年失聰者的心理評量

　　心理評量基本上是一個為了描述個案的行為或得到診斷結果的評量過程，評量的目的則在提供某種形式的介入或服務建議（Braden, 2001）。對成年失聰者而言，這些評量通常是由社會或職業服務機構所要求或執行，以決定當事者是否有資格接受社會、職業或教育（補救教育或中學後教育）服務、評估其精神狀態及照顧自己的能力或評量其接受考驗的能力（Braden, 2001）。當成年失聰者自己要求心理評量，通常是因為擔心自己有學習障礙或注意力缺陷等問題。他們也可能擔心有關老化或會影響個人行為的某種形式的創傷等醫療問題（Braden, 2001）。

　　如同本書所強調的，成年失聰者和聽常者在聽覺敏銳度、溝通方法、語言使用、文化認同以及是否有其他病理造成的障礙等等都有程度上的差異。這些都會影響心理評量要如何執行、要使用何種心理測驗，以及要如何解釋這些測驗結果。 *189*

評量的過程　典型的心理評量包括觀察當事人以決定其行為特質；會晤此當事人以獲得涵蓋其醫療、發展、過去以及目前功能的歷史；提供可處理轉介問題的心理工具；以及對測驗結果加以解釋。經過當事人的許可後，這些資訊也可以提供給和當事人有關的教育、醫療或社會服務機構使用。

心理測驗的效果　心理測驗是依據評量的目的（如認知、社會情緒、職業或腦神經心理學）、個人的特質（如年齡、語言、文化），還有理解問題和回答問題的能力而選擇。如果沒有檢核測驗是否可一致地或可靠地評量所評估的項目（如：沮喪、認同或以表現為主的智力），以及此測驗是否對不同群的人都是有效的（也就是在不同群體中，真正評量出他們想要評量的項目），我們不應實施此心理評量。

測驗信度 測驗信度係指測驗的穩定性、一致性、預測性以及正確性（Gro-th-Marnat, 1999）。若有良好的信度，我們才能確保測驗的分數不會因為在不同時間受測而有極大的改變，即使我們知道測的結果會依心境、機警性或施測問題而改變。通常在人格評量分數的變化會大於能力評量分數的變化，例如學業成就、才能或智力。

測驗效度 當一個測驗能正確評量出其欲評量的項目或變項時，它是有效的（Groth-Marnat, 1999）。建立測驗的效度相當困難，尤其是當測驗的項目是抽象概念時，例如智力、焦慮或創造力。例如，智力測驗的題目是否能真實反映這個受測者的智力？

三個建立效度的主要方法如下：

1. 內容效度：通常包括比較新編項目和類似測驗的內容，或檢驗項目能否真實反映出所欲評量的技巧或知識。例如，一個有關理財需求的測驗，需要配合當事人實際理財的技巧。
2. 效標效度：是比較測驗分數和相關評量的表現，不管是相同時間比較以便做同時性效度，或是晚一點再做比較，例如比較工作申請者的施測成績和一年之後此人的工作狀態，以便做預測效度。
3. 建構效度：反映一個測驗能真實評量一個理論項目或特質的程度。需分析此特質及其與其他變項如何關聯，還有去測試這些關係能否真實。比方說，優秀的工程師應能在空間關係測驗中得高分。此點可告訴我們測驗能真實地反映出好的工程學所需的項目是什麼。

190

依據測驗效度的後設分析，最近一群心理學家記錄了強有力的證據，證明心理測驗的效度及其與醫學測驗效度的相似性（Meyer et al., 2001）。他們也證明不同的評估方法都可提供了解此個案全貌的獨特訊息。但不幸

的是，對來自不同文化群體的人以及對一般失聰者而言，效度與信度一直是個棘手的問題；如同文獻所提，對多元文化團體和有特殊需求的人，其背景和標準化測驗所依據的常模群體是不同的（如：Groth-Marnat, 1999; Sandoval, Frisby, Geisinger, Scheuneman, & Grenier, 1998）。當具有特殊需求的人來自不同文化團體時，其測驗結果的解釋就更形複雜。

常模的使用　評量和解釋一項心理測驗分數的意義，需要將分數和常模分數相比較。測驗的常模是從一大群能代表研究對象的人所取得的分數。一個常見的困難是從相同的一大群人口中所取得的不同常模樣本，可能會對某一個特定測驗中之不同分數，產生不同的解釋，因為在每一個樣本中，缺乏一致的代表性（Mitrushina, Boone, & D'Elia, 1999），這也包括種族的差異。因此，例如流行的魏氏成人智力測驗（WAIS）正增加融入來自不同種族成員的常模（Groth-Marnat, 1999）。

　　此外，WAIS 第三版已經增加了一個來自三十位成人的平均分數，此常模是依據 WAIS 第三版（Psychological Corporation, 1997）的美國手語版本而建立的。一般測驗通常不會提供這些資料。失聰常模的建立，咸認為應該讓失聰者與失聰同儕比較才公平，而非和聽人同儕比較（Braden, 2001; Vernon & Andrews, 1990）。這點可能與測驗某些特定視覺功能有關，其結果通常是失聰者優於聽常者（Emmorey, 1998）。由於失聰者和聽人在智力測驗的非語文智商常模和聽人之間並無顯著差異，Braden（2001）認為非語文智力測驗不需要失聰者常模，反倒是學業成就測驗適合使用失聰者常模。如果一位女性失聰者閱讀得比大部分失聰者好，她的閱讀程度又可比擬一般聽人讀者，那麼考量此情況，我們就可以推論其英語理解力是非常充分的，並能為其做出相關的建議。

語言和溝通的因素　如欲理解某成年失聰者目前的功能，了解其語言及溝　　*191*通喜好，有助於測驗的選擇與進行。根據失聰者的「最佳語言」或主要溝通模式所做的反應，也會更準確地反映出其優勢而非其缺陷或弱點（Braden, 1994; Leigh, Corbett, Gutman, & Morere, 1996）。使用語言（如：英文）來

評量失聰者的智力功能、記憶與人格，通常是不適當的，即使此人喜愛使用口語、英語式手語或某種形式的手語和口語併用，除非此人的讀寫測驗分數能證明其英語有足夠的精熟度（Freeman, 1989）。十七到十八歲失聰者的閱讀分數，一般而言通常稍微低於國小四年級的程度（Johnson, 2001），雖然其語言能力的範圍分布可能很廣（Johnson, 2001; Marschark, 1993）。

從另一面來看，評量成年失聰者的英語語言使用能力是很重要的（不管英語為其第一或第二語言），這要看轉介的問題而定。對任何一位成年失聰者而言，包括美國手語使用者，醫師有必要權衡其需求，仔細評量一位失聰者對語言（如：英文）訊息的技巧，避免因為失聰者有語言的困難，而造成失聰當事人的認知能力有限的誤導印象（Braden, 2001）。他們在其他智力與成就領域的能力應該被強調。一般而言，配合受試者個人的語言能力程度、減少語文因素的認知測驗評量是最恰當的。

人格測驗工具通常需要受試者有小六或以上的程度。以美國手語為第一或主要語言的失聰者，對一些帶有語言屬性的測驗項目，可能會有錯誤的解讀（Bradley-Johnson & Evans, 1991; Freeman, 1989）。例如，如果某一個項目詢問其「實行（carry out）某項行動計畫」的能力時，可能會被錯誤地解讀為「攜帶」而非去做某事物，因為他們不熟悉英語片語的使用。

修訂或翻譯測驗　為了符合成年失聰者需求而將語言修訂或翻譯為美國手語版本的測驗，必須重新評量其信度和效度，以評估是否仍然能評量要評量的項目，因為語言的改變可能造成該項目意義的改變（Brauer, 1993; Cohen & Jones, 1990; Leigh, Robins, & Welkowitz, 1988）。舉例來說，如果此測驗項目包含「執行一個計畫」這個詞組，語言被修改為「執行某件計畫好的事」，這兩個詞組是否表達完全一樣的語意，必須要評量。

對考慮推出拍攝美國手語翻譯版本的那些書面評量而言，其目標乃在確保翻譯的對等性，不只是語言對等，也包括概念和功能的對等性（意指一個項目對美國手語或非美國手語使用者而言，都同樣是有意義的）（Brauer, 1993; Hui & Triandis, 1985）。

為了最大化對等性，有些學者已經發展出書面評量的美國手語翻譯版

的標準，以確保該項目的意義不會被改變，且保有該項目的對等性（Brauer, *192*
1993; Cohen & Jones, 1990; Crowe, 2002）。這些標準包括反向翻譯過程，
即將英文譯為美國手語，再由美國手語轉譯為英文。這也是一項具有挑戰
性的過程。如同 Cohen 和 Jones（1990, p. 46）所引述的，「我的孩子有一
位假想的朋友，是沒關係的」，若用美國手語翻譯，想像一詞可能就以幻
想、假的或非真實的來代表「假想的朋友」這個概念，然而，在反向翻譯
為英語後，句子變成「如果我的孩子沒有任何真的朋友，沒有關係」。為
修正此概念對等性的不足，可以融合「猜想」（imagine）＋「想像」（en-
vision）＋「朋友」等手勢。

　　有人建議成年失聰者最好採用以美國手語為基礎且專為美國手語使用
者設計的心理評量工具，會包含更多的失聰者經驗（McGhee, 1996）。這
樣將可避免翻譯的錯誤。但至今尚無任何相關的測驗被發展出來。

在評量中使用手語翻譯員　　在心理評量中，溝通的問題會導致有關對個人
功能的錯誤結論。因此，最好能再向失聰當事人或轉介機構確定一次，以
查明溝通需求和做適當的安排。如果心理評量者的手語不流暢，或其手語
很難被失聰當事人理解，則應視需要徵召合格的手語或口語翻譯員。對於
構音不清（口述）、以書面或手語為溝通基礎者，最好是直接對其打手語
或是施測時有翻譯員在場翻譯（Braden, 1994, 2001; Leigh, Corbett, Gutman,
& Morere, 1996）。有執照的翻譯員受過訓練，能了解當事人的溝通需求，
調整其溝通以配合當事人的需求，提供持續的英文和美國手語之間的翻譯，
以及保守秘密。透過手語翻譯員的協助來實施心理評量，是帶有一些風險
的，因為缺乏能協調測驗整合性與測驗結果的標準美國手語施測程序。即
使是有執照的手譯員，如果沒有一套標準的規則，他們對測驗指導語的翻
譯也各有不同。在對失聰當事人心理狀態的評量（稍後討論），要區分美
國手語的差異和精神錯亂，需要接受過專業的心理衛生訓練，而有執照的
翻譯員不一定受過相關訓練（Brauer, Braden, Pollard, & Hardy-Braz, 1998）。
此領域缺乏方法完善的研究，來指出在施測情境中，使用翻譯員的效果是
否等同於直接與失聰當事者打手語（Braden, 2001）。

社會情境的評量問題 成年失聰者的人格在歷史上被描寫成引起其日常生活功能的重大問題，因為他們不夠成熟、以自我為中心、衝動、具體以及類似的負面名稱（Lane, 1999; Levine, 1981; Pollard, 1992-93; Vernon & Andrews, 1990）。專業人士現在知道在心理衛生機構中的失聰病人和心理健全的成年失聰者並不相同（Lane, Hoffmeister, & Bahan, 1996; Pollard, 1992-93）。考量到大多數社會情緒的評量都是以英文為基礎，將其使用在有不同程度心理問題與心理病理學的失聰者和「正常的」成年失聰者時，需要對之前介紹的心理計量與語言問題有些理解。相對於前人直至 1970 年代大量的相關研究，最近此領域的研究相當缺乏（Moores, 2001a）。雖然如此，近來有一些針對流行的社會情緒評量的信度和效度調查，採用具有充分英文能力的成年失聰者來做這些評量。

193

　　「十六項人格因素問卷」（16PF）找出一些信度與內容效度的問題，此工具評量各式各樣的人格特質，並需有良好的英文能力（Jacobs, 1987）。常被使用的「貝克憂鬱量表」（Beck Depression Inventory, BDI）之語言修正版造成較正常聽常樣本報導還低的內在一致性（信度）（Leigh, Robins, & Welkowitz, 1988; Watt & Davis, 1991）。有趣的是，在一個小樣本的憂鬱成人中，被治療師診斷為較嚴重的憂鬱症者比不嚴重的憂鬱失聰病患，具有更高的 BDI 的修正分數（Leigh & Anthony, 1999）。新的 BDI 第二版以失聰大學生為樣本，改善了題目的清晰度而無須修正信度，其內在一致性良好，係數為 0.88（Leigh & Anthony-Tolbert, 2001）。Brauer（1993）發現她所翻譯的美國手語版「明尼蘇達多面向人格量表」（MMPI）在心理計量上是可行的。新的 MMPI 第二版已經轉譯為美國手語版，但需要效度的研究，以評量其臨床上的有效性（Brauer, Braden, Pollard, & Hardy-Braz, 1978）。

　　投射法是一個評量成年失聰者社會情緒功能或人格的替代程序。這些設計用來獲得一個人如何對模稜兩可的刺激做出反應。使用圖畫的方法，例如「畫人測驗」、「屋—樹—人測驗」，以及「活躍家庭繪畫測驗」等，都是最流行的投射技巧，因為這些測驗可迅速完成，且對整體的社會情緒功能評比很有用，雖然仍然存在效度問題（Groth-Marnat, 1999; Handler,

1996）。有一個「屋—樹—人測驗」，採用一群成年失聰者為小樣本，得到令人鼓舞的信度與效度結果（Ouellette, 1988）。

其他常使用的投射工具包括了「主題統覺測驗」（TAT）以及「羅氏墨跡圖形測驗」（Rorschach Inkblot Test）。此二測驗要求主試者寫下受試者對項目所做的反應。因此，當反應由美國手語轉為英文，或在寫下前經過手語翻譯員的過濾時，主試者的偏見就會成為一個問題，因為會提高不正確詮釋的危險。Schwartz、Mebane 和 Malony（1990）對一小群受過大專程度教育的成年失聰者施予羅氏測驗，比較用手語和用書面施測的差別。他們的結論是：受試者較喜歡接受手語的施測，而非用書面的方式作答，因為後者會導致失聰受試者對羅氏測驗的一些變項表現較差。他們注意到失聰者和聽人間在視覺覺知方面的差異，並提供所調查變項之失聰樣本的平均分數。依據經驗，Siedlecki（1999）認為羅氏測驗對於美國手語技巧有限的失聰精神病患有用，並建議未來有必要做更多的研究。

電腦輔助的評量　心理評量已受到日漸增加的電腦化評估工具之重大影響；這些工具可以快速計分、減少評量者與當事人面對面測驗所需的時間以及快速產生測驗結果的解釋，因此提升了效率（Groth-Marnat, 1999）。雖然一般假設這些電腦化的測驗和紙筆測驗一樣有效，但並非每一個測驗都接受過實證性的基礎研究來證實其效度（Groth-Marnat, 1999）。 *194*

對成年失聰者所做的心理評量，通常包括標準的電腦化測驗，但缺乏對失聰族群的信度、效度之研究。由於有研究顯示對失聰的美國手語使用者，以互動的影音科技來做調查是有效的（Lipton & Goldstein, 1997），因此，有一個被翻譯為美國手語影音版的精神病診斷訪談評量已被發展出來（Eckhardt, Steinberg, Lipton, Montoya, & Goldstein, 1999）。針對這種評量可誘發出有效診斷的假設，其測試方法是比較自行施測的美國手語版和面對面由醫師用美國手語施測所得到的診斷差別。調查者發現，自行施測版中有些測驗有較大的信度——尤其是在憂鬱和酒精濫用二種測驗中（Eckhardt, Goldstein, Montoya, Steinberg, 審稿中）。更多此類型的評量研究是有需要的。

神經心理學的進展　神經心理學包括透過使用神經心理學的測驗來研究大腦和行為之間的關係（Groth-Marnat, 2000）。透過對測驗項目的行為反應，有助神經心理學家推論大腦功能及其如何影響人類執行某些任務的能力之相關訊息。有證據顯示失聰者的大腦皮質功能有異於聽常者。主要的基本原因是他們對視覺有較多的仰賴，而非聽覺（Corina, 1998; Levanen, Jourmaki, & Hari, 1998; Neville et al., 1998; Nishimura et al., 1999）。

　　由於有能力針對研究計畫製作一些以電腦為基礎的刺激，某些學者已創造出新的方法來探索失聰者如何處理訊息的神經心理學觀點。例如，Emmorey、Kosslyn 和 Bellugi（1993）使用以電腦產生的視覺影像作業，來說明從很年幼時就使用視覺空間語言，可能會影響大腦針對某些特別的視覺影像作業之發展。此外，大腦掃瞄能力的科技創新，使人們對大腦在處理各種刺激時如何被激發有更多的了解。最近此領域的研究已開始了，下面是其中一些研究，Bavelier 和同事（2000）以功能性核磁共振顯影（fMRI）發現失聰受試者在視覺動作的處理，其中間顳葉視覺區的激發比聽人受試者強。在一個手語處理歷程的腦磁波研究中（magnetoencephalography, MEG），結果顯示失聰的打手語者和聽人不打手語者，在特定腦部區域內的神經磁性活動是不同的（Levanen, Uutela, Salenius, & Hari, 2001）。在另一個初步的腦磁波研究，Baldwin（2001）的結論是：打手語的失聰者，其聽覺皮質區在處理聽覺以外的功能時也會被激發，但這種現象不會在聽人不打手語者的身上發生。這些研究以及其他更多的發現，將增進我們改進神經心理評量工具的能力，並藉此增進我們對成人失聰者認知功能的理解。

心理狀態的評量　心理狀態的檢驗是由合格的心理衛生服務提供者所實施的觀察與訪談，其目的在評估個人目前的認知、情緒及互動的功能，以作為精神醫學診斷目的之用（Trzepacz & Baker, 1993）。為避免錯誤的診斷，評量失聰者的心理狀態時需要特別的考量，包括溝通技巧以及對失聰者日常生活的現實面有所體認（Pollard, 1998）。如搖晃手部或歇斯底里的大叫等行為，都被引用為精神病診斷的肯定證據，事實上這些行為可能代表當

失聰者感受到被誤解時，發狂似地企圖要溝通的表示。如果受過心理衛生翻譯的訓練，並能精確表達病患以美國手語談話中的精神病行為，有執照的手語翻譯員其實可以提升正確的診斷。然而，事實上需要接受心理衛生服務的失聰者，由於溝通的困難，常常沒有受到足夠的服務；加上只有極少數的心理衛生服務提供者，在語言和文化上都有能力診斷及處理成年失聰者（Morton & Christensen, 2000: Steinberg, Loew, & Sullivan, 1999）。

精神病理學

盛行率

　　成年失聰者和其他人一樣，也會有心理衛生的問題（Pollard, 1998; Robinson, 1978）。採用目前粗略的估計數字，Dew（1999）預估大約有687,951位聽損美國人患有精神異常。如果再加上那些較不嚴重的心理疾病患者（他們可以從心理衛生的介入受益），這個數目將會更高。對需要心理衛生服務的失聰病患而言，即使只有很低百分比的人真正接受過心理衛生服務，正如本書第一章所提，目前的服務已有改善，因為受過訓練的臨床醫師增加了。

　　基於過去的流行病學研究和臨床觀察文獻，一般的認知是，各種精神異常的失聰者之盛行率似乎和聽常者差不多（Pollard, 1994, 1998; Robinson, 1978; Vernon & Andrews, 1990）。最近針對失聰及重聽人士精神病診斷的流行病學統計係摘自Pollard（1994, 1998）在紐約羅徹斯特（此城以擁有大群失聰人口為榮）的一項公共心理衛生報導研究。他的研究證實失聰和聽常樣本，在適應、心境、器官論、精神病、焦慮以及人格方面被診斷出精神病的比率相近，但也有一些差異。明確地說，在藥物濫用方面，失聰族群的比率明顯較聽常者低。此外，診斷的範圍有其限制，也就是說越少見的精神疾病越難被診斷出來。此外，更常見的是診斷被擱置或根本就不予

196

診斷。Pollard 不認為這反映出兩者在精神病盛行率的差異；他反而將這些差異歸咎於臨床醫師因不熟悉失聰病人而犯下錯誤，以及這些病人使用心理衛生服務的方式不同。如本章前文心理狀態評量一節中所提的，有經驗的心理衛生臨床醫師如果和失聰病患之間的溝通產生阻礙，即使有手語翻譯員協助也無法執行完整的診斷性晤談，除非他們稍微了解失聰者如何溝通與看待世界。在精神異常的案例中，例如精神分裂症，透徹了解失聰者的溝通方式，有助於找出失聰者手語中之語言異常方式，此點可協助臨床醫師做出正確的診斷（Trumbetta, Bonvillian, Siedlecki, & Haskins, 2001）。

在這些樣本中發現失聰者有較高比例的智能障礙，臨床醫師的錯誤可能是一個因素（Pollard, 1994, 1998; Vernon & Andrews, 1990）。誤診失聰者為智能障礙者的部分原因是不當地使用語言智力測驗；此問題到現在還一直存在著（Leigh, Corbett, Gutman, & Morere, 19996; Vernon & Andrews, 1990）。然而，失聰的某些病因會伴隨智障、神經異常以及發展異常的風險（注意此風險和很多可能會引起失聰的病理學無關）。

藥物濫用的診斷，包括酒精與化學毒癮，相關的報導不足（Guthman, Sandberg, & Dickinson, 1999; Pollard, 1993）。聽損族群想呈現一個正面形像的想法，可能會掩飾其濫用藥物的真實程度。此外也受到有限訊息管道的影響，例如未加字幕的電視公共服務公告，或回歸主流教育方案預防課程的缺乏。此外，聽損族群也害怕事情會流傳出去，因為小型的社區動力學是「每個人都彼此認識」。Guthman、Lybarger 和 Sandberg（1993）注意到在「明尼蘇達失聰與重聽人士之化學毒癮方案」（美國這方面最有名的方案）中，有不少比例的人同時被診斷出有藥物濫用與精神病。這種雙重診斷較易找出需要治療的病患，但由於資源短缺，病患不易取得治療（Guthman, Sandberg, & Dickinson, 1999; Schonbeck, 2000）。

受到性虐待後倖存的失聰者，大部分不易被人察覺（Burke, Gutman, & Dobosh, 1999，p. 279）。有證據顯示，身心障礙兒童被性虐待的風險較高（第八章）。從可找到的文獻發現，和一般大眾相比，失聰者受虐的比例較高。一般的了解是性虐待會導致長期的情緒症狀。有研究顯示，受到性虐待的成年失聰者，會產生和聽常者相似的病徵（Dobosh, 1996; 引自 Burke,

197

Gutman, & Dobosh, 1999）。

服務的提供

1955年以前，針對失聰者的專業心理衛生服務還不存在（Altshuler,
1969）。自此以後，擁有受過與失聰者工作專業訓練的專業人員之心理衛
生服務方案開始增加（Pollard, 1992-93）。Neil Glickman 是中部麻州西自
治市鎮州立醫院內失聰者心理衛生單位的協同開創者，他估計今日美國大
約有十二到十五個服務失聰病人的住院單位，包括他自己的門診部門
（Schonbeck, 2000）和一些機構，如北卡州的杜若瑟‧狄克醫院、紐約州
的岩石地精神病中心、馬里蘭州的春田州立醫學中心、華府的聖伊莉莎白
醫院，以及維吉尼亞州的西方州立醫院（Wax, Haskins, Ramirez, & Savoy-
McAdory, 2001）。通常這些單位有十八張病床和等候的名單。

雖然有很多心理衛生門診機構打廣告說有提供失聰病患的服務，如
Morton 和 Christensen（2000）所列的失聰者心理衛生資源名錄所指出的，
這些服務地點大多位於東部和西岸。大部分區域仍然無法提供服務，而且
社區心理衛生單位對當地社區所提供的服務是很有限的。此外，Pollard
（1994）認為使用小型的社區心理衛生中心專門為失聰病患服務，帶有歧
視的性質，即使它們的確提供了寶貴的服務。有部分原因是由於這些病患
未被轉介到更大的中心，那兒有更綜合性針對一般大眾的服務，例如，精
神病醫師駐診或能符合個別治療需要的方案，提供包括藥物治療、不同類
型的個別心理治療方法、家族或團體治療、日間治療，以及夜間活動等等
的治療選擇。由於失聰者人口較少，一般的心理衛生診所很難去體認失聰
者的溝通需求，例如，使用文字電話直接和失聰病人溝通，或使用視訊傳
遞服務，此服務存在於各州，以促進電話使用者和文字電話使用者間的溝
通。經費因素使得聘用手語翻譯員和口語翻譯員的情形更複雜（第十和十
一章）。

宣導有關適應或調節（accommodations）的資訊可以從會議的召開來
促進，例如 2000 年 10 月為紐約各地心理衛生局所舉辦的會議，其目的在

於增進相同的訊息獲取管道（Leigh, 2000）。此外，Myers（1995）也發展了一套照顧手冊標準，描述心理衛生中心如何在文化和功能上提供訊息管道，配合視覺緊急警示系統、會打手語的員工，以及架設文字電話等措施。

心理治療的方法包含了心理分析、Eriksonian 治療法、認知—行為治療、人本導向的治療以及臨床催眠等。Sussman 和 Brauer（1999）強調失聰者不應被排除接受這些治療方法中的任一種。重要的是要知道有療效的
198 方法，為了提供個人和家庭文化上的肯定及權利，必須符合個人需求、社會文化因素及個人的溝通需求，不管是失聰者或聽人（Glickman, 1996b; Pollard, 1998; Sussman & Brauer, 1999）。當有溝通問題時，只依賴藥物治療雖然是一種吸引人的方法，但在大多時候，若沒有心理治療來增強其自我調整以及更多正面的功能是不夠的。

成年失聰者對心理衛生服務需要改進的地方，可以提供一些回饋意見。Steinberg、Loew 和 Sullivan（1999）訪問成年失聰者有關其心理衛生的信念和態度。他們的回答指出溝通議題是心理衛生很重要的一部分；有回答者體認到當溝通障礙被適當處理時，可以促進有效的服務提供。很多受訪者遇到溝通的障礙，也較喜歡會打手語的心理衛生人員，因為能與對方直接溝通。然而，受訪者通常也願意和手語翻譯員合作，只是擔心手語翻譯員能否傳達有益診斷和治療的訊息。如同 Pollard（1998）所指出的，這些翻譯員如何影響心理治療的過程與結果，仍然是爭議的問題。在私下的隱私以及情緒的情境下，第三者（翻譯員）的存在，會影響心理治療的動力學（Harvey, 1989; Pollard, 1998; Stansfield & Veltri, 1987; Turner, Klein, & Kitson, 2000）。當心理治療師受過訓練，知道如何處理在心理治療過程期間翻譯員的影響後，他們就能使用這些影響去提升治療的過程（Harvey, 1989）。此外，心理衛生的專業翻譯人員訓練，能將成年失聰者陳述翻譯錯誤的可能性降至最低。

多樣化

由於美國境內失聰族群日增的多元文化特質，提供給失聰者的心理衛

生服務必須考慮到族群層面。我們知道接受公立心理衛生服務的失聰者與聽人相比，較少來自少數的種族（Pollard, 1994; Trybus, 1993）。服務者那方如果缺乏對失聰者文化的敏感性以及帶有種族主義的想法，不管是有意識或無意識地，再加上認為當事人需要心理衛生服務之負面標記，會減少心理衛生專業人士希望傳達給病人的安全感與支持（Corbett,1999）。

　　專業人士應該檢視他們自己的族群心理史，以便了解他們對自己及對其他族群團體的態度（Corbett, 1999）。這將有助於他們能有果效地服務來自多元文化背景的失聰者。此一過程代表了邁向文化敏感性以及其後的文化能力的第一步。文化能力不只包括理解聾文化，也包括失聰者原來的文化意識，以提供適合其文化的心理衛生治療。Corbett（1999）、Hernandez（1999）、Wu 和 Grant（1999）以及 Eldredge（1999）都分別撰文討論有關非裔美國籍、拉丁裔、亞裔美國籍及美國印第安背景的失聰者之適當心理衛生服務。

199

結論

　　成年失聰者，包含從心理健全、有積極自我概念與強烈的自我認同，到與精神病奮鬥的失聰者。正向心理學鼓勵人們看待他人的優點及其在複雜世界中管理的能力；另一方面也考慮他們所需要支持或協助的領域。如同第一章所注意到的，針對失聰者的心理衛生、心理學與研究訓練方案，如今都在培訓準備妥當的專業人員，以增進我們對成年失聰者心理組成的理解，以及改進提供給失聰者的服務。增加一些受過訓練的失聰研究者，以批判的角度去檢視心理機制應用於失聰者身上的方法，有助於提升我們的了解。

有關失聰者的推薦書目

Bragg & Bergman (1989). *Lessons in Laughter: The Autobiography of a Deaf Ac-*

tor. Washington, DC: Gallaudet University Press.

《一位失聰演員的自傳》

Carroll & Fischer (2001). *Orchid of the Bayou: A Deaf Woman Faces Blindness*. Washington, DC: Gallaudet University Press.

《河湖出口處的蘭花：一位面臨失明的失聰婦女》

Cohen (1994). *Train Go Sorry: Inside a Deaf World*. Boston: Houghton Mifflin.

《火車很遺憾地開走了：在聾人世界裡面》

Kisor (1990). *What's That Pig Outdoors: A Memoir of Deafness*. New York: Hill and Wang.

《外面那隻豬是誰？一位失聰者的回憶錄》

Lane, Hoffmeister, & Bahan (1996). *A Journey into the Deaf-World*. San Diego, CA: Dawn Sign Press.

《進入聾人世界的旅程》

Lang & Meath-Lang (1995). *Deaf Persons in the Arts and Sciences*. Westport, CT: Greenwood Press.

《藝術和科學界的失聰者》

Lang (2000). *A Phone of Our Own*. Washington, DC: Gallaudet University Press.

《屬於我們自己的電話》

Padden & Humphries (1988). *Deaf in America: Voices from a Culture*. Cambridge, MA: Harvard University Press.

《美國國內的聾人：來自文化的聲音》

Reisler (2002). *Voices of the Oral Deaf*. Jefferson, NC: McFarland.

《口語派失聰者的聲音》

Schrader (1995). *Silent Alarm: On the Edge with a Deaf EMT*. Washington, DC: Gallaudet University Press.

《沉默的鬧鐘：一位失聰的急救專家》

Wright (1999). *Sounds Like Home: Growing Up Black and Deaf in the South*. Washington, DC: Gallaudet University Press.

《聽來像個家：在南方長大的黑人失聰者》

Zazove (1993). *When the Phone Rings, My Bed Shake*s. Washington, DC: Galla-
udet University.

《當電話響起，我的床鋪開始震動》

第十章

成年失聰者：社會學觀點

> 聾人已經以各種方式累積了一套有關自己的知識，來面對大眾的了解或誤解。他們透過儀式、故事、表演以及日常的社會接觸等多樣的方式，來定義和表達他們自己。
>
> ——Padden and Humphries, 1988, p. 11

身為廣大社會中的一部分，失聰者如何過日子呢？他們的群體意識以 *202* 及廣泛共享的認同感，已成為他們聚集為一個社會實體的基礎。至少在十七世紀就開始有失聰族群的記載（Van Cleve & Crouch, 1989）。當失聰者聚集在一起時，他們不會因為不完整而感到被輕視；相反地，隨著時間的推移，他們已能內化一個動態的認同感和自在感，並對他們是一個有自己傳統和組織的少數族群感到自在。1988 年的「我們要聾人校長」運動（第一章）顯示，將聽損族群視為一個驕傲的社會政治實體的時代已經來臨（Christiansen & Barnartt, 1995）。

本章目標

本章將扼要勾勒聽損族群的社會學觀點。首先探討「我們要聾人校長」學運在影響聽損族群的社會政治進化的角色；之後呈現各種不同失聰者組織的資訊、其在失聰者生活中的角色，以及某些組織的政治背景。很重要必須體認的一點是，聽損族群作為一個大型社會的縮圖，也不能免於社會文化和科技的變遷。這些改變，在文中談到失聰者俱樂部以及其他社會化管道、失聰者體育和宗教活動的聚集地，以及健康管理和就業問題時會加以敘述。最後，我們會探討失聰者和法律系統間的互動。

聽損族群的社會學觀點

社會學包含了研究人類如何互動以及形成這些互動基礎的進化價值觀和想法。醫學或障礙模式以及社會語言或文化這兩種模式（第二章）都含有會影響失聰者自我覺知的社會要素。

在醫學模式中的社會學涵義是：為得到與聽常同儕更佳的社會關係，失聰者需要適應較大的聽人社會。他們必須改變聽力損失的本質，包括透過說話訓練、聽能訓練與如聽覺儀器之科技協助，來改變或減少聽力損失。

此模式強調一個觀念，就是失聽者（或身心障礙者）要依賴專家，找出一個可以恢復或改善某些障礙的情況。這只是一個更大架構的一部分，這些專家有時會強加一種善意的家長式作風，傾向去保護那些不同的人、似乎不能照顧自己的人，或是那些「干擾社會」的人（Malzkuhn, 1994, p. 781）。依據 Lane（1996, 1997）的說法，當帶有既定關注的專業人員採取家長作風時，失聽者就很難扔掉這種保護的外衣，為他們自己的生活負責。就社會學觀點而言，這會造成能「克服」失聽的失聽者比較能被社會接受這個觀念。然而，我們要替醫學模式說句話，許多失聽者可以妥善地運用專業協助，並在聽人社會中，透過有效的補償工具，獨立地發揮其功能，即使他們或周圍的人仍認為失聽是一個嚴重的障礙（Oberkotter, 1990）。

探索身心障礙在社會學觀點的定義時，激進主義分子挑戰障礙是種個人問題的概念（Lane, 1997; Mackelprang & Salsgiver, 1999; Olkin, 1999; Shapiro, 1993）。從他們的觀點來看，社會上對身心障礙者的典型負面態度以及社會無法改善環境來適應他們，已經造成了障礙的問題。社會學觀點並不歡迎身心障礙者，不認為他們只是使用不同環境管道的一群人，而是將身心障礙視為一種問題。為進一步解釋這個現象，Olkin（1999）指出，身心健全者指出生理限制是身心障礙者的主要困難，而身心障礙者自己則傾向著眼於社交阻礙與人們持有的負面態度。以文化型的聾人為例，身為聾人和耳朵不太相關。對這些聾人來說，身為聾人意指他們擁有更強的視覺管道。如果社會能配合來增強其視覺管道，社會的阻礙就會隨之消除。既然失聽者知道他們需要什麼才能管理日常生活，那麼最了解他們自己需求的最專業人士應該是他們自己，而不是「服務」他們的專業人員（第十一章有更多的討論）。

因為這些理由，很多失聽者視自己為少數社群，為追求和非身心障礙者一樣的機會而奮鬥。越來越多人定義這族群的人為一個文化型聾人的社會語言群體，較少將其定義為身心障礙者。透過他們的語言、文化傳統以及組織，他們已經聯合成同一個群體的人，當中許多人視失聽為多樣化的一部分。和其他不認同聾文化的失聽與重聽人士聯合在一起，他們在一些重要場合中啟動了社會和政治聲勢。例如，他們合力奮鬥，爭取公民權的

203

平等、失聰兒童最佳的教育環境、就業的升遷以及溝通的改善（包括翻譯員服務、電信溝通管道方面的平等性等等）。而 1988 年「我們要聾人校長」學運的涵義，更不僅只於讓人體認到失聰者可以成功地掌管高立德大學。

我們要聾人校長學運及其對聽損族群的影響

在 1988 年高立德大學（全球唯一針對失聰學生而設的文科大學）「我們要聾人校長」學運期間，由於董事會選擇聽人而非聾人校長候選人擔任高立德的領導者，激起全校性的抗爭，反對 Schein（1989, p. 4）所說的「大學主管級董事會的一個自導自演的偏見」。那些參加學運的人想證明夠資格的失聰校長候選人確有其能力，作為一種對抗聽人決定者對失聰者表現的傳統低期望的方法（Christiansen & Barnartt, 1995; Gannon, 1989; Schein, 1989; Shapiro, 1993）。他們的聯合行動將失聰者的需求帶離障礙的架構，並重組為公民權的問題（Barnartt & Scotch, 2001）。

204

在高立德大學以及全美國的失聰者，在此學運期間，他們獲得資訊、相互溝通以及像一個社區般彼此合作的能力，都受到人口統計、社會及科技的影響而提升（Bateman, 1994; Christiansen & Barnartt, 1995）。1964 到 1965 年間，德國麻疹的流行增加了失聰者的人數。手語翻譯由以前藉由失聰者家人或朋友擔任的這種權宜之計，演變為專業的服務。這使得失聰者在學校、職場以及醫療和其他服務提供者相處時，有機會了解與參與對話。科技也發揮了一個顯著的角色。在 1970 及 1980 年代，電視字幕急速地增進失聰者獲取資訊的管道（Bateman, 1994）。失聰者更直接地接觸到媒體所描繪的一些為自我決定而努力的團體。當失聰者持續在就業與決策方面被忽略時，更提高了他們遭受不平待遇及受壓制的感覺。再者由於文字電話的激增，使得即時溝通在目前成為可能，並可提供失聰者以電話溝通的管道（Lang, 2000）。在此之前，失聰者主要的溝通方法一直是面對面溝通及信件聯繫。

拜公共媒體普及之賜，「我們要聾人校長」學運喚醒美國與全世界，知道有一群聰慧優秀的聽損族群存在，並增進美國社會體認到失聰者的需求。如同 Jankowski（1997, p. 131）所敘述的，「的確，對聾人而言，勝利代表一個新形象的創造；開啟了聾人的新視野，也讓世界看到聾人真的是『有能力的』。」這種轉變形成更積極的自我形象及增進他們參與決策權的感受。

失聰者參與政治始於 1980 年代後期，那時美國國家聾人協會剛成立（Gannon, 1981; Jankowski, 1997; Schein, 1989）。有效的政治活動時斷時續，但在「我們要聾人校長」學運後，有越來越多的失聰者知道利用政治程序來達成各種目標和目的，美國國家聾人協會以及其他聾人組織的政治敏銳度和優勢因而建立。他們越來越常參與政治活動（Bateman, 1994）。各種各樣的抗議活動，強調在全美各地的住宿型啟聰學校需要更多失聰行政人員、教師以及員工，捍衛美國手語的使用，遊說在電影中的失聰者角色必須由失聰者而非聽人來飾演，以及要求電視台播報緊急資訊時必須加上字幕等（Christiansen & Barnartt, 1995; Jankowski, 1997）。在修正社會政策要求融入無障礙環境方面，聾人團體有越來越多的影響力，最明顯的就是 1990 年的美國《身心障礙者法案》以及 1996 年的《電信溝通法案》。

205 　就政治社會學的角度來看，對失聰者來說這些法律（立法規定各種不同的溝通配套措施）最重要的，就是讓社會知道失聰者和社會上其他人一樣有權利享有不同類型的訊息管道。現在，立法者及其他人較願意與失聰組織以及其他身心障礙組織進行政治性的合作。例如，為了贏得聽損族群與身心障礙團體的支持，1996 年《電信溝通法案》的發起人同意將所有身心障礙者的電信溝通需求規範在法案內（A. Sonnenstrahl，個人溝通，2001年 9 月 18 日）。

但仍有很多要繼續努力的地方。法規所命令的適應／改裝，不一定保證就能做到。為行動障礙者所做的建築改裝配套措施，只要一次花費就可以解決問題，但是，保持溝通的可及性（accessibility）卻需有持續的經濟支援。這會造成「隱形歧視」的抑制因素。要證明這種現象存在並不容易。投注在企圖消除失聰的金錢，仍比投資在確保失聰者享有平等溝通管道的

花費還大。舉例來說，有較多的經費直接花在治療失聰而不是投注在增加失聰者使用 9-1-1 緊急中心的可及性。這必須要有文字電話的裝設以及持續地訓練新手能對緊急的文字電話呼叫做出適當的回應。9-1-1 緊急中心內的文字電話不夠普及，部分是因為分散在各地區的失聰者為數不多，也反映出他們的生活比較不受重視。

再舉另一個例子，因為經費的因素，即使有《美國身心障礙者法案》的規定，對那些前來醫院尋求醫療諮詢的失聰病患而言，醫護場所經常限制手語翻譯員的雇用。失聰病患已開始抱怨並提起訴訟，以便彌補欠缺的平等溝通管道；這些管道大部分都依據醫護機構人員的偏好而決定（Harmer,1999）。

政治的阻礙不只存在於聽損族群之外，有些是存在於聽損族群內部的。Bateman（1994）對紐約州羅徹斯特市聾人領袖做了一項調查；研究者的結論是聽損族群的政治活躍性會因為下列因素而降低。

■ 對政治過程了解有限
■ 漠不關心和感到公民權被剝奪
■ 對推動改變的無力感

有人擔心失聰者在政治上過於活躍，反將導致聽人在配合失聰者的要求時卻步，變成他們的一種挫折。例如，減少溝通的障礙，在美國社會中可能被視為一種道德義務。但是，如果失聰的減少或消除是可能的（透過醫學的進步），而失聰者選擇不去減少或消除失聰，反而持續要求昂貴的配套措施，有些人可能就會要求失聰者負責分擔部分的花費（Tucker, 1998a, 1998b）。

在 1988 年挑起「我們要聾人校長」學運的失聰族群，大部分都是白種人。沒有任何非裔美國失聰領袖參與，即使華府（高立德大學所在處）有一個很大的非裔美國族群。很多少數族群的失聰者及其領導者並不認為他們自己在這個歷史性的學運中是重要的一部分。然而，近年來多元文化主義融入了聽損族群，因為在失聰兒童和年輕人受教的場合，越來越多具有

206

多元文化背景的學生（Holden-Pitt & Diaz, 1998）融入，因而增加了理解聽損族群多樣化的必要性。書籍的出版，諸如《美國的黑人和失聰者：我們有那麼特殊嗎？》（*Black and Deaf in Amerlca: Are We That Different?*）（Hairston & Smith, 1983）、《西班牙裔的失聰者》（*The Hispanic Deaf*）（Delgado, 1984）、《聽起來像個家：在南方長大的黑人失聰者》（*Sounds Like Home: Growing Up Black and Deaf in the South*）（Wright, 1999）、《為來自不同族群的失聰當事者做心理治療》（*Psychotherapy with Deaf Clients from Diverse Groups*）（Leigh, 1999c），以及《另外的失聰者：多元文化的觀點》（*Deaf Plus: A Multicultural Perspective*）（Christensen, 2000），還有各種探討失聰者多元文化議題的章節，都顯示出聽損族群正在改變中，就如同美國社會一樣。「我們要聾人校長」的抗議，造成失聰者參與決策，現在也包括了多元文化的失聰群體。Glenn Anderson 博士是一位著名的非裔美國失聰領導人，在第一位「我們要聾人校長」學運後的主席 Phil Bravia 辭職後，成為高立德大學校董會的主席。現在有很多具有多元文化背景的失聰者擔任高立德大學董事會的成員。

失聰者組織

失聰的普遍性並未超越美國社會的多元性，此點也反映在聽損族群之中（Bateman, 1994; Jankowski, 1997; Leigh & Lewis, 1999）。現存的失聰團體有著不同的利益與不同的目標、各式的溝通理念和文化背景，以及對如何作為失聰者的方式，有多樣的看法。以下我們將簡要描述塑造了聽損族群特質的一些重要失聰者組織。這些組織曾因共同的原因而合作，但當共識無法達成時，就會各行其是。很多組織和當地的分會或團體都有關係。

■ 美國聾人協會，於 1880 年成立，這是由身心障礙人士創立與經營的最古老的組織（Schein, 1989; Van Cleve & Crouch, 1989）。其目標在集合全國各地的失聰者，謹慎思考他們的需要；最終的目標乃在擁護其基本權

利。今日，它是一個各州失聰者協會的聯合會，由一個全國性的理事會掌管。每年它會在政治上造成不同程度的成功影響力。目前美國聾人協會致力於聯邦層級的工作，希望確保失聰與重聽人士的溝通管道及公民權能受到保護。它倡導其失聰成員在教育、職業、法律與社會方面關心的事務。近期的《美國聾人協會月刊》（現名為 *NADmag*）報導如教育政策、電信溝通、電子耳蝸、手語翻譯檢定以及職業復健服務變化的特質等廣泛的講題。其法律中心提供有關失聰者權利的宣導、協助及教育。為達其政治目標，美國聾人協會與國內其他失聰者與身心障礙組織和聯盟有密切的合作。它的成員主體長期以來都以男性白種人居多，但現在其組成已變得較為多樣化，也反映出美國的人口統計資料（Bloch, 2001）。此轉變可從其理事會層次以及擴大服務的工作中看出。它還有一個年輕人的分支，稱為美國青年聾人協會（Jr. NAD），以領導訓練活動，鼓勵來自住宿型與回歸主流教育安置中的年輕失聰生，希望他們未來能發展成失聰領導者。

■ 在國際方面，美國聾人協會附屬於世界聾人聯盟（World Federation of the Deaf, WFD）。世界聾人聯盟成立於 1951 年，由全世界的失聰者協會所組成，致力於促進失聰者的文化、社會以及經濟狀態，其目標在增進全球的合作。

■ 各州的失聰者協會，採取政治活動以確保法律與服務是失聰者所想要的。例如，如同定期出版美國聾人協會州際協會（NAD States）刊物所提到的，有些協會已致力於建立永久性的州辦公室或委員會，來服務需要更好的州級方案及服務、改善電視字幕以及要建立地方性緊急警示系統的失聰與重聽人士（National Association for the Deaf, 2001）。這些協會使各州的失聰者聯合成一個群體。而政治活動通常和每半年一次會員大會中的社會活動結合在一起。

■ 美國失聰者兄弟會（National Fraternal Society for the Deaf, NFSD）在 2001年歡慶其成立一百週年（Suggs, 2001）。它是僅次於美國聾人協會的資

深失聰者組織，由一群男性失聰者為了抗議當時武斷拒絕失聰者投保及收費過高的政策而成立。他們的方式是提供失聰會員費用低廉的生活保險（Gannon, 1981; Schein, 1989）。由於會員的組成逐漸老化，美國失聰者兄弟會開始積極從事市場行銷以吸引新會員。

■ 失聰與重聽部門（Deaf and Hard of Hearing Section, DHHS）是亞歷山大·葛里翰·貝爾失聰與重聽者協會（Alexander Graham Bell Association for the Deaf and Hard of Hearing）（2001a）的三大部門之一。其他兩個部門和失聰兒家長以及服務失聰兒與成人之專業人員有關。此協會的主要目標包括倡導通過立法支持兒童及成人利用聽覺法的權利、宣導有關語言學習的聽覺法以及有助於聽損者的聽覺科技之精進，還有提供協助以確保符合聽損兒童的溝通與學業需求的適當教育方案的可及性。雖然這個組織一直被認為是反對將手語應用於教育目的，但它也會和其他組織（如美國聾人協會）為了達成共同的目標而合作，例如共同致力於全面新生兒聽力篩檢和電信溝通管道。此協會包括年輕一代以及成人，他們有機會在每半年一次的正式集會中彼此互動。

208

專門組織

最近有些組織為因應不同失聰人士團體的特殊需求而產生，反映出不同的群體及不同的目標；此點和聽常族群類似。它們證明社會互動過程的共通性及推動力；此推動力使聽損族群與聽常族群在相似的過程中結合在一起。下列是一些這類專門組織的簡述。

■ 美國盲聾者協會（American Association of the Deaf-Blind, AADB）由通訊組織發展成為一個為失聰又有視覺障礙人士倡導其權益的全國性組織。其目標在鼓勵盲聾人士獨立生活。由於很多盲聾人士是被孤立的，為使其能獨立生活，此協會提供盲聾人士科技協助、宣導以及資源連結網的機會（American Association of the Deaf-Blind，摘要，無日期；Miner, 1999）。他們舉辦會議以鼓勵互動，會議中有安排盲聾翻譯員協助溝通。

他們歡迎家庭成員的加入。

■ 兒童期過後才失聰的人士於 1987 年共同成立成人後期失聰者協會（Association of Late-Deafened Adults, ALDA）。它使那些人生後期才失聰的人士能團聚在一起，彼此了解，形成一個社群。除了鼓勵群體的感受外，成人後期失聰者協會的使命是去支持人生後期失聰人士的組織。

■ 電子耳蝸協會公司（Cochlear Implant Association, Inc., CIAI），舊名「國際電子耳蝸俱樂部」（Cochlear Implant Club International）。它是在 1981 年創立的一個自助團體，希望能協助失聰者面對聽力損失與電子耳蝸的挑戰（Cochlear Implant Association, 2001）。電子耳蝸協會和地區性的分會與支持團體合作，提供資訊、轉介、教育、支持與宣導給它的會員、專業人士、有興趣的團體及一般社會大眾。鑑於配戴電子耳蝸的失聰者人數越來越多，電子耳蝸協會公司本身是一個消費者組織，預期將會在電子耳蝸領域中承擔領導的角色。我們要注意一些以前依靠手語系統或美國手語溝通的失聰者中，有越來越多人使用電子耳蝸（Christiansen & Leigh, 2002）。這些人士如今在聽損族群內是被允許的，而不是被徹底拒絕。雖然人工電子耳協會公司目前是電子耳蝸使用者的主要組織，其他組織包括美國聾人協會（National Association of the Deaf, 2000b）以及貝爾協會（AG Bell）（Alexander Graham Bell Association of the Deaf, 2001b），已經針對電子耳蝸的議題發展其立場聲明與資訊活動。

■ 美國失聰老人協會（DSA）於 1994 年成立（Deaf Seniors of America, *209* 2001）。它反映出跟美國很多年長者一樣，聽損族群中也有一大群失聰老年人的存在，和美國老年人人數增加互相平行。很多失聰老人期望在每半年一次的集會中與他人社交；此協會則告訴成員有關其倡導的努力以及相關資源的訊息，以改進他們在失聰以及主流社會的參與度。

■ 失聰婦女聯合會（Deaf Women United, DWU）在 1985 年成立，致力於確保失聰婦女有管道進入一個支持的社群，以及增進人們了解失聰婦女對社會的貢獻（Deaf Women United, 2000）。考量到失聰婦女的獨特性，

她們在性別與失聰方面都遭受歧視與壓迫（Wax, 1999），失聰婦女聯合會致力於確保這些婦女有正面的經驗。此協會參與倡導、教育與延伸服務，以確保性別和溝通問題不會剝奪失聰婦女和他人一樣的同等機會。他們每半年召開一次會議，提供失聰婦女一個聯絡與提供支持的平台。

■ 在1977年成立的失聰者彩虹聯盟（Rainbow Alliance of the Deaf, RAD），是一個專注於失聰同性戀者的教育、經濟與社會福利議題的全國性組織（Rainbow Alliance of the Deaf, 2000）。失聰的男、女同性戀者需要了解聽人、異性戀、工作、不同種族群體，與男女同性戀者的世界。每一個場合都有其歧視與接受的立場。失聰者彩虹聯盟所提供的支持，有助於學習管理在這些不同場合中可能產生的狀況和問題所需的技巧。失聰者彩虹聯盟透過每半年一次的集會提供聯誼的機會，使成員能討論有關社會和法律問題的解決方法。各大主要城市也有失聰的男女同性戀社群來提升其聯絡以及社會支持（Gutman, 1999）。

■ 重聽人士自助公司（Self Help for Hard of Hearing People, Inc.）創始於1979年，是一個非營利的教育會員組織，其目標在增進重聽人士的生活品質（Self Help for Hard of Hearing People, 2001）。其使命是透過教育、資訊、支持以及倡導，並打開溝通的世界。其成員主要由不認為自己是聽損族群一分子的人士所組成。倡導的努力包括在共同的目標下，與其他失聰者組織合作。

■ TDI，前身為失聰者電信溝通公司（Telecommunications for the Deaf, Inc.）成立於1968年。當時的貝爾協會和美國聾人協會合力為失聰者貢獻並為他們提供電傳打字機（teletypewriter）的服務（Lang, 2000）。聽損族群的成員志願架設並分發第一批電傳打字機，此後失聰者電信溝通公司已經成為透過教育、網路、合作、宣傳以及發展國家政策來提升視覺訊息在娛樂、資訊及電信溝通可及性的重要組織。此組織宣傳有關科技和新政策的資訊，以確保失聰者擁有平等的溝通管道。

失聰者種族團體

當聽損族群越來越多樣化，以及不同種族來源的失聰者彼此區隔開來時，不同的種族團體就產生了。例如，非裔美籍失聰者建立他們自己的社會組織和球隊，即使類似的失聰組織就在附近（Hairston & Smith, 1983; Jankowski, 1997）。有一部分原因是因為過去的種族隔離就學方案及種族隔離的白種失聰者組織（Aramburo, 1994; Lane et al., 1996; Rittenhouse, et al., 1991）。此外，即使同樣是失聰，但黑人和其他種族失聰者的經驗，很清楚地不同於白種失聰者的經驗。這都歸因於種族主義的態度，不論明顯與否，都持續存在於美國白人的社會中（Cohen, 1991; Corbett, 1999; Lopez, 2001）。由於這些原因，再加上共同種族的人都傾向於聚集在一起，並保持他們獨特的文化傳統，地區性和全州性的團體就形成了。下一個合理的步驟就是建立全國性的組織。

第一個出現的團體是美國黑人失聰者擁護團體（National Black Deaf Advocates, NBDA），成立於 1982 年（Schein, 1989）。其目標在於提供黑人失聰青年一個模範角色與成功遠景，以作為權充這個團體過程的一部分。本章前面提到，Glenn Anderson（1994）曾寫過當非洲裔美國人在遭遇歧視或壓迫時，互相聯絡與自助是很重要的。他將這些功能視為美國黑人失聰者擁護團體很重要的一部分任務。這個組織每半年舉辦一次會議，會中參與者會互動並發展其組織的時程。

成立於 1994 年的跨種族失聰者協會（Intertribal Deaf Council），其目的在於實行失聰美國原住民的傳統與文化，並提高其成員及大眾對這些文化的評價（Intertribal Deaf Council, 1999）。1997 年，美國亞裔失聰者協會（National Asian Deaf Congress）成立，其目的在為亞裔失聰者體認並保存其文化、傳統、認同與歷史（National Asian Deaf Congress, 2001; Wu & Grant, 1999）。這兩個協會都定期舉辦會議，以再次確認他們的任務以及未來要如何幫助他們的會員。美國西班牙裔失聰與重聽者協會（National Hispanic Council of the Deaf and Hard-of-Hearing）目前已不再運作（Deaf

Latino Organizations, 2001），但有一個叫作 Deaf AZT-LAN（Across the Nation Newsbriefs, 2001; Deaf Latino Organizations, 2001）的失聰拉丁裔族線上資源，有興趣的讀者可以參考本章末所提供的網址。

宗教團體

有關失聰者的宗教信仰可追溯至聖經新、舊約及猶太法典的時代（Van Cleve & Crouch, 1989; Zwiebel, 1994）。從十八世紀開始，宗教機構就一直努力，期使北美的聽損族群能參與宗教活動（Schein, 1989）。到今日，「沒有一個宗教缺乏失聰者的參與」（Schein, 1986, p. 85）。宗教界的失*211* 聰者領袖，包括天主教的神父、猶太教的拉比以及新教的牧師，他們都受過訓練，可以和宗教界的聽人領袖一起同工，來主領失聰者的聚會（Gannon, 1981; Schein, 1989）。失聰牧師散布於美國各地（Deaf Churches, 2001）。全國性的宗教組織，例如路德教會密蘇里宗教會議（Lutheran Church-Missouri Synod）、失聰者宣教團（Deaf Missions）、失聰者衛理公會聯合會（United Methodist Congress of the Deaf）、國際天主教失聰者協會（International Catholic Deaf Association）的美國分會以及猶太教失聰協會（Jewish Deaf Longress）等，都和當地的宗教組織有合作關係。由於移民的湧入，聽損族群開始關注其失聰會員的信仰，如佛教、印度教、伊斯蘭教以及其他開始在美國生根的宗教。

聾人俱樂部

聾人透過全國性、區域性與全州性的組織來保持聯絡，但歷史上主要仍是靠聾人俱樂部來作為維持各地聾人族群的支柱（Lane, Hoffmeister, & Bahan, 1996）。這些俱樂部使聾人朋友在離開住宿型學校後，還有機會繼續與其他聾人社交。這些俱樂部不但提供可增進互動的活動，例如跳舞、慶典活動、體育競賽、研討會等，也提供了一個傳遞聾人文化、習俗、歷史以及世界觀的方法。在這些俱樂部中，當有年輕的會員加入時，這些聾

人會員就會扮演導師與教育者的角色。這些俱樂部也創造支持性的環境，或是就像 Hall（1994）所說的，是一個安全的天堂——在那裡，聾人之間並不會遇到他們在外面所碰到的溝通障礙問題。

隨著電視字幕和網際網路的興起，以及一些可以使用的電信設施，例如文字電話及呼叫器，聾人不再強烈體認有必要再聚集到聾人俱樂部以維持群體感。許多證據顯示，很多此類俱樂部正在日漸凋零中（Lane et al., 1996）。偶爾的活動，如美國聾人自覺（Deaf Awareness）活動或是聾人慶典（Deaf Festivals）活動，現在已經是聾人族群互動的新集會處。聾人和聽人社區間的界線不再那麼清楚，因為當聾人在旅社、會議中心以及運動場所舉辦活動時，聽人也會參加（Padden & Rayman, 2002）。由於電信溝通以及手語翻譯員已提供於職場、學校和休閒活動之中，聾人有更多機會和聽人同儕互動，聾人團體的界線已變得越來越透明。雖然如此，這些聾人團體仍保留濃厚的聾人文化傾向。

體育

體育在失聰者生活中扮演了一個很重要的角色（Gannon, 1981; Schein, 1989; Stewart, 1991）。聽損族群的出版物及媒體都有部門專門報導由失聰者組織所承辦的體育活動以及失聰者的體育競賽結果。有許多國際性、全國性、全州性、區域性與地方性的組織在贊助失聰者的體育活動。Jerald Jordan 是國際失聰者體育委員會（Comité International des Sports des Souds, CISS）的前任主席，其功能類似國際奧委會（International Olympic Committee）。他寫出失聰者的心聲：失聰者認為在失聰者的運動中，最能感受到對生命的掌握感（Jordan, 1991; p. vii）。透過掌握體育中的社會文化情境，失聰運動員及志工能確保社交的滿足和自我的實現；當彼此都能相互了解時，還會有一種歸屬感和易於溝通的感覺。失聰運動員可以在很多體育項目中，包括棒球、籃球、溜冰、橄欖球以及摔角，擔任教練以及學習的典範。因此他們可以作為年輕失聰者的運動啟蒙者。

美國最主要的失聰者體育組織是美國失聰者體育聯盟（USA Deaf Sports

Federation），舊名美國失聰者體育協會（American Athletic Association of the Deaf）（USA Deaf Sports Federation, 2001）。此組織創立於 1945 年，和區域性與當地的體育團體以及國際失聰者體育委員會都有聯繫。它贊助美國隊參加每四年舉辦一次的聽障奧運（Deaflympics），前名為聾人錦標賽（World Games for the Deaf）。還有一個世界 1983 年成立的歐洲失聰者體育組織（European Deaf Sports Organization）（EDSO History, 2001）。

健康照顧的問題

聾與重聽的病患比較不可能獲得有關諸如愛滋病等健康問題的最新資訊，他們通常也很少能從醫生那邊獲得有關預防疾病的資訊（Langholtz & Ruth, 1999; Woodroffe, Gorenflo, Meador, & Zazove, 1998）。醫師的溝通障礙可能是一個原因（Harmer, 1999; Witte & Kuzel, 2000）。Ralston、Zazove 和 Gorenflo（1995）認為醫師的行為來自他們終其一生對失聰者的負面態度，而此態度是因為他們對失聰者的了解有限。雖然《美國障礙者法案》有要求，但由於經費的考量，常會限制溝通的可及性（Gianelli, 1999）。這些因素使 Harmer（1999）下結論說，聾和重聽者常得到不充分、不適當與不合倫理的健康照顧。我們非常需要探討這些少數失聰者的健康照顧需求。Harmer 建議使用隨機抽樣的方法來調查失聰者目前的健康狀態以及健康照顧的運用情形、服務阻礙之評估以及比較「提供可資利用的健康照顧」和「長期無法提供完全的健康照顧資訊」二者間財務花費的差別。

倘若健康照顧的提供者很清楚聾和重聽病患的溝通需求，也知道如何修正其筆談溝通及何時必須使用手語翻譯員，那麼在服務這些需要良好健康照顧的病患時就能做得更周全。有關健康管理資源的訊息，包括心理衛生照顧以及社區資源，請上相關網站參閱：http://www.deafhoh-health.org/。

就像聽常者一樣，年老的失聰者也需要和醫護人員有更多的接觸。在美國，年邁者通常較不受重視，對年邁的失聰者而言，更是吃虧，因為他們在健康資訊以及情緒支持方面有溝通的障礙（Andrews & Wilson, 1991;

213

Munro-Ludders, 1992）。此外，當他們需要協助照顧或是健康管理設施，包括養護之家時，卻很少有住宿型機構專為年老失聰者設計，使他們可以保持和聽損族群的聯繫。許多需要住宿型機構照顧的失聰者，最後都是獨自待在回歸主流機構中，因為主事者並不清楚老年失聰者了解資訊的能力（Andrews & Wilson, 1991）。換言之，主事者認為失聰老人是被人了解的，但事實不一定如此。

當面臨生命中臨終階段的挑戰時，Munro-Ludders（1992）描述由於不足的溝通，失聰者在聽人的健康管理機構中無法得到有關自己生理狀況或服務的完整資訊，因而感到困惑和不確定。他認為失聰者在這個時期表現出他們的可塑性和耐心，因為失聰者終其一生就是在應付各種溝通的障礙。然而就如同一般的美國老人一樣，他們仍會有孤寂的感受。

職場的世界

如果你看看下列的書，就可以了解失聰者現在就業的可能性是無限的：《藝術和科學界的失聰者》（*Deaf Persons in the Arts and Sciences*）（Lang & Meath-Lang, 1995）、《好萊塢說話了》（*Hollywood Speaks*）（Schuchman, 1988）、《失聰婦女：走過二十年》（*Deaf Women: A Parade through the Decades*）（Holcomb & Wood, 1989）、《失聰者的傳統》（*Deaf Heritage*）（Gannon, 1981）。舉凡證券經紀人、醫師、廚師、建築師、工程師、印刷工、律師、木雕師、棒球隊員、詩人、演員、博物館館長、化學家、工友、電腦技術人員等，都有失聰婦女和男士們在這些領域及其他更多的行業工作。失聰者已進到政府的高層，其中最明顯的例子就是 Robert Davila 博士。他在布希總統第一次執政時，曾擔任教育部的特殊教育與復健服務助理秘書（Lang & Meath-Lang, 1995）。失聰者工作的場合，從專門提供失聰小孩和成人服務的機構（在這裡可能會有很多的失聰同事），到可能只有他一人是失聰雇員的職場（Schein, 1989）。失聰者在許多本來認為是不可能的領域奮鬥有成的故事，其實為數不少。

　　但也並非凡事都如此美好。Robert Buchanan 的《平等的假象》（*Illusion of Equality*, 1999）描述失聰者努力在職場內獲得升遷或雇用，通常是因為經濟復甦而獲利，例如在二次世界大戰後的人。很常見的是，當失聰者獲得基本的工作時，他們並未獲得與聽人同等的升遷機會（Buchanan, 1994; Christiansen, 1994; Schein, 1989）。此外，Lang 和 Meath-Lang（1995）表達他們對於失聰少數族群缺乏成功就業的情形感到難過。

　　從過去的歷史來看，失聰者的工作通常是不需要技術到需要有技術的勞力工作（Christiansen, 1994）。一個常見又為人熟知的職業是印刷，部分原因是住宿型啟聰學校在印刷方面有很好的職訓方案（Christiansen, 1994; Gannon, 1981; Van Cleve & Crouch, 1989）。今日，需要技術的印刷就業機會已急遽減少，因為產業的變遷、科技的進步取代了以前需要有經驗的印刷工才能完成的許多功能。

　　另一個常見的行業是郵政服務（Lane et al., 1996）。若能為參加公職測驗的失聰者提供預備的訓練，則此行業是可從事的（*Deaf American*, 1969, 1970）。回溯至 1906 年，這些測驗對失聰者而言是有限制的，因為當時的測驗將失聰者及其他人排除在外。失聰領袖費了多年的努力，以強烈的政治活動來推翻這許多聯邦政府職位的限制，並除去測驗的障礙（Buchanan, 1999; Cannon, 1981; Van Cleve & Crouch, 1989）。例如，Al Sonnenstrahl（個人溝通，2001 年 9 月 18 日）回憶，郵局職位的文官測驗題目包括有關音樂以及和工作能力無關的詞彙。

　　今日，沒有哪個領域的職業有失聰者特別多的現象，顯示現今的就業選擇和機會是很多的。教育變得越來越重要，對那些欲升遷者，工作要求他們有更高的技巧層次。在這種工作環境中，聾與重聽人士要如何自處呢？

　　Barnartt 和 Christiansen（1996）檢視部分來自 1990 和 1991 年的「國家健康訪問調查」的四百七十八位尚未就業成年失聰者的資料，發現除了在教育以及工作成就的進步之外，成年失聰者和聽常成人相比，仍然處於較不利的狀態，尤其是男性又比女性的差距來得更大。雖然失聰男性擔任白領階級工作的人變多，擔任藍領階級工作的人變少，但和聽人相比，仍有較多人從事藍領階級的工作。失聰女性和聽常女性則類似，大多擔任白

214

領階級的工作。

在一項由 Schroedel 和 Geyer（2000）所作為期十五年的長期調查結果顯示（第二章已簡單介紹過），參與此調查的二百四十位大專畢業生，大部分已成功就業，並對生活感到滿意。女性的薪資比男性少三分之一，男性在受雇時的薪資通常較為固定。雖然如此，大專畢業生的薪資仍比聽常者來得低。即使有較多的女性失聰者比男性失聰者擁有較高的學位，女性失聰者的工作仍集中在辦事員之類的工作。受調查的大專畢業生，其中有 15 ％在 1999 年時尚未受雇，而擁有工作者更經常被大材小用。這些結果可能是低估，因為全國被大材小用的聽常大專生的比例是 27 ％。研究者建議職業的選擇應依據生涯而非工作本身的考量，生涯創造力需要隨著生涯中的工作改變時去學習新的技能。女性失聰者需要接受挑戰以發揮她們的最大潛能。囿於傳統的性別刻板印象，女性失聰者必須花許多時間努力，破除受雇的阻礙，才能趕上男性失聰者（Holcomb & Wood, 1989）。

而更令人擔心的是失聰學生中有 44 ％在高中時就退學了（Blanchfield, *215* Feldman, Dunbar, & Gardner, 2001，如第二章所述），而一般高中生的退學率是 19 ％。州立的職業復健局已加速對失聰者施以職業訓練，尤其是在第二次世界大戰之後。然而，在 1989 到 1998 年這段期間，即使失聰者的人數增加，透過職業復健局的服務而成功就業的失聰者數目卻減少（Reich-man, 2000）。有一個可能的原因是 1990 年代的經濟景氣上揚，不用職業復健局協助也能找到就業機會，雇主也更願意雇用「非傳統」的工作者，以及職場更能提供手語翻譯員和電子郵件、電腦輔助的即時字幕等文字相關科技，還有電話轉接服務的出現。在另一方面，職業復健局諮商人員在為英文和數學能力有限的失聰客戶安插工作時，遇到困難。除了雇主拒絕雇用失聰者外，很多自動化的工作功能也害了許多並無一技之長的失聰工作者（Buchanan, 1999）。

有關多元種族失聰工作者的資訊是很缺乏的。在 Schroedel 和 Geyer（2000）的調查中指出，少數族群背景的失聰大專生人數很少，不足以分析。在一項對三百四十九位啟聰教育方案中的專業人員所做的調查顯示，有 10.4 ％是非白人或少數族群，主要是非裔美國人和西班牙裔／拉丁裔

（Andrews & Jordan, 1993）。在那個群體中，11.7 ％是失聰者，只有八人擔任行政職。法學博士 John Lopez（2001）是西班牙裔／拉丁裔聽損族群的重要成員，他表達此族群被排除在社區發展方案之外的關切，因為此舉阻礙了合格的西班牙裔聾人的向上發展。他說西班牙裔的失聰專業人員，能位居決策者屈指可數。總之我們必須做更多的努力，來鼓勵少數失聰族群向上發展。

1990 年的《美國障礙者法案》限制有十五位以上雇員的雇主不能排斥身心障礙的求職者。雖說此明確的訊息是鼓勵雇主了解只要提供適當的配套設施，身心障礙者可以成為良好的工作者，但若要實施仍是一個問題。雇主歧視的意圖難以證明。即使有《美國障礙者法案》的頒布，有些雇主樂意雇用失聰者，但也有雇主拒絕。即使長久以來全體失聰工作者已證明他們是表現良好的工作者，但他們仍得為求得公平的就業機會而持續努力。

那些一直未就業的失聰者可求助於「身心障礙社會安全保險」（Social Security Disability Insurance, SSDI）以及「安全收入補助」（Supplemental Security Income, SSI）的救濟。在 1993 年，大約有十萬人獲得安全收入補助或身心障礙社會安全保險的補助，因為他們的聽力損失程度嚴重到影響其工作（Lane, Hoffmeister, & Bahan, 1996）。「聽力損失程度嚴重到影響其工作」之定義並不清楚，因為事實上有很多失聰者可以工作。根據社會安全局以及美國聾人科技研究院共同合作，對年輕的失聰或重聽成人所做的調查，Clarcq 和 Walter（1997-98）的結論是，失聰者的教育程度越高，就越不會去領取安全收入補助。除此研究外，很多領身心障礙社會安全保險和安全收入補助救濟金的失聰者，的確伴有其他的障礙或無法內化工作的要求。而且，當初級或手工類工作的薪資比身心障礙社會安全保險和安全收入補助所提供的救濟金還少時，身心障礙社會安全保險和安全收入補助就成為讓失聰者不想工作的抑制因素（Buck, 2000; Vernon, 1991）。有些失聰者會改以攤販作為一個更有利可圖的投機管道。

多年以來，聽損族群和失聰攤販處得並不好。美國聾人協會有一個口號：「失聰者不乞討」（Gannon, 1981, p. 255）。在二次世界大戰之後，此口號廢除了。以攤販為行業的失聰者開始遍布各地。反對失聰攤販的活動

216

由失聰組織建立，以消除認為全體失聰者需要施捨的想法（Buck, 2000; Gannon, 1981）。目前的印象是失聰攤販較為少見，因為對有需要的失聰者而言，他們已有更多的訓練以及就業的選擇。聽損族群內的自尊以及驕傲也是一個抑制的因素。在 1997 年，一個廣大發行的刊物發現了紐約市皇后區內一個非法的墨西哥失聰攤販組織，他們受到威脅和暴力，被迫繳交現金給頭目，證實攤販業一直都是有利可圖的（Barry, 1997）。這群失聰犯罪者已被逮捕並入監服刑（Fried, 1997）。

如同本書第六章所指出的，如要解決失聰者就業不平等，需要服務失聰與重聽學生的聽障教育方案，將轉銜融入他們的總計畫內。關鍵包括從中學到中學後的教育或就業，以及中學後的教育到就業。州立職業復健方案、雇主以及社區代表，加上學生和其家人都需要參與特許設立的生涯與職業方案，以創造族群內的學習機會，加速轉銜過程，並確保其就業機會（LeNard, 2001）。此過程不可或缺的部分就是加強與工作有關的技巧與工作倫理。

法律問題

雖然勸導以及合作是較佳的策略，但法律常成為美國失聰者感覺其權利遭受剝奪時訴諸解決的最終辦法。《法律權利：失聰與重聽人士指引》（*Legal Rights: The Guide for Deaf and Hard of Hearing People*）（第五版）一書，是美國聾人協會（National Association of the Deaf, 2000a）所策劃的，其目的在散播法律訊息給聽損族群以及為失聰者倡導權益的專業人士。其目標在對抗歧視、不平等的溝通管道，以及認為失聰者沒有能力的刻板觀念。改善失聰者生活的法律行動包括立法到提起訟訴，確保下列各項權益：

■ 適當的教育

■ 可使用的電信溝通管道

■ 消除建築物的障礙（例如，缺乏視覺警示系統）

217

■ 健康照顧與心理衛生服務的公平管道

■ 公平的就業機會

■ 在犯罪審判系統內的公平服務管道

　　失聰囚犯提出訴訟要求合理化的配套措施（如：在感化系統內的溝通管道）。美國聾人協會法律中心已經對城市和郡級的警察部門提出告訴，以確保法律執行人員的溝通可及性。美國聾人協會有一項和溝通可及性相關的立場聲明是由執法人員擬訂的（National Association of the Deaf, 2000c），因為在某些情況下，發生失聰者被警察擊斃的案例，因為警方不知道這些人是失聰者，且需要特別的溝通方法。有幾個法律案件有關失聰生的教育安置決定，因為對公立學校需要提供的教育服務類型有不同的看法（Siegel, 2000）。諸如此類的例子不勝枚舉。

　　Raifman 和 Vernon（1996b）建議從事心理衛生服務的行政人員必須發展緊急計畫來服務有此需求的失聰病患。這樣，他們可以避免因為要求公平的可及性而花費鉅額法律費用。在另一篇專文中，Raifman 和 Vernon（1996a）描述法律行動應要求心理衛生服務之提供者必須具有流暢的美國手語能力，以便服務失聰病患。

　　處於犯罪審判系統內的失聰者面臨一些隱藏的風險，包括在基本的法律過程中開始產生的溝通困難，例如警察的審問和律師的互動、決定接受審訊的能力，以及其他基本的法律過程（Vernon, Raifman, Greenberg, & Monteiro, 2001）。這些問題在失聰者被逮捕或在接受調查階段時就會出現，因為少有警察單位會提供手語翻譯員或其他失聰者的支持服務（Miller, 2001）。失聰嫌犯可能很容易被誘導簽字表示認罪，或在超越他們理解範圍的法律文件上簽字的這個事實，更使這些問題複雜化。由於失聰者語言的特殊性，要確保他們了解合法訴訟程序的涵意以及作證，是較難的事情。為了達到合法的訴訟程序，評估其語言多樣性以便和失聰嫌犯做有效的溝通，或提供符合其需求的手語翻譯員是很重要的。Vernon、Raifman 和 Greenberg（1996）列舉建議清單給失聰被告，以確保嫌犯有成功溝通的權利（Miranda Warnings）。

結論

　　就其複雜性與其易受社會政策動態學（而此社會政策又影響社會成員的互動方式）牽動的論點來看，聽損族群的社會學是較大的社會之縮影。當我們越了解這些應用於失聰者的社會因素時，就越能發展出讓失聰者更完美地管理自己生命的策略。回想十幾年來，失聰者必須不斷努力才能跟上聽人同儕；他們盡力去嘗試由聽人社會所加諸的種種限制以及他們固有的彈性特質。失聰者已走過一段漫漫長路，但他們仍有許多工作要做，才能在邁向他們所嚮往的機會的過程中，減少阻力。

218

建議閱讀的書目

Buchanan, R. M. (1999). *Illusions of Equality: Deaf Americans in School and Factory: 1850-1950*. Washington, DC: Gallaudet University Press.

　　《平等的假象：在學校與在工廠的美國聾人：1850 到 1950 年》，本書描寫聽損族群領袖在不管國內高或低就業率時期所使用的策略，以獲得和維持工作。強調個人對工作安全的責任，妨礙了倡導失聰者集體就業的可能性。

Carbin, C. (1996). *Deaf Heritage in Canada*. Toronto: McGraw-Hill Ryerson, Ltd.

　　《加拿大的聾人遺產》，此書作者提供加拿大聾人的歷史。他闡述聾人的貢獻以及影響他們生命、教育以及他們對文化、藝術和歷史知識的人與事。

Jankowski, K. (1997). *Deaf Empowerment: Emergence, Struggle, & Rhetoric*. Washington, DC: Gallaudet University Press.

　　《使聾人增權：萌芽、掙扎與雄辯》本書美國的聾人社會運動因為採用來自民權運動及其他社會抗議的策略，也透過焦點的改變（由聽障人士轉為聽人主流文化內的語言弱勢者）而更成功。作者討論這些策略可以增進多元文化社會內不同族群的公平機會。

附錄：各種失聰組織的網址

219

1. 聾與重聽人士貝爾協會 http://www.agbell.org

2. 美國盲聾者協會 http://www.tr.wou.edu/dblink/

3. 美國失聰及復健協會 http://adara.org

4. 美國手語教師協會 http://aslta.org/national/index

5. 成人後期失聰者協會 http://www.alda.org

6. 成年失聰者的兒童協會 http://www.coda-international.org

7. 電子耳蝸協會公司 http://www.cici.org

8. 失聰者溝通服務 http://www.c-s-d.org

9. 失聰 Aztlan：拉丁裔失聰者／一個網路 http://www.deafvision.net/aztlan/
welcome.html

10. 失聰者歷史國際組織 http://depts.gallaudet.edu/DHI

11. 失聰婦女聯合會 http://www.dwu.org

12. 跨種族失聰者協會 http://www.bigriver.net/~rasmith/idc/idc.html

13. 美國亞裔失聰者協會 http://www.nadc-usa.org/about.html

14. 美國聾人協會 http://www.nad.org

15. 美國兒童失聰討論會 http://www.c-s-d.org

16. 失聰者彩虹聯盟 http://www.rad.org

17. 重聽人士自助公司 http://www.shhh.org

18. 失聰者電信（TDI）公司 http://www.tdi-online.org

19. 美國失聰者體育聯盟 http://www.usadsf.org

第十一章

失聰者與聽人在不同情境中的關係

失聰者的未來，不只在於體認刻板的信念、價值觀與態度是弱勢族群的災禍，也在於了解對於多樣化的限制，會阻絕其成長與適應力。

——Corker, 1996, p. 202

　　從 1991 年重聽者 Brenda Jo Brueggemann 進入高立德大學就讀後，每 *222*
天都有人問她：「妳是聾人還是聽人？」（Brueggemann, 1999, p. 237）。
而每當她回答這個問題時，內心都掙扎不已。

　　這個特別的認同問題影響很大，如果你不屬於這裡，就是屬於那裡。
對於那些確定自己是「聾人認同」的失聰者，答案是很清楚的。但對於處
於聽損族群的邊緣人而言，他們掙扎確定自己的認同，此問題可能迫使他
們要在聾人或聽人聽族群之間做出選擇。對一般聽常者而言，「聾人或聽
人」的問題超出他們所能理解的經驗範圍，因為「聽」對他們來說，是一
個不自覺的狀態；在遇到失聰者前，聽常者並不知道自己是聽人，而且他
們也不明白「聽人」對失聰者所代表的意義（Lane, 1996）。複雜的問題
是，那些重聽人士可能掙扎於他們要歸屬何處，且必須依情況決定他們「不
屬於任一邊」還是「兩邊都是」，如同 Brueggemann（1999）最後的決定。
如果說此人屬於「兩邊」，就是採取一種「雙重文化」的立場，也就是表
達其對於兩個世界都能很自在的態度。對聾人父母的聽人小孩而言，此「聾
人或聽人」問題，很可能會造成他們回答時的困惑。因為一方面他們是聾
人文化的繼承人，但在另一方面，他們像一般聽人一樣可以聽得到。

　　不管他們的選擇是什麼，其決定不只牽涉到聾和聽的認同問題，也牽
涉到在和「另一邊」的文化要有怎樣的關係以及如何與「另一邊」的人互
動的假設（不管是明確或模糊的）。簡言之，我們現在要面對的是失聰者
和聽人之間的關係與態度議題。

本章目標

　　本章探討一般聽人社會的認知、價值觀及態度，對失聰者所做出刻板
化反應的影響，儘管有例外的情形。它也探討失聰者如何對聽人做出反應。
這些典型的反應會對聽人及聽損族群、學校以及工作關係產生影響。專業
人士必須為影響這些關係的建構方式負起主要的責任。本章也將討論專業
人士態度的特質與影響，並描述健康的聾人與聽人的關係。我們不能忘記

這些關係也深受手語翻譯員的影響，本章將檢視他們身為失聰者與聽人社會間溝通管道的影響。本章介紹聽損族群內的態度之後，結論認為只有透過積極地接觸彼此，失聰者與聽人之間的態度障礙才能持續縮小。

「有趣」的態度

223

■ 在一個行政職務的就業面試中，本書的一位作者 Irene W. Leigh 是失聰，除了精通美國手語之外，也在英文說、寫方面有卓越的表現。她被問到英語的書寫能力，因為面試者指出失聰者有嚴重的寫作問題，因此擔心她要如何處理職務上所需具備的英語書寫能力。其他的問題還包括她要如何和聽人在電話中溝通。即使事實上她早已在履歷表上指明她具有博士學位身分的事實，也列出她已發表在專業期刊的多篇著作。

■ 在一篇有關心理學實習可及性議題的文章中，大部分針對失聰申請者的問題，包括了「不適當的提問、意見，或依據面試者對失聰或聾人的負面感受，對其能力提出挑戰」（Hauser, Maxwell-McCaw, Leigh, & Gutman, 2000, p. 570）。

■ 人們不曾停止詢問馬里蘭啟聰學校的負責人是否已婚、有無小孩、有無駕照，以及想知道當聾童轉變為聾成人時，他們可以做什麼事情（Tucker, 2000）。

■ 在回歸主流的經驗故事中，即使這些學生的學業表現成功，或是非常像「聽人」，他們都有不同程度被人拒絕的經驗（Kersting, 1997; Leigh, 1994）。雖然失聰生擁有良好的說話以及讀唇技巧，能很容易地和聽人同儕互動，但他們與聽人之間的關係常無法如他們所預期般親密（Stinson & Whitmire, 1992）。

■ 身為失聰父母的聽人小孩，Lennard Davis（1995）希望能夠逃脫「失聰」

圈，但最後他發現他真正嘗試逃避的是由聽人社會所建構的失聰。由於受歧視的經驗，他的失聰父母典型的反應是宣稱他們和其他人一樣好。換句話說，失聰者「知道」他們必須證明自己和聽人同儕是平等的。

是的，失聰者已努力很久了。他們的成就已超過聽人所能想像，從各種知名行業中的失聰者人數就可得知（第十章）。現在社會大眾比「我們要聾人校長」運動之前對失聰者有更多的了解；這得感謝媒體報導此事件（Christiansen & Barnartt, 1995）。失聰的財經顧問現在正計算其顧客群中失聰者和聽人的人數。拜科技之賜，諸如電子郵件以及其他網際網路管道減少了溝通的障礙。聽人病患很願意接受來自失聰醫師的建議，如Carolyn Stein醫師——她在2002年1月13日CBS電視的週日早安所製作的《手語城市》（報導紐約州羅徹斯特市的聽損族群）節目中現身。在宗教集會中，失聰及聽常的領導者都可擔任其失聰與聽常會眾的牧師。復健領域開始讓聽人員工和失聰督導及失聰主管共事。教育與心理衛生領域也開始效法，現在有更多的失聰者得到擔任主管的機會。 *224*

觀念看法的影響

很不幸，上述所描述的經驗很多依然存在。他們會有典型的聽人看法——因為失聰者聽不到，且無法以口語溝通或能力有限，因此將他們歸類為有障礙的。儘管事實上幾世紀以來，失聰者已找到許多不同的溝通方式，但這些不同的方式無法配合聽人社會所習慣的口語成分。即使失聰者使用口語，他們的話語總是無法讓聽人輕易理解。由於他們經常無法聽懂聽人的對談，人們常認為他們活在一個寂靜的世界裡。就像 Baynton（1997, p. 143）所描述的：

聽人對失聰者最常見的印象就是認為他們是一群孤立與排外的人，但失聰者一直反對這些看法，他們認為自己是聽損族群與

聾文化中的一部分。孤立感在這個緊密交織的族群中可能比一般族群中還少見。有關失聰的隱喻——孤立、陌生、獸性、黑暗與寂靜等,只是反映出聽人主流文化的需求與標準,而非大多數失聰者的經驗。

很少有人質疑聽人所頌揚的奇蹟:有些儀器據說能恢復聽力並帶給失聰者聲音的世界(Christiansen & Leigh, 2002),但卻未體認失聰者是利用各種方法來和外界聯繫。

藝術增強許多人對失聰者的負面刻板印象。舉例來說,Davis(1995)檢視從十九世紀以來的書面文學與戲劇作品中對失聰者的描述。他發現這些敘述通常將失聰的角色描寫為被主流社會所放逐;通常被當作許多「呃,什麼?」玩笑中的笑柄(p. 114),不然就是被當作一個處於沉寂世界中的可悲角色。娛樂界對失聰者形象的描述一直無法代表真實世界中的失聰者,因此社會持續對失聰者持有誤解與歧視的態度(Schuchman, 1988)。例如許多電影強化一般人認為失聰者是「笨蛋角色」的刻板形象、描繪他們是完美的讀唇者和說話者,或詮釋他們是獨處、不快樂的人。可喜的是,現今的電影界已有轉變,例如《悲憐上帝的女兒》以及其他電影(第二章)描述失聰者跟一般人一樣,能夠處理各種常見的生活問題。

225

身心障礙和失聰的意義

失聰者通常因為聽不到而被視為社會的邊緣人士,即使對失聰者來說,聽不到並不重要,因為他們擁有共同的語言以及族群背景。由於聽不到以及學口語的困難,他們成為身心障礙者的一環。當人們談到多樣化的特性時,身心障礙在實務上永不被認為是多樣化範圍的一部分(Corker, 1998; Davis, 1997; Linton, 1998; Shapiro, 1993)。按照字面的翻譯,「障礙」(disability)係指一個人是「沒有能力的」。此邏輯會導致一些反應,使人們認為障礙是一個不正常、反映喪失、軟弱、無助的狀態或在面對不幸

時的英雄氣概。這種看法一定會影響人們對障礙的矛盾態度，包括同情憐憫或麻木不仁。

這種矛盾的態度也會延伸到失聰者身上。就像身心障礙者一樣，失聰者常成為人們憐憫的對象，或者因為他們無法達到社會對聽人的期望，而被視為無法達到標準。如果他們口語說得不錯，又在職場中有所成就，就會被人們羨慕說他已克服失聰的障礙。這點可以清楚地從《該死的不同：將失聰者視為障礙者的文化》（*Damned for Their Differeace: The Cultural Construction of Deaf People as Disabled*）（Branson & Miller, 2002）一書的標題看到。Branson 和 Miller 描寫對社會的諷刺——社會雖宣稱所有人都生而平等，但卻依據社會等級、性別、年齡、種族、種族地位以及能力或障礙等，創造出結構上的不平等。即使很多文化型的聾人並沒有有很大的障礙，也和爭取障礙權利的運動保持距離（「我們要聾人校長」學運不是一個障礙權利運動，而是一個民權運動〔Barnartt & Scotch, 2001〕）。本章一開始的短文就顯示聽人社會無法輕易地區分「障礙」和「失聰」的不同。聽人社會也不太了解有肢體障礙的聽常者跟有溝通問題的聽障者是不同的。

聽人社會常會忽略障礙並非一直存在。當一個族群決定除去阻礙時，「障礙」一詞就得再重新定義。如果一位輪椅使用者進入一間可進入的戲院，且跟其他人一樣坐在位子上看電影，那麼在觀眾中，誰是障礙者呢？如果銀幕上有字幕，使看戲的失聰者可以透過視覺管道了解口語對話，那麼在觀眾中，誰是障礙者呢？如果把聲音對話關閉，讓聽人觀眾去看一部所有演員都以美國手語溝通的戲劇，那麼請問觀眾區中，誰又是障礙者呢？

儘管障礙的定義在某種程度上會因環境而改變，要提供障礙者平等的場合，經常受到經費的限制，例如，經常以「經費不足」為由來拒絕為輪椅使用者加寬戲院的門檻或為每部電影提供字幕。這個觀點在前幾章中已經重複出現過許多次。它基本上反映出社會不夠坦誠面對的歧視面。直率地說，社會只是一直在補救障礙問題，而不是創造出平等的機會。在一個靠經濟原則運作的社會，為障礙者提供公平的管道，常被人們看作是花費過高。透過 1990 年《美國身心障礙者法案》的立法，法律要求配套措施，使所有身心障礙者受益，包括失聰者。由於強制實施《美國身心障礙者法

226

案》的訴訟仍在法律系統進行（Raifman & Vernon, 1996a），我們可以清楚看到社會常無法欣然配合障礙者，且對失聰者持有偏見，這些都持續影響失聰者的日常生活。

由於《美國身心障礙者法案》的適當性，以及因為體認到社會大眾對障礙者有其責任，就如同對所有健全者有責任一樣，而產生日漸增加的容忍度，社會大眾對障礙者的態度已經逐漸由明顯轉為細微的歧視了（Blotzer & Ruth, 1995）。這是一種不易察覺的歧視，很難證明它的存在並與其對抗。當無人告知在職場中的失聰者有關其工作表現的重要訊息，當失聰兒童在回歸主流或融合安置裡很少被聽人同學邀請加入小組成員，或當透過聾人文字電話的 9-1-1 緊急系統（見第十章）因為接線生未受過回應 TTY 來電的訓練而沒有執行回應時，這些事件常因不受重視而被等閒視之，即使有人爭論這些就是細微歧視的例子。

另一個角度

另一個角度來看，聾人又是如何看待聽人呢？「你是聾人還是聽人？」是一個有力的問題。它的意思是問：「你是和我們站在同一邊呢？還是站在另外一邊？」這點強調了歸屬感以及文化價值觀的問題。如果回答是「聽人」，這又意味著什麼？依據 Padden 和 Humphries（1998）的看法，「聽人」不是中央參考點，而是代表它和「聾人」之間有極大的分歧，而且可能因此而不被讚賞，或代表聾人世界以外的外在世界。這話說得有道理，因為失聰者長期以來受到擁有權力和控制權的聽人不好的對待。在《聾人的方式》（The Deaf Way）（Erting, Johnson, Smith, & Snider, 1994）這本書中，作者對聾人和聽人的互動部分（p. 660-718）有深刻的描寫。此部分描寫失聰者對於人們以「障礙」（而非其優點）來定義他們時，所產生的忿恨之情。

聾人如果必須和不認識的陌生人互動，他們比較傾向和外國聾人互動，而非與聽常美國人互動，這一點也不令人驚訝（Woodward, 1989）。在一

個類似的研究中，調查者想看失聰病人喜歡聽人治療師或失聰治療師？結
果發現當兩種治療師都具備同樣熟練的手語能力時，失聰病患會選擇同樣
失聰的治療師而非聽人治療師（Brauer, 1980）。

當聾人的「聲音」在近十幾年來日漸增長時，因為有聾人文化的支持，
（Humphries,1996），聾人開始勇敢說出他們要定義自我以及和聽人同儕
平等的需求。為達此目標，他們開始要求聽人讓步，讓聾人對自己的命運
承擔更多的發言權。有趣的是，Cumming 和 Rudda（1989）將此視為聾人
對聽人有偏見；某種程度而言，這的確反映出聾人想要獲取一些權力轉移
的努力，因為長久以來，聽人一直扮演做決策與執行決定的角色。Neil
Glickman（1996a, 1996b）在其描寫聾人認同發展的沉浸階段時（第九
章），掌握了這種觀點；在此階段中，聾人文化的價值觀有很強的支配權，
而聽人世界是被貶低的。聾人在此階段會抱怨聽人對待他們不公義或不公
平。

當聾人堅持自己的權利時，他們常會遇到感到困惑的聽人參與者反問：
「你們聾人是怎麼啦？當聽人世界企圖協助你們時，聾人文化卻讓你們變
成愛鬥爭者？」（Drolsbaugh, 2000, p. 12）。這些刻板化的反應，增強了聾
人所受到的誤解和中傷，同時也透露出聽人在處理他們家長式作風的態度，
及體認聾人嘗試自助與獨立的難處。

當聾人更進一步以一種統整性或雙文化的立場來認同自己時，焦點就
由攻擊聽人轉為支持聾人（Glickman, 1996a）。在此階段，人們體認到「聽
人」這個類別不一定是一種詆毀。不必將聽人視為家長式權威作風的力量，
聾人也可以將聽人視為具有不同聽覺經驗的人，或把他們視為可信任的盟
友（Hoffmeister & Harvey, 1996）。

近年來，由於視覺科技（諸如電子郵件和文字電話轉接服務）提升溝
通，回歸主流的教育安置越來越多，以及降低就業機會的阻礙，聾人和聽
人之間的界線越來越模糊。因此，「舉止像聽人」的聾人較少被批判為不
夠像聾人。具體來說，雙重文化越來越為人們所接納（Grosjean, 1998）。
此點反映在有越來越多的聽人和聾人團隊一起共事，以大致平等的地位，
在很多不同的場合中合作，包括教育、心理衛生、政治、政策決定……等。

227

聾人可以成為有聽人雇員大組織內的「老闆」。這件事在 1989 年成為事實——聾人 Robert Davila 被布希總統任命為助理秘書，掌管特殊教育與復健服務部門。

專業人士的態度

然而，由於聽人社會持續且經常公然不願配合聾人的需求，甚或在某些情境下會有忽視聾人需要的傾向，要如何以社會學健康的方法來定義聽、聾雙重文化，就一直是個重要的任務。在 2001 年秋天，當美國郵政系統遭受炭疽菌的威脅時，所有郵政員工，包括失聰員工，在此緊急狀況下受指示要開會以獲得醫療方面的資訊。但不管失聰員工如何向上級解釋、懇求，就是無法得到手語翻譯員來轉達攸關生死的訊息（Suggs, 2001b）。在此案例中，疏忽當然不是原因。專業人員對於他們所領導、共事或教育的那些人，有責任去努力讓他們保有一種了解及知道失聰者個人需求的心態。

雖然文獻描述有更好的改變，但大多數服務失聰者的組織或行業之主導者仍然都是聽人，他們自己形成一個網絡，而未與失聰專業人士有所連結；而且聽人覺得他們打從心底知道什麼才是對聾人最有益的。這就是 Lane（1999）以「善意的面具」為書名的用意，用以表示聽人對失聰者的壓制，以及利用失聰者來獲取經濟上的利益。他認為這是一種沒有考慮到聾人觀點，「以聽人方式來掌握、重組及運用權威於聽損族群的現象」（p. 43）。為描述此現象，他使用 Tom Humphries 所創的「聽覺主義」（audism）一詞來描述。Corker（1994）進一步說明，這個術語可以反映出以說話為主的聽人，根據他們自認比失聰者更優越的想法，所建構出的社會關係。而這個觀念造成他們壓制少數族群的態度。雖然 Lane 在書中的前言指出有些聽常專業人士遭受聽覺主義這種不公的譴責，因為他們都在幫助失聰者，使之更有能力；但針對具有聽覺主義作風的聽常專業人士，此書倒是一個有力的起訴書。

接著還有一點需要澄清。聽損族群通常是透過失聰者組織來達成自己

的決策及表達自己的意見。例如即使有失聰演員可以嘗試這個角色，也不用特地再去學手語，但電影製片公司常會宣稱他們聘用一位需要去學手語好詮釋某個角色的聽人演員是最好的解決方法！當聽人團體宣稱失聰演員不能達到該角色的期待時，他們是採取一種聽人主義的立場。為此，失聰者組織已經聯合起來，要求電影界應聘用失聰演員，而不是讓聽人演員來扮演失聰者的角色。

有趣的是，在 Moores（1993a, 1993b）對《善意的面具》（*The Mask of Benevolence*）一書的嚴厲批判中，Lane 自己反被指控為聽覺主義者。最好的例子就是 Moores 引用 Lane 自己的敘述來說明 Lane 如何對蒲隆地的啟聰教育擅自做出決定，而未向失聰的專業人士（無論是白人或非洲裔，或是對非洲的失聰兒童教育系統專精的失聰組織）諮詢。很清楚地，無論專業人士的立意有多好，想要知道他們自己可能會有的聽人主義傾向，就要能接受失聰者公開的批評與指出其盲點。

Lane 強調聽常專業人士的經濟動機。此點在個人層次而言並非如此，因為人們進入失聰領域的動機並非都是為了錢，而是由於一些複雜的因素和善意（Baynton, 1992; Moores, 1993a, 1993b; Vernon & Andrews, 1990）。 *229* 從譴責聽常專業人士轉為更仔細分析個人的因素，Hoffmeister 和 Harvey（1996）體認到人們選擇和失聰者共事的原因很多：有些人是因家庭成員中有人是失聰者，或是他們曾經遇見失聰者；有些人被手語所吸引；有些人將聽障領域視為一種挑戰；也有些人具有「宣教士的狂熱」──他們認為失聰者需要他們的引導；他們可能是利他主義傾向的，認同受壓制者或因宗教因素而大發熱心。長期來看，重要的是他們在工作過程中和失聰者之間有何種關係？他們是否在與聽損族群接觸後，發現他們永遠無法成為聾人？他們是否會介入去協助那些「比聽人更不幸的聾人」，或因為失聰「受害者」都不知感恩而變得很厭倦？他們是否會因為他們想幫助的失聰者對於處理事情的看法和他們不同而經歷到挫折感？身為主流聽人社會的成員，他們是否以某種方式繼續壓制與他們共事的失聰者，將他們自己的看法或價值觀強加於這些可能「持有不同看法」的失聰者身上？Hoffmeister 和 Harvey 提出警告，如果這些聽人的態度或對失聰者的看法沒有妥善處

理,將會潛在地干擾聽人和失聰者之間健全的合作關係。

失聰者常評論他們所遇見的聽人專業人士對他們的負面態度與家長式作風。依據 Vernon 和 Andrews(1990)的看法,這種獨裁的人格傾向會強化這些態度,接著造成壓制。獨裁者會對不屬於他們的團體抱持敵意,把「失聰」和「不同」以及「軟弱」劃上等號。軟弱會引起焦慮,獨裁者將這種感覺向外投射到令他們感到不舒服的人。在這種方式下,他們會嘗試處理這些差異,以增強他們的優越感。他們在工作時間以外,通常不和失聰者打交道,而且設立種種阻礙,不讓失聰者擔任決定者。他們與失聰者共事時,會採取「善意的行動」,在未與失聰者共事時,會採取「高傲的態度」(Pollard, 1996, p. 33)。

在教育方面,一般人都知道聽損族群一直無法為失聰兒童的教育做決定(Nover & Ruiz, 1994),雖然某些領域正在改變。Nover 和 Ruiz 指控這是一種「障礙的看法」(醫學模式),強迫失聰者變得聽常化(使用口語)。對文化型的聾人而言,此舉帶有壓制的意味。他們的反抗表現在其論點中,也就是認為失聰者有權利讓自己成為聾人文化的一部分,且在失聰兒童就讀的學校裡應該使用美國手語。對於強烈充滿口語價值觀的聽人而言,他們很難體認失聰者的這些主張(Jankowski, 1997)。這個聽人和聽損族群之間在教育方法學及語言策略的衝突,已造成 Nover 和 Ruiz 所稱的「懼怕的政治學」;他們希望最後「具有可能性的政治學」會超越這些衝突,好讓失聰兒童的定義不再侷限於他們的限制;也希望失聰者在教育過程以及族群中,能被人們視為完全的參與者。此點需要專業人士對於彼此之間的合作能夠秉持更開放的態度。本章稍後敘述健康的相處方式時,會討論這個觀點。

230

壓制

「壓制」一詞,已成為對很多聽人專業人員的行為下定義的流行用語。參與協助的專業人員,通常會視自己有能力幫助他們的對象成為有能力的

人。對他們而言，當被人告知自己是「壓制者」時，其實是很訝異的。即使有越來越多證據顯示聽人和失聰者間有正面積極的互動，以及失聰者更願意接受雙語的理念，並表示習慣與聽人相處，那為什麼「壓制者」一詞仍經常在文獻中出現呢？

壓制的過程會發生在社會邊緣團體，包括身心障礙者以及失聰者的社會、政治以及經濟關係中（Corker, 1998）。當聽人掌控有關失聰者事務的決定，而不是和失聰者一起制定可以讓所有人受惠的配套措施時，壓制的現象就發生了。

舉例來說，在一個工業化的社會裡，工作就是力量。當一個人因為失聰（即使有很多方法可使人著眼於失聰者的能力而非其障礙）而只有有限的經濟機會時，就會增強他人對其沒有能力的看法（Corker, 1998）。不管在學校、訓練機會、工作或政治方面，當失聰者持續努力求進步卻受到阻撓時，他們可能歸咎於社會不肯和失聰者共事，因此壓制他們。當失聰者嘗試去批評聽人的建議時，他們的看法可能無法成立，導致聽人認為失聰者似乎不夠感恩。

失聰者對他們認為的壓制情況，有許多不同且複雜的回應方式。他們可能不加任何批評地適應聽人社會；也可能回到被視為正向特質的聾人文化；或可能和聽人社會一起努力，來改變受壓制的傾向（Corker, 1998）。他們的反應會依壓制所發生的情境、個人的特質，還有過去的經驗而定。要了解更全面的事實，Corker 強調我們不但需要去看壓制者與受壓制者，也要去了解壓制的過程，尤其是這兩個群體之間權力消長的動態關係。「我們要聾人校長」學運必須能提升自我意識感，來闡述這個權力的動態關係與倒置的權力平衡，這樣才不會讓權力完全掌握在聽人決策者的手中（Jankowski, 1997）。

雖然壓制的看法的確占主導地位，但是也有反對的說法，認為失聰者不一定會受到聽人的轄制。已故的失聰專業人士 Larry Stewart 是美國手語的使用者，也是位多產又敢言的作家。他嘲笑「失聰者被聽人社會所壓制，或是被描寫成聽人社會的受害者」這種看法（Stewart, 1992）。他主張雖然有時某些聽人的確惡待失聰者，但他們也同樣惡待其他的聽人。他解釋，　*231*

和其他國家相比較，美國的失聰者其實已經受到極大的支持，也確實擁有
許多功成名就的機會。他甚至更進一步地建議失聰者去體驗像伊拉克或古
巴的生活，就會對「壓制」一詞產生新的定義。

　　Stewart 了解失聰者如要和聽常者相比，就必須持續更努力地克服一般
人對他們的「忽略、偏見以及偶爾的殘酷」（p. 141），以達到相同的語
言、教育、職業成就，以及相同的族群參與度。他提醒我們，很多來自不
同種族、人口多寡和不同外貌、身心障礙、宗教或其他不同條件的聽人團
體，也得努力對抗其他聽人團體的壓制；失聰者當然也不例外。依 Stewart
的看法，許多失聰者對於他們的生活品質感到滿意，因此將他們定義為「受
壓制者」並不合理。最後，為避免失聰者和聽人之間產生無謂的分裂，他
譴責「聾人文化」一詞，因為此詞「排斥」和失聰者持有不同觀點的聽人。

　　和世界各國相比，美國的失聰者其實擁有較佳的利益，特別是在教育
和工作機會方面；但這個事實並不代表不需去檢驗族群之間的緊張關係。
綜言之，對於各個不同的族群而言，不管族群間的聯繫關係是什麼，我們
必須並肩努力，共同尊敬彼此差異的價值，以提升所有人的機會。社會需
要方法來減少長久以來一直存在的歧視以及族群之間的分裂。同時，很重
要的是要去了解每個族群獨特的特質與內部的多樣性。很多聽人和失聰專
業人士，正朝此目標一起努力。

健康的連結關係

　　為了建立失聰者的信任感，建議專業人士去接受公認困難的誠實自我
分析，才能試著理解為何會有不信任感的存在，以及如何能確保與「另一
方」保持健康的關係（Corker, 1994; Hoffmeister & Harvey, 1996）。在敘述
這個過程時，一位聽人心理學家 Harvey（1993）自問：

> 我並沒有去壓制。
> 但怎麼可能沒有？我要如何做才能不壓制？（p. 46）

他和其他聽人專業人士體認到，身為聽人使他們更容易賦予自己較高的地位以及較大的特權。嘗試去融入聾人文化未必是解決的辦法。最好是密集地檢視自己的態度，注意在任何場合中聽人和失聰者之間的關係，努力使雙方彼此尊重，以及了解聽人專業人士並非永遠都知道正確答案，失聰者也是如此。

232

此過程需要彼此相互教導。聽人和失聰者都必須願意用對方的觀點來了解及共事，並將對方的看法視為教育意見的一部分。感覺遭受到不公平待遇時，雙方的誤解應在彼此都不感威脅的安全地點討論清楚。談到協助聽人與失聰者能互相了解的議題，雙方必須更進一步努力去創造彼此之間的適應與妥協。雙方最好把訴諸法律看作最後的手段，因為即使其結果可能是較好的永久改變，但法律手段會造成二選一的情況，且在過程中令人感覺難堪。

在美國各地的研究團體以及聾校，都可以看到很多聽人和聾人正面合作關係的例子。舉例來說，從 1997 年起，一個美國教育部所贊助的美國手語與英語的雙語方案，已組成一些失聰者和聽人合作的教師團體，他們每禮拜聚會一次，討論美國手語、英語的雙語法（www.starschools.org/nmsd）。這對聽人和失聰專業人員雙方來說，都是一個有意義的過程（Nover & Andrews, 2000）。大約有十四所聾校，包括一百五十位以上的老師參與這個計畫。在這些失聰者和聽人合作的正面關係裡，失聰兒童成為受惠者，他們會把所看到的正面關係，融入他們和聽人同儕相處的健康模式中。

也有許多失聰者和聽人共同合作的研究計畫案例；在計畫中，失聰者和聽人作者及研究者分享他們的觀點，就如同本書作者群彼此合作努力，但我們每個人都有不同的看法和理念。這種聽人和失聰者彼此合作的研究和教學關係，對於建立態度的改變以及使每人有同等的發揮空間，是很重要的。

另外一個促進健康的失聰者與聽人間關係的方法，是在聽人和失聰者團體間創造聯合的關係，不管是在專業、政治或是社交場合（Lane, Hoffmeister, & Bahan, 1996）。如果互相保持尊重，此舉可增進雙方的互惠關係，並可激勵態度的改變。但這方法通常不是一個容易的過程，因為分享

和支配的問題經常會出現。這種由不同群體組成的統一聯合戰線，使得《美國障礙者法案》以及《全面新生兒聽力篩檢法案》得以在國會通過。

　　如果聽人和失聰專業人士以一種教學及合作的模式來合作，仔細考量對方的觀點，將能激勵失聰者和聽人之間健康的關係。此點有賴由這些專業人士設立典範，並訓練下一代專業人士體認這個現狀。這類模範方案的例子，如羅徹斯特大學醫學中心的精神病，在心理學、社會工作以及醫學領域設有失聰者和聽人的博士和博士後學生訓練方案。在此方案中，失聰受訓者並非只能醫治失聰病患，而是在這個有聽人教授及聽人病患的科系中，吸取訓練的經驗，透過正面的方式來改變此機構的文化（Pollard, 1996）。

　　近年來，擁有失聰者成員的機構、組織及教育單位，為了平等的考量，已急遽增加其失聰會員人數，立下一個可讓他人遵循的先例。例如，高立德大學的董事會、紐約市萊星頓聾校的聾人中心委員會，以及在1976年就產生第一位聾人會長的亞歷山大・葛里翰・貝爾聾人協會。雖然如此，其他重要組織的董事會尚未蕭規曹隨。例如，只有極少數成年失聰者被挑選在某些耳鼻喉科、聽力學或聽語董事會中服務，針對專業人員、助聽器廠商以及研究者，在有關對失聰者的政策、產品及服務提供方面，提供他們忠告。

　　即使在某些地區由於檢定的關係使失聰者難以獲得教師證，今日有越來越多的失聰者從事教師工作（Andrews, 1998/1999）。某些測驗的項目可能包含一些和教室實務無關的教材，或是使失聰者教師難以通過的材料。今日的專業人員正在審視這個實務問題，希望確保有能力的失聰者教師不會因此而灰心，可以有機會與聽人教師共事，提供他們的學生合作的模式。

　　日間的失聰者方案很少聘用失聰的行政人員，這個問題使得要增進這些安置中聽人和失聰者間的關係更為困難。但一些人士如紐澤西州的 Kathleen Treni 就憑藉聽人和失聰者之間良好的合作方法，突破了這個阻礙，並擁有行政職務。在聽力學的領域中，高立德大學的聽力學博士班已有失聰生就讀。日後這些失聰聽力師將有機會和聽人聽力師共事，在評量失聰者聽力學需求的過程中融入有關「聽」這件事的不同觀點，並提供有關擴

233

音的資訊。

翻譯員的議題

　　要發展健全的聽人——失聰者關係，經常依據手語翻譯員的問題如何
被解決而定。大部分聽人專業人士和聽人同儕並不具備精熟的手語能力，
而且並非所有的失聰者都有精熟的英語口語能力。在面對面的互動中，手
語翻譯員就是扮演促進聽人和失聰者溝通的一座橋樑。

　　手語翻譯，一般被視為一種對成年失聰者的服務，是失聰者需要和聽
人有深入的溝通而開始發展的。早期的翻譯員是家中會打手語的家庭成員，
尤其是失聰父母所生的聽人小孩（Schein, 1989）。雖然他們的社會意圖通 *234*
常是完美的，但是聽人會干擾失聰者的會話，加諸自己意見，並在不知情
下，非故意地影響了雙方互動的結果，也強化聽人看待失聰者為地位較低
下者；而失聰者也很難發出怨言，因為他們還得仰賴這些手語翻譯志工的
服務。

　　手語翻譯後來發展為專業的領域，主因是成年失聰者對翻譯員的需求
日增，而非正式的手語翻譯義工又無法達到專業的要求。失聰者翻譯員監
理所（Registry of Interpreters for the Deaf, RID）是這個行業專業化的自然結
果（www.rid.org）。鑑於保密的倫理守則以及翻譯員可能從翻譯情境或其
他事物中獲得一些訊息，失聰者翻譯員監理所發展了一個有關使用手語翻
譯員的嚴謹道德規約，以確保守密性以及能正確反映出持續進行的對話，
不管是口語譯成手語，或是手語譯成口語。翻譯員監理所也和美國聾人協
會在翻譯員認證的議題上彼此合作（E. Pollard, 2002）。這也是聽人和失聰
者間彼此合作的另一個正面範例。很清楚地，我們最好聘用領有執照的翻
譯員，因為他們在語言和倫理方面都有資格來處理許多翻譯的情境。在美
國各地都有設立翻譯員服務的機構，那是可提供手語翻譯員和口語翻譯員
服務的寶貴資源。

　　很多聾人清楚了解他們有能力和聽人同儕發展出積極正面的關係，不

管在何種場合——職場、社交場所、教室、會議，其中很大程度跟所聘請的翻譯員服務品質以及他們精準的翻譯技巧有關。失聰者把翻譯視為一個有價值且珍貴的服務。對多數人而言，此服務管道提供他們進入原本沒有開缺的就業機會，翻譯服務也使他們能參與聽人社會的社交、教育及休閒場所的活動。然而，要增進聽人和失聰者之間的關係，還有一些持續產生的問題需要了解與處理。

翻譯員經常要處理各種需求，包括語言、環境（如法院、教室、商務會議）、人際以及個人（角色期待、對不同場所的特殊語言之知識，例如醫學或統計術語）之要求。此外，他們還可能會有得到像腕隧道症候群這種慢性生理疾病的風險（Dean & Pollard, 2001）。翻譯員必須經常在困難的情境中下判斷並做出適當的反應。舉例來說，他們經常會遇到下列的挫折：失聰者不熟悉翻譯員的角色，或聽人開始對翻譯員說話而不是著重在和失聰者溝通的過程。不幸的是，有些失聰者對翻譯員的壓力不夠了解，因為他們依賴翻譯員並對翻譯員如何達成其職責有所期盼。對聽人和失聰者而言，訓練將有助於雙方習慣翻譯的情境，並了解翻譯員的角色。

235　　無可否認地，將手語譯為口語比將口語譯為手語更加困難。適當的翻譯必須要能真正理解此語言的細微差別，不管失聰者選擇使用哪種方式去表達自己，尤其是個人臉部表情的細微差別、手勢以及手語。當翻譯員的第一語言是英語口語而非美國手語時，在翻譯過程裡就會產生不小的壓力，特別是當翻譯員知道他們有責任將失聰者的觀點，呈現給聽人群眾時。

而失聰者的感受呢？最讓失聰者感到沮喪的，就是當他們發現自己的意見並沒有被正確翻譯時。翻譯員不是中立的導管；相反地，他們會因為本身的理解能力、對術語的認知，以及他們的翻譯詞彙選擇，而對訊息的交換產生重大的影響（Dean & Pollard, 2001; Metzger, 1999; Roy, 2000）。這些問題都顯示出翻譯員可能會控制情境以及會影響失聰者對聽人的感受。

舉例來說，失聰者精彩的演講內容，如果透過一個差勁的翻譯員轉譯，其效果將不如預期。聽人觀眾就會對失聰演講者產生不當的看法。當翻譯員將專業術語譯錯時，會造成人們對失聰專業人士其專業程度的負面看法。在一個專業研討會中，有位失聰社會語言學家在演講中使用「語言習得」

一詞（S. Nover，個人溝通，2002 年 1 月 15 日），翻譯員將之翻譯為「語言選取」（language pick-up）。翻譯員選擇這個詞彙，不經意地造成一種錯誤的印象，導致參與此學術會議的聽人學者對那位失聰的社會語言學家觀感不佳。

　　這種現象一再地重複出現。這些情境讓使用手語的失聰人士得依賴翻譯員的憐憫，而且無法評量他們的意見是否獲得正確的翻譯。很多時候，失聰者並不知道他們的意見沒有被正確地翻譯出來。隨著越來越多的失聰者就讀更高等的學位，唯有要求翻譯員必須受過高等教育且具有專業，才能將這種翻譯錯誤降至最低。

　　為矯正這些錯誤，失聰者必須對聽人反應者的對話特別注意，當誤會產生時就要去糾正，並得到值得信賴的聽人同事之回饋。而當有即時字幕可資利用時，失聰者就能在會議中透過文字來確定翻譯員的翻譯有無錯誤。這些策略需要有某種程度的專業覺知，這是一般失聰者所沒有的，但可以透過訓練而有所改善。

　　除了翻譯的問題外，有些失聰專業人士可能會提防手語翻譯員隱藏的野心。基於工作上非正式的關係網路建立以及工作職責的接觸，聽人同事以及督導者可能認為翻譯員不但了解此主題，也了解其所翻譯的失聰者的角色。不管失聰者或聽人，都較習慣處於直接溝通的情境中。因此，透過翻譯員工作的這種情形必須有所改變。已有很多工作機會被翻譯員占住，而非提供夠資格的失聰申請者。依賴手語的失聰專業人士視此為一個棘手的問題，反映出聽人對失聰者持續的壓迫。訓練聽人有關翻譯員的角色與界線，有助於改善此情況。除此以外，除了求助於《美國障礙者法案》，並無清楚的解決方法。想提出訴訟的失聰者必須思考他們的專業聲望是否會使他們變成可能的麻煩製造者，且會影響其未來工作的機會。 *236*

　　很重要的是，我們必須知道許多手語翻譯員將翻譯視為其終生的志業，也建立了優良的聲譽。他們之中有些人透過翻譯員訓練以及翻譯的工作，得到對於失聰以及相關問題的深入了解。其他人則追求更高的教育來提升他們與失聰者或為失聰者工作的能力。他們能否被失聰者所接受的一個關鍵因素，在於他們是否有能力和失聰同事建立一個正面積極的關係。

　　手語翻譯員是否能在其訓練過程中，充分地覺察失聰客戶的看法？由於翻譯員訓練方案缺乏一致的標準，且「合格」一詞在美國仍缺乏清楚的定義（Dean & Pollard, 2001），翻譯員的培訓及其日後翻譯經驗的累積，實有賴於持續對翻譯員的表現給予回饋，尤其應以失聰客戶的角度來評量手語翻譯員。

　　一個有關撤銷翻譯員的議題就是費用問題。多數的行政人員願意配合失聰者，但他們擔心相關的花費。這個合理的擔心必須要被處理（Gianelli, 1999; Hauser et al., 2000）。例如很多醫療機構及醫院，只為了經濟因素或獲利的考量，仍然拒絕提供溝通管道或為病人聘請翻譯員，因為他們認為雙方靠筆談就夠了，這也導致一些訴訟糾紛（Harmer, 1999）。這是一個很明顯的壓制情形：聽人將其對失聰者溝通需求的看法，強加於失聰消費者自己的看法。我們所忽略的是，將成本效益問題當作整個大局面中的一部分是有爭議的──當失聰者在大部分情境下可以完全理解其醫療問題時，他可以好好照顧自己，可以減少醫療的照顧而接著減少醫療保險的給付。當聽到失聰病患去電要求安排就診，醫療機構人員詢問其溝通的喜好，有需要的話，就可以安排翻譯員到場服務；看到這樣的報導，真令人感到鼓舞振奮。

　　從另一個不同的觀點來看經費問題。一個聽人機構可能會自動將可增進聽人溝通聽覺系統的費用列為業務費的一部分，但會質疑是否要把促進失聰者溝通的費用列為業務費的一部分。無可否認地，這是一個花費極高的提議，需要有更多的努力來想出一些具有創意的財務解決法，因為溝通需求對失聰者及聽人而言都是很重要的。若不朝此方向努力，會造成失聰者很多損失以及不公平對待現象的持續存在。1990 年的《美國障礙者法案》有適用於私立與公立機構的條款，以及針對只有十五位左右雇員之機構的過度困難條款。若機構宣稱過度困難（undue hardship），此機構方案或其下細分的資源以及整個機構或單位的資源就得接受調查，以確保他們拒絕編列翻譯服務費是否具有正當性。

237

聽損族群的態度

　　雖然本章的焦點放在聽人與失聰者之間的關係，但是我們不能不稍微提及聽損族群內的態度。是的，聽損族群是多樣化的，我們可以發現很多失聰者來自不同的種族以及不同的種族團體，其成員可能包括男同性戀、女同性戀、雙性戀、盲聾者或隸屬不同的宗教等；他們在大型聽損族群的活動中友善地彼此交融在一起（Lane, Hoffmeister, & Bahan, 1996）。同為失聰者這一點，的確有助於提升這些不同失聰者的密合度，其程度甚至超越聽人族群。

　　然而，聽損族群也是大型聽人族群的一個縮影，其內部也有許多不同的派別，而且並非總是能夠和諧共存，也可能有固執的現象（Erting et al., 1994; Lane, Hoffemeister, & Bahan, 1996; Leigh & Lewis, 1999）。悲哀的是，有些失聰者吸收了來自他們原本成長社會中的歧視價值觀，在宗教、種族、性別傾向、語言喜好及身心障礙等方面，持續以此觀點來壓迫其他的失聰同儕。

　　就以其中最孤立隔絕的盲聾者來看，很多失聰者對視力損失有些懼怕，這是可以理解的；他們一見到盲聾者就感到恐慌（Miner, 1999）。更有甚者，他們認為這額外的障礙是種恥辱。為處理此點，眼明的失聰者通常會減少他們和盲聾者的社會接觸，使盲聾者一直都被孤立。公開承認同性戀的失聰者仍遭受各種不同的拒絕，從惡意的評論到被異性戀失聰者公然排斥（Gutman, 1999; Langholtz & Ruth, 1999）。美國印第安裔的失聰者在啟聰學校中被其同儕毆打（Eldredge, 1999）。黑人和白人聽損族群在歷史上一直分道揚鑣，主要是因為深植的種族主義作祟（Aramburo, 1994; Corbett, 1999; Jankowski, 1997）。反對口語價值觀的失聰者排斥喜愛口語的失聰者，說他們是放逐者，即使這些口語派的失聰者也會打手語（Leigh, 1999b）。女性失聰者在參與失聰者組織方面最近才逐漸開始和男性失聰者平起平坐（Lane & Hoffmeister, & Bahan, 1996; Holcomb & Wood, 1989）。

要讓大家都同意我們是一個多樣化社會的事實，我們可以轉向拒絕此行為的失聰者模式，或是努力尋求凝聚失聰者的共同因素。這些因素包括公民權以及賦予他們更大的權利、就業公平性以及溝通的管道，不論面對面或是透過科技。就如同社會正一直努力克服歧視現象，聽損族群也一樣，在面對越來越多的多元文化失聰者時，努力學習去尊重多樣化。各級學校，從學前到中學後的安置，都應該擔負起理解多樣化的大部分責任。很多學校因而設立了多元文化方案，教導學生對多樣化的尊重。

雖然失聰者很努力地確保他們在社會中的地位，他們花了很長的時間才學習到，如果他們不能被視為一個聯合的陣線，就無法達到其政治目的。與聽損族群的小規模相比，其內部的組織數目比例算是過高的（Van Cleve & Crouch, 1989）。所有組織都有自己的使命與目標，但在歷史上，他們很少在攸關失聰者生活的問題上彼此合作過（Christiansen & Barnartt, 1995），此點常妨害其政治可能性。

「我們要聾人校長」學運已顯示聽損族群具有操縱媒體的能力，是一個聯合的陣線，以及對政治的理解。從那次的學運以後，全國性的失聰者組織（有些已列於第十章）已團結在一起，形成消費者行動網路（Consumer Action Networks, CAN）（Christiansen & Barnartt, 1995）。在這個由聽人所組成，為失聰者的利益服務的組織中，聽人可以成為會員，但沒有投票權。此網路很規律地參與政治過程，並定期對於會影響失聰者的教育、復健、心理衛生、職業、社會以及政治生活等層面的各種立法倡導權，提出其立場聲明。在如此做時，消費者行動網路不但讓聽人社會知道失聰者的觀點與目標，同時也將失聰者的組織結合在一起，並限制其可能的互鬥。

結論

當失聰者和聽常者同心擔任失聰與重聽的學校與方案的行政人員；當宣布失聰專業人士將擔任機構或公司的領導者而人們不再挑起眉毛；當人們期望來自不同背景的失聰者也可以和聽人一樣對社會有同等貢獻；以及

當人們不再因失聰者的聽力損失而認為他們在某些方面有限制時，那麼我們就可以說，失聰者和聽常同事間，已達成可能的健全關係了。這一點在今日比十幾年前更有可能發生；但如同本書一再指出的，仍有改善的空間。

我們相信，透過持續的正面接觸，失聰者和聽人將持續合作，廢除會妨礙彼此健康共存關係的態度障礙。此事需要持續的教育以及相互了解。事實上就整體而言，我們的社會仍在突破對失聰者抱持刻板化印象的過程中。

239

建議閱讀的書目

Branson, J., & Miller, D. (2002). *Dammed for Their Difference: The Cultural Construction of Deaf People as Disabled*. Washington, DC: Gallaudet University Press.

《該死的差異：聾人被視為身心障礙者的文化建構》，本書解釋障礙一詞的不同意義，企圖點出為何失聰者一直受歧視。作者從文化、社會以及歷史情境來分析，提供對此現象的解釋。

Jepson, L. (1992). *No Walls of Stone: An Anthology of Literature by Deaf and Hard of Hearing Writers*. Washington, DC: Gallaudet University Press.

《沒有石牆：聾和重聽作家文選》，這是一個由許多失聰者所寫的詩文選集，主要是那些在兒童後期、青年期或成人期失去聽力者。這些詩和散文表達的強烈情緒會讓讀者震驚，但也是有趣和娛人的。

Wrigely, O. (1996). *The Politics of Deafness*. Washington, DC: Gallaudet University Press.

《失聰政治學》，本書以作者的話來講，是有關失聰的政治意義，有關聾人認同的政治觀點，以及身為不同的人所付出的代價。它表達失聰者和聽人之間長久以來的衝突，也因此提供了對現今與未來失聰者與聽人間創造性的合作關係需求之洞見。

第十二章

邁向未來

與成年失聰者相處在一起的基本理由：你們的孩子成長後會是我們這個樣子。在很多情況中，我們可以告訴你們，你的孩子想要告訴你的事情，如果他的詞彙和經驗足以將他的感覺和需求用言語表達的話。

——Schreiber, 1969，引自 Schein, 1981

在前言中，我們介紹了一些與失聰者有關的問題，從第一章開始探討 *242*
心理學和失聰的領域起，這整本書我們都嘗試著回答這些問題。第一章所
討論的議題，包括智力測驗、心理衛生服務、照護標準的改變、專業的訓
練以及聾文化的影響，都說明了這個領域的轉變。第二章到第十一章則是
提供更多訊息來幫助我們回答前言中所提出的問題。本章很簡短地回顧各
章的重點，並以其作為踏腳石，展望我們未來可能的研究和發展。

全美國大約有二千八百萬人有聽力損失，從輕度到極重度不等，對於
他們的說話和語言理解有不同程度的影響。有些聽力損失的成因可以用醫
學方式治療，但大多數極重度的失聰者是永久性的感覺神經型聽力損失（第
三章）。美國每年大約有五千個重度到極重度雙側聽力損失的新生兒，將
近有四百種的基因性失聰被鑑定出來（Gorlin, Toriello, & Cohen, 1995），
約有千分之一的兒童生下來就是失聰，另有千分之一的人是因為感染而造
成失聰（例如：腦膜炎）。大約每一萬到一萬五千人當中，有一個會經歷
突發性的感覺神經型聽力損失，主要發生年齡在五十歲至六十歲（Muller,
2001）。聽覺的創傷和噪音導致的傷害（尤其是在工業或軍隊）也會造成
聽力損失。老年性的聽力損失是一種特別的聽力損失，在成年期後期才出
現，六十五歲以上的人有 25 ％會有這種損失，八十歲以上則有 50 ％。聽
力損失可能會造成老年族群與社會隔離，年紀大的美國人可能也會罹患梅
尼攸氏病（Meniere's disease），影響到他們的前庭系統而造成聽覺和平衡
的問題，在這本書中，我們主要的著重點是那些從生命早期就有感覺神經
型失聰的人。

心理衛生服務的進展

在歷史上，失聰者被認為心智較欠缺能力。過去五十年來，社會才開
始了解原來失聰者的智能範圍也和正常聽力的人相似。這是由於專業人員
了解到智能可以用很多方法界定，不必完全依賴語言測驗來測量智力的功
能，以操作型的測驗來評量認知和智力的能力，促進了專業人員對於失聰

者的優勢與能力的了解，這是個很重要的進展，因為專業人員開始知道失聰者並不是有缺陷的人，而是具備了不同能力的人。專業人員現在知道只要有適當的內在因素和環境刺激，失聰者可以將他們的潛能發揮到最佳程度，這意謂著要促進這些發展，服務是必要的，也表示著專業人員要期待失聰者可以從心理衛生服務受益（第一章、第八章和第九章）。

243　　當諮商人員和治療師在為失聰者服務時，他們可以利用已經發展出來的很多不同治療方法，其中某些方法已針對一般人的各種心理衛生問題的成效做過探討，現在正是時候來探討這些特別的方法治療不同文化和語言的失聰者，其成效如何。Guthman（1996）的研究就是其中一例，她評量了不同的介入方法對於治療依賴化學物品的成年失聰者有何種效用，這些人都參與了明尼蘇達失聰與重聽者化學品依賴計畫（Minnesota Chemical Dependency Program for Deaf and Hard of Hearing Individuals）並接受治療，她發現參與十二步驟的課程、有溝通管道暢通的支持系統及就業可以顯著地增加病患維持自我節制的機會。

　　電話健康服務的出現，對於提供心理衛生服務給居住在遙遠地區的失聰個案，應當有所改進。南卡羅萊納州目前正運用視訊會議的方式，讓一位會手語的心理醫師能與全州的失聰個案溝通（Afrin & Critchfield, 1999）。羅徹斯特大學醫學中心最近開始透過視訊會議，提供具有成本效益的手語翻譯系統，為醫療機構做遠距的手語翻譯服務（www.urmc.rochester.edu/strongconnections/）；究竟這種透過不會手語的醫師所提供的服務對於諮商和心理治療服務有何種影響還有待觀察。

　　心理師已使用多種不同的心理測驗來測試失聰兒童和成人，其中只有極少數測驗有失聰者常模，透過嚴格的評量方法去檢驗目前許多運用在失聰受測者的測驗，以了解其信度和效度，這個領域可以從如此的做法得到幫助。我們需要更致力於發展以美國手語為基礎，且可以適當評量精神症狀的測驗。此外，施測過程中用到手語翻譯員的相關研究也有待評量。研究者必須知道根據翻譯的訊息所呈現的測驗結果，是否能正確反映失聰者在不同情境中的功能。最後，電腦化測驗也必須要仔細地了解，並且評估其運用在失聰者的信度與效度如何。

由於失聰者不再被視為一個同質的團體，因此有必要去了解可將失聰予以區分的各種因素，其獨特影響為何。如今人們知道，要了解這些影響的衝擊，以及運用這些知識去對待失聰者，專業訓練是必需的。沒有這樣的訓練，心理衛生服務或是其他類型的服務，例如復健諮商，都不會有成效。心理師、精神病醫師、社工人員以及諮商人員必須要能夠和失聰個案溝通，他們也必須要了解溝通的議題和不同文化背景溝通的互動情形。在早期，有受過充分訓練的專業人員很少，但是現在已改變。目前有很多專精於失聰的心理學、社會工作與諮商的研究所，這些研究所曾經訓練很多聽常和失聰專業人員去努力改進心理衛生服務及相關服務的品質。其中一個很關鍵的優先訓練原則是，招募與訓練那些來自不同種族背景的人。

另一個重要的訓練議題是，心理師要正確地使用心理評量，這是一個 *244* 非常重要的議題，因為評量的結果和心理師的評量能力有很大的關係，心理師如果熟悉失聰及溝通的議題，那麼就會促使他用正確的測驗結果來描述被評量的失聰兒童和成人的長處與弱點（第一章、第八章和第九章）。

美國手語

另一個進展就是對於美國手語的了解與接受，不只是將其當作聾人所使用的語言，也視其為值得被正式研究的語言。研究者曾針對美國手語在許多領域中的角色做過探討，包括：心理功能、在教育上的最佳運用、雙語主義與第二語言的學習、心理語言學、神經語言學以及讀寫能力的學習（第一、四、五、七、九和第十章）。因為加入美國手語作為一種探討的工具（第四章），使得失聰者認知處理和學習風格的研究，有了新的發展方向。在心理衛生領域，分析精神疾患失聰者所表達的美國手語，有助於正確診斷有精神疾病的失聰者。

美國手語的使用讓神經科學家得以探索腦部未知的領域，以了解手語在腦中何處被處理，並且發展出更多有關腦部如何組織語言的正確假設。先前，語言學者只能透過中風腦傷失聰者的研究，以了解語言的側化現象。

藉著測量病患在手語理解與表達方面的流暢度，科學家發現使用口語的中風者和使用手語的中風者在腦部受損的部位相似，最重要的發現是左腦是處理手語的主要部位，就如同口語一樣（Poinzer, Klima, & Bellugi, 1987）。

今日的非侵入式的大腦顯影技術，包括核磁共振顯影（MRI）和正電子斷層掃瞄（PET），神經科學家藉之得以研究以美國手語溝通之失聰者的腦部，目的是要知道手語在腦中的神經源頭。在科學家嘗試釐清右腦在手語處理中的角色時，他們有驚人的發現。雖然手語具有視覺空間的特性，但是處理手語的神經機制和處理口語很相近，而與處理視覺空間的神經機制較不相似。根據這樣的新訊息，沙克研究所（Salk Institute）的研究者現在開始探討處理手語訊息時，左腦和右腦的激發現象（Hickok, Bellugi, & Klima, 2001）（第四章）。

目前已發展出以手語，尤其是以美國手語為基礎的失聰兒童語言教學法。綜合溝通法是將美國手語依據英語詞序和口語來表達，發展目的是要以視覺方法來表達英語，這樣的方法被介紹給失聰兒童的家庭、幼兒課程及教室。此外，一些運用英語詞序的手語系統也被發明出來，運用在失聰兒童身上。雖然這些方法會比單獨使用口語溝通有較佳的面對面溝通技巧，但是研究者並未看到這個方法能顯著提高語言和讀寫測驗的表現（第七章）。

在 1970 年代初期以及 1990 年代，研究者轉向去探討美國手語的習得與使用究竟和英語閱讀與書寫能力有何種關係（Butler & Prinz, 1998; Chamberlain, Morford, & Mayberry, 2000）。教師和研究人員目前在研究雙語和第二語言的相關文獻，目的是要藉這些理論與實際模型來更加了解失聰學生語言學習的需求。最近所發展的互動式讀寫課程，可以幫助失聰讀者從美國手語（用到空間和動作的語言）跨向英語（以聲音為基礎且序列性的語言）（Bailes, 2001; Gallimore, 1999）。用指拼法和手語作為橋樑來了解讀寫能力也是被探索的主題之一（Padden & Ramsey, 2000）。Shirley Brice Heath 的著作《字詞使用的方法》（*Way with Words*, 1983）對於文化如何影響孩童的讀寫學習，提供了很深刻的洞察，而聾文化的成分（例如美國手語會話與手語故事、ABC 故事以及視覺和空間策略）在失聰兒童讀寫課程

245

中的使用量劇增（Lane, Hoffmeister, & Bahan, 1996）。

　　植入電子耳蝸的失聰兒童在說話方面的增進，讓我們想到是否這也可以讓他們容易地掌握以音韻方式來學習閱讀，由於有許多植入電子耳蝸的失聰兒童進入使用雙語雙文化的啟聰學校讀書，我們好奇的是，依賴聽覺的訊息來促進音韻覺知，是否可相容於運用美國手語策略以增進閱讀？明確地說，是否同時使用美國手語和聽覺的策略提供了失聰讀者一種額外的解碼工具，還是兩種策略一起使用反而造成其困惑？

　　如同我們在第四章中所指出的，失聰兒童與成人可以使我們對所謂關鍵期的本質有更多的了解，因為很多失聰者對於在語言接觸的時間方面有所延誤。科學家還不十分了解究竟是怎樣的機制影響第一和第二語言習得的關鍵期，有些人認為有關鍵期，但是有些卻持相反意見（Emmorey, 2000），但是有關失聰兒童第一和第二語言習得的研究可為這個爭辯的議題提供更多的資料。

　　針對那些會說話也會打手語的雙語孩童而言，探索他們如何習得兩種語言（手語和英語口語），可以增進我們對孩童雙語現象的了解。Petitto和他的同事針對會兩種口語的雙語者和會手語及口語的雙語者的研究顯示，如果很早就同時讓孩童接觸兩種語言，並不會造成孩童在典型的發展里程碑中有落後的現象，也不會造成他們在語意或語言概念學習上的困惑，換句話說，聽常的孩子可以很輕鬆地在早期就學會兩種語言，不管是兩種口語或是手語和口語（Petitto & Holowka, 2002）。這樣的研究要如何運用到失聰兒童對美國手語和英語的學習，仍有待探討，但這些在孩童雙語現象的研究發現可以提供我們一些洞察，得以發展更有效的早期療育課程來教導雙語的失聰兒童學習美國手語和英語。 *246*

聽損族群的轉變

　　對很多人來說，聾人的文化一直意謂著壓抑、隔離和依賴，沒有密切地與失聰者來往的聽常者，通常都把聽損族群看作是一個遠離真實世界的

少數族群，因此想要把失聰兒童帶入聽人的世界，但失聰者在他們的族群裡是完全的參與者，就如同聽常者是他們族群裡的參與者一樣。這個世界充滿各種族群，每個族群吸引不同來源和生活經驗的人。

　　除了傳統將失聰視為障礙的模式外，近來有越來越多的文獻將失聰視為一種社會文化模式，反映出看待失聰為一種生活的不同情感和觀點。Allen Sussman 發展了一個健康模式（wellness model）來描繪心理健康的成年失聰者，提供一個新穎的觀點來看失聰者是怎樣的人、社會如何看待他們，以及失聰者如何認同他們自己（第二章、第九章及第十一章）。這樣的觀點挑戰了長久以來認為失聰者是生活有困難的人的刻板印象。和聽常者一樣，許多失聰者過著多彩的生活，有些則不是。此外，失聰者的面孔從傳統圖片所描繪的白種男性失聰者，轉變為來自不同民族和種族背景的失聰女人、男人及小孩，和現在美國的人口組成分子一樣。美國人口組成的改變也反映在聽損族群組成分子的改變（第二章及第九章）。

　　聾文化以一套共享的經驗及全世界的社會和教育網，把這些不同的失聰者聚集在一起（第二章、第九章及第十章），它是一個活躍的文化，鮮活地表現在很多都市中的聾文化節慶中，並且透過聾人藝術，美國手語故事及聾人劇院和文學呈現。對聾人來說，此種藝術的呈現方式提供他們機會去分享聾人的觀點。尤其是這些文化的呈現可作為一個平台，充分地表達他們處在聽常社會中的經驗，特別是他們受壓迫的感覺，這是一種自我賦予能力的形式。這些文化呈現的一個結果就是提供聽常者新穎的觀點，在遇到失聰者時，不再急於將他們帶向自然的、傳統的以種族和自我為中心的行為模式。在本質上，這些文化形式增強了失聰者希望被了解的事實。反過來，我們也要強調，不只是文化型的聾人，還有其他和聽損族群有不同連結關係的失聰者，都希望他們的觀點和意見能被聽損族群外更大的聽人社會列入考慮（第十一章）。

　　長期以來，失聰者的就業選擇一直被限制在藍領階級，例如：印刷、修鞋子、在工廠工作、小販與理髮師。由於今日在翻譯員服務、無線和數位科技、通訊傳遞服務、正向的媒體形象、免費與適當的教育以及法律保障不受歧視等方面的改善，使得失聰者能前所未見地和更寬廣的社會結合，

247

他們越來越受益於這個大社會所提供的教育、就業與娛樂。高立德大學有失聰者當校長（I. K. Jordan），美國聾人科技研究院有一位在羅徹思特理工學院及校長保護下的失聰副校長（Robert Davila），在學校中教導失聰學生的失聰老師，人數以指數方式快速增加。數百位成年失聰者正在美國各地的大學修讀碩士學位及教師證書（第六章）。翻譯員、聲音轉文字的軟體、視訊傳遞系統、即時字幕、遠距學習及教學，都促進了他們中學後及研究所教育管道的暢通，讓很多的成年失聰者能在高等教育及各種專業及行業獲得成功。今天有更多的工作是失聰者可以從事的工作（第二章和第十章），許多失聰者被聘為電腦程式設計師、軟體開發員、教育研究者、科學家、發明家、物理學者、宗教領袖、律師、老師、行政人員、公司執行長、證券交易員、廚師、汽車機械師等等。雖然自動化會繼續阻礙沒有特殊技能的失聰工作者，但是有越來越多的工作領域提供就業機會給他們（第十章）。

　　但是也有黑暗的一面，聽損族群充滿了不識字、失業與成就低落的人（第十章）。很多失聰者在犯罪系統中被逮捕，而需要特殊的服務（Miller, 2001）；有些人拒絕工作，並且濫用社會福利系統；有些人得不到工作；學習閱讀和書寫對多數失聰者仍舊很困難（Traxler, 2000）；某些失聰者根據智力測驗結果得到的智力水準和他們學業的表現有很大的差異；這些都很令人感到挫敗。但是從較大的角度來看，正常聽力的美國人也有同樣的問題。就像失聰美國人一樣，非裔美國人、西班牙裔美國人、亞裔美國人、美國原住民以及移民，他們也在每天的生活中奮力要有更好的經濟狀況、得到好的教育、享受所有美國提供的自由與好處，並且在不犧牲他們文化認同的情形下融入美國的社會。

　　媒體不斷地在爭辯什麼才是解決這些爭議最好的方法，但只有與這些議題有關的人，其長處能夠被運用到時，解決方法才會有效。對於失聰者來說，當教學課程的規劃是依據他們的感覺、認知與生存優勢，而不是依照他們的限制時，他們的問題才能夠被解決。照這樣的方式，未來的研究就有希望減輕失聰者所遭遇的這些問題。以種族族群或聽損族群為主題的跨文化研究，如果把重點放在成功所需要的技巧，或許是探討這個主題的

方式之一。唯有將更多的失聰者納入研究團隊，才有機會出現不同的觀點和創造性的解決方式。

以前聽損族群的人口會因為啟聰學校畢業生的加入而增加，如今正在改變中，今天有越來越多的失聰學生就讀於公立學校，而他們的同儕通常是聽常學生。很多人不會和失聰者有社交關係，即使有，也是到了年紀較大時（第二章）。這對於心理社會發展肯定有影響，尤其是失聰的認同發展（第八章及第九章），並且，這個新的發展將會改變聽損族群的面貌，使經驗的差異性更大。

其他的因素包括：失聰者社交的方式已不再侷限在傳統的聾人社團內，由於家庭電視字幕、電子郵件與其他科技，這些社團的人數似乎開始減少。因為受益於中學後教育及研究所機會的增加，中產階級的失聰專業人員越來越多（Padden, 1998），他們通常會參加各種社交活動，而未必是以聾人社團為主。如同第二章和第十章所提到，近幾年來，有很多不同性質的失聰者組織一一形成，例如：不同種族的失聰者團體、植入電子耳蝸的失聰者、男同性戀、女同性戀、雙性戀的失聰者、年紀大的失聰者、失聰宗教團體等，每個組織都會促進團體內的連結。

當人們進入聽損族群的時候，他們會發現這樣的參與會增進內部成員的互相依賴，這個情形會從幼年持續到老年。年長的失聰者從啟聰學校畢業後，會和孩提時代認識的朋友維持一輩子的友誼，那些在青少年或成人期進入聽損族群的人也同樣會與聽損族群發展出堅固的關係。即使他們退休之後，他們的社會網路也會維持著他們的連結。退休的失聰者增加很多，他們組成了一個全國性的組織——美國失聰老人協會（第十章）。有很多退休失聰者聚集在拉斯維加斯、內華達、Boynton海灘、佛羅里達州等地，在全美各地還有其他專門為年長的失聰者所設立的退休之家或退休村。

對於聽損族群內差異性增大的忍受度，是一個值得關注的議題。雖然聽損族群一向都歡迎有這樣的差異性，但是要忍受不同類型的人仍然是個問題。研究一些可以有效促進容忍的方法，尤其是在學校裡，將會減少歧視的隱藏效應，領袖訓練有助於領導者的發展，使他們可以作為忍受失聰者間差異性的典範。

對於增強專業人員或一般人的看法也有其必要，社會上確實存在著心理健康的失聰者，他們選擇聽人世界或失聰者世界，或是更常見地，滿足於兩種世界。我們再重複一次這個觀察，因為太多人經常忘記這些成人能夠面對人生並且很滿足地為自己做一些調適，並且這是常態而非罕見（第九章）。研究這些心理健康的失聰者將會協助我們發展失聰者的常模參數，這些可以用來對照那些經歷著精神異常以及其他顯著困難的失聰者，而這些也可改進精神醫學領域裡面的區別診斷。

分子遺傳學和電子耳蝸的進展

249

目前聽損族群正面臨一些可能會劇烈影響成員生活以及未來世代的重要發展，這些發展與分子遺傳學和電子耳蝸的進展有關，這兩個領域的工作引發了深遠且複雜的生物、倫理與社會議題。

與遺傳學以及失聰有關的議題並不是很新的議題，過去有過一段充滿爭論與悲劇的時期（第三章）。對於家族聽力損失的了解，可回溯到 1800 年代晚期，當時啟聰學校發現有一個大家族其兄弟姐妹和親戚都是失聰者。Alexander Graham Bell 在他的書《人類種族的一族：失聰族群》（*On a Deaf Variety of the Human Race*, 1883）中建議，為了要減少失聰出現，失聰者不應互相嫁娶或生孩子，這個觀念及其他一些觀念導致德國納粹政權的早期政策，他們下令這些人不得生育，而最終就是要將失聰兒童與成人消滅，這些罪行充分地被記載在文件中，Biesold（1990）在他的書《哭泣的雙手》（*Crying Hands*）心酸地寫出了失聰存活者在這些滅種政策下的長期效應。

科學家在與遺傳性失聰有關的基因辨識與定位方面有很大的進步，目前有至少三十種遺傳型聽力損失的基因，其生化與分子特質已被發現（Grundfast, Siparsky, & Chuong, 2000）。某些帶有聽力損失的症候群基因已被定位與鑑定出來，而最近對於 connexin 26 的辨識更代表了基因學在非症候群型失聰的重要發展（Arnos, 2002）（第三章），而檢測 connexin 26 比其他複雜的失聰基因容易。整體來看，基因的研究使這個新的知識有實

際的運用、使測驗得以改進以及使失聰者及其家庭有更好的遺傳諮詢管道
（Arnos, 1999）。

目前專家們知道遺傳性失聰發生在聽常家庭的機會大於失聰家庭。第
三章描述了許多遺傳性失聰傳遞的方式，因為有人類基因圖譜計畫，科學
家有大量的數據去辨識並定位基因。目前有很多的書籍和網站宣傳遺傳學
和聽力損失的訊息（Gerber, 2001）。當然，基因的訊息如果適當運用，可
以讓聽力正常的人、失聰者及其家人都得到很多好處。

但什麼叫做基因訊息的適當運用呢？很多文章指出基因治療可能會導
致未知與潛在的嚴重後果，這些不得不讓我們慎重地思考這個倫理議題。
是否該以遺傳工程來增加、替代或是修復基因等方式來改變致聾基因的結
構，以達成預防失聰的目的？在懷孕的初期做胎兒檢測來預防失聰，可不
可以？應不應該？如果測驗的結果確定是失聰，父母會面臨要留住這個胎
兒還是要墮胎的決定，這種預防技術還極具爭議性（Gerber, 2001）。

有更多被接受且可行的測量方法已經存在於早期療育的計畫中，這些
計畫鼓勵以適當的環境刺激來確定失聰不會造成語言的異常，但是，在新
生兒聽力篩檢中被診斷為失聰新生兒，應該使用怎樣的早期療育形式，各
界有不同的想法（第八章）（Thompson et al., 2001）。其中一方支持的是
在早期就開始使用聽覺輸入，而且越早越好，以促進語言的發展，而反對
者則認為至少在生命初期的六個月，嬰兒早期的依附感行為，例如，非語
言的溝通、注意力、共享的經驗以及互相的了解，都比嬰幼兒能聽及發出
聲音來得重要。這個領域必須要決定新生兒及後來才被診斷出有聽力問題
的孩童，其最佳的介入形式為何，以及如何可以將診斷的錯誤減到最小。

另一個不同的觀點是基因病理學和基因多樣性。醫學界想要透過去除
基因病理，以改進人類的生理狀態，這種看法通常會與認為基因多樣性是
人類生理狀態中可預期及可接受的觀點衝突。Gerber（2001）針對操弄基
因去消除遺傳疾病（包括遺傳性的聽力損失）所可能引發的潛在問題表達
憂心。從倫理的角度來看，如同第三章提到的，這個衝突所引發的議題是
當事人的自我決定與自主性受到影響。Arnos（2002）建議失聰者應該要透
過學習更多有關於失聰遺傳學的知識，以及分析這些新的發展將如何衝擊

250

失聰者的生活，來增強自己的能力。失聰組織正開始探討此議題，以基因治療遺傳失聰的議題持續地被爭論著，而這個倫理議題將會由於基因治療法（操弄基因來預防聽力損失）的發展而更火熱，是否這意味著將來聾文化會被連根拔除？目前必須做好預想，誰來決定是否要做基因治療？醫學界？失聰兒童的父母親？還是失聰者自己？

　　另一個爭論的議題是電子耳蝸，電子耳蝸已經存在了好幾十年，目前的研究探討的是幼兒植入電子耳蝸在說話和語言發展方面的成效。有些研究者開始思考耳蝸內的基因狀況和病理對於未來做電子耳蝸植入的建議有何種影響，這方面的知識會確保唯有那些能夠充分得到電子耳蝸協助的人才去進行手術。

　　我們也必須知道有很多其他因素和失聰基因沒關係，包括：個體的變異性、環境的問題，而這些在預測個體是否能從電子耳蝸受益時扮有重要角色（第七章）。目前的研究資料顯示，孩童分辨與了解來自電子耳蝸的訊息，其差異很大，有些人對於訊息可以最佳地接收，得以了解別人講的話，且自己也說得很清楚，這樣的人數在增加中，但是也有一些人只對環境中的聲音有反應。 *251*

　　植入電子耳蝸的孩童，其父母也參與了調查研究，結果顯示，多數的父母親對於他們決定讓孩子植入電子耳蝸覺得很快樂（Christiansen & Leigh, 2002）。他們發現他們每天的生活變得比較輕鬆，他們能夠在隔壁房間叫孩子，讓口語溝通變得較輕鬆。很多的父母親在手術前就用手語的方式跟他們的孩子溝通，手術後並沒有停止用手語，他們把孩子看做是失聰者，並且支持他們的孩子除了認識聽常同儕外也去認識失聰的朋友，高立德大學的克勒克中心（Clerc Center）正在實驗植入電子耳蝸孩童的雙語教學，除了有聽覺和說話訓練之外，也在學科課程中使用美國手語。

　　隨著植入電子耳蝸的人數越來越多，很多人開始擔心，如果植入電子耳蝸的失聰兒童，其行為表現和聽常的孩童一樣，這樣的過程可能會導致聾世界的消失。很有趣的是，高立德大學針對他們的教職員、學生與校友做了一個有關電子耳蝸的調查研究（Christiansen & Leigh, 2002），結果顯示，大多數失聰者、聽常者以及重聽者都認為聾世界不會消失，進一步分

析這些數據，發現有這種想法的人，在失聰者中占了半數，而聽常者及重聽者則有 70 ％。

基於使用電子耳蝸的不同結果，我們同意聾文化不會有立即滅種的危險，尤其是很多人有其經濟上的困難，包括少數民族和第三世界國家的人會因為經濟的問題而無法做這樣的植入術。美國聾人協會（2000a）根據這樣的觀點修正了他們的立場聲明，在這份文件中，他們接受電子耳蝸，但是對於父母親、醫學界及廠商做了一些提醒，也許聽損族群會因為加入這些植入電子耳蝸的人而有所改變，如同過去也曾因為如助聽器、文字電話與電子郵件等新科技的發明而改變了聽損族群。

教育議題

目前美國有 46 ％的失聰兒童來自非白人家庭（GRI, 2002），將近 22 ％的失聰兒童來自西班牙家庭，這些家庭多數都是講西班牙語。另外來自墨西哥、中南美以及東南亞的移民，人數也在增加。這些人當中，很多是在孩童晚期或者青少年時期才來到美國，他們來之前，在自己的國家並沒有接受很多正式的教育。這些失聰的移民者對於美國的學校是一個很獨特的教育挑戰，他們需要大量接觸手語世界及職業訓練課程。將有色人種以及失聰者納入教育研究人員、教師及行政人員的訓練，可幫助教育機構處理這個重大的挑戰。

252　　　自從 94-142 公法以及之後 IDEA 法案的頒布，父母親可以合法地讓他們的失聰子女接受各種教育安置，包括，提供融合教育、回歸主流、自足式班級的公立學校、失聰兒童就讀的日間學校以及州立的失聰學生住宿學校。每一種教育安置都有它的優缺點（第六章），底線就是每一個失聰兒童都應當接受有品質且以溝通導向為主的課程。

失聰兒童需要一個學習場所，使他們可以用第一語言發展出適合其年齡的語言技巧以及發展相對應的英語讀寫能力，無論其第一語言是英語口語或是家中使用的其他外語或是美國手語。此外，失聰兒童必須有很多在

溝通、年齡與認知方面的同儕，以發展健康的自我認知（Stinson & Leigh, 1995）；教師與教職員應該要能夠直接和失聰學生溝通；翻譯員、筆記抄寫員、字幕、說話和聽覺服務、學校諮商與專精於失聰服務的學校心理服務、個別教學以及有機會參與課外活動，這些服務都可以促進失聰學生在公立學校的表現。行政人員必須要很了解失聰兒童的獨特需求，這些學生必須要能夠接觸學校裡面所聘用的成年失聰者和重聽的成人，以他們為角色典範。父母親在選擇究竟要讓他們的失聰子女去就讀怎樣的學校時，應該把學校是否提供這類型的服務作為選擇的條件（第六章）。從法律上來說，父母親有權利要求學校提供支持性的服務。

因為 IDEA 法案，使得異常的孩童和其他正常同儕在學校裡一起受教育的趨勢越來越明顯。在這些安置環境裡，教育失聰兒童被認為是融合的，因此，被認為比隔離式的教育還好。從法律上來看，把失聰兒童安置在公立學校是一種融合式的教育，但事實上它對於很多失聰兒童來說可能是一種排除型的安置（Siegel, 2000）。雖然立意很好，但是這個法案卻使得很多失聰學生在聽力正常的班級不是沒有管道取得支持性的服務，就是管道有其限制，而這些支持性的服務對於這些學生的有效溝通、語言發展與學業學習都非常關鍵。其後果是，原本很適合失聰兒童文化的視覺和語言環境就被剝奪了。這些學生很可能要面對學業不及格、孤獨感、被排擠、負面的自我價值（Stinson & Leigh, 1995）。毫無疑問的，如果有適當的服務，不管是何種安置情境，這些學生有很大的機會在學科方面獲得成功，以及有最佳的心理社會發展。

自足性班級把失聰兒童帶到回歸主流的安置中可說是個恩賜，但是，在一些較為偏僻的地區，由於失聰學生人數少，教學變得比較複雜，例如，一個老師可能在教室裡有好幾個學生，每人的年齡都不相同，而且有不同的語言背景和溝通需求，即使在團體教學的情境裡面，這些學生因為與其他學生互動而得到幫助（Vygotsky, 1978），但是如此的教學可能並不理想，例如，如果班上有下列這些學生，老師該怎麼做？植入電子耳蝸的孩童，他們需要說話和聽覺的訓練；重聽孩童，他使用綜合溝通法或是同時法（說與手語）；一個極重度的失聰兒童，他可以從美國手語和英語的雙

253

語教學受益。這些只是啟聰教師在回歸主流中要面對的眾多問題中的一部分。

目前有關於提供教育和支持性服務並沒有標準可適用於公立學校、日間學校、啟聰住宿學校的教師和行政人員。這些標準可能會減少某些目前老師所面臨的困難，這些標準必須由資深的教育研究人員來發展並評量其有效性。此外，把州或郡的課程大綱運用在啟聰學校以改善學科品質是否有效，也有待更多的研究來檢視。隨著許多教導失聰兒童語言的新方法出現，將每種方法對於促進語言發展的成功程度予以正確的反映，對於語言發展可說是非常的重要。以測驗來評量小學和中學學生是否成功地完成學業，已經是一個準則，因此，為這些失聰學生發展出評量他們學科成就的適當測驗非常重要。

科技

目前，因為醫學、研究和教育目的而大量使用新科技，就像前面已提到過的，大腦顯影技術目前被用來找出口語和手語在腦部的何處被處理以及如何被處理（第四章）。超過三十個州規定要施行全面新生兒聽力篩檢，因此醫院和診所運用可以測量聽覺腦幹電位反應（ABRs）的科技來測驗嬰兒，另外耳聲傳射（otoacoustic emissions, OAE）的技術可以讓我們研究人類耳蝸的功能。

很多失聰者善用聽覺的科技，包括數位助聽器、聽覺輔助系統、電子耳蝸等（第七章及第三章後面的附錄）。視覺科技包括：即時字幕、字幕軟體、筆記抄寫軟體以及一些系統，例如：電腦輔助筆記抄寫（CAN）、即時溝通翻譯系統（CART）以及 C-Print 系統，這些也都可以用在教室、法庭以及專業會議，將當場所進行的一切口語溝通即時地逐字轉譯或摘要。溝通的科技，例如：文字電話、文字電話傳遞系統、電子郵件、無線呼叫器、網路上的電子討論區以及視訊會議，這些都提供了失聰者獲取訊息的管道。SmartBoards、液晶投影機、有字幕的電影、有文字、圖畫、動畫的

多媒體軟體以及美國手語電影、光碟片、美國手語電影DVD、手語虛擬人物（signing avatars）、虛擬實境冒險遊戲、電子書、數位相機和數位攝影機、網路課程、無線的電腦實驗室、文件投影機、電腦軟體，都可以用來將美國手語和英語這兩種語言呈現給失聰學生。頻寬的改良，將使網路傳輸美國手語更加容易。這些科技及未來尚待發展的科技，都會持續地改變 *254* 失聰者的溝通經驗（第五章和第七章）。

　　很肯定地，科技的使用讓我們對聽力損失的了解更為增進，但是我們必須小心的是，不要期盼科技會完全消除失聰者溝通時遭遇到的挑戰，無論是和聽常者互動或和其他失聰者互動。科技不斷地在改變，但人類的需求也不斷改變，因此也不斷地對科技提出挑戰，例如，我們預期語音辨識軟體在電腦的使用會越來越多。因此，必須要有新的科技來設法減少失聰者運用這些軟體時所碰到的困難。

結論

　　在這本書裡，我們的目標是呈現失聰者在社會中經常會碰到的一些議題，我們著眼於失聰者和聽常家庭在學校、在職場以及在娛樂中的互動，我們強調專業人員必須要把失聰者當作是寶貴的訊息來源，這會幫助專業人員了解失聰兒童、青少年以及與他們共事的失聰成人的需求。聾文化是專業人員可以運用的另一個資源，根據美國聾人協會前理事長 Frederick Schreiber 的觀察，成年失聰者就是失聰兒童成長後的樣子，成年失聰者因為經歷了生命的不同時期，所以知道哪些東西對他們是有用的，專業人員如果傾聽成年失聰者表達的意見，那麼無論他的專業領域是什麼，他都很可能可以成功地創造出最適當的介入方案。

　　這本書我們以問題作為開始，而在書的結尾，我們以更多的問題來結束。我們的社會要如何持續地為家庭、失聰兒童與成年失聰者，改進心理衛生、社會、教育以及支持性的服務？分子遺傳學將會如何影響聽損族群？何處可找到與單語法、語言混用法以及美國手語／英語的雙語法相關的實

證研究數據？在探討不同方法的時候，研究者是否能謹慎地避免偏見？有效的讀寫教學模式是什麼？聽損族群未來會如何轉變？植入電子耳蝸的人是否最終會從聽損族群脫離？要怎樣才可以在教育和研究領域中創造出更多的聽常者和失聰者的伙伴關係？在失聰者習得了穩固的美國手語基礎後，在新科技協助下，失聰者是否可能發展出清晰的口語和有效的聽覺技巧？這些問題以及更多其他的問題都會激發不斷的爭論，也點出值得繼續研究的方向，我們邀請各位讀者加入我們的行列，繼續擴展我們對這個領域的了解。

附錄：網址

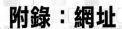

美國手語

American Sign Language Links: http://www.swarthmore.edu/SocSci/Linguistics/
   asl/links.html

ASL Access: http://www.aslaccess.org/basic ASL.htm

Basic Dictionary of ASL Terms: http://www.masterstech-home.com/ASLDict.html

Interactive ASL Guide (University of Minnesota-Disability service) http://www
   disserv.stu.umn.edu

藝術

Deaf Art: www.deafexpo.org/artist_forum.html

特約、住宿型、日間學校

Jean Massieu Academy: http://jeanmassieu.com

The Lexington School for the Deaf: http://www.lexnyc.com

The Magnet School of the Deaf: http://www.colorado.edu/CDSS/MSD/

National Deaf Academy: http://nationaldeafacademy.com

The Ohio Valley Oral School: http://www.oraldeafed.org/schools/ohio/

Note: A list of U.S. schools for the deaf: http://clerccenter.gallaudet.edu//InfoToGo/
   schools-usa.html

電子耳蝸

Cochlear Implant Association, Inc.: http://www.cici.org/historyciai.html

Cochlear Implant Education Center at Gallaudet: http://clerccenter.gallaudet.edu/
   CIEC/

Cochlear Implants: http://www.nidcd.nih.gov

失聰組織

Alexander Graham Bell Association for the Deaf and Hard of Hearing: http://www.agbell.org

American Association of the Deaf-Blind: http://www.tr.wou.edu/dblink/aadb.htm

Association of Late-Deafened Adults (ALDA): http://www.alda.org/

Deaf Latino Organization: http://www.deafvision.net/aztlan/resources/index.html

Deaf Women United: http://dwu.org

Intertribal Deaf Council (IDC): http://www.deafnative.com/

National Association of the Deaf: http://www.nad.org

National Asian Deaf Congress: http://www.nadc-usa.org/about.html

Rainbow Alliance of the Deaf: http://www.rad.org

Self Help for Hard of Hearing People: http://www.shhh.org

教育

Council on Education of the Deaf, Office of Program Evaluation: http://www.de-afed.net

Deaf Education information: http://www.educ.kent.edu/

Oral Deaf Programs: http://www.oraldeafed.org

教育／研究組織

National Task Force on Equity in Testing Deaf Individuals: http://gri.gallaudet.edu/TestEquity/

失聰的一般資訊

Deaf World Web: http://www.dww.org

Gallaudet's National Information Center on Deafness: http://clerccenter.gallaudet.edu/infotogo/

聽力

American Speech-Langauge and Hearing Association: http://www.asha.org/default.htm

Hearing Health Magazine: http://www.hearinghealthmag.com

Infant hearing (NCHAM): http://www.infanthearing.org

Late Deafened Persons: http://www.gohear.org

Self Help for Hard of Hearing People: http://www.shhh.org

讀寫能力

Assistive Technology: http://www.asel.udel.edu/at-online/assistive.html

Deaf Children: http://deafworldweb.org

Literacy: http://www.learner.org/

National Center of Applied Linguistics　http://www.cal.org

National Clearinghouse for ESL Literacy Education: http://www.cal.org/ncle

NTID High Technology Center: http://htc.rit.edu

Sign Writing: http://www.signwriting.org

Star Schools Project: 4 Reports: http://clerccenter.gallaudet.edu/Literacy/programs/starschools.html

257

針對服務失聰者的心理學家開設的方案

Gallaudet University School Psychology and Clinical Psychology Programs: http://www.gallaudet.edu

National Institute for the Deaf School Psychology Program: http://www.rit.edu/~schpsych/

心理學議題

American Psychological Association: http://www.apa.org

Clerc Center, Gallaudet University: http://clerccenter.gallaudet.edu/About/index.html

Mental Health Net: http://www.cmhc.com

National Institute of Mental Health: http://www.nimh.nih.gov/home.htm

National Library of Medicine-free MedLine: http://www.nlm.nih.gov

Psychology Central: http://www.mentalhealth.com

Psychology and Law: http://www.psyclaw.org

Stanford University Online Full Text Science Journals: http://highwire.stanford.
edu/lists/freeart.dtl

宗教及相關組織

Deaf Churches: http://members.aol.com/deaflist/deafch.htm

United Methodist Congress of the Deaf　http://www.UMCD.org

服務組織

American Deafness and Rehabilitation Association: http://www.adara.org

National Alliance of Black Interpreters: http://www.naobi.org/

Registry of Interpreters for the Deaf, Inc.: http://www.rid.org/

TDI, Inc.: http://www.tdi-online.org

特殊教育

ADA & Disabilities Information:

Council for Exceptional Children Homepage　http://www.cec.sped.org

National Information Center for Children & Youth with Disabilities: http://www.
nichcy.org/

Postsecondary Education Consortium: http://www.pepnet.org

Special Education Resources on the Internet (SERI): http://seriweb.com/

258 **運動**

European Deaf Sport Organization: http://www.edso.net/

USA Deaf Sports Federation: http://www.usdeafsports.org/

症候群及醫學網站

Medline Database on Cochlear Implants: http://www.nlm.nih.gov/databases/free-
　　medl.html/　　http://igm.nlm.nlm.gov/

Salk Institute: http://www.salk.org

Usher　Syndrome:　http://www.deafblind.co.uk/index.html,www.tr.wou.edu/ab-
　　link/

參考文獻

Achtzehn, J. (1987). *PACES: Preventing abuse of children through education for sexuality.* Workshop presented at a conference on Preventing Incidence of Sexual Abuse among Hearing Impaired Children and Youth, Department of Education, Gallaudet University, Washington, DC.

Acredolo, L., & Goodwyn, S. (1994). Sign language among hearing infants: The spontaneous development of symbolic gestures. In V. Volterra & C. Erting (Eds.), *From Gesture to Language in Hearing Children.* Washington, DC: Gallaudet University Press.

Across the Nation Newsbriefs. (2001, April). Deaf AZT-LAN. *Silent News, 3.*

Afrin, J., & Critchfield, B. (1999). Telepsychiatry for the deaf in South Carolina: Maximizing limited resources. In B. Brauer, A. Marcus, & D. Morton (Eds.), *Proceedings of the first world conference on mental health and deafness* (p. 27). Vienna, VA: Potiron Press.

Ahmad, W., Darr, A., Jones, L., & Nisa, G. (1998). *Deafness and ethnicity: Services, policies and politics.* University of Bristol: The Policy Press.

Ainsworth, M. D. S., Blehar, M. C., Waters, E., & Wall, S. (1978). *Patterns of attachment: A psychological study of the Strange Situation.* Hillsdale, NJ: Erlbaum.

Al Muhaimeed, H., & Zakzouk, S. (1997). Hearing loss and herpes simplex. *Journal of Tropical Pediatrics, 43,* 20–24.

Alexander Graham Bell Association for the Deaf and Hard of Hearing. (2001a). Retrieved September 27, 2001, from http://www.agbell.org.

Alexander Graham Bell Association for the Deaf and Hard of Hearing. (2001b). *AG Bell position statement on cochlear implants.* Unpublished paper.

Altshuler, K. (1969). New York State program of mental health services. In K. Altshuler & J. D. Rainer (Eds.), *Mental health and the deaf: Approaches and prospects* (pp. 15–23). Washington, DC: U.S. Department of Health, Education, and Welfare.

American Academy of Audiology. (1997). Audiology: Scope of practice. *Audiology Today, 9,* 12–13.

American Association of the Deaf-Blind (undated). *AADB summary.* Unpublished paper.

American Association of the Deaf-Blind. (2001). Retrieved September 27, 2001, from http://www.tr.wou.edu/dblink/aadb.htm.

Americans with Disabilities Act of 1990, 42 U.S.C.A. #12101 et seq. (West 1993).

Ammerman, R. T., & Baladerian, N. J. (1993). *Maltreatment of children with disabilities* (Working paper No. 860). Chicago: National Committee to Prevent Child Abuse.

Anderson, G. (1994). Tools for a wiser, healthier, black deaf community. In M. Garretson (Ed.), *Deafness: Life and culture, A Deaf American monograph.* Silver Spring, MD: National Association of the Deaf.

Anderson, G. (2001). *Diversity revolution in deaf education.* Paper presented at the National Symposium on Childhood Deafness, Sept. 29–Oct. 2, 2001, Sioux Falls, SD.

Anderson, J., & Werry, J. S. (1994). Emotional and behavioral problems. In I. B. Pless (Ed.), *The epidemiology of childhood disorders* (pp. 304–338). New York: Oxford University Press.

Andersson, Y. (1994). Deaf people as a linguistic minority. In I. Ahlgren & K. Hyltenstam (Eds.), *Bilingualism in deaf education.* Hamburg: Signum.

Andrews, J. (1986). Childhood deafness and the acquisition of print concepts. In D. Yaden & S. Templeton (Eds.), *Metalinguistic awareness and beginning literacy: Conceptualizing what it means to read and write* (pp. 277–289). Portsmouth, NH: Heinemann.

Andrews, J. (1998/1999). Deaf professionals in deaf education. In A. Farb (Ed.), *Unrealized visions: What's next for the deaf and hard of hearing community? NAD Deaf American Monograph, 48,* pp. 9–12. Silver Spring, MD: National Association of the Deaf.

Andrews, J., & Franklin, T. (1996/1997). Why hire deaf teachers? *Texas Journal of Audiology and Speech Pathology, 22(1),* 120–131.

Andrews, J., & Gonzales, K. (1992). Free writing of deaf children in kindergarten. *Sign Language Studies, 74,* 63–78.

Andrews, J., & Jordan, D. (1993). Minority and minority-deaf professionals: How many and where are they? *American Annals of the Deaf, 138,* 388–396.

Andrews, J., & Mason, J. (1991). Strategy use among deaf and hearing readers. *Exceptional Children, 57(6),* 536–545.

Andrews, J., & Wilson, H. (1991). The deaf adult in the nursing home. *Geriatric Nursing, 12,* 279–283.

Andrews, J., & Zmijewski, G. (1996). How parents support home literacy with deaf children. *Early Child Development and Care, 127–128,* 131–139.

Anthony, D. (1971). *Seeing Essential English, Vol. 1 & 2.* Anaheim, CA: Educational Services Division, Anaheim School District.

Antia, S. D. (1999). The roles of special educators and classroom teachers in an inclusive school. *Journal of Deaf Studies and Deaf Education, 4(3),* 203–214.

Aramburo, A. (1994). Sociolinguistic aspects of the black deaf community. In C. Erting, R. C. Johnson, D. Smith, & B. Snider (Eds.), *The Deaf way: Perspectives from the international conference on Deaf culture.* Washington, DC: Gallaudet University Press.

Armstrong, D., Stokoe, W., & Wilcox, S. (1995). *Gesture and the nature of language.* New York: Cambridge University Press.

Arnos, K. S. (1999). Genetic counseling for hearing loss. *The Volta Review, 95 (5, monograph),* 85–96.

Arnos, K. S. (2002). Genetics and deafness: Impacts on the deaf community. *Sign Language Studies, 2,* 150–168.

Arnos, K. S., Israel, J., Devlin, L., & Wilson, M. P. (1996). Genetic aspects of hearing loss in childhood. In F. N. Martin & J. G. Clark (Eds.), *Hearing care for children* (pp. 20–44). Boston: Allyn and Bacon.

ASHA. (1999). *Universal screening gains momentum in states.* Retrieved October 12, 2001, from http://www.asha.org/professional.asha.org/news/nihs.cfm.

Association of Late-Deafened Adults. (2001, September). *Lost your hearing? Know someone?* Retrieved September 27, 2001, from http://www.alda.org.

Atkins, D. (1987). Siblings of the hearing impaired: Perspectives for parents. *The Volta Review, 89,* 32–45.

Bailes, C. (2001). Integrative ASL-English language arts: Bridging paths to literacy. *Sign Language Studies, 1(2),* 147–174.

Baker, C. (2001). *Foundations of bilingual education and bilingualism* (3rd ed.). Clevedon, England: Multilingual Matters Ltd.

Baldwin, D. (1993). *Pictures in the air: The story of the National Theater of the Deaf.* Washington, DC: Gallaudet University Press.

Baldwin, R. (2001). *Functional reallocation of the auditory cortex in individuals who are deaf.* Unpublished doctoral dissertation, Gallaudet University, Washington, DC.

Bangs, D. (1987). Fairmont Theater of the deaf. In J. Van Cleve (Ed.), *Gallaudet encyclopedia of deaf people and deafness, Vol. 1* (pp. 421–422). New York: McGraw-Hill.

Barbour County Bd. of Educ. v. *Parent* (1999). 29 IDELR 848. *Individuals with Disabilities Education Act law report, 29(7),* 848–852.

Barnartt, S., & Christiansen, J. (1996). The educational and occupational attainment of prevocationally deaf adults: 1972–1991. In P. C. Higgins & J. E. Nash (Eds.), *Understanding deafness socially* (2nd ed., pp. 60–70). Springfield, IL: Charles C. Thomas.

Barnartt, S., & Scotch, R. (2001). *Disability protests: Contentious politics 1970–1999.* Washington, DC: Gallaudet University Press.

Barrenas, M., Nylen, O., & Hanson, C. (1999). The influence of karyotype on the auricle, otitis media, and hearing in Turner Syndrome. *Hearing Research, 138,* 163–170.

Barry, D. (1997, July 22). Captive in Queens: The profits: Dollar bills laundered in casinos, U.S. says. *The New York Times,* p. B4.

Basilier, T. (1964). Surdophrenia: The psychic consequences of congenital or early acquired deafness. Some theoretical and clinical considerations. *Acta Psychiatrics Scandinavia: Supplementum, 180(40),* 362–374.

Bat-Chava, Y. (1993). Antecedents of self-esteem in deaf people: A meta-analytic review. *Rehabilitation Psychology, 38,* 221–234.

Bat-Chava, Y. (1994). Group identification and self-esteem in deaf adults. *Personality and Social Psychology Bulletin, 20,* 494–502.

Bat-Chava, Y. (2000). Diversity of deaf identities. *American Annals of the Deaf, 145,* 420–428.

Bat-Chava, Y., & Deignan, E. (2001). Peer relationships of children with cochlear implants. *Journal of Deaf Studies and Deaf Education, 6,* 186–199.

Bateman, G. (1994). Political activism in the deaf community: An exploratory study of deaf leaders in Rochester, N.Y. In C. J. Erting, R. C. Johnson, D. L. Smith, & B. D. Snider (Eds.), *The Deaf way* (pp. 854–859). Washington, DC: Gallaudet University Press.

Bavelier, D., Tomann, A., Hutton, C., Mitchell, T., Corina, D., Liu, G., & Neville, H. (2000). Visual attention to the periphery is enhanced in congenitally deaf individuals. *The Journal of Neuroscience, 20* (RC93), 1–6.

Baynton, D. (1992, Fall). Book review: The mask of benevolence: Disabling the deaf community. *Gallaudet Today*, pp. 31–32.

Baynton, D. (1993). "Savages and deaf-mutes": Evolutionary theory and the campaign against sign language in the nineteenth century. In J. Van Cleve (Ed.), *Deaf history unveiled: Interpretations from the new scholarship* (pp. 92–112). Washington, DC: Gallaudet University Press.

Baynton, D. (1997). A silent exile on this earth: The metaphorical constructions of deafness in the nineteenth century. In L. Davis (Ed.), *The disability studies reader* (pp. 128–150). New York: Routledge.

Bebko, J. (1998). Learning, language, memory, and reading: The role of language automatization and its impact on complex cognitive activities. *Journal of Deaf Studies and Deaf Education, 3(1)*, 4–14.

Bell, A. G. (1883). *Memoir upon the formation of a deaf variety of the human race.* New Haven, CT: National Academy of Science.

Bellugi, U., Marks, S., Bihrle, A., & Sabo, H. (1994). Dissociation between language and cognitive functions in Williams Syndrome. In D. Bishop & K. Mogford (Eds.), *Language development in exceptional children* (pp. 177–189). Mahwah, NJ: Erlbaum Associates

Bellugi, U., O'Grady, L., Lillo-Martin, D., O'Grady, M., van Hoek, K., & Corina, D. (1990). Enhancement of spatial cognition in deaf children. In V. Volterra & C. Erting (Eds.), *From gesture to language in hearing and deaf children* (pp. 278–298). New York: Springer-Verlag.

Bernstein, M., & Morrison, M. (1992). Are we ready for PL 99–457? *American Annals of the Deaf, 137(1)*, 7–13.

Bialystok, E., & Hakuta, K. (1994). *In other words: The psychology of second language acquisition.* New York: Basic Books.

Biesold, H. (1999). *Crying hands: Eugenics and deaf people in Nazi Germany.* Washington, DC: Gallaudet University Press.

Blanchfield, B., Feldman, J., Dunbar, J., & Gardner, E. (2001). The severely to profoundly hearing-impaired population in the United States: Prevalence estimates and demographics. *Journal of the American Academy of Audiology, 12*, 183–189.

Blatt, S., Auerbach, J., & Levy, K. (1997). Mental representations in personality development, psychopathology, and the therapeutic process. *Review of General Psychology, 1*, 351–374.

Blennerhassett, L. (2000). Psychological assessments. In P. Hindley & N. Kitson (Eds.), *Mental health and deafness* (pp. 185–205). London: Whurr Publishers.

Bloch, N. (2001, April/May). Executive view. *NADmag, 1*, 13.

Blotzer, M., & Ruth, R. (1995). *Sometimes you just want to feel like a human being.* Baltimore: Paul H. Brookes.

Bodner-Johnson, B., & Sass-Lehrer, M. (1999). *Family-school relationships: Concepts and premises.* Washington, DC: Gallaudet University Pre-College National Mission Programs.

Bornstein, H. (1982). Toward a theory of use of signed English: From birth through adulthood. *American Annals of the Deaf, 127*, 69–72.

Bowe, F. (1991). *Approaching equality: Education of the deaf.* Silver Spring, MD: T. J. Publishers.

Bowen, S. (1999). *Building bridges: Case studies in literacy and deafness.* Unpublished doctoral dissertation, The University of Arizona.

Bowlby, J. (1958). The nature of the child's tie to his mother. *International Journal of Psycho-Analysis, 39*, 350–373.

Brackett, D., & Henniges, M. (1976). Communicative interaction of preschool hearing impaired children in an integrated setting. *The Volta Review, 78*, 276–285.

Braden, J. (1994). *Deafness, deprivation, and IQ.* New York: Plenum.

Braden, J. P. (2001). The clinical assessment of deaf people's cognitive abilities. In M. Clark, M. Marschark, & M. Karchmer (Eds.), *Context, cognition, and deafness* (pp. 14–37). Washington, DC: Gallaudet University Press.

Bradley-Johnson, S., & Evans, L. (1991). *Psychoeducational assessment of hearing-impaired students: Infancy through high school.* Austin, TX: Pro-Ed.

Bragg, B., & Bergman, E. (1989). *Lessons in laughter: The autobiography of a deaf actor.* Washington, DC: Gallaudet University Press.

Branson, J., & Miller, D. (2002). *Damned for their difference: The cultural construction of deaf people as disabled.* Washington, DC: Gallaudet University Press.

Brauer, B. (1980). The dimensions of perceived interview relationship as influenced by deaf person's self-concepts and interviewer attributes as deaf or non-deaf. Doctoral dissertation, New York University, 1979. *Dissertation Abstracts International, 40*, 1352B.

Brauer, B. (1993). Adequacy of a translation of the MMPI into American Sign Language for use with deaf individuals: Linguistic equivalency issues. *Rehabilitation Psychology, 38*, 247–260.

Brauer, B., Braden, J., Pollard, R., & Hardy-Braz, S. (1998). Deaf and hard of hearing people. In J. Sandoval, C. Frisby, K. Geisinger, J. Scheuneman, & J. Grenier (Eds.), *Test interpretation and diversity* (pp. 297–315). Washington, DC: American Psychological Association.

Brelje, H. W. (Ed.). (1999). *Global perspectives on the education of the deaf in selected countries.* Hillsboro, OR: Butte Publications.

British Broadcast Company (BBC). March 2, 2000. London, England.

Brougham v. Town of Yarmouth (1993). 20 IDELR 12. *Individuals with Disabilities Education law report, 20(1),* 12–18.

Brown, P. M., Rickards, F., & Bortoli, A. (2001). Structures underpinning pretend play and word production in young hearing children and children with hearing loss. *Journal of Deaf Studies and Deaf Education, 6,* 15–31.

Brueggemann, B. (1999). *Lend me your ear: Rhetorical constructions of deafness.* Washington, DC: Gallaudet University Press.

Buchanan, R. (1994). Building a silent colony: Life and work in the deaf community of Akron, Ohio from 1910 through 1950. In C. J. Erting, R. C. Johnson, D. L. Smith, & B. D. Snider (Eds.), *The Deaf way* (pp. 250–259). Washington, DC: Gallaudet University Press.

Buchanan, R. (1999). *Illusions of equality: Deaf Americans in school and factory 1850–1950.* Washington, DC: Gallaudet University Press.

Buck, D. (2000). *Deaf peddler: Confessions of an inside man.* Washington, DC: Gallaudet University Press.

Burke, F., Gutman, V., & Dobosh, P. (1999). Treatment of deaf survivors of sexual abuse: A process of healing. In I. W. Leigh (Ed.), *Psychotherapy with deaf clients from diverse groups* (pp. 279–305). Washington, DC: Gallaudet University Press.

Busby, H. (2001). *Working with Deaf American Indians and Alaskan Natives.* Paper Presented at the National Symposium on Childhood Deafness: Families, Children, and Literacy in the 21st Century. Sept. 29 – October 2, 2001, Sioux Falls, SD.

Butler, K., & Prinz, P. (1998). ASL proficiency and English literacy acquisition: New perspectives. *Topics in Language Disorders, 18(4),* 1–88.

Calderon, R., & Greenberg, M. (1997). The effectiveness of early intervention for deaf and hard of hearing children. In M. J. Guralnick (Ed.), *The effectiveness of early intervention: Directions for second generation research* (pp. 455–482). Baltimore: Paul Brookes.

Callaway, A. (2000). *Deaf children in China.* Washington, DC: Gallaudet University Press.

Camilleri, C., & Malewska-Peyre, H. (1997). Socialization and identity strategies. In J. W. Berry, P. R. Dasen, & T. S. Saraswathi (Eds.), *Handbook of cross-cultural psychology, Volume 2: Basic processes and human development* (2nd ed., pp. 41–67). Boston: Allyn and Bacon.

Cantor, D. W., & Spragins, A. (1977). Delivery of service to the hearing impaired child in the elementary school. *American Annals of the Deaf, 122(5),* 330–336.

Capirici, O., Iverson, J., Pizzuto, E., & Volterra, V. (1996). Gestures and words during the transition to two-word speech. *Journal of Child Language, 23,* 645–673.

Capirci, O., Cattani, A., Rossini, P., & Volterra, V. (1998). Teaching sign language to hearing children as a possible factor in cognitive enhancement. *Journal of Deaf Studies and Deaf Education, 3(2),* 135–142.

Carroll, C., & Fischer, C. H. (2001). *Orchid of the bayou: A deaf woman faces blindness.* Washington, DC: Gallaudet University Press.

Case, L., & Smith, T. (2000). Ethnic representation in a sample of the literature of applied psychology. *Journal of Consulting and Clinical Psychology, 68,* 1107–1110.

Census. (2000). *Resident population and apportionment counts.* Retrieved December 15, 2001, from http://www.census.gov/main/www/cen2000.html.

Chamberlain, C., Morford, J., & Mayberry, R. (2000). *Language acquisition by eye.* Mahwah, NJ: Erlbaum.

Chase, P., Hall, J., & Werkhaven, J. (1996). Sensorineural hearing loss in children: Etiology and pathology. In F. Martin & J. Clark (Eds.), *Hearing care for children* (pp. 73–91). Boston: Allyn and Bacon.

Cheng, L. (2000). Deafness: An Asian/Pacific perspective. In K. Christensen (Ed.), *Deaf plus: A multicultural perspective* (pp. 59–92). San Diego, CA: DawnSignPress.

Chess, S., & Fernandez, P. (1980). Neurologic damage and behavior disorders in rubella children. *American Annals of the Deaf, 125,* 998–1001.

Christensen, K. (1993). A multicultural approach to education of children who are deaf. In K. M. Christensen & G. L. Delgado (Eds.), *Multicultural issues in deafness* (pp. 17–27). White Plains, NY: Longman Publishing Group.

Christensen, K. (Ed.). (2000). *Deaf plus: A multicultural perspective.* San Diego, CA: DawnSign Press.

Christiansen, J. (1994). Deaf people and the world of work: A case study of deaf printers in Washington, DC. In C. J. Erting, R. C. Johnson, D. L. Smith, & B. D. Snider (Eds.), *The Deaf way* (pp. 260–267). Washington, DC: Gallaudet University Press.

Christiansen, J., & Barnartt, S. (1995). *Deaf president now! The 1988 revolution at Gallaudet University.* Washington, DC: Gallaudet University Press.

Christiansen, J. B., & Leigh, I. W. (2002). *Cochlear implants in children: Ethics and choices.* Washington, DC: Gallaudet University Press.

Church, M. W., Eldis, F., Blakley, B. W., & Bawle, E. V. (1997). Hearing, language, speech, vestibular, and dentofacial disorders in fetal alcohol syndrome. *Alcoholism, Clinical and Experimental Research, 21,* 227–237.

Clarcq, J., & Walter, G. (1997–98). Supplemental Security Income payments made to young adults who are deaf and hard of hearing. *Journal of the American Deafness and Rehabilitation Association, 31,* 1–9.

Clark, J. (1994). Reading the Silver Screen. *Technology Review.* Massachusetts Institute of Technology Alumni Association, Boston.

Clark, M., Marschark, M., & Karchmer, M. (2001). *Context, cognition, and Deafness.* Washington, DC: Gallaudet University Press.

Clark, M., Schwanenflugel, P., Everhart, V., & Bartini, M. (1996). Theory of mind in deaf adults and the organization of verbs of knowing. *Journal of Deaf Studies and Deaf Education, 1,* 179–189.

Cochlear Implant Association, Inc. (2001, January 19). *A brief history of the Cochlear Implant Association, Inc.* Retrieved September 27, 2001, from http://www.cici.org/historyciai.html.

Cohen, H., & Jones, E. (1990). Interpreting for cross-cultural research: Changing written English to American Sign Language. *Journal of the American Deafness and Rehabilitation Association, 24,* 41–48.

Cohen, N., & Gordon, M. (1994, February). Cochlear implants: Basics, history, and future possibilities. *SHHH Journal,* pp. 8–10.

Cohen, O. P. (1991). At-risk deaf adolescents. *The Volta Review, 93,* 57–72.

Cohn, J. (1999). *Sign mind: Studies in American Sign Language poetics.* Boulder, CO: Museum of American Poetics Publications.

Collins, F. (2001, July). *The human genome project: Healthcare implications.* Presentation at the Human Genome Project and Hearing Loss Conference, Bethesda, MD.

Collins, W. A., & Gunnar, M. (1990). Social and personality development. *Annual Review of Psychology, 41,* 387–416.

Commission on Education of the Deaf (COED). (1988). *Toward equality: Education of the deaf.* Washington, DC: USGPO.

Conrad, R. (1979). *The deaf school child.* London: Harper & Row Ltd.

Corbett, C. (1999). Mental health issues for African-American deaf people. In I. W. Leigh (Ed.), *Psychotherapy with deaf clients from diverse groups* (pp. 151–176). Washington, DC: Gallaudet University Press.

Corina, D. (1998). Studies of neural processing in deaf signers: Toward a neurocognitive model of language processing in the deaf. *Journal of Deaf Studies and Deaf Education, 3(1),* 35–48.

Corker, M. (1994). *Counselling: The deaf challenge.* London: Jessica Kingsley Publishers.

Corker, M. (1996). *Deaf transitions.* London: Jessica Kingsley Publishers.

Corker, M. (1998). *Deaf and disabled, or deafness disabled?* Buckingham, England: Open University Press.

Cornett, O. (1967). Cued speech. *American Annals of the Deaf, 112,* 3–13.

Coster, W. J., Gersten, M. S., Beeghly, M., & Cicchetti, D. (1989). Communicative functioning in maltreated toddlers. *Developmental Psychology, 25,* 1020–1029.

Courtin, C. (2000). The impact of sign language on the cognitive development of deaf children: The case of theories of mind. *Journal of Deaf Studies and Deaf Education, 5(3),* 266–276.

Crocker, J., & Major, B. (1989). Social stigma and self-esteem: The self-protective properties of stigma. *Psychological Review, 96,* 608–630.

Crouch, R. (1997). Letting the deaf be deaf: Reconsidering the use of cochlear implants in prelingually deaf children. *Hastings Center Report, 27(4),* 14–21.

Crowe, T. (2002). Translation of the Rosenberg Self-Esteem Scale into American Sign Language: A principal components analysis. *Social Work Research, 26 (1),* 57–63.

Crowley, M., Keane, K., & Needham, C. (1982). Fathers: The forgotten parents. *American Annals of the Deaf, 127,* 38–40.

Crystal, D. (1997). *The Cambridge encyclopedia of language* (2nd ed.). New York: Cambridge University Press.

Cumming, C., & Rodda, M. (1989). Advocacy, prejudice, and role modeling in the deaf community. *The Journal of Social Psychology, 129,* 5–12.

Cummins, J. (2000). *Language, power and pedagogy: Bilingual children in the crossfire.* Cleveton, England: Multilingual Matters.

Curtiss, S. (1977). *Genie: A psycholinguistic study of a modern day "wild child."* New York: Academic Press.

Daigle, B. V. (1994) *An analysis of a deaf psychotic inpatient population.* Unpublished master's thesis, Western Maryland College, Westminster, MD.

Daniels, M. (2001). *Dancing with words: Signing for hearing children's literacy.* Westport, CT: Bergin & Harvey.

Davis, H., & Silverman, R. (1964). *Hearing and deafness.* New York: Holt, Rinehart and Winston.

Davis, J. (Ed.). (2002). *Our forgotten children: Hard of hearing children in the public schools* (3rd ed.). SHHH Publications.

Davis, L. (1995). *Enforcing normalcy: Disability, deafness, and the body.* London: Versace.

Davis, L. (Ed.). (1997). *The disability studies reader.* New York: Routledge.

Deaf American. (1969). Deaf post office clerks being trained in Ohio. *The Deaf American, 22,* 29.

Deaf American. (1970). New Orleans post office employs deaf workers. *The Deaf American, 22,* 34.

Deaf Aztlan: Deaf Latino/a Network. Retrieved September 27, 2001, from http://www.deafvision.net/aztlan/welcome.html.

Deaf Churches. (2001). Retrieved September 27, 2001, from http://members.aol.com/deaflist/deafch.htm.

Deaf Latino Organizations. (2001). *Deaf Aztlan: Deaf Latino/a network.* Retrieved September 27, 2001, http://www.deafvision.net/aztlan/resources/index.html.

Deaf Seniors of America. (2001). *Deaf seniors of America: An organization created for seniors by seniors.* Brochure.

Deaf Women United. (2000, January 7). *About DWU.* Retrieved September 27, 2001, from http://dwu.org.

Dean, R., & Pollard, R. (2001). Application of demand-control theory to sign language interpreting: Implications for stress and interpreter training. *Journal of Deaf Studies and Deaf Education, 6,* 1–14.

Delgado, G. (Ed.). (1984). *The Hispanic deaf: Issues and challenges for special bilingual education.* Washington, DC: Gallaudet University Press.

Denmark, J. (1973). The education of deaf children. *Hearing, 70,* 3–12.

Denmark, J. C., & Warren, F. (1972). A psychiatric unit for the deaf. *British Journal of Psychiatry, 120,* 423–428.

Denoyelle, F., Weil, D., Maw, M., Wilcox, S., Lench, N., Allen-Powell, D., Osborn, A., Dahl, H., Middleton, A., Houseman, M., Dode, C., Marlin, S., Boulila-ElGaied, A., Grati, M., Ayadi, H., BenArab, S., Bitoun, P., Lina-Granade, G., Godet, J., Mustapha, M., Loiselet, J., El-Zir, E., Aubois, A., Joannard, A., McKinlay Gardner, R., & Petit, C. (1997). Prelingual deafness: High prevalence of a 30delG mutation in the connexin 26 gene. *Human Molecular Genetics, 6,* 2173–2177.

Desselle, D., & Pearlmutter, L. (1997). Navigating two cultures: Deaf children, self-esteem, and parents' communication patterns. *Social Work in Education, 19,* 23–30.

DeVilliers, P. (1991). English literacy development in deaf children: Directions for research and intervention. In J. Miller (Ed.), *Research on child language disorders: A decade of progress* (pp. 349–378). Austin, TX: Pro-Ed.

Dew, D. (Ed.). (1999). *Serving individuals who are low-functioning deaf: Report from the study group, 25th Institute on Rehabilitation Issues.* Washington, DC: George Washington University, Regional Rehabilitation Continuing Education Program.

Diefendorf, A. (1996). Hearing loss and its effects. In F. Martin & J. Clark (Eds.), *Hearing care for children* (pp. 3–19). Boston: Allyn and Bacon.

Diefendorf, A. (1999). Screening for hearing loss in infants. *The Volta Review, 99,* 43–61.

Drasgow, E., & Paul, P. (1995). A critical analysis of the use of MCE systems with deaf students: A review of the literature. *ACEHI/ACEDA, 21(3),* 80–93.

Drolsbaugh, M. (2000, November). You deaf people. *Silent News, 32,* 12.

Duncan, E., Prickett, H., Finkelstein, D., Vernon, M., & Hollingsworth, T. (1988). *Usher's Syndrome: What it is, how to cope, and how to help.* Springfield, IL: Charles C. Thomas.

Eastabrooks, W. (2000). Auditory-verbal practice. In S. Waltzman & N. Cohen (Eds.), *Cochlear implants* (pp. 225–246). New York: Thieme.

Eckenrode, J., Laird, M., & Doris, J. (1993). School performance and disciplinary problems among abused and neglected children. *Developmental Psychology, 29,* 53–62.

Eckhardt, E., Goldstein, M., Montoya, L., Steinberg, A. (under review). *Psychiatric diagnosis in a deaf sample using an American Sign Language version of the Diagnostic Interview Schedule-IV.*

Eckhardt, E., Steinberg, A., Lipton, D., Montoya, L., & Goldstein, M. (1999). Innovative directions in mental health assessment Part III: Use of interactive video technology in assessment: A research project. *Journal of the American Deafness and Rehabilitation Association, 33*, 20–30.

Egeland, B., Jacobvitz, D., & Stroufe, L. A. (1988). Breaking the cycle of abuse. *Child Development, 59*, 1080–1088.

Einhorn, K. (1999, February). Noise-induced hearing loss in the performing arts: An otolaryngologic perspective. *The Hearing Review*, pp. 28–30.

Eldredge, N. (1999). Culturally responsive psychotherapy with American Indians who are deaf. In I. W. Leigh (Ed.), *Psychotherapy with deaf clients from diverse groups* (pp. 177–201). Washington, DC: Gallaudet University Press.

Elliot, L., Stinson, M., McKee, B., Everhart, V., & Francis, P. (2001). College students' perceptions of the C-Print Speech-to-text transcription system. *Journal of Deaf Studies and Deaf Education, 6(4)*, 285–298.

Emerson, R. (1870). Society and solitude. In L. Frank (Ed.), *Quotationary* (p. 362). New York: Random House.

Emmorey, K. (1998). The impact of sign language use on visuospatial cognition. In M. Marschark (Ed.), *Psychological perspectives on deafness* (Vol. 2, pp. 19–52). Mahwah, NJ: Erlbaum.

Emmorey, K. (2002). *Language, cognition, and the brain.* Mahwah, NJ: Erlbaum.

Emmorey, K., Kosslyn, S. M., & Bellugi, U. (1993). Visual imagery and visual-spatial language: Enhanced imagery abilities in deaf and hearing ASL signers. *Cognition, 46*, 139–181.

Emmorey, K., & Lane, H. (2000). *The sign of language revisited: An anthology to honor Ursula Bellugi and Edward Klima.* Mahwah, NJ: Erlbaum.

Epstein, S. (1999). Introduction–An evaluation of the diagnosis and management of hearing loss during the past 50 years. *The Volta Review, 99*, v–vii.

Erikson, E. H. (1972). Eight ages of man. In C. S. Lavatelli & F. Stendler (Eds.), *Readings in child behavior and child development.* San Diego, CA: Harcourt Brace Jovanovich.

Erting, C. J. (1982). *Deafness, communication, and social identity.* Unpublished doctoral dissertation, American University, Washington, DC.

Erting, C. J., Johnson, R. C., Smith, D., & Snider, B. (Eds.). (1994). *The Deaf way: Perspectives from the international conference on Deaf culture.* Washington, DC: Gallaudet University Press.

Erting, C. J., Prezioso, C., & Hynes, M. O. (1990). The interactional context of deaf mother-infant communication. In V. Volterra & C. Erting (Eds.),

From gesture to language in hearing and deaf children. Berlin, Germany: Springer.

Ervin-Tripp, S. (1966). Language development. In M. L. Hoffman & L. W. Hoffman (Eds.), *Review of child development research, Vol. 11* (pp. 55–105). New York: Russell Sage.

Essex, E., Seltzer, M., & Krauss, M. (2002). Fathers as caregivers for adult children with mental retardation. In B. Kramer & E. Thompson (Eds.), *Men as caregivers: Theory, research, and service implications* (pp. 250–268). New York: Springer.

European Deaf Sport Organization. (2001). *EDSO history.* Retrieved September 27, 2001, from http://www.edso.net/histo.htm.

Evans, R. B. (1999, December). Psychology continues to redefine itself. *APA Monitor, 30(11)*, 20.

Ewoldt, C. (1981). A psycholinguistic description of selected deaf children reading in sign language. *Reading Research Quarterly, XVII*, 58–89.

Feuerstein, R. (1980). *Instrumental enrichment: An intervention program for cognitive modifiability.* Baltimore, MD: University Park Press.

Fischel-Ghodsian, N., Prezant, T., Chaltraw, W., Wendt, K., Nelson, R., Arnos, K., & Falk, R. (1997). Mitrochondrial gene mutation is a significant predisposing factor in aminoglycoside ototoxicity. *American Journal of Otolaryngology, 18*, 173–178.

Fischer, L. C. (2000). *Cultural identity development and self concept of adults who are deaf: A comparative analysis.* Doctoral dissertation, Arizona State University, Tempe. Dissertation Abstracts International, 61–10B, 5609.

Fischgrund, J. E., & Akamatsu, C. T. (1993) Rethinking the education of ethnic/multicultural deaf people: Stretching the boundaries. In K. M. Christensen & G. L. Delgado (Eds.), *Multicultural issues in deafness.* White Plains, NY: Longman Publishing Group.

Foster, S. (1989). Social alienation and peer identification: A study of the social construction of deafness. *Human Organization, 48(3)*, 226–235.

Fowler, K., Dahle, A., Boppana, S., & Pass, R. (1999). Newborn hearing screening: Will children with hearing loss caused by congentital cytomegalovirus infection be missed? *Journal of Pediatrics, 135*, 60–64.

Freeman, R. (1977). Psychiatric aspects of sensory disorders and interpretation. In P. Graham (Ed.), *Epidemiological approaches in child psychiatry* (pp. 275–304). New York: Academic Press.

Freeman, R. D., Malkin, S. F., & Hastings, J. O. (1975). Psychosocial problems of deaf children and their families: A comparative study. *American Annals of the Deaf, 120*, 391–403.

Freeman, S. T. (1989). Cultural and linguistic bias in mental health evaluations of deaf people. *Rehabilitation Psychology, 34*, 51–63.

French, M. (1999). *Starting with assessment: A developmental approach to deaf children's literacy.* Pre-College National Mission Programs. Washington, DC: Gallaudet University.

Fried, J. (1997, November 18). Woman pleads guilty in case of deaf Mexican peddlers. *The New York Times*, p. B13.

Friedburg, I. (2000). *Reference group orientation and self-esteem of deaf and hard-of-hearing college students.* Unpublished doctoral dissertation, Gallaudet University, Washington, DC.

Friedlander, H. (1999). Introduction. In H. Biesold. *Crying hands: Eugenics and deaf people in Nazi Germany* (pp. 1–12). Washington, DC: Gallaudet University Press.

Friere, P. (1970). *Pedagogy of the oppressed.* New York: Continuum.

Fujikawa, S. (2001). Healthy People 2010. *Audiology Today, 13(2)*, 38.

Galenson, E., Miller, R., Kaplan, E., & Rothstein, A. (1979). Assessment of development in the deaf child. *Journal of the American Academy of Child Psychiatry, 18*, 128–142.

Gallaudet Research Institute, Gallaudet University. (2002, January). *Race/ethnic background of deaf children in U.S. regional and national summary report of data from 1973 to 2001.* Annual surveys of deaf and hard of hearing children & youth. Washington, DC: GRI, Gallaudet University.

Gallimore, L. (1999). *Teachers' stories: Teaching American Sign Language and English literacy.* Unpublished doctoral dissertation, The University of Arizona.

Gannon, C. L. (1998). The deaf community and sexuality education. *Sexuality and Disability, 16*, 283–293.

Gannon, J. (1981). *Deaf heritage: A narrative history of Deaf America.* Silver Spring, MD: National Association of the Deaf.

Gannon, J. (1989). *The week the world heard Gallaudet.* Washington, DC: Gallaudet University Press.

Garbarino, J., Guttmann, E., & Wilson Seeley, J. (1986). *The psychologically battered child.* San Francisco: Jossey-Bass.

Garber, C., Garne, G., & Testut, E. (1984). A survey of certification requirements for teachers of the hearing impaired. *Volta Review, 86(4)*, 342–346.

Geers, A., & Moog, J. (1992). Speech perception and production skills of students with impaired

hearing from oral and total communication settings. *Journal of Speech and Hearing Research, 35*, 1384–1393.

Geers, A., & Moog, J. (Eds.). (1994). Effectiveness of cochlear implants and tactile aids for deaf children: The sensory aids study at Central Institute for the Deaf. *Volta Review, 96*, 12–31.

Gentry, M. (1999). *Deaf readers: Transfer of factual information using multimedia and multimedia presentation options.* Unpublished doctoral dissertation, Lamar University, Beaumont, TX.

Gerber, S. (2001). *The handbook of genetic communicative disorders.* New York: Academic Press.

Gerber, S. E., Epstein, L., & Mencher, L. S. (1995). Recent changes in the etiology of hearing disorders: Perinatal drug exposure. *Journal of the American Academy of Audiology, 6*, 371–377.

Gianelli, D. (1999). Protect doctors from "undue burdens" of ADA. *American Medical News, 42(2)*, 5.

Girocelli, L. (1982). *The comprehension of some aspects of figurative language by deaf and hearing subjects.* Unpublished doctoral dissertation, University of Illinois, Urbana-Champaign.

Glickman, N. (1996a). The development of culturally deaf identities. In N. Glickman & M. Harvey (Eds.), *Culturally affirmative psychotherapy with Deaf persons* (pp. 115–153). Mahwah, NJ: Erlbaum.

Glickman, N. (1996b). What is culturally affirmative psychotherapy. In N. Glickman & M. Harvey (Eds.), *Culturally affirmative psychotherapy with Deaf persons* (pp. 1–55). Mahwah, NJ: Erlbaum.

Glickman, N. S., & Carey, J. C. (1993). Measuring deaf cultural identities: A preliminary investigation. *Rehabilitation Psychology, 38*, 275–283.

Goldberg, D. (1996). Early intervention. In F. Martin & J. Martin (Eds.), *Hearing care for children* (pp. 287–302). Boston: Allyn and Bacon.

Goldberg, D., & Flexer, C. (2001). Auditory-verbal graduates: Outcome survey of clinical efficacy. *Journal of the American Academy of Audiology, 12(8)*, 406–414.

Goldin-Meadow, S., & Mylander, C. (1990). Beyond the input given: The child's role in the acquisition of language. *Language, 66(2)*, 323–355.

Goldsmith, H., & Harman, C. (1994). Temperament and attachment: Individuals and relationships. *Current Directions in Psychological Science, 3*, 53–61.

Gorlin, R. J., Toriello, H. V., & Cohen, M. M. (1995). *Hereditary hearing loss and its syndromes.* New York: Oxford University Press.

Gould, S. (1981). *The mismeasure of man.* New York: W. W. Norton.

Gonsoulin, T. (2001). Cochlear implant/Deaf World dispute: Different bottom elephants. *Otolaryngology-Head and Neck Surgery, 125*, 552–556.

Gray, C., & Hosie, J. (1996). Deafness, story understanding, and theory of mind. *Journal of Deaf Studies and Deaf Education, 1(4)*, 217–233.

Green, G., Scott, D., McDonald, J., Woodworth, G., Sheffield, V., & Smith, R. (1999). Carrier rates in the Midwestern United States for GJB2 mutations causing inherited deafness. *The Journal of the American Medical Association, 281*, 2211–2216.

Greenberg, M. T. (2000). Educational interventions: Prevention and promotion of competence. In P. Hindley & N. Kitson (Eds.), *Mental health and deafness*. London: Whurr Publishers.

Greenberg, M. T., Calderon, R., & Kusche, C. (1984). Early intervention using simultaneous communication with deaf infants: The effect on communication development. *Child Development, 55*, 607–616.

Greenberg, M. T., & Kusche, C. (1998, Winter). Preventive intervention for school-age deaf children: The PATHS curriculum. *Journal of Deaf Studies and Deaf Education, 3(1)*, 49–63.

Greenberg, M. T., & Marvin, R. S. (1979). Attachment patterns in profoundly deaf preschool children. *Merrill-Palmer Quarterly, 25*, 265–279.

Greenberg, J., Vernon, M., DuBois, J., & McKnight, J. (1982). *The language arts handbook*. Baltimore, MD: University Park Press.

Grinker, R. R. (Ed.). (1969). *Psychiatric diagnosis, therapy, and research on the psychotic deaf.* Final Report, Grant # RD 2407 S. Social and Rehabilitation Service, Department of Health, Education and Welfare, Chicago.

Grosjean, F. (1998). Living with two languages and two cultures. In I. Parasnis (Ed.), *Cultural and language diversity and the deaf experience*. New York: Cambridge University Press.

Groth-Marnat, G. (1999). *Handbook of psychological assessment* (3rd ed.). New York: John Wiley & Sons.

Groth-Marnat, G. (2000). Introduction to neuropsychological assessment. In G. Groth-Marnat (Ed.), *Neuropsychological assessment in clinical practice* (pp. 3–25). New York: John Wiley & Sons.

Grundfast, K., Siparsky, N., & Chuong, D. (2001, June). Genetics and molecular biology: Update. *Otolaryngology Clinical North America, 34(6)*, 1367–1394.

Grushkin, D. (1998). Why shouldn't Sam read? Toward a new paradigm for literacy and the deaf. *Journal of Deaf Studies and Deaf Education, 3(3)*, 179–198.

Gustason, G., Pfetzing, D., & Zawolkow, E. (1978). *Signing exact English: Supplement 1 & 2.* Los Angeles: Modern Signs Press.

Guthman, D. (1996). An analysis of variables that impact treatment outcomes of chemically dependent deaf and hard of hearing individuals. (Doctoral dissertation, University of Minnesota, 1996). *Dissertation Abstracts International, 56(7A)*, 2638.

Guthman, D., Lybarger, R., & Sandberg, K. (1993). Providing chemical dependency treatment to the deaf or hard of hearing mentally ill client. *Journal of the American Deafness and Rehabilitation Association, 27*, 1–15.

Guthman, D., Sandberg, K., & Dickinson, J. (1999). Chemical dependency: An application of a treatment model for deaf people. In I. W. Leigh (Ed.), *Psychotherapy with deaf clients from diverse groups* (pp. 349–371). Washington, DC: Gallaudet University Press.

Gutman, V. (1999). Therapy issues with deaf lesbians, gay men, and bisexual men and women. In I. W. Leigh (Ed.), *Psychotherapy with deaf clients from diverse groups* (pp. 97–120). Washington, DC: Gallaudet University Press.

Hairston, E., & Smith, L. (1983). *Black and deaf in America: Are we that different?* Silver Spring, MD: TJ Publishers.

Hall, S. (1994). Silent club: An ethnographic study of folklore among the deaf. In C. J. Erting, R. C. Johnson, D. L. Smith, & B. D. Snider (Eds.), *The Deaf way* (pp. 522–527). Washington, DC: Gallaudet University Press.

Handler, L. (1996). The clinical use of figure drawings. In C. Newmark (Ed.), *Major psychological assessment instruments* (2nd ed., pp. 206–293). Boston: Allyn and Bacon.

Hansen, V. C. (1929). *Beretning om sindslidelse blaudt Danmarks d ovstumme*. Copenhagen, Denmark: Johansens Bogtrykkei.

Hardy, M. P. (1970). Speechreading. In H. Davis & S. Silverman (Eds.), *Hearing and deafness* (pp. 335–345). New York: Holt, Rinehart and Winston.

Hardy, M. P., Haskins, H. L., Hardy, W. G., & Shimizi, H. (1973). Rubella: Audiologic evaluation and follow up. *Archives of Otolaryngology, 98*, 237–245.

Hardy, S. T., & Kachman, W. (1995). Inclusion and students who are deaf or hard of hearing: School psychology's perspective. In B. D. Snider (Ed.), *Inclusion? Defining quality education for deaf and hard of hearing students* (pp. 103–114). Washington, DC: Gallaudet University.

Harmer, L. (1999). Health care delivery and deaf people: Practice, problems, and recommendations for change. *Journal of Deaf Studies and Deaf Education, 4,* 73–110.

Harris, R. I. (1978). Impulse control in deaf children: Research and clinical issues. In L. Liben (Ed.), *Deaf children: Developmental perspectives* (pp. 137–156). New York: Academic Press.

Harrison, J. (1998). Schools for the deaf make accommodations to support children with implants. *NECCI News: Network of Educators of Children with Cochlear Implants, 9(2),* 1, 4.

Harter, S. (1997). The personal self in social context. In R. D. Ashmore & L. Jussim (Eds.), *Self and identity* (pp. 81–105). New York: Oxford University Press.

Harty-Golder, B. (1998). Meet ADA regs for treating hearing-impaired. *American Medical News, 41(25),* 26.

Harvey, M. (1989). *Psychotherapy with deaf and hard of hearing persons: A systemic model.* Hillsdale, NJ: Erlbaum.

Harvey, M. (1993). Cross cultural psychotherapy with deaf persons: A hearing, white, middle class, middle aged, non-gay, Jewish, male, therapist's perspective. *Journal of the American Deafness and Rehabilitation Association, 26,* 43–55.

Hauser, P., Maxwell-McCaw, D., Leigh, I. W., & Gutman, V. (2000). Internship accessibility issues for deaf and hard-of-hearing applicants: No cause for complacency. *Professional Psychology: Research and Practice, 31,* 569–574.

Heath, S. B. (1983). *Way with words.* Cambridge: Cambridge University Press.

Hernandez, M. (1999). The role of therapeutic groups in working with Latino deaf adolescent immigrants. In I. W. Leigh (Ed.), *Psychotherapy with deaf clients from diverse groups* (pp. 227–249). Washington, DC: Gallaudet University Press.

Hickok, G., Bellugi, U., & Klima, E. (2001). Sign language in the brain. *Scientific American, 285(6),* 58–65.

Hickok, G., Poeppel, D., Clark, K., Buxton, R., Rowley, H., & Roberts, T. (1997). Sensory mapping in a congenitally deaf subject: MEG and MRI studies of cross-modal non-plasticity. *Human Brain Mapping, 5,* 437–444.

Higginbotham, D. J., & Baker, B. M. (1981). Social participation and cognitive play differences in hearing-impaired and normally hearing preschoolers. *The Volta Review, 83,* 135–149.

Hintermair, M. (2000). Hearing impairment, social networks, and coping: The need for families with hearing-impaired children to relate to other parents and to hearing-impaired adults. *American Annals of the Deaf, 145,* 41–53.

Hirshoren, A., & Schnittjer, D. J. (1979). Dimensions of problem behavior in deaf children. *Journal of Abnormal Child Psychology, 7,* 221–228.

Hoffmeister, R. (2000). A piece of the puzzle: ASL and reading comprehension in deaf children. In C. Chamberlain, J. Morford, & R. Mayberry (Eds.), *Language acquisition by eye* (pp. 143–163). Mahwah, NJ: Erlbaum.

Hoffmeister, R. & Harvey, M. (1996). Is there a psychology of the hearing? In N. Glickman & M. Harvey (Eds.), *Culturally affirmative psychotherapy with deaf persons* (pp. 73–97). Mahwah, NJ: Erlbaum.

Holcomb, M., & Wood, S. (1989). *Deaf women: A parade through the decades.* Berkeley, CA: DawnSign Press.

Holcomb, T. K., Coryell, J., & Rosenfield, E. (1992, March/April). Designing a supportive mainstream environment. In *A folio of mainstream articles from* Perspectives in Education and Deafness. Washington, DC: Pre-College Programs of Gallaudet University.

Holden-Pitt, L. (1997a). A look at residential school placement patterns for students from deaf- and hearing-parented families: A ten year perspective. *American Annals of the Deaf, 142(2),* 108–114.

Holden-Pitt, L. (1997b). Annual survey. *American Annals of the Deaf, 142(2),* 68–74.

Holden-Pitt, L., & Diaz, J. A. (1998). Thirty years of the Annual Survey of Deaf and Hard-of-Hearing Children and Youth: A glance over the decades. *American Annals of the Deaf, 142,* 72–76.

Holzrichter, A., & Meier, R. (2000). Child-directed signing in American Sign Language. In C. Chamberlain, J. Morford, & R. Mayberry (Eds.), *Language acquisition by eye* (pp. 25–40). Mahwah, NJ: Erlbaum.

Hotto, S. (2001). *Gallaudet Research Institute. Regional and national summary report of data from 1999–2000. Annual survey of deaf and hard of hearing youth.* Washington, DC: Graduate Research Institute, Gallaudet University.

Howell, R. (1985). Maternal reports of vocabulary development in four-year-old deaf children. *American Annals of the Deaf, 129,* 459–465.

Hu, D., Qiu, W., Wu, B., Fang, L., Zhou, F., Gu, Y., Zhang, Q., Yan, J., Ding, Y., & Wong, H. (1991). Genetic aspects of antibiotic induced deafness: Mitochondrial inheritance. *Journal of Medical Genetics, 28,* 79–83.

Hui, C. H., & Triandis, H. C. (1985). Measurement in cross-cultural psychology: A review and comparison of strategies. *Journal of Cross-Cultural Psychology, 16*, 131–152.

Humphries, T. (1993). Deaf culture and cultures. In K. Christensen & G. Delgado (Eds.), *Multicultural issues in deafness*. White Plains, NY: Longman.

Humphries, T. (1996). Of Deaf-mutes, the strange, and the modern deaf self. In N. Glickman & M. Harvey (Eds.), *Culturally affirmative psychotherapy with deaf persons* (pp. 99–114). Mahwah, NJ: Erlbaum.

Intertribal Deaf Council. (1999). Retrieved September 27, 2001 from http://www.bigriver.net/~rasmith/idc/idc.html.

Jacobs, L. (1981). *A deaf adult speaks out*. Silver Spring, MD: National Association of the Deaf.

Jacobs, R. (1987). Use of the Sixteen Personality Factor Questionnaire, Form A, with deaf university students. *Journal of Rehabilitation of the Deaf, 21*, 19–26.

Jankowski, K. (1997). *Deaf empowerment: Emergence, struggle, and rhetoric*. Washington, DC: Gallaudet University Press.

Jensema, C., McCann, R., & Ramsey, S. (1996). Close-captioned television presentation speech and vocabulary. *American Annals of the Deaf, 14(4)*, 284–292.

Jensema, C., Sharkawy, S., Danturthi, R., Burch, R., & Hsu, D. (2000). Eye movement patterns of captioned television viewers. *American Annals of the Deaf, 145(3)*, 275–285.

Johnson, R. C. (2001, Spring/Summer). High stakes testing and deaf students: Some research perspectives. *Research at Gallaudet*, pp. 1–6.

Johnston, E. (1997). Residential schools offer students deaf culture. *Perspectives in Education and Deafness, 16(2)*, 4–5, 24.

Joint Committee on Infant Hearing. (2000). Year 2000 position statement: principles and guidelines for early hearing detection and intervention programs. *American Journal of Audiology, 9*, 9–29.

Jones, B. E. (1999, February). Providing access: "New roles" for educational interpreters. *Views, 16(2)*, 15.

Jordan, J. (1991). Preface. In D. Stewart (Ed.), *Deaf sport: The impact of sports within the deaf community* (pp. vii–viii). Washington, DC: Gallaudet University Press.

Kagan, J. (1998). Is there a self in infancy? In M. Ferrari & R. J. Sternberg (Eds.), *Self-awareness: Its nature and development* (pp. 137–147). New York: Guilford Press.

Kampfe, C. (1989). Parental reaction to a child's hearing impairment. *American Annals of the Deaf, 134*,

255–259.

Karchmer, M. A., & Allen, T. E. (1999, April). The functional assessment of deaf and hard of hearing students. *American Annals of the Deaf, 144(2)*, 68–77.

Katz, C. (1994). *VisMa and the child: Its myth and history*. Unpublished manuscript, Ohlone College, Fremont, CA.

Katz, C. (1996). *A history of the Deaf community in Beaumont, Texas*. Unpublished paper, Lamar University, Beaumont, TX.

Katz, C. (1999). *The establishment of bachelor degree programs in deaf studies*. Unpublished doctoral dissertation, Lamar University, Beaumont, TX.

Katz, D., Vernon, M., Penn, A., & Gillece, J. (1992). The consent decree: A means of obtaining mental health services for people who are deaf. *Journal of the American Deafness and Rehabilitation Association, 26(2)*, 22–28.

Kauffman, J. M. (2001). *Characteristics of emotional and behavioral disorders of children and youth* (7th ed.). Columbus OH: Merrill Prentice Hall.

Kaufman, J., & Zigler, E. (1987). Do abused children become abusive parents? *American Journal of Orthopsychiatry, 57, (2)*, 186–192.

Keane, K., & Kretschmer, R. (1987). Effect of mediated learning intervention on cognitive task performance with a deaf population. *Journal of Education Psychology, 79(1)*, 49–53.

Keane, K., Tannenbaum, A., & Krapf, G. (1992). Cognitive competence: Reality and potential in the deaf. In C. Haywood & T. Tzuriel (Eds.), *Interactive assessment*. New York. Springer-Verlag.

Keats, B. (2001). *Introduction to genes and hearing loss*. Presentation at the Human Genome Project and Hearing Loss Conference, Bethesda, MD.

Keats, B., & Corey, D. (1999). The Usher syndromes. *American Journal of Medical Genetics, 89*, 158–166.

Kelly, R. (1996). The interaction of syntactic competence and vocabulary during reading by deaf students. *Journal of Deaf Studies and Deaf Education, 1(1)*, 75–90.

Kenny, V. (1962). A better way to teach deaf children. *Harpers Magazine*, pp. 61–65.

Kersting, S. (1997). Balancing between deaf and hearing worlds: Reflections of mainstreamed college students on relationships and social interactions. *Journal of Deaf Studies and Deaf Education, 2*, 252–263.

Kestenbaum, R., Farber, E. A., & Sroufe, L. A. (1989). Individual differences in empathy among preschoolers: Relation to attachment history. In N. Eisenberg (Ed.), *Empathy and related emotional responses* (New Directions for Child development, No. 33, pp. 51–64). San Francisco: Jossey-Bass.

Koester, L. S., & Meadow-Orlans, K. P. (1990). Parenting a deaf child: Stress, strength, and support. In D. F. Moores & K. P. Meadow-Orlans (Eds.), *Educational and developmental aspects of deafness*. Washington, DC: Gallaudet University Press.

Koester, L. S., Papousek, H., & Smith-Gray, S. (2000). Intuitive parenting, communication, and interaction with deaf infants. In P. E. Spencer, C. J. Erting, & M. Marschark (Eds.), *The deaf child in the family and at school* (pp. 55–71). Mahwah, NJ: Erlbaum.

Koppe, J. G., & Kloosterman, G. J. (1982). Congenital toxoplasmosis: Long-term follow-up. *Padiatrie und Padologie, 17*, 171–179.

Krashen, S., Long, M., & Scarcella, R. (1982). Age, rate, and eventual attainment in second language acquisition. In S. Krashen, R. Scarcella, & M. Long (Eds.), *Child-adult differences in second language acquisition* (pp. 161–172). Rowley, MA: Newbury House.

Kricos, P. (1993). The counseling process: Children and parents. In J. Alpiner & P. McCarthy (Eds.), *Rehabilitative audiology: Children and adults* (pp. 211–233). Philadelphia: Lippincott Williams & Wilkens.

Kroger, J. (1993). Ego identity: An overview. In J. Kroger (Ed.), *Discussions on ego identity*. Hillsdale, NJ: Erlbaum.

Kusche, C. A., & Greenberg, M. T. (1994). *The PATHS curriculum*. Seattle, WA: Developmental Research And Programs.

LaBarre, A. (1998). Treatment of sexually abused children who are deaf. *Sexuality & Disability, 16*, 321–324.

LaFromboise, T., Coleman, H., & Gerton, J. (1993). Psychological impact of biculturalism: Evidence and theory. *Psychological Bulletin, 114*, 395–412.

Lane, H. (1993). Mask of irreverence (Letter to the editor). *American Annals of the Deaf, 138(4)*, 316–319.

Lane, H. (1996). Cultural self-awareness in hearing people. In N. Glickman & M. Harvey (Eds.), *Culturally affirmative psychotherapy with deaf people* (pp. 57–72). Mahwah, NJ: Erlbaum.

Lane, H. (1997). Constructions of deafness. In L. Davis (Ed.), *The disability studies reader* (pp. 153–171). New York: Routledge.

Lane, H. (1999). *The mask of benevolence: Disabling the Deaf community*. San Diego, CA: DawnSign Press.

Lane, H., & Bahan, B. (1998). Ethics of cochlear implantation in young children: A review and reply from a Deaf-world perspective. *Otolaryngology—Head and Neck Surgery, 119*, 297–307.

Lane, H., Hoffmeister, R., & Bahan, B. (1996). *A journey into the Deaf-world*. San Diego, CA: Dawn Sign Press.

Lane, H., Pillard, R., & French, H. (2000). Origins of the American Deaf-world: Assimilating and differentiating societies and their relation to genetic patterning. *Sign Language Studies, 1*, 17–44.

Lang, H. (2000). *A phone of our own: The deaf insurrection against Ma Bell*. Washington, DC: Gallaudet University Press.

Lang, H., & Meath-Lang, B. (1995). *Deaf persons in the arts and sciences*. Westport, CT: Greenwood Press.

Langholtz, D., & Ruth, R. (1999). Deaf people with HIV/AIDS: Notes on the psychotherapeutic journey. In I. W. Leigh (Ed.), *Psychotherapy with deaf clients from diverse groups* (pp. 253–277). Washington, DC: Gallaudet University Press.

LaSasso, C. (1999). Test-taking skills: A missing component of deaf students' curriculum. *American Annals of the Deaf, 144*, 35–43.

LaSasso, C., & Metzger, M. (1998). An alternate route for preparing deaf children for BiBi programs: The home language L1 and Cued Speech for conveying traditionally spoken languages. *Journal of Deaf Studies and Deaf Education, 3(4)*, 265–289.

LaSasso, C., & Wilson, A. (2000). Results of two national surveys of leadership personnel needs in deaf education. *American Annals of the Deaf, 145(5)*, 429–435.

Lederberg, A. R. (1993). The impact of deafness on mother-child and peer relationships. In M. Marschark & M. D. Clark (Eds.), *Psychological perspectives on deafness* (pp. 93–119). Hillsdale, NJ: Erlbaum.

Lederberg, A. R., (1998, August). *Maternal stress and social support: Hearing impaired versus hearing toddlers*. Poster displayed at the meeting of the American Psychological Association, Atlanta, GA.

Lederberg, A. R., & Mobley, C. E. (1990). The effect of hearing impairment on the quality of attachment and mother-toddler interaction. *Child Development, 61*, 1596–1604.

Lederberg, A. R., & Prezbindowski, A. K. (2000). Impact of child deafness on mother-toddler interaction: Strengths and weakness. In P. E. Spencer, C. J. Erting, & M. Marschark (Eds.), *The deaf child in the family and at school* (pp. 73–92). Mahwah, NJ: Erlbaum.

Lederberg, A. R., Rosenblatt, V., Vandell, D. L., & Chapin, S. L. (1987). Temporary and long term friendships in hearing and deaf preschoolers. *Merrill-Palmer Quarterly, 33,* 515–533.

Lederberg, A. R., & Spencer, P. (2001). Vocabulary development of deaf and hard of hearing children. In M. Clark, M. Marschark, & M. Karchmer (Eds.), *Context, cognition, and deafness* (pp. 88–112). Washington, DC: Gallaudet University Press.

Leigh, I. W. (1987). Parenting and the hearing impaired: Attachment and coping. *The Volta Review, 89,* 11–21.

Leigh, I. W. (1994). Psychosocial implications of full inclusion for deaf children and adolescents. In R. C. Johnson & O. P. Cohen (Eds.), *Implications and complications for deaf students of the full inclusion movement* (pp. 73–77). Washington, DC: Gallaudet University Press.

Leigh, I. W. (1999a, March/April). Book review: We can hear and speak. *Perspectives in Education and Deafness,* 18–19.

Leigh, I. W. (1999b). Inclusive education and personal development. *Journal of Deaf Studies and Deaf Education, 4,* 236–245.

Leigh, I. W. (Ed.). (1999c). *Psychotherapy with deaf clients from diverse groups.* Washington, DC: Gallaudet University Press.

Leigh, I. W. (2000). *Mental health access for deaf and hard-of-hearing consumers.* Presentation, Access Is the Issue: Access to Mental Health for Deaf and Hard-of-Hearing Persons, Training Conference, New York City.

Leigh, I. W., & Anthony, S. (1999). Parent bonding in clinically depressed deaf and hard-of-hearing adults. *Journal of Deaf Studies and Deaf Education, 4,* 28–36.

Leigh, I. W., & Anthony-Tolbert, S. (2001). Reliability of the BDI-II with deaf persons. *Rehabilitation Psychology, 46,* 195–202.

Leigh, I. W., Corbett, C., Gutman, V., & Morere, D. (1996). Providing psychological services to deaf individuals: A response to new perceptions of diversity. *Professional Psychology: Research and Practice, 27,* 364–371.

Leigh, I. W., & Lewis, J. (1999). Deaf therapists and the deaf community: How the twain meet. In I. W. Leigh (Ed.), *Psychotherapy with deaf clients from diverse groups* (pp. 45–65). Washington, DC: Gallaudet University Press.

Leigh, I. W., Marcus, A., Dobosh, P., & Allen, T. (1998). Deaf/hearing identity paradigms: Modification of the Deaf Identity Development Scale. *Journal of Deaf Studies and Deaf Education, 3,* 329–338.

Leigh, I. W., Robins, C., & Welkowitz, J. (1988). Modification of the Beck Depression Inventory for use with a deaf population. *Journal of Clinical Psychology, 44,* 728–732.

Leigh, I. W., & Sommer, J. P. (1998). *Politics of deafness.* Presentation at the A.G. Bell Association Convention, Little Rock, AR.

Leigh, I. W., & Stinson, M. (1991). Social environment, self-perceptions, and identity of hearing-impaired adolescents. *The Volta Review, 93,* 7–22.

LeNard, J. M. (2001). *How public input shapes the Clerc Center's priorities: Identifying critical needs in transition from school to postsecondary education and employment.* Washington, DC: Gallaudet University, Laurent Clerc National Deaf Education Center.

Lenneberg, E. (1967). *Biological foundations of language.* New York: Wiley.

Levanen, S., Jourmaki, V., & Hari, R. (1998). Vibration-induced auditory cortex activation in a congenitally deaf adult. *Current Biology, 8,* 869–872.

Levanen, S., Uutela, K., Salenius, S., & Hari, R. (2001). Cortical representation of sign language comparison of deaf signers and hearing non-signers. *Cerebral Cortex, 11,* 506–512.

Levine, E. S. (1951). Psycho-educational characteristics of children following maternal rubella. *American Journal of Disabilities of Children,* 627–632.

Levine, E. S. (1956). *Youth in a silent world.* New York: New York University Press.

Levine, E. S. (1960). *Psychology of deafness.* New York: Columbia University Press.

Levine, E. S. (1977). The preparation of psychological service providers to the deaf. Report of the Spartanburg Conference. Monograph #4. *Journal of Rehabilitation of the Deaf.*

Levine, E. S. (1981). *The ecology of early deafness: Guides to fashioning environments and psychological assessments.* New York: Columbia University Press.

Levine, E. S., & Wagner, E. E. (1974). Personality patterns of deaf persons: An interpretation based on research with the hand test. *Perceptual and Motor Skills Monograph Supplement, 39,* 23–44.

Lezak, M. (1995). *Neuropsychological assessment* (3rd ed.). New York: Oxford University Press.

Liben, L. S. (1978). Developmental perspectives on experiential deficiencies of deaf children. In L. Liben (Ed.), *Deaf children: Developmental perspectives* (pp. 195–215). New York: Academic Press.

Ling, D. (1976). *Speech and the hearing impaired child: Theory and practice. Washington, DC:* Alexander Graham Bell Association for the Deaf.

Linton, S. (1998). *Claiming disability: Knowledge and identity.* New York: New York University Press.

Lipton, D., & Goldstein, M. (1997). Measuring substance abuse among the Deaf. *Journal of Drug Issues, Inc.,* 733–754.

Litchenstein, E. (1998). The relationships between reading processes and English skills of deaf college students. *Journal of Deaf Studies and Deaf Education, 3(2),* 80–134.

Livingston, S. (1997). *Rethinking the education of deaf students: Theory and practice from a teacher's perspective.* Portsmouth, NH: Heinemann.

Lopez, J. (2001). Hispanic from a Latino perspective. Unpublished manuscript.

Lucas, C., & Valli, C. (1992). *Language contact in the American deaf community.* San Diego, CA: Academic Press.

Lucker, J. (2002). Cochlear implants: A technological overview. In J. Christiansen & I. W. Leigh, *Cochlear implants in children: Ethics and choices* (pp. 45–64). Washington, DC: Gallaudet University Press.

Luterman, D. (1999). Emotional aspects of hearing loss. *The Volta Review, 99,* 75–83.

Luterman, D., & Kurtzer-White, E. (1999). Identifying hearing loss: Parents' needs. *American Journal of Audiology, 8,* 13–18.

Lyons, C., & Pinnell, G. (2001). *Systems for change in literacy education: A guide to professional development.* Portsmouth, NH: Heinemann.

Lytle, L. (1987). Identify formation and developmental antecedents in deaf college women (Doctoral dissertation, The Catholic University, 1987). *Dissertation Abstracts International, 48(3–A),* 606–607.

Lytle, R., & Rovins, M. R. (1997). Reforming deaf education: A paradigm shift from how to teach to what to teach. *American Annals of the Deaf, 142(1),* 7–15.

MacCollin, M. (1998). Neurofibromatosis 2. *Gene-Clinics: Clinical Genetics Information Resource.* Retrieved October 12, 2001, from University of Washington, Seattle website: http://www.geneclinics.org/profiles/nf2/index.html.

Mackelprang, R., & Salsgiver, R. (1999). *Disability: A diversity model approach in human service practice.* Pacific Grove, CA: Brooks Cole.

Madriz, J. J., & Herrera, G. (1995). Human immunodeficiency virus and acquired immune deficiency syndrome AIDS-related hearing disorders. *Journal of the American Academy of Audiology, 6,* 358–364.

Maher, J. (1996). *Seeing language in sign: The work of William C. Stokoe.* Washington, DC: Gallaudet University Press.

Maller, S., Singleton, J., Supalla, S., & Wix, T. (1999). The development and psychometric properties of the American Sign Language Proficiency Assessment (ASL-PA). *Journal of Deaf Studies and Deaf Education, 4,* 249–269.

Malzkuhn, M. (1994). The human rights of the deaf. In C. J. Erting, R.C. Johnson, D. L. Smith, & B. D. Snider (Eds.), *The Deaf way* (pp. 780–785). Washington, DC: Gallaudet University Press.

Marazita, M., Ploughman, L., Rawlings, B., Remington, E., Arnos, K., & Nance, W. (1993). Genetic epidemiological studies of early-onset deafness in the U.S. school-age population. *American Journal of Medical Genetics, 46,* 486–491.

Marcia, J. E. (1993). The relational roots of identity. In J. Kroger (Ed.), *Discussions on ego identity.* Hillsdale, NJ: Erlbaum.

Marschark, M. (1993). *Psychological development of deaf children.* New York: Oxford University Press.

Marschark, M. (1997). *Raising and educationg a deaf child: A comprehensive guide to the choices, controversies, and decisions faced by parents and educators.* New York York: Oxford University Press.

Marschark, M. (2000a). Education and development of deaf children or is it development and education? In P. E. Spencer, C. J. Erting, & M. Marschark (Eds.), *The deaf child in the family and at school* (pp. 275–301). Mahwah, NJ: Erlbaum.

Marschark, M. (2000b). *Language development in children who are deaf: A research synthesis.* National Association of State Directors of Special Education (NASDSE), 1800 Diagonal Road, Suite 320, Alexandria, VA 22314.

Marschark, M. (2001). Language development in children who are deaf: A research synthesis. *Project Forum.* Alexandria, VA: National Association of State Directors of Special Educators (NASDSE).

Marshark, M., & Clark, M. (Eds.). (1993). *Psychological perspectives on deafness.* Hillsdale, NJ: Erlbaum.

Marschark, M., & Everhart, V. (1999). Problem-solving by deaf and hearing children: Twenty questions. *Deafness and Education International, 1,* 63–79.

Marschark, M., & Lukomski, J. (2001). Understanding language and learning in deaf children. In M. Clark, M. Marschark, & M. Karchmer (Eds.), *Context, cognition, and deafness* (pp. 71–87). Washington, DC: Gallaudet University Press.

Martin, D., Craft, A., & Zhang, Z. (2001). The impact of cognitive strategy instruction on deaf learners: An international comparative study. *American Annals of the Deaf, 146(4),* 366–378.

Martin, F., & Clark, J. (2000). *Introduction to audiology* (7th ed.). Boston: Allyn and Bacon.

Mather, S. (1997). Initiation in visually constructed dialogue: Reading books with three to eight year old students who are deaf and hard of hearing. In C. Lucas (Ed.), *Multicultural aspects of sociolinguistics in deaf communities* (pp. 109–131). Washington, DC: Gallaudet University Press.

Mauk, G. W., & Mauk, P. P. (1992). Somewhere, out there: Preschool children with hearing impairment and learning disabilities. *Topics in Early Childhood Special Education: Hearing Impaired Preschoolers, 12,* 174–195.

Maxon, A., & Brackett, D. (1992). *The hearing impaired child: Infancy through high school years.* Boston: Andover Medical Publishers.

Maxwell, M., & Doyle, J. (1996). Language codes and sense-making among deaf schoolchildren. *Journal of Deaf Studies and Deaf Education, 1(2),* 122–136.

Maxwell-McCaw, D. L. (2001). *Acculturation and psychological well-being in deaf and hard-of-hearing people.* (Doctoral dissertation, George Washington University). *Dissertation Abstracts International, 61(11–B),* 6141.

Mayberry, R., & Eichen, E. B. (1991). The long-lasting advantage of learning sign language in childhood: Another look at the critical period for language acquisition. *Journal of Memory, 30(4),* 486–512.

Mayer, C., & Akamatsu, T. (1999). Bilingual-bicultural models of literacy education for deaf students: Considering the claims. *Journal of Deaf Studies and Deaf Education, 4(1),* 1–8.

McCartney, B. (1986). An investigation of the factors contributing to the ability of hearing-impaired children to communicate orally as perceived by oral deaf adults and parents and teachers of the hearing impaired. *The Volta Review, 88,* 133–143.

Mayer, C., & Wells, G. (1996). Can the linguistic interdependence theory support a bilingual-bicultural model of literacy education for deaf students? *Journal of Deaf Studies and Deaf Education, 1,* 93–107.

McCracken, G. (1986). Aminoglycoside toxicity in infants and children. *American Journal of Medicine, 80,* 172–178.

McCullough, C., & Emmorey, K. (1997). Face processing by deaf ASL signers: Evidence for expertise in distinguishing local features. *Journal of Deaf Studies and Deaf Education, 2,* 212–222.

McGhee, H. (1996). An evaluation of modified written and American Sign Language versions of the Beck Depression Inventory with the prelingually deaf. (Doctoral dissertation, The California School of Professional Psychology, Alameda, 1995). *Dissertation Abstracts International, Section B: The Sciences & Engineering, 56 (11–B),* 6456.

McIntosh, R., Sulzen, L., Reeder, L., & Kidd, D. (1994). Making science accessible to deaf students. *American Annals of the Deaf, 139(5),* 480–484.

Meadow, K. P. (1980). *Deafness and child development.* Berkeley: University of California Press.

Meadow-Orlans, K. P. (1996). Socialization of deaf children and youth. In P. Higgins & J. Nash (Eds.), *Understanding deafness socially: Continuities in research and theory* (2nd ed., pp. 71–95). Springfield, IL: Charles C. Thomas.

Meadow-Orlans, K. P. (1997). Effects of mother and infant hearing status on interactions at twelve and eighteen months. *Journal of Deaf Studies and Deaf Education, 2(1),* 27–36.

Meadow-Orlans, K., Mertens, D., Sass-Lehrer, M., & Scott-Olson, K. (1997). Support services for parents and their children who are deaf and hard of hearing. *American Annals of the Deaf, 142,* 278–293.

Mertens, D., Sass-Lehrer, M., & Scott-Olson, K. (2000). Sensitivity in the family-professional relationship: Parental experiences in families with young deaf and hard of hearing children. In P. Spencer, C. Erting, & M. Marschark (Eds.), *The deaf child in the family and at school* (pp. 133–150). Mahwah, NJ: Erlbaum.

Metzger, M. (1999). *Sign language interpreting: Deconstructing the myth of neutrality.* Washington, DC: Gallaudet University Press.

Metzger, M. (2000). *Bilingualism and identity in deaf communities.* Washington, DC: Gallaudet University Press.

Meyer, G., Finn, S., Eyde, L., Kay, G., Moreland, K., Dies, R., Eisman, E., Kubiszyn, T., & Reed, G. (2001). Psychological testing and psychological assessment. *American Psychologist, 56,* 128–165.

Meyerhof, W., Cass, S., Schwaber, M., Sculerati, N., & Slattery, W. (1994). Progressive sensorineural hearing loss in children. *Otolaryngology—Head and Neck Surgery, 110,* 560–570.

Middleton, A., Hewison, J., & Mueller, R. (2001). Prenatal diagnosis for inherited deafness—What is the potential demand? *Journal of Genetic Counseling, 10,* 121–131.

Miles, B. (2000, January). Literacy for persons who are deaf-blind. Monmouth, OR: *DB-LINK.* The National Clearinghouse on Children Who Are Deaf-Blind.

Miller, K. (2000). Welcome to the real world: Reflections on teaching and administration. *American Annals of the Deaf, 145(5),* 404–410.

Miller, K. (2001). Access to sign language interpreters in the criminal justice system. *American Annals of the Deaf, 146,* 328–330.

Miller, K., & Vernon, M. (2001, June). Deaf rights card. *Silent News,* 4.

Miller, M. S., & Moores, D. F. (2000). Bilingual/bicultural education for deaf students. In M. A. Winzer & K. Mazurek (Eds.), *Special education in the 21st century: Issues of inclusion and reform* (pp. 221–237). Washington, DC: Gallaudet University Press.

Mills v. Board of Education of the District of Columbia, 348. (1972). F. Supp. 866, 868, 875, D.D.C.

Mindel, E. D., & Vernon, M. (1971). *They grow in silence: The deaf child and his family.* Silver Spring, MD: National Association of the Deaf.

Miner, I. (1999). Psychotherapy for people with Usher Syndrome. In I. W. Leigh (Ed.), *Psychotherapy with deaf clients from diverse groups* (pp. 307–327). Washington, DC: Gallaudet University Press.

Mitrushina, M., Boone, K., & D'Elia, L. (1999). *Handbook of normative data for neuropsychological assessment.* New York: Oxford University Press.

Moeller, M., & Condon, M. (1998). Family matters: Making sense of complex choices. In F. Bess (Ed.), *Children with hearing impairment: Contemporary trends* (pp. 305–310). Nashville, TN: Vanderbilt-Bill Wilkerson Center Press.

Mogford, K. (1994). Oral language acquisition in the prelinguistically deaf. In D. Bishop & K. Mogford (Eds.), *Language development in exceptional children* (pp. 110–131). Mahwah, NJ: Erlbaum.

Mohay, H. (2000). Language in sight: Mothers' strategies for making language visually accessible to deaf children. In P. Spencer, C. Erting, & M. Marschark (Eds.), *The deaf child in the family and at school* (pp. 151–166). Mahwah, NJ: Erlbaum.

Moll, L. (1990). *Vygotsky and education.* Cambridge: Cambridge University Press.

Montanini Manfredi, M. (1993). The emotional development of deaf children. In M. Marschark & M. D. Clark (Eds.), *Psychological perspectives on deafness* (pp. 49–63). Hillsdale NJ: Erlbaum.

Moores, D. F. (1973). Families and deafness. In A. Norris (Ed.), *Deafness annual* (pp. 115–130). Silver Spring, MD: Professional Rehabilitation Workers with the Adult Deaf.

Moores, D. F. (1990, January). An open letter to the campus community: Old w(h)ine in new bottles. Unpublished paper. Gallaudet University, Washington, D.C.

Moores, D. F. (1993a). Mask of confusion. *American Annals of the Deaf, 138(4),* 319–321.

Moores, D. F. (1993b). Book reviews: The mask of benevolence: Disabling the deaf community. *American Annals of the Deaf, 138,* 4–9.

Moores, D. F. (2001a). *Educating the Deaf: Psychology, principles, and practices* (5th ed.). Boston: Houghton Mifflin.

Moores, D. F. (2001b). Testing revisited. *American Annals of the Deaf, 146(4),* 307–308.

Moores, D. F., Jatho, J., & Creech, C. (2001). Families with deaf members: American Annals of the Deaf, 1996–2000. *American Annals of the Deaf, 146,* 245–250.

Moose, M. (1999, February). Educational interpreting: Raising the standards. *VIEWS, 16,* 2, 10.

Morton, D. (2000). Beyond parent education: The impact of extended family dynamics in deaf education. *American Annals of the Deaf, 145,* 359–365.

Morton, D., & Christensen, J. N. (2000). *Mental health services for deaf people: A resource directory.* Washington, DC: Department of Counseling, Gallaudet University.

Moulton, R., Andrews, J. F., & Smith, M. (1996). The deaf world. In R. Brown, D. Baine, & A. Newfeldt (Eds.), *Beyond basic care: Special education and community rehabilitation in low income countries* (pp. 168–182). North York, Ontario, Canada: Captus Press.

Mounty, J. (1986). *Nativization and input in the language development of two deaf children of hearing parents.* Unpublished doctoral dissertation, Boston University.

Muller, C. (2001). *Sudden sensorineural hearing loss.* Paper presented at Grand Rounds in the Department of Otolaryngology Head/Neck Surgery. University of Texas Medical Branch, Galveston, TX.

Munro-Ludders, B. (1992). Deaf and dying: Deaf people and the process of dying. *Journal of the American Deafness and Rehabilitation Association, 26,* 31–41.

Murphy, K., & Davidshofer, C. (1998). *Psychological testing: Principles and applications* (4th ed.). Upper Saddle River, NJ: Prentice Hall.

Musselman, C., & Churchill, A. (1991). Conversational control in mother-child dyads. *American Annals of the Deaf, 136,* 99–117.

Musselman, C., & Kircaali-Iftar, G. (1998). The development of spoken language in deaf children.

Explaining the unexplained variance. *Journal of Deaf Studies and Deaf Education, 1(2),* 108–121.

Myers, R. (Ed.). (1995). *Standards of care for the delivery of mental health services to deaf and hard-of-hearing persons.* Retrieved October 13, 2001, from http://www.deafhoh-health.org/html/professionals/standards_guidelines.html.

Myklebust, H. R. (1954). *Auditory disorders in children: A manual for differential diagnosis.* New York: Grune & Stratton.

Myklebust, H. R. (1960). *The psychology of deafness.* New York: Grune & Stratton.

Naito, Y., Hirano, S., Honjo, I., Okazawa, H., Ishizu, K., Takahashi, H., Fujiki, N., Shiomi, Y., Yonekura, Y., & Konishi, J. (1997). Sound-induced activation of auditory cortices in cochlear implant users with post- and prelingual deafness demonstrated by positron emission tomography. *Acta Otolaryngol, 117,* 490–496.

Napier, J. (2002). The D/deaf-H/hearing debate. *Sign Language Studies, 2,* 141–149.

National Asian Deaf Congress. (2001). *About National Asian Deaf Congress.* Retrieved September 27, 2001, from http://www.nadc-usa.org/about.html.

National Association of the Deaf. (2000a). *Legal rights: The guide for deaf and hard of hearing people* (5th ed.). Washington, DC: Gallaudet University Press.

National Association of the Deaf. (2000b, November). NAD position statements. *The NAD Broadcaster,* p. 5.

National Association of the Deaf. (2001, March) The NAD's position on the statewide assessment of deaf and hard of hearing students. *The NAD Broadcaster,* pp. 9–10.

National Association of the Deaf (2002, January). NAD position statement on inclusion. Silver Spring, MD: NAD Education Policy and Program Development Center.

National Deaf Children's Society (NDCS). (1999). *PATHS: The way towards personal and social empowerment for deaf children: A report on the NDCS deaf children in mind project-personal and social initiative.* London: National Deaf Children's Society.

National Information Center on Deafness (NICD). (1991). *Mainstreaming D/HH students: Q and A research, reading, resources.* Washington, DC: Gallaudet University.

National Organization for Rare Disorders. (2000). *Neurofibromatosis Type 2 (NF-2).* Retrieved September 7, 2000, from http://www.stepstn.com/cgi-win/nord.exe?proc=GetDocument&rectype=0&recnum=792.

National Research Council (NRC). (1993). *Understanding child abuse and neglect.* Washington, DC: National Academy Press.

Neville, H., Bavelier, D., Corina, D., Rauschecker, J., Karni, A., Laiwani, A., Braun, A., Clark, V., Jezzard, P., & Turner, R. (1998). Cerebral organization for language in deaf and hearing subjects: Biological constraints and effects of experience. *Proceedings of the National Academy of Science, USA, 95,* 922–929.

Newport, E. (1990). Maturational constraints on language learning. *Cognitive Science, 14,* 11–28.

Newport, E., & Meier, R. (1985). Acquisition of American Sign Language. In D. Slobin (Ed.), *The cross-linguistic study of language acquisition: Volume 1. The Data* (pp. 881–938). Hillsdale, NJ: Erlbaum.

Ng, M., Niparko, J., & Nager, G. (1999). Inner ear pathology in severe to profound sensorineural hearing loss. In J. Niparko, K. I. Kirk, N. Mellon, A. M. Robbins, D. Tucci, & B. Wilson (Eds.), *Cochlear implants: Principles and practices* (pp. 57–92). Philadelphia: Lippincott Williams & Wilkins.

Nishimura, H., Hashikawa, K., Doi, K., Iwaki, T., Watanabe, Y., Kusuoka, H., Nishimura, T., & Kubo, T. (1999). Sign language heard in the auditory cortex. *Nature, 397,* 116.

Nover, S. (1995a). Full inclusion for deaf students: An ethnographic perspective. In B. Snider (Ed.), *Inclusion? Defining quality education for deaf and hard of hearing students* (pp. 33–50). Washington, DC: Gallaudet University, College of Continuing Education.

Nover, S. (1995b). Politics and language: American Sign Language and English in deaf education. In C. Lucas (Ed.), *Sociolinguistics in deaf communities* (pp. 109–163). Washington, DC: Gallaudet University Press.

Nover, S., & Andrews, J. (2000). *Critical pedagogy in deaf education: Teachers' reflections on creating a bilingual classroom for deaf learners.* Year 1, year 2, year 3 and year 4 reports. Star Schools Project. Santa Fe: New Mexico School for the Deaf. www.starschools.org/nmsd.

Nover, S., Christensen, K., & Cheng, L. (1998). Development of ASL and English competencies for learners who are deaf. In K. Butler & P. Prinz (Eds.), ASL proficiency and English language acquisition: New Perspectives. *Topics in Language Disorders, 18(4),* 61–72.

Nover, S., & Moll, L. (1997). Cultural mediation of deaf cognition. In M. P. Moeller & B. Schick (Eds.), *Deafness and diversity: Sociolinguistic issues* (pp. 39–50). Omaha, NE: Boys Town Research Hospital.

Nover, S., & Ruiz, R. (1994). The politics of American Sign Language in deaf education. In B. Schick & M. Moeller (Eds.), *The use of sign language in instructional settings: Current concepts and controversies* (pp. 73–84). Omaha, NE: Boys Town National Research Hospital.

Nowak, C. B. (1998). Genetics and hearing loss: A review of Stickler Syndrome. *Journal of Communication Disorders, 31*, 437–454.

Oberkotter, M. (Ed.). (1990). *The possible dream.* Washington, DC: Alexander Graham Bell Association for the Deaf.

Ogden, P. (1996). *The silent garden: Raising your deaf child.* Washington, DC: Gallaudet University Press.

Olkin, R. (1999). *What psychotherapists should know about disability.* New York: Guilford Press.

Ouellette, S. (1988). The use of projective drawing techniques in the personality assessment of prelingually deafened young adults: A pilot study. *American Annals of the Deaf, 133,* 212–218.

Padden, C. (1980). The deaf community and the culture of deaf people. In C. Baker & R. Battison (Eds.), *Sign language and the deaf community* (pp. 89–102). Silver Spring, MD: National Association of the Deaf.

Padden, C. (1998). From the cultural to the bicultural: The modern deaf community. In I. Parasnis (Ed.), *Cultural and language diversity and the deaf experience* (pp. 79–98). New York: Cambridge University Press.

Padden, C., & Humphries, T. (1988). *Deaf in America: Voices from a culture.* Cambridge, MA: Harvard University Press.

Padden, C., & Ramsey, C. (2000). American Sign Language and reading ability in deaf children. In C. Chamberlain, J. Morford, & R. Mayberry (Eds.), *Language acquisition by eye* (pp. 165–189). Mahwah, NJ: Erlbaum.

Padden, C., & Rayman, J. (2002). The future of American Sign Language. In D. Armstrong, M. Karchmer, & J. Van Cleve (Eds.), *The study of signed languages: Essays in honor of William Stokoe* (pp. 247–261). Washington, DC: Gallaudet University Press.

Pal Kapur, Y. (1996). Epidemiology of childhood hearing loss. In S. Gerber (Ed.), *The handbook of pediatric audiology* (pp. 3–14). Washington, DC: Gallaudet University Press.

Pappas, D., & Pappas, D. (1999). Medications and characteristics of drugs causing ototoxicity. *The Volta Review, 99,* 195–203.

Paradise, J. L. (1999). Universal newborn hearing screening: Should we leap before we look? *Pediatrics, 103(3),* 670–672.

Parasnis, I. (1996). On interpreting the deaf experience within the context of cultural and language diversity. In I. Parasnis (Ed.), *Cultural and language diversity and the deaf experience* (pp. 3–19). New York: Cambridge University Press.

Parasnis, I., Samar, V., Bettger, J., & Sathe, K. (1996). Does deafness lead to enhancement of visual spatial cognition in children? Negative evidence from deaf nonsigners. *Journal of Deaf Studies and Deaf Education, 1(2),* 145–152.

Parents and Families of Natural Communication, Inc. (1998). *We can hear and speak.* Washington, DC: Alexander Graham Bell Association of the Deaf.

Payne, J. A., & Quigley, S. (1987). Hearing-impaired children's comprehension of verb particle combinations. *Volta Review, 89,* 133–143.

Pennsylvania Association for Retarded Children (PARC) v. Pennsylvania, 334 F. Supp. 1257 (E.D. Pa. 1971) modified, 33 F. Supp. 279 (E.D. Pa. 1972).

Peters, C. (2000). *Deaf American literature: From carnival to cannon.* Washington, DC: Gallaudet University Press.

Peterson, C., & Siegel, M. (1995). Deafness, conversation and theory of mind. *Journal of Child Psychology and Psychiatry and Allied Disciplines, 36(3),* 459–474.

Peterson, C., & Siegel, M. (1998). Changing focus on the representational mind: Deaf, autistic, and normal children's concepts of false photos. *Journal of Developmental Psychology, 16(3),* 301–320.

Petitto, L. (2000). The acquisition of natural signed languages: Lessons in the nature of human language and its biological foundations. In C. Chamberlain, J. Morford, & R. Mayberry (Eds.), *Language acquisition by eye* (pp. 41–59). Mahwah, NJ: Erlbaum.

Petitto, L., & Holowka, S. (2002). Evaluating attributions of delay and confusion in young bilinguals: Special insights from infants acquiring a signed and a spoken language. *Sign Language Studies, 3(1),* 4–33.

Pettito, L., Zatorre, R., Gauna, K., Nikelski, E., Dostie, D., & Evans, A. (2000, December). Speech-like cerebral activity in profoundly deaf people processing signed languages: Implications for the neural basis of human language. *tPNAS, 97(25),* 13961–13966.

Piaget, J. (1929). *The child's conception of the world.* New York: Harcourt, Brace.

Pinker, S. (1994). *The language instinct: How the mind creates language.* New York: Harper.

Pipp-Siegel, S., Sedey, A., & Yoshinaga-Itano, C. (2002). Predictors of parental stress in mothers of young children with hearing loss. *Journal of Deaf Studies and Deaf Education, 7*, 1–17.

Poizner, H., Klima, E., & Bellugi, U. (1987). *What the hands reveal about the brain*. Cambridge, MA: MIT Press.

Pollard, E. (2002). The president's corner. *NADmag, 1*, p. 9.

Pollard, R. (1992–93). 100 years in psychology and deafness: A centennial retrospective. *Journal of the American Deafness and Rehabilitation Association, 26*, 32–46.

Pollard, R. (1994). Public mental health service and diagnostic trends regarding individuals who are deaf or hard of hearing. *Rehabilitation Psychology, 39*, 147–160.

Pollard, R. (1996). Professional psychology and deaf people: The emergence of a discipline. *American Psychologist, 51*, 389–396.

Pollard, R. (1998). Psychopathology. In M. Marschark & M. D. Clark (Eds.), *Psychological perspectives on deafness* (pp. 171–197). Mahwah, NJ: Erlbaum.

Powers, S., Gregory, S., & Thortehhoofd, E. (1998). *The educational achievements of deaf children: A literature review, research report 65*. London: Department of Education and Employment.

Preston, P. (1994). *Mother father deaf: Living between sound and silence*. Cambridge, MA: Harvard University Press.

Price, J. M. (1996). Friendships of maltreated children and adolescents: Contexts for expressing and modifying relationship history. In W. M. Bukowski, A. F. Newcomb, & W. W. Hartup (Eds.), *The company they keep: Friendship in childhood and adolescence* (pp. 262–285). New York: Cambridge University Press.

Psychological Corporation. (1997). *WAIS III – WMS III technical manual*. San Antonio, TX: The Psychological Corporation, Harcourt Brace & Co.

Quigley, S., & Kretchmer, R. (1982). *The education of deaf children: Issues, theory and practice*. Baltimore: University Park Press.

Quigley, S., Montanelli, D., & Wilbur, R. (1976). Some aspects of the verb system in the language of deaf students. *Journal of Speech and Hearing Research, 19*, 536–550.

Quigley, S., Power, D., & Steinkemp, M. (1977). The language structure of deaf children. *Volta Review, 79*, 73–84.

Raifman, L., & Vernon, M. (1996a). Important implications for psychologists of the Americans with Disabilities Act: Case in point, the patient who is deaf. *Professional Psychology: Research and Practice, 27*, 372–377.

Raifman, L., & Vernon, M. (1996b). New rights for deaf patients: New responsibilities for mental hospitals. *Psychiatric Quarterly, 67*, 209–219.

Rainbow Alliance of the Deaf. (2000, 9 November). *RAD: Fact sheet*. Retrieved September 27, 2001, from http://www.rad.org.

Rainer, J. D., & Altshuler, K. Z. (1966). *Comprehensive mental health services for the deaf*. New York: Columbia University Press.

Rainer, J. D., Altshuler, K. Z., Kallman, F. J., & Deming, W. E. (Eds.). (1963). *Family and mental health populations in a deaf population*. New York: New York State Psychiatric Institute.

Ralston, E., Zazove, P., & Gorenflo, D. (1995). Communicating with deaf patients. *Journal of the American Medical Association, 274*, 794.

Ramsey, C. L. (1997). *Deaf children in public schools: Placement, context and consequences*. Washington, DC: Gallaudet University Press.

Ramsey, C. L. (2001). Beneath the surface: Theoretical frameworks shed light on educational interpreting. *Odyssey, 2(2)*, 19–24.

Ramsey, C. L., & Noriega, J. (2001). Ninos Milagrizados: Language attitudes, deaf education, and miracle cures in Mexico. *Sign Language Studies, 1(3)*, 254–280.

Randall, K., McAnally, P., Rittenhouse, B., Russell, D., & Sorensen, G. (2000). High stakes testing: What is at stake? *American Annals of the Deaf, 145(5)*, 390–393.

Registry of Interpreters for the Deaf, Inc. (2000). Code of Ethics of the Registry of Interpreters for the Deaf, Inc. *Educational interpreting: A collection of articles from views*. Silver Spring, MD: RID Publications.

Rehkemper, G. (1996). *Executive functioning and psychosocial adjustment in deaf subjects with non-hereditary and hereditary etiologies*. Unpublished doctoral dissertation, Gallaudet University, Washington, DC.

Reich, E. (1996a). *Treacher Collins syndrome: An overview*. Norwich, VT: Treacher Collins Foundation.

Reich, E. (1996b). *Frequency of Treacher Collins syndrome*. Retrieved October 13, 1999, from Treacher Collins Foundation Newsletter website: http://www.teachercollinsfnd.org/news96/freqtcs.htm.

Reichman, A. (2000, November). What's happening with VR services to deaf and hard of hearing individuals? *The NAD Broadcaster*, p. 8.

Remvig, J. (1969). Deaf-mutism and psychiatry. *Acta Scandinavieu, Supplementum, 210*, Copenhagen, Munksgaard.

Remvig, J. (1972). Psychic deviations of the prelingual deaf. *Scandinavian Audiology, 1*, 35–42.

Reschly, D. J. (2000). Assessment and eligibility determination in Individuals with Disabilities Education Act of 1997. In C. F. Telzrow & M. Tankersley (Eds.), *IDEA admendments of 1997: Practice guidelines for school-based teams* (pp. 65–104). Bethesda, MD: National Association of School Psychologists.

Ridgeway, J. (1969). Dumb children. *New Republic*, pp. 19–22.

Rittenhouse, R., Johnson, C., Overton, B., Freeman, S., & Jaussi, K. (1991). The black and deaf movements in America since 1960: Parallelism and an agenda for the future. *American Annals of the Deaf, 136*, 392–400.

Robbins, A. (1994). Guidelines for developing oral communication skills in children with cochlear implants. *The Volta Review, 96(5)*, 75–82.

Robbins, A. (1998). Two paths of auditory development for children with cochlear implants. *Loud and Clear: A Cochlear Implant Rehabilitation Newsletter, 1(1)*, 1–4.

Robinson, L. (1978). *Sound minds in a soundless world.* Washington, DC: U.S. Department of Health, Education and Welfare.

Rodriguez, Y. (2001). *Toddlerese: Conversations between hearing parents and their deaf toddlers in Puerto Rico.* Unpublished doctoral dissertation. Lamar University, Beaumont, TX.

Rogers, C. (1951). *Client-centered therapy.* Boston: Houghton Mifflin.

Romig, L. (1985). *The cognitive processing and cuing systems used by young hearing impaired children when spelling.* Unpublished doctoral dissertation, University of Missouri, Columbia.

Rosen, S., & Virnig, S. (1997). *A synopsis of the Bill of Rights for deaf and hard of hearing children.* Retrieved February 8, 2002, from the National Association of the Deaf website: http://www.nad.org.

Roy, C. (Ed.). (2000). *Innovative practices for teaching sign language interpreters.* Washington, DC: Gallaudet University Press.

Rutherford, S. (1989). Funny in deaf—Not in hearing. In S. Wilcox (Ed.), *American Deaf culture: An anthology.* Burtonsville, MD: Linstok Press.

Samar, V. J. (1999, Winter). Identifying learning disabilities in the deaf population: The leap from Gibraltar. *NTID Research Bulletin, 4(1)*, 1–5.

Samar, V. J., Parasnis, I., & Berent, G. P. (1998). Learning disabilities, attention deficient disorders and deafness. In M. Marschark & M. D. Clark (Eds.), *Psychological perspectives on deafness: Volume 2* (pp. 199–242). Mahwah, NJ: Erlbaum.

Sandoval, J., Frisby, C., Geisinger, K., Scheuneman, J., & Grenier, J. (Eds.). (1998). *Test interpretation and diversity.* Washington, DC: American Psychological Association.

Schein, J. (1981). *A rose for tomorrow: Biography of Frederick C. Schreiber.* Silver Spring, MD: National Association of the Deaf.

Schein, J. (1986). Some demographics aspects of religion and deafness. In J. Schein & L. Waldman (Eds.), *The deaf Jew in the modern world* (pp. 76–87). New York: Ktav Publishing House.

Schein, J. (1989). *At home among strangers.* Washington, DC: Gallaudet University Press.

Schein, J. (1996). The demography of deafness. In P. C. Higgins & J. E. Nash (Eds), *Understanding deafness socially: Continuities in research and theory* (2nd ed., pp. 21–43). Springfield, IL: Charles C. Thomas.

Schein, J., & Delk, M. (1974). *The deaf population of the United States.* Silver Spring, MD: National Association of the Deaf.

Schick, B. (2001). Interpreting for children: How it is different. *Odyssey, 2(2)*, 8–11.

Schildroth, A. (1994, July). Congenital cytomegalovirus and deafness. *American Journal of Audiology*, pp. 27–38.

Schleper, D. (1997). *Reading to deaf children: Learning from deaf adults.* Washington, DC: Gallaudet University Press.

Schlesinger, H. S. (1985). Deafness, mental health, and language. In F. Powell, T. Finitzo-Hieber, S. Friel-Patti, & D. Henderson (Eds.), *Education of the hearing impaired child* (pp. 103–116). San Diego, CA: College-Hill Press.

Schlesinger, H. S. (2000). A developmental model applied to problems of deafness. *Journal of Deaf Studies and Deaf Education, 5(4)*, 349–361.

Schlesinger, H. S., & Meadow, K. P. (1972). Development of maturity in deaf children. *Exceptional Children, 38*, 461–467.

Schmidt, T., & Stipe, M. (1991, March/April). A clouded map for itinerant teachers: More questions than answers. In *A folio of mainstream articles from Perspectives in Education and Deafness.* Washington, DC: Pre-college Programs of Gallaudet University.

Schonbeck, J. (2000). The unit in Westborough. *Hearing Health, 39*, 41–42.

Schott, L. A. (2002, January). Sexual abuse at deaf schools in America. *The FAED Eagle* (pp. 5–6). Gastonia, NC: The FAED Eagle Newsletter.

Schrader, S. (1995). *Silent alarm: On the edge with a deaf EMT.* Washington, DC: Gallaudet University Press.

Schreiber, F. (1981). Priority needs of deaf people. In J. D. Schein (Ed.), *A rose for tomorrow* (pp. 74–77).

Silver Spring, MD: National Association of the Deaf.

Schroedel, J., & Geyer, P. (2000). Long-term career attainments of deaf and hard of hearing college graduates: Results from a 15–year follow-up survey. *American Annals of the Deaf, 145,* 303–314.

Schuchman, J. (1988). *Hollywood speaks: Deafness and the film entertainment history.* Urbana: University of Illinois Press.

Schwartz, N. S., Mebane, D. L., & Malony, H. N. (1990). Effects of alternate modes of administration on Rorschach performance of deaf adults. *Journal of Personality Assessment, 54,* 671–683.

Schwartz, S. (1996). *Choices in deafness: A parents' guide to communication options.* Bethesda, MD: Woodbine House.

Seeman, J. (1989). Toward a model of positive health. *American Psychologist, 44,* 1099–1109.

Self Help for Hard of Hearing People. (2001, August). *About SHHH.* Retrieved September 27, 2001, from www.shhh.org.

Seligman, M., & Csikszentmihalyi, M. (2000). Positive psychology: An introduction. *American Psychologist, 55,* 5–14.

Shapiro, J. (1993). *No pity: People with disabilities forging a new civil rights movement.* New York: Times Books.

Sheldon, K., & King, L. (2001). Why positive psychology is necessary. *American Psychologist, 56,* 216–217.

Sheridan, M. (2001). *Inner lives of deaf children: Interviews and analysis.* Washington, DC: Gallaudet University Press.

Sheridan, S. M., Cowan, R. J., & Eagle, J. W. (2000). Partnering with parents in educational programming for students with special needs. In C. F. Telzrow & M. Tankersley (Eds.), *IDEA amendments of 1997: Practice guidelines for school-based teams.* Bethesda, MD: National Association of School Psychologists.

Shore, K. (1994). *The parents' public school handbook: How to make the most of your child's education, from kindergarten through middle school.* New York: Fireside.

Siedlecki, T. (1999). Intelligent use of the Rorschach Inkblot Technique with deaf persons. *Journal of the American Deafness and Rehabilitation Association, 33,* 31–46.

Siegel, L. (2000). The educational and communication needs of deaf and hard of hearing children: A statement of principle regarding fundamental systemic educational changes. *National Deaf Education Project.* Greenbrae, CA: National Deaf Education Project.

SignFont Handbook. (1989). Bellevue, WA: Edmark Corp.

Silverman, F., & Moulton, R. (2002). *The impact of a unique cooperative American university USAID funded speech-language pathologist, audiologist, and deaf educator B.S. degree program in the Gaza Strip.* Lewiston, NY: Edwin Mellen Press.

Singleton, J., Supalla, S., Litchfield, S., & Schley, S. (1998). From sign to word: Considering modality constraints in ASL/English bilingual education. In K. Butler & P. Prinz (Eds.), ASL proficiency and English literacy acquisition: New perspectives. *Topics in Language Disorders, 18(4),* 16–29.

Singleton, J., & Tittle, M. (2000). Deaf parents and their hearing children. *Journal of Deaf Studies and Deaf Education, 5(3),* 221–236.

Smith, M. D. (1997). *The art of itinerant teaching for teachers of the deaf and hard of hearing.* Hillsboro, OR: Butte Publication.

Smith, R., & Schwartz, C. (1998). Branchio-oto-renal syndrome. *Journal of Communication Disorders, 31,* 411–421.

Smith, R., Green, G., & Van Camp, G. (1999, February). *Hereditary hearing loss and deafness overview.* Retrieved March 13, 1999, from GeneClinics: Clinical Genetic Information Resource University of Washington, Seattle website: http://www.geneclinics.org.

Smith, S., & Harker, L. (1998). Single gene influences on radiologically-detectable malformations of the inner ear. *Journal of Communication Disorders, 31,* 391–410.

Smith, S., Kolodziej, P., & Olney, A. H. (n.d.). Waardenburg Syndrome. *ENT Syndrome Clinic.* University of Nebraska Medical Center, Omaha: Munroe-Meyer Institute for Genetics and Rehabilitation.

Smith, S., Schafer, G., Horton, M., & Tinley, S. (1998). Medical genetic evaluation for the etiology of hearing loss in children. *Journal of Communication Disorders, 31,* 371–389.

Smith, Z. (1999). *A study of four African American families reading to the young deaf children.* Unpublished doctoral dissertation, Lamar University, Beaumont, TX.

Sonnenstrahl, D. (2002). *Deaf artists in America: Colonial to contemporary.* San Diego: DawnSign Press.

Spencer, P. (2002). Language development of children with cochlear implants. In J. B. Christiansen & I. W. Leigh, *Cochlear implants in children: Ethics and choices* (pp. 222–249). Washington, DC: Gallaudet University Press.

Spencer, P. E., & Deyo, D. A. (1993). Cognitive and social aspects of deaf children's play. In M. Marschark & M. D. Clark (Eds.), *Psychological perspectives on deafness* (pp. 65–91). Hillsdale, NJ: Erlbaum.

Sroufe, L. A. (1983). Infant-caregiver attachment and patterns of adaptations in preschool: The roots of maladaptation and competence. In M. Perlmutter (Ed.), Development and policy concerning children with special needs. *Minnesota Symposium on Child Psychology, 16,* 41–83. Hillsdale, NJ: Erlbaum.

Sroufe, L. A. (1995, September). Quoted in Beth Azar, The bond between mother and child. *APA Monitor, 26(9),* 28.

Stansfield, M., & Veltri, D. (1987). Assessment from the perspective of the sign language interpreter. In H. Elliott, L. Glass, & J. Evans (Eds.), *Mental health assessment of deaf clients* (pp. 153–163). Boston: Little, Brown.

Stedt, J., & Moores, D. (1990). Manual Codes on English and American Sign Language. In H. Bornstein (Ed.), *Manual communication: Implications for education* (pp. 1–20). Washington, DC: Gallaudet University Press.

Stein, L., & Boyer, K. (1994). Progress in the prevention of hearing loss in infants. *Ear & Hearing, 15,* 116–125.

Steinberg, A. G., Davila, R., Collazo, J., Loew, R., & Fischgrund, J. (1997). "A little sign and a lot of love...": Attitudes, perceptions, and beliefs of Hispanic families with deaf children. *Qualitative Health Research, 7,* 202–222.

Steinberg, A. G., Loew, R., & Sullivan, V. J. (1999). The diversity of consumer knowledge, attitudes, beliefs, and experiences: Recent findings. In I. W. Leigh (Ed.), *Psychotherapy with deaf clients from diverse groups* (pp. 23–43). Washington, DC: Gallaudet University Press.

Stewart, D. (1991). *Deaf sport: The impact of sports within the deaf community.* Washington, DC: Gallaudet University Press.

Stewart, D., & Kluwin, T. (2001). *Teaching deaf and hard of hearing students: Content, strategies, and curriculum.* Boston: Allyn and Bacon.

Stewart, L. (1972). A truly silent minority. *Deafness Annual, V. II.* Silver Spring, MD: Professional Rehabilitation Workers with the Adult Deaf.

Stewart, L. (1992). Debunking the bilingual/bicultural snow job in the American deaf community. In M. Garretson (Ed.), *Viewpoints on deafness: A deaf American monograph* (pp. 129–142). Silver Spring, MD: National Association of the Deaf.

Stinson, M., & Antia, S. D. (1999). Considerations in educating deaf and hard-of-hearing students in inclusive settings. *Journal of Deaf Studies and Deaf Education, 4(3),* 163–175.

Stinson, M., Chase, K., & Kluwin, T. (1990, April). *Self-perceptions of social relationships in hearing impaired adolescents.* Paper presented at the American Educational Research Association Convention, Boston.

Stinson, M., & Foster, S. (2000). Socialization of deaf children and youths in schools. In P. E. Spencer, C. J. Erting, & M. Marschark (Eds.), *The deaf child in the family and at school* (pp. 191–210). Mahwah, NJ: Erlbaum.

Stinson, M., & Kluwin, T. (1996). Social orientations toward deaf and hearing peers among deaf adolescents in local public high schools. In P. C. Higgins & J. E. Nash (Eds.), *Understanding deafness socially: Continuities in research and theory* (2nd ed., pp. 113–134). Springfield, IL: Charles C. Thomas.

Stinson, M., & Leigh, I. W. (1995). Inclusion and the psychosocial development of deaf children and youths. In B. D. Snider (Ed.), *Inclusion? Defining quality education for deaf and hard of hearing students* (pp. 153–161). Washington, DC: Gallaudet University.

Stinson, M., & Whitmire, K. (1992). Students' views of their social relationships. In T. Kluwin, D. Moores, & M. Gonter Gaustad (Eds.), *Toward effective public school programs for deaf students: Context, process, and outcomes* (pp. 149–174). New York: Teachers College Press.

Stokoe, W. (1960). *Sign language structure: A outline of visual communication systems of the American deaf.* Studies in Linguistics, Occasional Paper, Buffalo, NY.

Stokoe, W. (1975). The use of sign language in teaching English. *American Annals of the Deaf, 120(4),* 417–421.

Stokoe, W. (Ed.). (1980). *Sign and culture: A reader for students of American Sign Language.* Silver Spring, MD: Linstok Press.

Stokoe, W. (1989). Dimensions of difference: ASL and English based cultures. In S. Wilcox (Ed.), *American deaf culture: An anthology* (pp. 49–59). Burtonsville, MD: Linstok Press.

Stokoe, W. (1990). An historical perspective on sign language research: A personal view. In C. Lucas (Ed.), *Sign language research: Theoretical issues.* Washington, DC: Gallaudet University Press.

Stokoe, W. (2001a). Deafness, cognition, and language. In M. Clark, M. Marschark, & M. Karchmer (Eds.), *Context, cognition, and deafness* (pp. 6–13). Washington, DC: Gallaudet University Press.

Stokoe, W. (2001b). *Language in hand: Why sign came before speech.* Washington, DC: Gallaudet University Press.

Stokoe, W., Casterline, D. C., & Croneberg, C. G. (1965). *A dictionary of American Sign Language on linguistic principles.* Washington, DC: Gallaudet University Press.

Strand, V. C. (1991). Victim of sexual abuse: Case of Rosa, age 6. In N. B. Webb (Ed.), *Play therapy with children in crisis: A casebook for practitioners* (pp. 69–91). New York: Guildford Press.

Strauss, M. (1999). Hearing loss and cytomegalovirus. *The Volta Review, 99,* 71–74.

Strong, M., & Prinz, P. (2000). Is American Sign Language skill related to English literacy? In C. Chamberlain, J. Morford, & R. Mayberry (Eds.), *Language acquisition by eye* (pp. 131–141). Mahwah, NJ: Erlbaum.

Stuckless, E. R., & Birch, J. W. (1966). The influence of early manual communication on linguistic development in deaf children. *American Annals of the Deaf, 111,* 452–460.

Sue, D. W., & Sue, D. (1999). *Counseling the culturally different: Theory and practice* (3rd ed.). New York: John Wiley & Sons.

Suggs, T. (2001a, July). NFSD celebrates 100 years of fraternalism. *Silent News, 33,* p. 1.

Suggs, T. (2001b, December). Threat of anthrax real for these postal workers. *Silent News, 33(12),* 1, 18.

Sullivan, P., Brookhouser, P., & Scanlan, J. (2000). Maltreatment of deaf and hard of hearing children. In P. Hindley & N. Kitson (Eds.), *Mental health and deafness* (pp. 149–184). London: Whurr Publishers.

Sullivan, P., & Knutson, J. (1998). Maltreatment and behavioral characteristics of youth who are deaf and hard of hearing. *Sexuality and Disability, 16,* 295–319.

Sullivan, P. M., & Vernon, M. (1979). Psychological assessment of hearing-impaired children. *School Psychology Digest, 8,* 271–290.

Supalla, S. (1991). Manually-coded English: The modality question in signed language language development. In P. Siple & S. Fischer (Eds.), *Theoretical issues in sign language research, Vol. 2: Acquisition* (pp. 85–109). Chicago: University of Chicago Press.

Supalla, S. (1992). *The book of name signs: Naming in American Sign Language.* San Diego, CA: Dawn Sign Press.

Supalla, S., Wix, T., & McKee, C. (2001). Print as a primary source of English for deaf learners. In J. Nicol & T. Langendoen (Eds.), *One mind, two languages: Studies in bilingual language processing* (pp. 177–190). Oxford: Blackwell.

Sussman, A. (1974). An investigation into the relationship between self concepts of deaf adults and their perceived attitudes toward deafness (Doctoral dissertation, New York University, 1973). *Dissertation Abstracts International, 34,* 2914B.

Sussman, A., & Brauer, B. (1999). On being a psychotherapist with deaf clients. In I. W. Leigh (Ed.), *Psychotherapy with deaf clients from diverse groups* (pp. 3–22). Washington, DC: Gallaudet University Press.

Sussman, K., & Lopez-Holzman, G. (2001). Bilingualism: Addressing cultural needs in the classroom. *Volta Voices, 8(4),* 11, 13–16.

Swisher, V. (2000). Learning to converse: How deaf mothers support the development of attention and conversation skills in their young deaf children. In P. Spencer, C. Erting, & M. Marschark (Eds.), *The deaf child in the family and at school* (pp. 21–39). Mahwah, NJ: Erlbaum.

Tajfel, H. (1981). *Human groups and social categories.* Cambridge: Cambridge University Press.

Terwilliger, L., Kamman, T., & Koester, L. S. (1997, April). *Self-regulation by deaf and hearing infants at 9 months.* Poster session presented at the annual meeting of the Rocky Mountain Psychological Association, Reno, NV.

Thompson, D., McPhilips, H., Davis, R., Lieu, T., Homer, C., & Helfand, M. (2001). Universal newborn hearing screening: Summary of the evidence. *Journal of the American Medical Association, 286,* 2000–2010.

Traxler, C. (2000). The Stanford Achievement Test, 9th Edition: National norming and performance standards for deaf and hard of hearing students. *Journal of Deaf Studies and Deaf Education, 5(4),* 337–348.

Trumbetta, S., Bonvillian, J., Siedlecki, T., & Haskins, B. (2001). Language-related symptoms in persons with schizophrenia and how deaf persons may manifest these symptoms. *Sign Language Studies, 1,* 228–253.

Trybus, R. (1983). Hearing-impaired patients in public psychiatric hospitals throughout the United States. In D. Watson & B. Heller (Eds.), *Mental health and deafness: Strategic perspectives* (pp. 1–19). Silver Spring, MD: American Deafness and Rehabilitation Association.

Trybus, R., Karchmer, M., & Kerstetter, P. (1980). The demographics of deafness resulting from maternal rubella. *American Annals of the Deaf, 125,* 977–984.

Trzepacz, P., & Baker, R. (1993). *The psychiatric mental status examination*. New York: Oxford University Press.

Tucker, B. (1998a). *Cochlear implants: A handbook*. Jefferson, NC: McFarland & Company.

Tucker, B. (1998b). Deaf culture, cochlear implants, and elective disability. *Hastings Center Report, 28*, 6–14.

Tucker, J. (2000, Spring/Summer). The home plate. *MDAD News, 40 (No. 2/3)*, 26–27.

Tucker, S., & Bhattacharya, J. (1992). Screening of hearing impairment in the newborn using the auditory response cradle. *Archives of Disease in Childhood, 67*, 911–919.

Turner, E. (2001). Roles in educational interpreting. *Odyssey, 2(2)*, 40–41.

Turner, J., Klein, H., & Kitson, N. (2000). Interpreters in mental health settings. In P. Hindley & N. Kitson (Eds.), *Mental health and deafness* (pp. 297–310). London: Whurr.

U.S. Department of Health and Human Services (USDHHS). (1999). *Blending perspectives and building common ground: A report to Congress on substance abuse and child protection*. Washington, DC: U.S. Government Printing Office.

USA Deaf Sports Federation. (2001). *What is USADSF?* Retrieved September 27, 2001, from http://www.usadsf.org/About_Us/What_is_USADSF/what_is_usadsf.html.

Usami, S., Abe, S., & Shinkawa, H. (1998). Sensorineural hearing loss caused by mitochondrial DNA mutations: Special reference to the A1555G mutation. *Journal of Communication Disorders, 31*, 423–435.

Valli, C., & Lucas, C. (2000). *Linguistics of American Sign Language: An introduction* (3rd ed.). Washington, DC: Gallaudet University Press.

Van Camp, G., & Smith, R. (2001). *Hereditary hearing loss homepage*. Retrieved October 14, 2001, from http://dnalab-www.uia.ac.be/dnalab/hhh/.

Van Cleve, J. (Ed.). (1993). *Deaf history unveiled: Interpretations from the new scholarship*. Washington, DC: Gallaudet University Press.

Van Cleve, J., & Crouch, B. (1989). *A place of their own: Creating the deaf community in America*. Washington, DC: Gallaudet University Press.

Vandell, D. L., & George, L. B. (1981). Social interaction in hearing and deaf preschoolers: Successes and failures in initiations. *Child Development, 53*, 1354–1363.

Van Gurp, S. (2001). Self-concept of deaf secondary school students in different educational settings. *Journal of Deaf Studies and Deaf Education, 6(1)*, 54–69.

Van Naarden, K., Decoufle, P., & Caldwell, K. (1999). Prevalence and characteristics of children with serious hearing impairment in metropolitan Atlanta, 1991–1993. *Pediatrics, 103*, 570–575.

Vernon, M. (1967). Meningitis and deafness: The problem, its physical, audiological, psychological, and educational manifestations in deaf children. *The Laryngoscope, 10*, 1856–1974.

Vernon, M. (1968). Fifty years of research on the intelligence of deaf and hard of hearing children: A review of literature and discussion of implications. *Journal of Rehabilitation of the Deaf, 1*, 1–12.

Vernon, M. (1969a). *Multiply handicapped deaf children: Medical, educational, and psychological considerations*. Reston, VA: Council of Exceptional Children.

Vernon, M. (1969b). Sociological and psychological factors associated with profound hearing loss. *Speech and Hearing Research, 12*, 541–563.

Vernon, M. (1970). The role of deaf teachers in the education of deaf children. *Deaf American, 23*, 17–20.

Vernon, M. (1983). Deafness and mental health: Emerging responses. In E. Petersen (Ed.), *Mental health and deafness: Emerging responses* (pp. 1–15). Silver Spring, MD: American Deafness and Rehabilitation Association.

Vernon, M. (1991). At the crossroads: The future workplace and implications for rehabilitation. In D. Watson & M. Taff-Watson (Eds.), *At the crossroads: A celebration of diversity, Monograph No. 15* (pp. 3–10). Little Rock, AR: American Deafness and Rehabilitation Association.

Vernon, M. (2001). Assessment of individuals who are deaf or hard of hearing. In B. Bolton (Ed.), *Handbook of measurement and evaluation in rehabilitation* (pp. 385–395). Gaithersburg, MD: Aspen Publishers.

Vernon, M., & Andrews, J. (1990). *The psychology of deafness: Understanding deaf and hard-of-hearing people*. New York: Longman.

Vernon, M., & Daigle-King, B. (1999). Historical overview of inpatient care of mental patients who are deaf. *American Annals of the Deaf, 144*, 51–61.

Vernon, M., & Koh, S. D. (1971). Effects of oral preschool compared to early manual communication in deaf children. *American Annals of the Deaf, 116*, 569–574.

Vernon, M., & Makowsky, B. (1969). Deafness and minority group dynamics. *Deaf American, 21(11)*, 3–6.

Vernon, M., Raifman, L., & Greenberg, S. (1996). The Miranda warnings and the deaf suspect. *Behavioral Sciences and the Law, 14*, 121–135.

Vernon, M., Raifman, L., Greenberg, S., & Monteiro,

B. (2001). Forensic pre-trial police interviews of deaf suspects: Avoiding legal pitfalls. *International Journal of Law and Psychiatry, 24*, 43–59.

Vernon, M., & Rich, S. (1997). Pedophilia and deafness. *American Annals of the Deaf, 142*, 300–311.

Volterra, V., & Erting, C. (1994). *From gesture to language in hearing and deaf children.* Washington, DC: Gallaudet University Press.

Vygotsky, L. S. (1978). *Mind in society: The development of higher psychological processes.* Cambridge, MA: Harvard University Press.

Walker, L. A. (1986). *A loss for words: The story of deafness in a family.* New York: Harper & Row.

Waltzman, S., & Cohen, N. (Eds). (2000). *Cochlear implants.* New York: Thieme.

Wampler, D. (1971). *Linguistics of visible English.* Santa Rosa, CA: Early Childhood Education Department, Aurally Handicapped Program, Santa Rosa City Schools.

Waterman, A. S. (1992). Identity as an aspect of optimal psychological functioning. In G. R. Adams, T. P. Gullotta, & R. Montemayor (Eds.), *Adolescent identity formation* (pp. 50–72). Newbury Park, CA: Sage Publications.

Watkin, P., Beckman, A., & Baldwin, M. (1995). The views of parents of hearing impaired children on the need for neonatal hearing screening. *British Journal of Audiology, 29*, 259–262.

Watt, J. D., & Davis, F. E. (1991). The prevalence of boredom proneness and depression among profoundly deaf residential school adolescents. *American Annals of the Deaf, 136*, 409–413.

Wax, T. (1999). The evolution of psychotherapy for deaf women. In I. W. Leigh (Ed.), *Psychotherapy with deaf clients from diverse groups* (pp. 69–95). Washington, DC: Gallaudet University Press.

Wax, T., Haskins, B., Mason, T., Ramirez, W., & Savoy-McAdory, M. (2001). Inpatient psychiatric services for deaf and hard-of-hearing people: Where are we now? *JADARA, 35*, 8–14.

Weinberg, N., & Sterritt, M. (1986). Disability and identity: A study of identity patterns in adolescents with hearing impairments. *Rehabilitation Psychology, 31*, 95–102.

Welch, O. M. (2000). Building a multicultural curriculum: Issues and dilemmas. In K. Christensen (Ed.), *Deaf plus: A multicultural perspective* (pp. 1–28). San Diego, CA: DawnSign Press.

White, B. (1999). *The effect of perceptions of social support and perceptions of entitlement on family functioning in deaf-parented adoptive families.* Unpublished doctoral dissertation, Washington, DC: Catholic University of America.

Wilbur, R. (2000). The use of ASL to support the development of English and literacy. *Journal of Deaf Studies and Deaf Education, 5(1)*, 81–104.

Willems, P. (2000). Genetic causes of hearing loss. *The New England Journal of Medicine, 342(15)*, 1101–1109.

Willis, R. (1999). *Diagnosis and treatment characteristics of deaf children and adolescents in psychiatric residential treatment.* A paper given at the World Congress on Mental Health and Deafness, Gallaudet University, Washington, DC.

Willis, R., & Vernon, M. (2002). Residential psychiatric treatment of emotional disturbed deaf youth. *American Annals of the Deaf, 147(1)*, 31–37.

Wilson, T., & Hyde, M. (1997). The use of signed English pictures to facilitate reading comprehension by deaf students. *American Annals of the Deaf, 142*, 333–341.

Winefield, R. (1987). *Never the twain shall meet: Bell, Gallaudet, and the communications debate.* Washington, DC: Gallaudet University Press.

Winston, E. A. (2001). Visual inaccessibility: The elephant (blocking the view) in interpreted education. *Odyssey, 2(2)*, 5–7.

Witte, T., & Kuzel, A. (2000). Elderly deaf patients' health care experiences. *Journal of the American Board of Family Practice, 13*, 17–22.

Wolff, A., & Thatcher, R. (1990). Cortical reorganization in deaf children. *Journal of Clinical and Experimental Neuropsychology, 12*, 209–211.

Woodroffe, T., Gorenflo, D., Meador, H., & Zazove, P. (1998). Knowledge and attitudes about AIDS among deaf and hard of hearing persons. *AIDS Care, 103*, 377–386.

Woodward, J. (1989). How you gonna get to heaven if you can't talk with Jesus? The educational establishment vs. the deaf community. In S. Wilcox (Ed.), *American Deaf culture: An anthology* (pp. 163–172). Burtonsville, MD: Linstok Press.

Wright, M. H. (1999). *Sounds like home: Growing up black and deaf in the South.* Washington, DC: Gallaudet University Press.

Wu, C., & Grant, N. (1999). Asian American and Deaf. In I. W. Leigh (Ed.), *Psychotherapy with deaf clients from diverse groups* (pp. 203–226). Washington, DC: Gallaudet University Press.

www.urmc.rochester.edu/strongconnections/. StrongConnections: *Telehealth sign language solutions.* Retrieved 20 November.

www.whitehouse.gov. *Fact sheet: No Child Left Behind Act.* http://www.whitehouse.gov/news/releases/2002/01/20020108.html

Wynne, M., Diefendorf, A., & Fritsch, M. (2001, December 26). Sudden hearing loss. *The ASHA Leader, 6(23)*, 6–8.

Yarger, C. C., & Luckner, J. L. (1999). Itinerant teaching: The inside story. *American Annuals, 144(4)*, 309–314.

Yoshinaga-Itano, C. (2000). Development of audition and speech: Implications for early intervention with infants who are deaf and hard of hearing. *Volta Review, 100,* 213–234.

Yoshinaga-Itano, C., Sedley, A., Coulter, D. K., & Mehl, A. L. (1998). Language of early and late identified children with hearing loss. *Pediatrics, 102(5),* 1161–1171.

Yoshinaga-Itano, C., & Snyder, L. (1985). Form and meaning in the written language of hearing impaired children. *Volta Review, 87,* 75–90.

Zwiebel, A. (1994). Judaism and deafness: A humanistic heritage. In C. J. Erting, R.C. Johnson, D. L. Smith, & B. D. Snider (Eds.), *The Deaf way* (pp. 231–238). Washington, DC: Gallaudet University Press.

主題索引

(正文頁邊數字係原文書旁碼，供索引檢索之用)

292

國家圖書館出版品預行編目（CIP）資料

失聰者：心理、教育及社會轉變中的觀點／J. F.
Andrews, I. W. Leigh & M. T. Weiner 作；陳小娟、
邢敏華譯. --初版.-- 臺北市：心理, 2007.11
　　面；　公分.--（溝通障礙系列；65012）
含索引
譯目：Deaf people: evolving perspectives from
　　　psychology, education and sociology

ISBN 978-986-191-066-6（平裝）

1. 聽障　2. 聽障教育　3.聽障學生

529　　　　　　　　　　　　　　　96017998

溝通障礙系列 65012

失聰者：心理、教育及社會轉變中的觀點

作　　　者：J. F. Andrews, I. W. Leigh & M. T. Weiner
譯　　　者：陳小娟、邢敏華
執 行 編 輯：林怡倩
總 編 輯：林敬堯
發 行 人：洪有義
出 版 者：心理出版社股份有限公司
地　　　址：231 新北市新店區光明街 288 號 7 樓
電　　　話：(02) 29150566
傳　　　真：(02) 29152928
郵撥帳號：19293172　心理出版社股份有限公司
網　　　址：http://www.psy.com.tw
電子信箱：psychoco@ms15.hinet.net
駐美代表：Lisa Wu（lisawu99@optonline.net）
排 版 者：臻圓打字印刷有限公司
印 刷 者：東縉彩色印刷有限公司
初版一刷：2007 年 11 月
初版六刷：2019 年 2 月
I S B N：978-986-191-066-6
定　　　價：新台幣 450 元